Wolf-Gert Matthäus

Programmierung
für Wirtschaftsinformatiker

Wolf-Gert Matthäus

Programmierung für Wirtschaftsinformatiker

Vorlesungen über Basic, Visual Basic und VBA

Teubner

B. G. Teubner Stuttgart · Leipzig · Wiesbaden

Bibliografische Information der Deutschen Bibliothek
Die Deutsche Bibliothek verzeichnet diese Publikation in der Deutschen Nationalbibliographie;
detaillierte bibliografische Daten sind im Internet über <http://dnb.ddb.de> abrufbar.

1. Auflage April 2005

Lektorat: Jürgen Weiß

Der B. G. Teubner Verlag ist ein Unternehmen von Springer Science+Business Media.
www.teubner.de

Umschlaggestaltung: Ulrike Weigel, www.CorporateDesignGroup.de
Gedruckt auf säurefreiem und chlorfrei gebleichtem Papier.

ISBN-13: 978-3-519-00504-9   e-ISBN-13: 978-3-322-80081-7
DOI: 10.1007/ 978-3-322-80081-7

Vorwort

In der Grundausbildung für Studierende vieler Fachrichtungen, vor allem aber bei den künftigen Wirtschaftsinformatikern, spielt die Unterweisung in den *Grundlagen und Begriffen der Programmierung* eine wichtige Rolle. Dabei geht es weniger darum, umfassende Programmierfertigkeiten zu vermitteln, sondern es soll eine solide Basis für das Verständnis weiterführender Fach-Vorlesungen gelegt werden.

Eine bedeutsame Rolle spielt in solchen Grundlagen-Vorlesungen nach wie vor die Programmiersprache *Basic*; sei es in ihrer ursprünglichen Form der *klassischen Programmierung*, sei es als *Visual Basic* zur Herstellung von Benutzeroberflächen, sei es als *VBA (Visual Basic for Applications)* zur Qualifizierung des Umgangs mit Excel oder Word.

Mit Hilfe von Basic kann durchgehend erklärt werden, was sich hinter den Schlagworten *strukturierte, modulare* und *objektorientierte Programmierung* verbirgt.

Das vorliegende Buch entstand aus dem Manuskript der Vorlesung *Programmiertechnik und -Methoden I*, die der Autor seit Jahren für Erstsemester der Wirtschaftsinformatik hält. Die Übungsaufgaben entsprechen dem begleitenden Praktikum.

Nach einer einführenden, recht populären Erklärung der Begriffe *Programm* und *Programmiersprache* wird anfangs *klassisch* programmiert; das Excel-VB-System bietet dafür eine gute und preiswerte Basis. Zur *klassischen Programmierung* gehören die *Methoden des strukturierten Entwurfs* ebenso wie die Auseinandersetzung mit den verschiedenen Arten von Speicherplätzen. Die Kapitel 4 bis 10 sind diesem anspruchsvollen Thema gewidmet.

Modulare Programmierung in ihrer aktiven und passiven Form wird anschließend in Kapitel 11 vorgestellt. Kapitel 12 versucht dann zu erklären, warum zur Zeit der so genannten *Softwarekrise* die Methoden der klassischen strukturierten und modularen Programmierung an ihre Grenzen stießen.

Neues Denken war erforderlich, und der Einstieg zum Verständnis der *objektorientierten Programmierung* erfolgt konsequent anschließend in Kapitel 13.

Die verbreitetste Form des – zumeist unbewussten und passiven – Umgangs mit Objekten wird dann ab Kapitel 14 geschildert: Nun werden *Benutzeroberflächen* vorbereitet, und später wird auch dafür gesorgt, dass bei gewissen Nutzerhandlungen bestimmte Reaktionen eintreten. Dieser Teil der Vorlesung trägt dann die Überschrift *Programmieren mit Visual Basic*.

Zum beliebten und wohl allseits verfügbaren Excel aus dem Office-Paket von Microsoft gehört ein – gewissermaßen kostenlos mitgeliefertes – Visual-Basic-Entwicklungssystem. Im Buch wird fast durchgängig empfohlen, damit zu arbeiten. Das hat den großen Vorteil, dass alle Programmbeispiele sofort nachvollziehbar sind – entweder durch eigenes Eingeben der ausführlich beschriebenen Programmtexte oder durch Herunterladen der Beispieldateien aus dem Internet.

DOWNLOAD In jedem Kapitel wird nach dieser Überschrift informiert, wo sich die jeweiligen Beispieldateien befinden und wie sie geladen und genutzt werden können.

Nur zweimal, in den Kapiteln 21 und 22, wird nicht mit dem Excel-VB gearbeitet, sondern dort wird der Umgang mit *Visual Basic 6.0* aus dem *Visual Studio* beschrieben.

Dort wird aber nicht nur das andere, leistungsfähigere Basic-Verarbeitungssystem beschrieben, sondern es werden auch Möglichkeiten der Menüprogrammierung und der reizvollen Arbeit mit Timern vorgestellt, die das einfache Excel-VB nicht anbietet.

Im Kapitel 23 erfolgt dann die Rückkehr zu Excel – hier wird erklärt, was eigentlich unter VBA zu verstehen ist: Mit Hilfe von Visual Basic kann nun der Umgang mit Excel-Tabellen wesentlich erleichtert werden, gleichzeitig können die Daten besser geschützt sein.

Das letzte Kapitel führt schließlich in Word-VBA ein und lässt erkennen, wie man die Arbeit mit Word durch Nutzung von Visual Basic effektiver gestalten kann. Auch hierzu gibt es fertig vorbereitete Beispieldateien, die aus dem Internet geladen werden können. Insgesamt enthält das Buch 165 Programmbeispiele, also stehen 165 vollständige Dateien zum lernenden Nachvollziehen der Beispiele im Internet zum Herunterladen zur Verfügung.

Das Buch enthält außerdem ein umfangreiches Angebot von mehr als 80 Übungsaufgaben; sie sind so ausführlich beschrieben, dass sie mit oder ohne Internet bearbeitet werden können. Gleiches gilt für die Lösungen. Sie können in Form von fertigen Dateien herunter geladen werden; es gibt aber ebenso ausführliche, leicht zu findende Lösungstexte. Summa summarum steht mit dem vorliegenden Buch und den Beispiel- und Lösungsdateien jedem Lernenden ein Fundus von fast 250 Basic-Programmen zur Verfügung.

Das Buch trägt den Untertitel *Vorlesungen über Basic, Visual Basic und VBA.*

 In jeder guten Vorlesung ist es selbstverständlich, dass die oder der Lehrende von Zeit zu Zeit eine kleine Pause in der Wissensvermittlung einlegt, sich dem Publikum zuwendet, kurz zusammenfasst, was bisher behandelt wurde, und ankündigt und motiviert, welches Thema nun aus welchem Grund zur Behandlung ansteht.

In diesem Buch wird es nicht anders sein: Immer, wenn diese beiden Pfeil-Symbole einen Textabschnitt einrahmen, erfolgt dort gewissermaßen eine persönliche Hinwendung des Autors an seine Leserschar. Zu eben diesem Zweck.

Das ist umso wichtiger, weil das Buch grundsätzlich so geschrieben ist, dass an bestimmten Stellen durchaus entsprechend der Interessenlage des Lesenden und Lernenden ein Quereinstieg möglich ist – wer sich nur für Visual Basic interessiert, kann sofort das Kapitel 14 auf Seite 199 aufschlagen, wer speziell wissen will, was sich hinter Timer-Programmierung bei VB 6.0 verbirgt, beginnt bei Kapitel 22 auf Seite 315 und so weiter.

Wie schon erwähnt, entstand das Buch aus den vielfältigen Erfahrungen, die ich in Vorlesungen und Praktika an Fachhochschulen, insbesondere in Brandenburg, sammeln konnte. Den Teilnehmern meiner Lehrveranstaltungen möchte ich hiermit Dank sagen.

Für Rückmeldungen und kritische Hinweise wäre ich sehr dankbar. Besuchen Sie mich doch gelegentlich im Internet unter http://www.w-g-m.de und schreiben Sie mir ihre Meinung.

Abschließend möchte ich allen, die mich während der Zeit der Manuskripterarbeitung unterstützten und mir viel Verständnis entgegenbrachten, ganz herzlich danken. Dem Teubner-Verlag und Herrn J. Weiß in Leipzig danke ich für die Anregung zu diesem Projekt und für die entgegenkommende und stets konstruktive Zusammenarbeit.

Uenglingen, im Dezember 2004   Wolf-Gert Matthäus

Inhaltsverzeichnis

1   Grundbegriffe: Programme und Programmiersprachen

Navigator: Was bisher zu lesen war, was nun folgt:

 Fangen wir an: Zuerst wird mittels eines kleinen Gedankenexperiments versucht, die wichtigen Grundbegriffe *Programm, Programmierung* und *Programmiersprache* zu erklären. *Programmieren heißt Denken* – deshalb fällt es vielen Menschen so schwer, die Programmierung zu erlernen.

Denkfehler sind dramatisch, sie heißen *logische Fehler*, entstehen schnell und sind schwer nachträglich zu finden und zu korrigieren.

Musste ein Programmierer der Anfangszeit mühsam jeden Befehl einzeln aufschreiben, so konnte später dazu übergegangen werden, mit Hilfe von *Symbolbefehlen* zu programmieren. Eine Menge an Symbolbefehlen einschließlich des zugehörigen Regelwerks bezeichnet man als *Programmiersprache*.

Verstöße gegen das *Regelwerk der Programmiersprache* heißen *syntaktische Fehler* und sind leicht zu erkennen und zu beheben. Sie sind nicht dramatisch.

Wer diese Einleitung überspringen und gleich das erste Basic-Programm zur Addition von vier Zahlen kennen lernen möchte, der gehe zu Abschnitt 1.2.4 auf Seite 27. Wer dieses Kapitel ganz überspringen möchte, weil diese elementaren Grundbegriffe bekannt sind, der schlage gleich Kapitel 2 ab Seite 31 auf.

1.1   Programme

Wer aber den Autor doch auf dem ersten, naiven Weg zur Veranschaulichung der Vokabeln *Programm* und *Programmiersprache* begleiten will, der erinnere sich bitte zuerst an die erste Klasse in der Schule. Da musste zum Beispiel *zwei plus drei* gerechnet werden, und alle ABC-Schützen, die die richtige Lösung gefunden hatten, hoben stolz und schnell das kleine, passende *Zahlentäfelchen* hoch.

Die Erinnerung an derartige Zahlentäfelchen mit den Ziffern Null bis Neun wird uns jetzt hilfreich sein.

1.1.1   Gedankenexperiment

Wir wollen uns nämlich nun bitte vorstellen, dass sich in einem Raum ein paar ganz einfache Gerätschaften befinden sollen (s. Bild 1.1).

• Links an der Wand befindet sich die Rückseite eines Briefkastenschlitzes; dessen Einwurf ist draußen. Innen kann nur entnommen werden. Es passt immer nur *ein* Zahlentäfelchen in den Einwurf, und solange dieses nicht von innen abgeholt wurde, kann kein neues Täfelchen eingeworfen werden. Zu diesem außen offenen Briefkastenschlitz wollen wir *Eingabe* sagen.

• Rechts an der Wand, gegenüber, befindet sich ein ebensolcher Briefkastenschlitz, dieser allerdings wird von innen bedient; außen kann nur entnommen werden. Dazu wollen wir *Ausgabe* sagen.

• Gegenüber von uns, an der Wand angebracht, befindet sich ein *Regal*. Ganz flach soll es sein, aber viele Fächer nebeneinander haben; in jedes Fach soll gerade *ein einziges* Zahlentäfelchen hineinpassen. Hinten soll das Regal offen sein, so dass ein neu in einen Speicherplatz eingeschobenes Zahlentäfelchen den bisherigen Inhalt verdrängt.

Das kennen wir ja auch beim Aufnehmen auf einen Tonträger – der bisherige Inhalt wird stets überspielt. Die Bezeichnung für dieses Regal ist schon gefallen – wir wollen es hochtrabend unseren *Speicher* nennen.

•   In einer Ecke unseres Raumes schließlich steht ein wahres Ungetüm: Das *Rechenwerk*. Viel kann es aber trotz seiner Größe nicht: Es gibt *zwei Eingabefächer*, in die jeweils nur ein Zahlentäfelchen hineinpasst, dann gibt es *das Ergebnisfach*, in dem nach vollbrachter Rechenoperation das Zahlentäfelchen mit dem Ergebnis liegt.

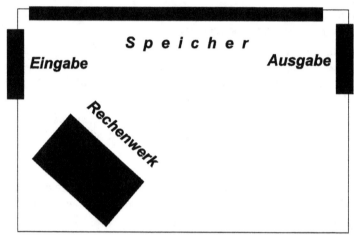

Bild 1.1: Geräte des Gedankenexperiments

Bevor dieses Ergebnis nicht abgeholt wird, können in die beiden Eingabefächer keine neuen Zahlentäfelchen eingelegt werden. Als Rechenoperationen sind nur die drei *Grundrechenarten* von Plus bis Mal möglich.

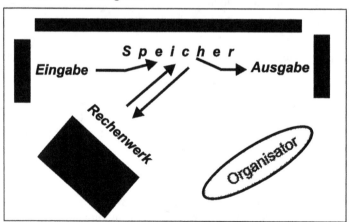

Bild 1.2: Erlaubte Transportwege und der Organisator

Damit soll es schon fast gut sein. Nein – doch noch nicht. Denn wir brauchen noch einen Helfer, der die Zahlentäfelchen im Raume umherträgt. Nennen wir ihn unseren Transporteur. Der Transporteur hat es aber leicht, denn es gibt nur ganze vier *erlaubte Wege*:

Erlaubt ist lediglich

- der Transport von der Eingabe zum Speicher,
- der Transport vom Speicher zum Rechenwerk,
- der Transport vom Rechenwerk zum Speicher,
- der Transport vom Speicher zur Ausgabe.

Schließlich und endlich muss noch jemand da sein, der die Prozesse in unserem Raume leitet, der die *Befehle* gibt. Bild 1.2 enthält deshalb zusätzlich noch den *Organisator*.

Kommen wir nun zu unserer scheinbar ganz leichten Aufgabe: *Draußen vor der Eingabe steht ein Nutzer und hat vier Zahlentäfelchen in der Hand. Welche Befehle muss der Organisator erteilen, damit der Nutzer an der Ausgabe die Summe seiner Zahlen entgegennehmen kann?*

Überlegen wir gemeinsam: Natürlich muss der *erste Befehl* an die *Eingabe* gehen:

```
(1) Eingabe: Nimm ein Zahlentäfelchen!
```

Nun gut, der Briefkastenschlitz wird geöffnet, der Nutzer schiebt seine *erste Zahlentafel* hinein. Bevor diese nicht wegtransportiert wird, kann die zweite Zahl nicht erfasst werden. Also muss der *Transporteur* aktiviert werden:

```
Transporteur: Bringe die Zahl zum Speicher!
```

Doch das macht der Transporteur nicht – er verlangt eine genauere Angabe. Er muss sie bekommen, ein *bestimmter Speicherplatz* muss benannt werden:

```
(2) Transporteur: Transportiere zum Speicherplatz Sp₁!
```

Nun kann die Eingabe die *zweite Zahl* entgegennehmen:

```
(3) Eingabe: Nimm ein Zahlentäfelchen!
```

Auch diese Zahl muss in den *Speicher* – wohin sollte sie auch sonst. Und schon können wir den *ersten Denkfehler* begehen, wenn wir nämlich die zweite Zahl falsch in den Speicherplatz Sp_1 bringen lassen würden – und damit die erste Zahl sofort wieder *zerstören*. Wir brauchen also als Ziel nun unbedingt einen anderen Speicherplatz:

```
(4) Transporteur: Transportiere zum Speicherplatz Sp₂!
```

Nun gibt es verschiedene weitere Vorgehensweisen; wir wollen jetzt erst einmal die erste *Zwischensumme* herstellen lassen:

```
(5) Transporteur: Transportiere von Sp₁ zum Rechenwerk!
(6) Transporteur: Transportiere von Sp₂ zum Rechenwerk!
(7) Rechenwerk: Addiere!
```

Im Ergebnisfach des Rechenwerkes liegt jetzt die Summe der ersten beiden Zahlen. Machen wir etwas falsch mit folgendem Befehl?

```
(8) Transporteur: Transportiere vom Rechenwerk nach Sp₁!
```

Nein, denn die dort nun zerstörte erste Zahl hätten wir sowieso nicht mehr gebraucht. Auch die zweite Zahl können wir durch die hereingeholte dritte Zahl überspeichern lassen:

```
(9) Eingabe: Nimm ein Zahlentäfelchen!
(10)Transporteur: Transportiere zum Speicherplatz Sp₂!
```

Und schon hatten wir die zweite Möglichkeit, einen *Denkfehler* zu begehen: Der Transport in den Speicherplatz Sp_1 hätte die Zwischensumme zerstört.

Die Hinzunahme der dritten Zahl zur *Zwischensumme* wird jetzt veranlasst:

```
(11)Transporteur: Transportiere von Sp₁ zum Rechenwerk!
(12)Transporteur: Transportiere von Sp₂ zum Rechenwerk!
(13)Rechenwerk: Addiere!
```

Im Ergebnisfach des Rechenwerkes liegt jetzt die *Summe der ersten drei Zahlen*.

```
(14)Transporteur: Transportiere vom Rechenwerk nach Sp₁!
```

Nun liegt die Zwischensumme der ersten drei Zahlen im Speicherplatz Sp_1, sie wird noch gebraucht; im Speicherplatz Sp_2 dagegen liegt die dritte Zahl – sie wurde ja bereits verarbeitet und kann mit der letzten Zahl überspeichert werden:

```
(15)Eingabe: Nimm ein Zahlentäfelchen!
(16)Transporteur: Transportiere zum Speicherplatz Sp₂!
```

Hier hätten wir schon die dritte Möglichkeit gehabt, durch *falsches Denken* zu falschem Ergebnis zu kommen! Abschließend wird die letzte Zahl aufsummiert, dann liegt im Ergebnisfach des Rechenwerks das gesuchte Ergebnis:

```
(17)Transporteur: Transportiere von Sp₁ zum Rechenwerk!
(18)Transporteur: Transportiere von Sp₂ zum Rechenwerk!
(19)Rechenwerk: Addiere!
```

Da der direkte Transport des Ergebnisses zur Ausgabe verboten ist, muss erst noch einmal der Speicher bemüht werden:

```
(20)Transporteur: Transportiere vom Rechenwerk nach Sp₁!
```

Zum Schluss müssen wir überlegen, dass der Transport vom richtigen Speicherplatz (wieder eine *Fehlerquelle*) zur Ausgabe erfolgt:

```
(21)Transporteur: Transportiere von Sp₁ zur Ausgabe!
```

Und der Befehl an die Ausgabe:

```
(22)Ausgabe: Gib die Zahl aus!
```

Zweiundzwanzig Befehle müsste der Organisator erteilen, um die Aufgabe zu lösen. Und – wenn *wir* vorher nicht richtig denken, dann erteilt *er* falsche Befehle.

1.1.2   Das erste Programm

Stellen wir nun alle Befehle, die wir uns überlegt haben, noch einmal in Kurzschreibweise übersichtlich zusammen:

```
(1)   E: Nimm Zahl
(2)   T: E --> Sp₁
(3)   E: Nimm Zahl
(4)   T: E --> Sp₂
(5)   T: Sp₁ --> RW
(6)   T: Sp₂ --> RW
```

```
(7)   RW: Addiere
(8)   T: RW --> Sp₁
(9)   E: Nimm Zahl
(10)  T: E --> Sp₂
(11)  T: Sp₁ --> RW
(12)  T: Sp₂ --> RW
(13)  RW: Addiere
(14)  T: RW --> Sp₁
(15)  E: Nimm Zahl
(16)  T: E --> Sp₂
(17)  T: Sp₁ --> RW
(18)  T: Sp₂ --> RW
(19)  RW: Addiere
(20)  T: RW --> Sp₁
(21)  T: Sp₁ --> A.
(22)  A: Gib aus
```

Diese *Zusammenstellung von Befehlen*, die man sich *vorher überlegt*, nennt man ein *Programm*. Ein Programm ist also das Ergebnis vorausschauenden Denkens, aufgeschrieben in geeigneter Form.

Daraus ergibt sich die einfache, aber überaus schwerwiegende Formel: *Programmieren heißt Denken.*

1.1.3   Logische Fehler

Programmieren heißt also Denken. Und beim Denken kann man Fehler machen. Diese haben einen speziellen Namen:

*   *Denkfehler beim Programmieren* bezeichnet man als *logische Fehler.*

Wir haben gesehen, dass sich logische Fehler beim Programmieren sehr schnell einschleichen können; durch mangelnde Konzentration, zu geringe Bereitschaft zum gründlichen Nachdenken, durch Unwissenheit.

Und es ist eine Illusion anzunehmen, dass nur bei umfangreichen Programmen die Gefahr von logischen Fehlern besteht: Unser so kleines Beispiel gab uns bereits an vier Stellen Gelegenheit, dass sich logische Fehler einschleichen. Denken wir nur an den vorletzten Befehl:

```
(21)  T: Sp₁ --> A
```

Eine kleine Unachtsamkeit, ein einziges Zeichen anders geschrieben

```
(21)  T: Sp₂ --> A
```

und schon erhält unser Nutzer nicht seine erwartete *Summe*, sondern – nur *die letzte Zahl*, die er eingegeben hat, zurück. Das Programm würde dann *völlig falsch* arbeiten.

Ebenso, wie kein Mensch absolut sicher gegen Irrtümer gefeit ist, wird es wohl niemand geben, der von sich sagen kann, dass er *beim Denken niemals Fehler* machen kann.

Logische Fehler sind, das können wir uns jetzt schon vorstellen, recht schwer zu finden. Und finden muss man sie, wenn man sie beseitigen will.

Oder – man bemüht sich, derartige Fehler erst gar nicht zu machen. Also bleibt als Schlussfolgerung, den Programmierprozess so zu organisieren, dass die *Wahrscheinlichkeit von Denkfehlern* möglichst gering ist. Davon wird eigentlich das ganze restliche Buch handeln.

1.2 Programmiersprachen

1.2.1 Symbolbefehle

• Ein Programm ist das *Ergebnis vorausschauenden Denkens*, aufgeschrieben *in geeigneter Form*.

Wollen wir uns nun mit den letzten beiden Worten dieses Satzes beschäftigen. Mit den Befehlen von (1) bis (22) haben wir ein Programm im Stile der 50er und 60er Jahre aufgeschrieben – jeder einzelne Transport- und Rechenvorgang musste damals im Detail vorher überlegt werden. Und nicht etwa so populär wie bei uns aufgeschrieben, sondern speziell und aufwändig kodiert, sehr unübersichtlich.

Die Schwierigkeiten beim vorausschauenden Denken wurden zusätzlich überlagert durch die Schwierigkeiten beim Aufschreiben der Befehle. Man arbeitete auf dem *Niveau der Maschinenprogrammierung*; nur wenigen Spezialisten war es damals vergönnt, Programme entwickeln zu können.

Muss der *denkende Mensch* eigentlich immer alle Details eines Programms aufschreiben, fragte man sich damals. Und man fand eine Antwort, die wir uns nun auch überlegen können.

Denn eigentlich ist der Organisator überhaupt nicht ausgelastet, wenn er nur die Befehlsliste mit den (Detail-) Befehlen übergeben bekommt und diese lediglich abliest.

Warum wollen wir uns seiner nicht bedienen, indem wir in folgender Weise zu *Symbolbefehlen* übergehen?

```
(1)   E: Nimm Zahl               \      ----> Sp₁
(2)   T: E --> Sp₁               /
(3)   E: Nimm Zahl               \      ----> Sp₂
(4)   T: E --> Sp₂               /
(5)   T: Sp₁ --> RW              \
(6)   T: Sp₂ --> RW              \   Sp₁+ Sp₂ ----> Sp₁
(7)   RW: Addiere                /
(8)   T: RW --> Sp₁              /
(9)   E: Nimm Zahl               \      ----> Sp₂
(10)         T: E --> Sp₂        /
(11)         T: Sp₁ --> RW       \
(12)         T: Sp₂ --> RW       \   Sp₁+ Sp₂ ----> Sp₁
(13)         RW: Addiere         /
(14)         T: RW --> Sp₁       /
```

```
(15)              E: Nimm Zahl          \     ----> Sp₂
(16)              T: E --> Sp₂          /
(17)              T: Sp₁ --> RW         \
(18)              T: Sp₂ --> RW         \   Sp₁+ Sp₂ ----> Sp₁
(19)              RW: Addiere           /
(20)              T: RW --> Sp₁         /
(21) T: Sp₁ --> A                      \   Sp₁ ---->
(22) A: Gib aus                        /
```

Stellen wir uns einfach vor, dass der Organisator eine Menge an Formularen besitzt, in denen die Detailbefehle schon vorbereitet sind; nur die jeweils konkreten Angaben müssten noch eingetragen werden.

Wenn der Organisator entsprechend unterwiesen (angelernt) ist, dann wird es ihm doch sicher möglich sein, rein formal, so, wie es Bild 1.3 zeigt, aus den acht rechts stehenden Symbolbefehlen selbständig das fertige, komplette Maschinenprogramm herstellen zu können. Dabei braucht er nicht einmal denken zu können, das Einsetzen kann als ein *ganz formaler Prozess* betrachtet werden.

Für den *denkenden Menschen* aber wird dann das Programmieren wesentlich leichter, weil er sich *auf das Wesentliche* konzentrieren kann. Das Wesentliche, das sind in unserem Fall die wenigen, acht *Symbolbefehle*.

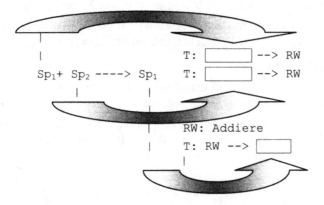

Bild 1.3: Formales Eintragen in passendes Formular

Damit kommen wir zum ganz wichtigen Begriff: Eine *Menge an Symbolbefehlen* nennt man eine *Programmiersprache*.

Wer also eine Programmiersprache zum Programmentwurf nutzen kann, der kann sich folglich auf das Wesentliche konzentrieren. *Denkfehler* werden seltener auftreten. Aber – nichts ist umsonst – dafür erscheint nun *eine zweite Art*, Fehler zu machen. Wieso?

Ganz einfach: Was passiert denn, wenn der angelernte Organisator einen Symbolbefehl erhält, mit dem er nichts anfangen kann, zum Beispiel mit diesem:

```
Sp₁   <---- Sp₁ + Sp₂
```

Für den *denkenden Menschen* wäre alles klar – aber der Organisator besitzt dieses *Denk-vermögen* nicht. Er kann nur Symbolbefehle umsetzen, die er kennt.

Das bedeutet, dass jeder, der Programme in Form von Symbolbefehlen schreiben will, sich an gewisse *Regeln* halten muss. *Das Regelwerk* für die Symbolbefehle nennt man *Syntax*.

Damit kommen wir zur treffenden (naiven) Definition einer Programmiersprache: Eine *Programmiersprache* ist eine *Menge von Symbolbefehlen* einschließlich des dazu gehöri-gen *Regelwerks*.

Wird ein Programm in einer Programmiersprache entwickelt und aufgeschrieben, dann kann sich der Programmierer auf das Wesentliche konzentrieren. Er erkauft sich die Er-leichterung seiner Denkarbeit aber mit einer neuen Fehlerart: *Verstöße gegen das Regel-werk der Programmiersprache* heißen *syntaktische Fehler*.

1.2.2   Syntaktische Fehler

Syntaktische Fehler sind Verstöße gegen das Regelwerk der Programmiersprache. *Logi-sche Fehler* sind Denkfehler. Welche Fehler sind schwerwiegender?

Ganz leicht einzusehen: Das sind immer noch die *logischen Fehler*. Denn wenn ein syn-taktischer Fehler vorliegt, wird er sofort beim Versuch der Verarbeitung des Symbolbe-fehls erkannt. Es gibt eine klare *Fehlermeldung*.

Logische Fehler dagegen sind stets schwer zu finden; sie werden oft erst dann erkannt, wenn das Programm nicht die Leistung bringt, die es eigentlich bringen soll.

Es bleibt also dabei – von entscheidender Bedeutung ist die Entwicklung einer solchen Pro-grammiertechnologie, bei der die Wahrscheinlichkeit für logische Fehler gering wird.

1.2.3   Programmiersprachen

Warum hatten die vorhin beispielhaft entwickelten Symbolbefehle eigentlich keine Chan-ce, als Programmiersprache um die Welt zu gehen?

Es sieht doch gar nicht so schlecht aus, das Programm, das nunmehr nur aus acht sehr an-schaulichen Symbolbefehlen besteht und das Wesen der Abläufe klar beschreibt:

```
----> Sp₁
----> Sp₂
Sp₁+ Sp₂ ----> Sp₁
----> Sp₂
Sp₁+ Sp₂ ----> Sp₁
----> Sp₂
Sp₁+ Sp₂ ----> Sp₁
Sp₁ ---->
```

Wollen wir zuerst davon absehen, dass der Autor dieses Buches zu jener Zeit, als die ersten Programmiersprachen entstanden, noch nicht einmal ein Schulkind war.

Es waren damals ganz praktische Überlegungen, wie derartige Symbolbefehle aussehen müssen.

Denn an heutige Computertastaturen oder Bildschirme war beispielsweise damals überhaupt nicht zu denken; also musste Rücksicht auf die damaligen, sehr einfachen Eingabe- und Ausgabemöglichkeiten genommen werden.

Pfeile und tiefgestellte Ziffern waren also undenkbar. (Die ersten FORTRAN-Programmierer beispielsweise mussten noch die Kombination .LT. anstelle des Kleiner-Zeichens < nutzen.)

Die Welt der Programmiersprachen begann außerdem im englischen Sprachraum, so dass Befehlswörter ausnahmslos der englischen Sprache entnommen wurden. Wie wir gleich sehen werden.

1.2.4   Programmieren in Basic

Navigator: Was bisher zu lesen war, was nun folgt:

Das Gedankenexperiment ist zu Ende. Eine *Programmiersprache* kann angesehen werden als eine *Menge von Symbolbefehlen* mit zugehörigem *Regelwerk*. Jetzt wird die Symbolik der bekannten *Programmiersprache Basic* beschrieben. Wer sie zu kennen glaubt, kann schon zum nächsten Kapitel, das auf Seite 31 beginnt, übergehen.

In einer *Basic-Symbolik* wird unser Programm zur Erfassung und Summation von vier Zahlen in folgender Weise geschrieben:

```
Dim s1 As Integer, s2 As Integer
s1 = Val(InputBox("Erste Zahl eingeben:"))
s2 = Val(InputBox("Zweite Zahl eingeben:"))
s1 = s1 + s2
s2 = Val(InputBox("Dritte Zahl eingeben:"))
s1 = s1 + s2
s2 = Val(InputBox("Vierte Zahl eingeben:"))
s1 = s1 + s2
MsgBox ("Summe=" + Str(s1))
```

Das ist also eine Basic-Schreibweise unseres Programms. Sofort zu erkennen – hier gibt es keine Pfeile und tiefgestellte Ziffern. Es wird *streng linear* geschrieben.

1.2.5   Erste Vorschriften der Basic-Syntax

Ein *Name für einen Speicherplatz* soll immer mit einem *Buchstaben* beginnen und darf kein Leerzeichen oder ein anderes Sonderzeichen enthalten; als Ausnahme ist der *tiefe Strich* erlaubt (Beispiel: zahl_1).

Die *Groß- und Kleinschreibung* ist in Basic *ohne Bedeutung*; man benutzt sie allerdings, um die Programmtexte übersichtlicher zu schreiben. Unser Programm würde also in folgender Schreibweise ebenfalls syntaktisch korrekt sein:

```
DIM S1 AS INTEGER, S2 AS INTEGER
S1 = VAL(INPUTBOX("ERSTE ZAHL EINGEBEN:"))
S2 = VAL(INPUTBOX("ZWEITE ZAHL EINGEBEN:"))
S1 = S1 + S2
```

```
S2 = VAL(INPUTBOX("DRITTE ZAHL EINGEBEN:"))
S1 = S1 + S2
S2 = VAL(INPUTBOX("VIERTE ZAHL EINGEBEN:"))
S1 = S1 + S2
MSGBOX ("SUMME=" + STR(S1))
```

Allerdings – die für den Nutzer geschriebenen *Informationstexte* würden natürlich dann auch nur in Großbuchstaben erscheinen. Fassen wir diese Regel also konkreter:

Die Groß- oder Kleinschreibung der *Namen der Speicherplätze* und der *Schlüsselwörter* ist in Basic ohne Bedeutung.

Für die *erläuternden Texte zur Erfassung und Ausgabe* dagegen gilt das natürlich nicht, hier muss zwischen Groß- und Kleinschreibung unterschieden werden:

```
DIM S1 AS INTEGER, S2 AS INTEGER
S1 = VAL(INPUTBOX("Erste Zahl eingeben:"))
S2 = VAL(INPUTBOX("Zweite Zahl eingeben:"))
S1 = S1 + S2
S2 = VAL(INPUTBOX("Dritte Zahl eingeben:"))
S1 = S1 + S2
S2 = VAL(INPUTBOX("Vierte Zahl eingeben:"))
S1 = S1 + S2
MSGBOX ("Summe=" + STR(S1))
```

Dieses Basic-Programm hat tatsächlich dieselbe Wirkung wie das Programm von Seite 27, aber es ist viel unübersichtlicher.

Kehren wir also zurück zur üblichen Groß- und Kleinschreibung, und gewöhnen wir uns daran:

```
Dim s1 As Integer, s2 As Integer
s1 = Val(InputBox("Erste Zahl eingeben:"))
s2 = Val(InputBox("Zweite Zahl eingeben:"))
s1 = s1 + s2
s2 = Val(InputBox("Dritte Zahl eingeben:"))
s1 = s1 + s2
s2 = Val(InputBox("Vierte Zahl eingeben:"))
s1 = s1 + s2
MsgBox ("Summe=" + Str(s1))
```

In der zweiten bis neunten Zeile erkennen wir unsere ursprünglichen Befehle sofort wieder.

1.2.6   Deklaration von Speicherplätzen

Die zusätzliche erste Zeile dient der *Deklaration* (oft auch als *Vereinbarung* bezeichnet), das heißt der Mitteilung, *welche Inhalte* für die zwei Speicherplätze vorgesehen sind.

```
Dim s1 As Integer, s2 As Integer
```

Unser Basic-Regelwerk verlangt, nach dem Schlüsselwort `Dim` jeden Speicherplatz einzeln aufzuführen und seinen beabsichtigten Inhalt mitzuteilen. Als *Trennzeichen* wird dabei das *Komma* verwendet.

Dabei ist zu beachten, dass tatsächlich zu *jedem* Speicherplatz gesondert dessen *Typ* angegeben werden muss; wer denkt, dass stattdessen die scheinbar abkürzende Schreibweise

```
Dim s1, s2 As Integer
```

genutzt werden kann, der bekommt zwar keine Fehlermeldung, vereinbart aber nur `s2` als Speicherplatz zur Aufnahme ganzer Zahlen, `s1` erhält nicht diesen Typ.

Schreiben wir dagegen

```
Dim s1 As Integer, s2 As Integer
```

so erklären wir `s1` und `s2` als `Integer`-Speicherplätze, zur Aufnahme ganzer Zahlen. Folglich wird unser Programm für *Dezimalbrüche*, die ein *Dezimal-Trennzeichen* besitzen, in dieser Form nicht nutzbar sein. Was für *Arten von Speicherplätzen* überhaupt in einem Basic-Programm benutzt werden können, darüber wird ab Abschnitt 4 (Seite 59) ausführlich Auskunft gegeben.

1.2.7   Anweisungsteil

Ab der zweiten Zeile erkennen wir im *Anweisungsteil* des Programms unsere Basic-Schreibweise der acht Symbolbefehle.

Zuerst wird der Nutzer aufgefordert, eine Zahl einzugeben (d. h. einzutippen) und den Abschluss seiner Eingabe mit Enter (oder ↵) zu bestätigen.

```
s1 = Val(InputBox("Erste Zahl eingeben:"))
```

In den Klammern der `InputBox` steht dabei, in die Anführungszeichen "" eingeschlossen, der *Informationstext an den Nutzer*.

Weiter enthält dieser Basic-Symbolbefehl die Transportaufforderung: Transportiere den Wert der Nutzereingabe (`Val` von *value*) in den Speicherplatz `s1`.

Hier können wir bereits ein ganz wichtiges, immer gültiges Element des Regelwerks der Programmiersprache erkennen:

Die Quelle steht immer rechts, das Ziel steht immer links. Oder kürzer, zum Auswendig lernen: *Rechts die Quelle, links das Ziel.*

Daraus folgt, dass die passende Vokabel und Sprechweise für das mathematische Gleichheitszeichen = für den *Programmierer* logischerweise niemals das *ist gleich* sein kann: Jetzt muss man dieses Zeichen anders lesen und aussprechen: *ergibt sich aus.*

Besonders deutlich wird das in der vierten Zeile:

```
s1 = s1 + s2
```

Wer hier spricht `s1` *ist gleich* `s1` *plus* `s2`, der spricht nicht nur falsch, sondern *denkt auch falsch*. Denn damit würde nur ein *Zustand* beschrieben. Das ist grundfalsch.

Hier aber handelt es sich um einen *Befehl*: Der Inhalt des Speicherplatzes `s1` ist zuerst zu dem Inhalt des Speicherplatzes `s2` zu addieren. Anschließend ist das Ergebnis in den Speicherplatz `s1` zu bringen (wobei der alte Inhalt überschrieben wird).

Oder kürzer und korrekt gesprochen: s1 *ergibt sich aus* s1 *plus* s2.

Das ist richtig. So *muss* man *sprechen*. Dann *denkt* man auch *richtig*. Es wird in diesem Buch noch viele Gelegenheiten geben, darauf hinzuweisen.

Die weiteren Basic-Befehle sind nun leicht zu verstehen, anschaulich klar ist auch die Tatsache, dass das *Zeilenende* einen Befehl vom nächsten *trennt*.

Die letzte Zeile

```
MsgBox ("Summe=" + Str(s1))
```

veranlasst die Ausgabe des Inhalts des (*Zahlen-*) Speicherplatzes s1 auf den Bildschirm. Mit einem erklärenden *Text* an den Nutzer.

Weil aber ein *Text* und eine *Zahl* nicht zusammenpassen, muss mit Hilfe der Str-Funktion vor dem Zusammenfügen aus der *Zahl*, die in s1 ist, eine *Zeichenfolge* erzeugt werden.

Mit diesen Begriffen müssen wir uns später noch intensiv auseinandersetzen: 12 heißt *zwölf* als *Zahl*, aber *eins -> zwei* als *Zeichenfolge*.

Es ist eben nicht so leicht: *Programmieren heißt Denken.*

1.2.8 Allgemeines und Besonderes

Was wir noch erklären müssen: Manchmal war die Rede von *unserem* Basic, manchmal allgemein von *dem* Basic. Ja, einige Befehle unterscheiden sich tatsächlich, je nachdem, welches *Verarbeitungssystem* verwendet wird.

Da wir speziell das *Basic-Verarbeitungssystem von Excel* verwenden werden (siehe Kapitel 2), müssen wir bei den *Befehlen zur Erfassung und zur Ausgabe* dessen Besonderheit berücksichtigen.

Damit diesbezüglich keine Unklarheiten auftreten, wollen wir im Programm noch einmal hervorheben, welche Basic-Befehle dem allgemeingültigen Regelwerk unterliegen:

```
Dim s1 As Integer, s2 As Integer              'immer so
s1 = s1 + s2                                  'immer so
s1 = s1 + s2                                  'immer so
s1 = s1 + s2                                  'immer so
```

Die nicht aufgeführten Basic-Befehle können in Abhängigkeit vom jeweils gewählten Verarbeitungssystem von unseren Befehlen abweichen.

1.2.9 Kommentare

Übrigens dient das Hochkomma ' dazu, dass der nachfolgende *Rest der Zeile* ignoriert wird, er hat dann *keinerlei Programmwirkung* mehr.

Damit wird es möglich, hinter dem Hochkomma verschiedene Bemerkungen in einen Basic-Programmtext einzufügen. Derartige Bemerkungen nennt man *Kommentare*.

Mit diesen Kommentaren lassen sich Programmtexte viel *übersichtlicher* gestalten und mit *Erklärungen* versehen. Wir werden sie in den folgenden Abschnitten oft nutzen.

2 Vom Basic-Text zum Ergebnis

Navigator: Was bisher zu lesen war, was nun folgt:

 Im vorigen Kapitel wurde eingangs die einfache Aufgabe betrachtet, ein Programm zu schreiben, das, wenn es später gestartet wird, vom Nutzer vier Zahlen erfragt, die Summe ermittelt und ausgibt.

Das einführende Gedankenexperiment war nützlich, um die Begriffe *Programm* und *Programmiersprache* einzuführen und den wichtigen Unterschied zwischen *logischen* und *syntaktischen Fehlern* zu erklären.

Nun liegt ein Basic-Text eines Programms vor. Mit spezieller Ausrichtung auf unser beabsichtigtes Verarbeitungssystem. Denn es gibt leider kein universelles Basic.

In diesem Kapitel wird nun eingangs geschildert, wie wir vorgehen müssen, wenn wir unseren Basic-Text mit Hilfe von Excel-VB testen wollen. Dazu brauchen wir zuerst einen Programm-Rahmen. In diesen Rahmen wird der Basic-Programmtext eingetragen. Dann kann getestet werden. Bei Word und PowerPoint gibt es ein gleichwertiges Basic-Verarbeitungssystem.

Wer das teure Visual Basic aus dem Visual Studio besitzt, kann auch damit arbeiten.

Anschließend an dieses rein technologisch orientierte Kapitel wird in Kapitel 3 ab Seite 53 der Unterschied zwischen Basic und Visual Basic dargelegt, damit entsprechend der Interessenlage die Entscheidung für die passenden weiteren Kapitel fallen kann.

2.1 Wiederholung: Das Programm

Ein Nutzer soll nacheinander zur Eingabe von vier (ganzen) Zahlen aufgefordert werden. Zu schreiben und zu testen ist das Programm dafür.

Wiederholen wir noch einmal unseren Basic-Programmtext aus dem vorigen Kapitel, ergänzt um Kommentare, aufgeschrieben mit den spezifischen Erfassungs- und Ausgabebefehlen für das Excel-Basic-Verarbeitungssystem, genannt *Excel-VB*.

Eine Änderung wird noch vorgenommen: Die erklärenden Texte für den Nutzer in den Befehlen mit der `InputBox` werden dahingehend erweitert, dass der Nutzer unmissverständlich darauf hingewiesen wird, dass er *nur ganze Zahlen* eintippen soll.

```
'******* Vereinbarungsteil ********************************
Dim s1 As Integer, s2 As Integer
'******* Ausführungsteil **********************************
s1 = Val(InputBox("Erste ganze Zahl eingeben:"))
s2 = Val(InputBox("Zweite ganze Zahl eingeben:"))
s1 = s1 + s2                              'erste und zweite Zahl
s2 = Val(InputBox("Dritte ganze Zahl eingeben:"))
s1 = s1 + s2                              'dritte Zahl dazu
s2 = Val(InputBox("Vierte ganze Zahl eingeben:"))
s1 = s1 + s2
MsgBox ("Summe=" + Str(s1))
```

2.2   Programm-Rahmen

Navigator: Was bisher zu lesen war, was nun folgt:

 Wenn Sie sofort zum *Test des Basic-Programms* übergehen wollen, dann beschaffen Sie sich mit der nachfolgende beschriebenen Anleitung zum Herunterladen die vorbereitete Excel-Datei BSP02_01.XLS und gehen zu Abschnitt 2.4 auf Seite 37 über.

Hinweise zum *Herunterladen vorbereiteter Dateien* werden in Zukunft mit der Vokabel *download* abkürzend angekündigt.

DOWNLOAD *Wenn Sie die technologische Vorbereitung überspringen wollen, dann legen Sie am besten zuerst einen Ordner für alle downloads aus diesem Buch an, zum Beispiel mit dem Namen BASIC.*

Öffnen Sie danach die Seite http://www.w-g-m.de/basic.htm und wählen Sie dort Dateien für Kapitel 2 aus. Entscheiden Sie sich für SPEICHERN und geben Sie Ihren vorbereiteten Ziel-Ordner an (sonst kann es sein, dass der download an unbekannte Stellen gebracht wird, und Sie anschließend mühsam suchen müssen).

Danach finden Sie in Ihrem Ordner die komprimierte Datei KAP02.ZIP. Der Doppelklick auf diese Datei erzeugt die drei Unterverzeichnisse BEISPIELE, UEBUNGEN und LOE-SUNGEN. Im Ordner BEISPIELE finden Sie dann die Datei BSP02_01.XLS mit einem fertigen Programm-Rahmen.

2.2.1   Erster Schritt: Übergang von Excel zu Excel-VB

Zuerst wird Excel gestartet. Wir sehen die übliche leere Tabelle. Sie können wir gleich wieder vergessen, denn wenn wir die Taste Alt und dazu zusätzlich die F11 -Taste drücken, dann öffnet sich das *Fenster des Basic-Verarbeitungssystems von Excel* (Bild 2.1).

Dieses Basic-Verarbeitungssystem trägt die Beschriftung Microsoft Visual Basic, oben in der Fensterkante zu lesen. Wir werden ab jetzt abkürzend nur noch von *Excel-VB* sprechen.

2.2.2   Zweiter Schritt: Formular besorgen

Als nächstes brauchen wir ein *Formular*, das besorgen wir uns mittels EINFÜ-GEN→USERFORM (Bild 2.2). Das Formularfenster mit der *grau gerasterten Fläche*, das dann erscheint, trägt die Überschrift USERFORM1, links neben dem Formular ist nun zusätzlich die *Werkzeugsammlung* mit den *Bedien- oder Steuerelementen* zu erkennen – denn das Registerblatt im Fenster WERKZEUGSAMMLUNG trägt in der Tat die Beschriftung STEUERELEMENTE (Bild 2.3).

2.2.3   Dritter Schritt: Platzieren einer Schaltfläche

Nun müssen wir mit der Maus unter den *Steuerelementen* das Button-Symbol *Befehlsschaltfläche* (meist in der mittleren Zeile, rechts) finden (Bild 2.4).

Anschließend wird das Symbol auf das Formular gezogen und vergrößert. Dort entsteht eine *Schaltfläche* (auch als *Button* bekannt) mit der vorläufigen Beschriftung COMMAND-BUTTON1 (Bild 2.5).

Ein *Klick* auf diese Beschriftung, und sie kann verändert werden: Ab jetzt soll sie bis auf Weiteres bei uns mit START beschriftet werden.

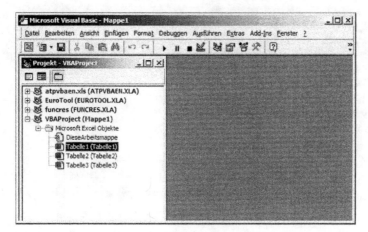

Bild 2.1: Excel-VB: Das Basic-Verarbeitungssystem

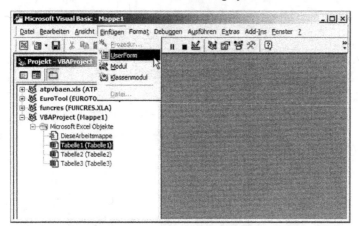

Bild 2.2: Anfordern eines Formulars

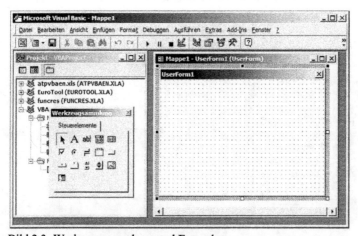

Bild 2.3: Werkzeugsammlung und Formular

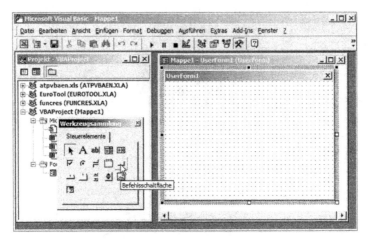

Bild 2.4: Auswahl einer Befehlsschaltfläche (Button)

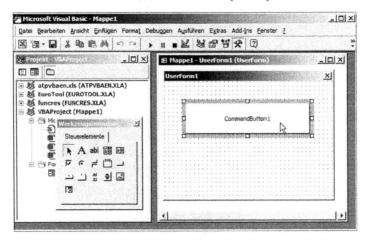

Bild 2.5: Befehlsschaltfläche auf dem Formular

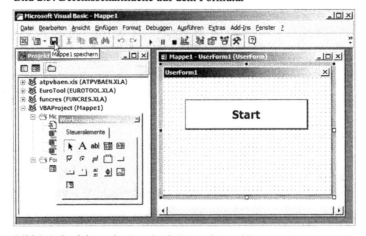

Bild 2.6: Speichern der Datei mit Formular und Button

Während dieser Aktionen sollten wir den Mauszeiger auf das *Diskettensymbol* richten (Bild 2.6) und immer wieder *alles speichern*. Als Dateiname, der beim ersten Mal erfragt wird, bietet sich BSP02_01.XLS an. Unter diesem Namen existiert auch eine vorbereitete Datei, die herunter geladen werden kann.

2.2.4   Beschaffung eines Programm-Rahmens

Nun nähern wir uns dem Zeitpunkt, an dem wir endlich zu einem *Rahmen* kommen, in den wir unseren Basic-Text eintippen können. Dazu brauchen wir den *Mauszeiger* lediglich auf den Button mit der Beschriftung START zu richten. Nach dem *Doppelklick* öffnet sich rechts das große *Quelltextfenster* (Bild 2.7).

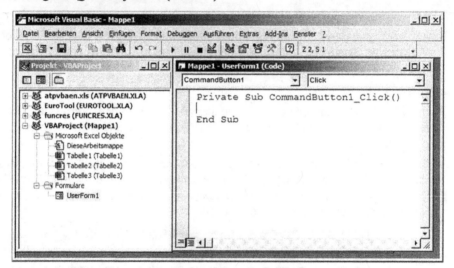

Bild 2.7: Programm-Rahmen nach Doppelklick auf den Button

Zwei Zeilen sind schon eingetragen; sie bilden den gesuchten *Programm-Rahmen*:

```
Private Sub CommandButton1_Click()

End Sub
```

Die obere Zeile ist die *Kopfzeile*, die untere Zeile ist die *Fußzeile* des Rahmens. Dazwischen ist der freie Raum für unseren Basic-Text.

2.2.5   Speichern und Schließen

Bleiben Sie schön misstrauisch, vertrauen Sie niemals blindlings einem Computer, raten die Experten. Für uns bedeutet dies, *möglichst oft* durch Klick auf das Diskettensymbol *alles* zu speichern.

Wird die Arbeit am Computer beendet, so wird in *zwei Stufen* geschlossen: Zuerst wird das Fenster des *Excel-Basic-Verarbeitungssystems* mit der Überschrift MICROSOFT VISUAL BASIC geschlossen.

Dann erscheint die leere Excel-Tabelle, mit ihr wird die Excel-Datei endgültig geschlossen. Spätestens dabei erfolgt bei vergessener Speicherung die Rückfrage, ob die Änderungen gespeichert werden sollen. Natürlich, immer.

2.3   Test des Basic-Programms

2.3.1   Programm-Rahmen öffnen

Nach eigener Vorbereitung (oder nach dem Herunterladen der Datei BSP02_01.xls) erscheint entweder nach Doppelklick auf den Dateinamen (oder durch Start von Excel und
nachfolgendes Öffnen dieser Datei) zuerst die leere, für uns uninteressante Excel-Tabelle.

Mit der Kombination $\boxed{\text{Alt}}$ + $\boxed{\text{F11}}$ wechseln wir sofort zu Excel-VB, unserem Basic-Verarbeitungssystem. Sollte nicht sofort das Fenster mit den zwei Zeilen des Programm-Rah-
mens zu sehen sein, so hilft ANSICHT→CODE.

2.3.2   Programm-Rahmen unbedingt ergänzen

Bevor der Text unseres Basic-Programms zwischen Kopf- und Fußzeile des Programm-
Rahmens eingetragen wird, sollten *unbedingt* und *über der Kopfzeile* noch die zwei Worte

```
option explicit
```

ergänzt werden.

Sind beide Worte richtig eingetippt, dann schreibt VB nach dem Verlassen der Zeile die
Anfangsbuchstaben automatisch groß, färbt die Schrift blau und zieht darunter einen waagerechten Strich (Bild 2.8).

Welche Bedeutung hat diese Ergänzung des Programm-Rahmens? Sie sorgt dafür, dass
Excel-VB stets prüft, ob tatsächlich *jeder* Speicherplatz deklariert wurde. Das erhöht die
Programmiersicherheit, verringert die *Gefahr von logischen Fehlern* und sollte deshalb,
vor allem von Anfängern, nie vergessen werden.

Bild 2.8: Option Explicit über der Kopfzeile

2.3.3   Basic-Text eintippen

Zwischen die Kopfzeilen (jetzt sind es zwei) und die Fußzeile des Programm-Rahmens
wird nun der Programmtext eingetippt (Bild 2.9).

Für alle, die selbst eintippen, ein wichtiger Hinweis: *Nach* dem *Verlassen einer Zeile* analy-
siert das Excel-VB-System sofort den eingegebenen Text und reagiert sichtbar: Alle *Kommentare* werden *grün* eingefärbt.

Die *Schlüsselworte* werden *mit großen Anfangsbuchstaben* geschrieben, und die allgemein gültigen *Befehlsworte der Sprache* werden *blau* dargestellt. So kann man sofort kontrollieren, ob sich nicht ein Tippfehler eingeschlichen hat.

DOWNLOAD *Für alle diejenigen, die sich das Eintippen ersparen möchten:*

Laden Sie zuerst die Datei KAP02.ZIP *nach dem Öffnen der Seite <u>http://www.w-g-m.de-/basic.htm</u> durch Anklicken von <u>Dateien für Kapitel 2</u> in Ihren Ordner für die Dateien dieses Buches. Durch Doppelklick auf den Dateinamen* KAP02.ZIP *wird diese Datei extrahiert, und Sie erhalten im darunter befindlichen Ordner mit dem Namen* BEISPIELE *die Datei* BSP02_02.XLS *mit dem bereits eingetragenen Programmtext.*

```
bsp02_02.xls - UserForm1 (Code)                                  _|□|×|
CommandButton1                          ▼  Click                      ▼
  Option Explicit                                                     ▲
  Private Sub CommandButton1_Click()
  '******** Vereinbarungsteil *******************************
  Dim s1 As Integer, s2 As Integer
  '******** Ausführungsteil *********************************
  s1 = Val(InputBox("Erste ganze Zahl eingeben:"))
  s2 = Val(InputBox("Zweite ganze Zahl eingeben:"))
  s1 = s1 + s2                              'erste und zweite Zahl
  s2 = Val(InputBox("Dritte ganze Zahl eingeben:"))
  s1 = s1 + s2                                      'dritte Zahl dazu
  s2 = Val(InputBox("Vierte ganze Zahl eingeben:"))
  s1 = s1 + s2                                      'Endsumme
  MsgBox ("Summe=" + Str(s1))                                         ▼
```

Bild 2.9: Basic-Text im Programm-Rahmen

2.4   Ausführung des Basic-Programms

Um mit dem Excel-VB-Verarbeitungssystem für Basic ein dafür geschriebenes Programm testen zu können, müssen wir stets *zwei Bedienhandlungen* nacheinander vornehmen:

- ♦ Im *Vorbereitungsschritt* wird dafür gesorgt, dass der Button mit der Beschriftung *Start* sichtbar und bedienbar wird.

- ♦ Im *Ausführungsschritt* wird dann die eigentliche Abarbeitung des Programms veranlasst.

2.4.1   Vorbereitungsschritt

Drei Möglichkeiten gibt es, den *Vorbereitungsschritt* zu veranlassen:

- ♦ mit AUSFÜHREN→SUB/USERFORM AUSFÜHREN (Bild 2.10),

- ♦ mit der Taste F5 ,

- ♦ durch einfachen Mausklick auf die Schaltfläche mit dem *nach rechts gerichteten Dreieck* (in Bild 2.8 unter DEBUGGEN zu erkennen).

Bild 2.11 zeigt die Wirkung: Vor der leeren Excel-Tabelle erscheint das Formular mit dem darauf befindlichen Button. Das Formular befindet sich nun nicht mehr in der *Entwurfsphase* – das ist daran zu erkennen, dass im Gegensatz zu den Bildern 2.3 bis 2.5 keine *Rasterpunkte* mehr erkennbar sind.

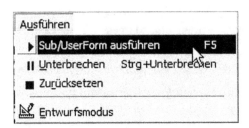

Bild 2.10: Vorbereitungsschritt

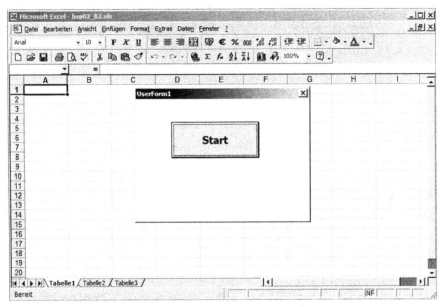

Bild 2.11: Formular und Button erscheinen vor der Tabelle

2.4.2   Ausführungsschritt

Nun genügt anschließend ein einfacher *Klick mit der Maus* auf den Button START, damit wird die *Fehleranalyse* und – bei Fehlerlosigkeit – die *Abarbeitung* unseres Basic-Programms veranlasst. Es ist klar: *Fehlerlosigkeit* heißt bisher nur, dass keine *syntaktischen Fehler* vorliegen.

Denn die *logischen Fehler* können wir ja erst dann feststellen, wenn das Programm während seiner Ausführung falsch arbeitet. Vorher nicht.

Die gleiche Wirkung wie der Klick auf den Button START hat übrigens auch ein Druck auf die Taste [Enter] bzw. [↵] oder auf die große *Leertaste* [   ].

Unser Programm hat keine syntaktischen Fehler, denn es gibt – wenn keine Tippfehler vorliegen – keine *Verstöße gegen die Regeln der Programmiersprache*.

Folglich wird jetzt bei der Ausführung *schrittweise von oben nach unten* jeder Befehl des Ausführungsteils des Programms einzeln abgearbeitet.

Der Nutzer am Bildschirm merkt allerdings davon nur dann etwas, wenn der gerade abge-
arbeitete Befehl eine beabsichtigte *Bildschirmwirkung* hat. In unserem Programm haben
fünf Befehle eine Bildschirmwirkung.

Die Bilder 2.12 bis 2.15 zeigen die *Erfassungsfenster* für die vier Zahlen. Es ist deutlich zu
erkennen, dass genau derjenige *Informationstext für den Nutzer* ausgegeben wird, den wir
programmiert haben. Bild 2.16 zeigt das Mitteilungsfenster mit dem Ergebnis.

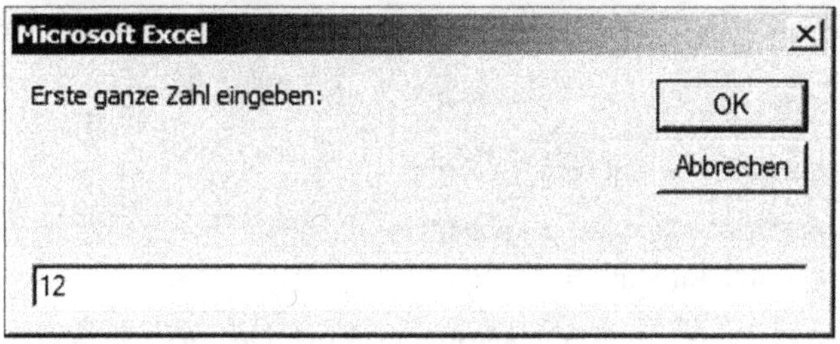

Bild 2.12: Erfassungsfenster für die erste Zahl

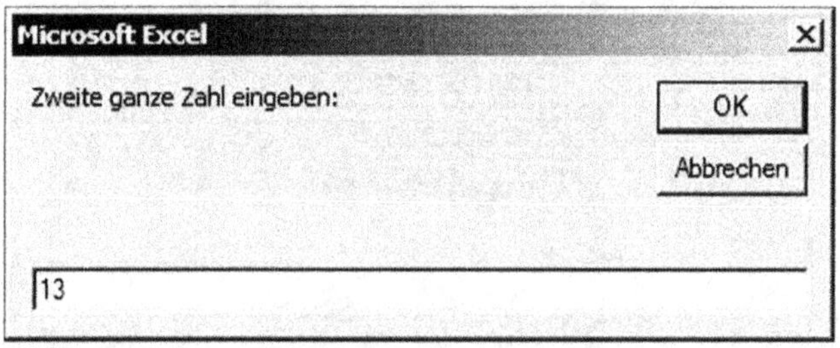

Bild 2.13: Erfassungsfenster für die zweite Zahl

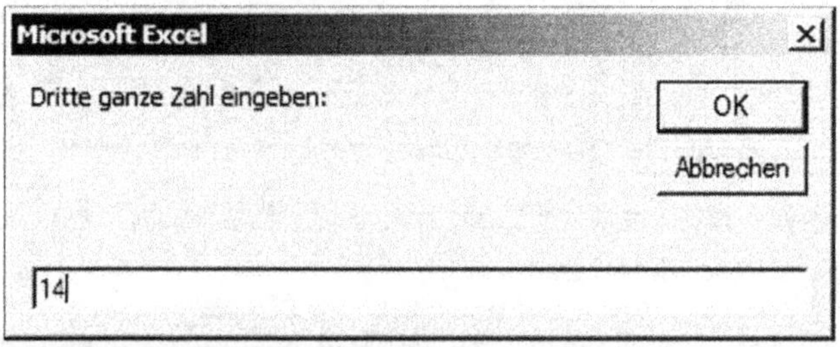

Bild 2.14: Erfassungsfenster für die dritte Zahl

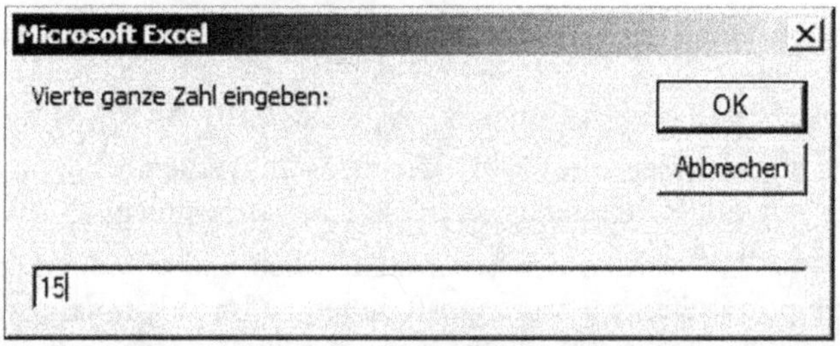

Bild 2.15: Erfassungsfenster für die vierte Zahl

Nach dem Bestätigen der Ergebnis-Mitteilung erscheint wieder das *Formular* mit dem Button START; nun könnten wir den Ausführungsschritt wiederholen lassen und das Programm mit anderen Zahlen testen.

Bild 2.16: Mitteilungsfenster mit dem Ergebnis

Wenn wir keinen weiteren Test wünschen, dann schließen wir das Formular-Fenster mit der Beschriftung USERFORM1 und dem Button.

Es erscheint wieder unser Excel-VB mit dem Formular in der *Entwurfs-Ansicht*, erkennbar an den *Rasterpunkten* auf der Fläche (Bild 2.17).

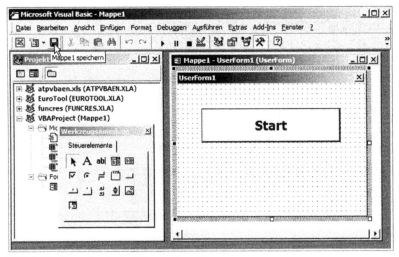

Bild 2.17: Formular in der Entwurfsansicht

Über ANSICHT→CODE oder $\boxed{F7}$ gelangen wir wieder zu unserem *Programmtext*.

Bisweilen wird dabei ohne unser Zutun ein zweiter Programm-Rahmen angefügt:

```
Private Sub UserForm_Click()

End Sub
```

Er kann ohne schädliche Konsequenzen sofort wieder gelöscht werden. Er kann auch stehen bleiben; da dieser Programm-Rahmen keinen Inhalt hat, passiert nichts.

Im Abschnitt 15.2 auf Seite 214 werden wir später ausführlich und gründlich erklärt bekommen, was es überhaupt mit diesen Programm-Rahmen auf sich hat, dann wird auch klar werden, warum diese scheinbar umständliche Zwei-Schritt-Vorgehensweise in Wirklichkeit ganz sinnvoll ist.

2.5   Fehler

2.5.1   Grobe Syntaxfehler

Unser Programm enthielt bisher keine Syntaxfehler, d. h. keine *Verstöße gegen das Regelwerk von Basic*. Deshalb konnten wir auch so gut testen. Sehen wir uns nun an, wie das Excel-VB über Syntaxfehler informiert.

Da gibt es zuerst einmal die ganz, ganz *groben Syntaxfehler*.

Wenn nämlich Klammern vergessen werden. Oder wenn die Anzahl der einleitenden Text-Anführungsstriche in einer Zeile nicht gleich der Anzahl der abschließenden Text-Anführungsstriche ist. Oder wenn Quelle und Ziel vertauscht sind.

Derartig grobe Syntaxfehler stellt Excel-VB sofort fest, wenn die *Zeile verlassen* wird. Die Zeile mit dem groben Syntaxfehler wird dann grell rot hervorgehoben, und ein Mitteilungsfenster nennt uns den erkannten Fehler.

Provozieren wir gleich einmal einen solchen groben Syntaxfehler, indem wir in dem Befehl zur Erfassung der ersten Zahl

```
s1 = Val(InputBox("Erste ganze Zahl eingeben:"))
```

eine schließende Klammer vergessen. Nun gut, in Bild 2.18 lässt sich aufgrund des Schwarz-Weiß-Druckes die Rotfärbung dieser Zeile schwer erkennen, deutlich ist dagegen die Information über die vermutliche Fehlerquelle: *Erwartet Listentrennzeichen oder)*.

```
Option Explicit
Private Sub CommandButton1_Click()
'******** Vereinbarungsteil ********************************
Dim s1 As Integer, s2 As Integer
'******** Ausführungsteil **********************************
s1 = Val(InputBox("Erste ganze Zahl eingeben:")
s2 = Val(InputBox("Zweite ganze Za┌─────────────────────────────┐
s1 = s1 + s2                      │ Microsoft Visual Basic    ×│
s2 = Val(InputBox("Dritte ganze Za│                             │
s1 = s1 + s2                      │  ⚠  Fehler beim Kompilieren:│
s2 = Val(InputBox("Vierte ganze Za│                             │
s1 = s1 + s2                      │     Erwartet: Listentrennzeichen oder )│
MsgBox ("Summe=" + Str(s1))       │   ┌──────┐    ┌──────┐      │
End Sub                           │   │  OK  │    │ Hilfe│      │
                                  └─────────────────────────────┘
```

Bild 2.18: Grober Syntaxfehler: Klammer vergessen

2.5.2   Andere Syntaxfehler

Nachdem wir die fehlende schließende Klammer wieder eingetragen (und danach natürlich durch *Klick auf das Diskettensymbol* sofort wieder alles *gespeichert*) haben, wollen wir einen anderen Syntaxfehler einbauen: Wir vergessen die *Vereinbarung des zweiten Speicherplatzes*, schreiben im Deklarationsteil also nur:

```
Dim s1 As Integer
```

Jetzt gibt es bis zum Vorbereitungsschritt überhaupt keine Fehlermeldung; das Formular mit dem Button START erscheint (s. Bild 2.11).

Aber unmittelbar nach dem *Start des Ausführungsschrittes*, wenn also der Button *Start* angeklickt wurde, erscheint die Fehlermeldung.

Und die Stelle im Basic-Text, an der der Fehler *bemerkt* wurde, ist markiert (Bild 2.19).

```
Option Explicit
Private Sub CommandButton1_Click()
'******** Vereinbarungsteil ********************************
Dim s1 As Integer
'******** Ausführungsteil **********************************
s1 = Val(InputBox("Erste ganze Zahl eingeben:"))
s2 = Val(In  Microsoft Visual Basic        X   ngeben:"))
s1 = s1 + s                                      'erste und zweite Zahl
s2 = Val(In        Fehler beim Kompilieren:   ngeben:"))
s1 = s1 + s    /!\                                   'dritte Zahl dazu
s2 = Val(In         Variable nicht definiert  ngeben:"))
s1 = s1 + s                                          'Endsumme
MsgBox ("Su        OK            Hilfe
End Sub
```

Bild 2.19: Fehlermeldung im Ausführungsschritt und Markierung

```
Option Explicit
Private Sub CommandButton1_Click()
'******** Vereinbarungsteil ********************************
Dim s1 As Integer
'******** Ausführungsteil **********************************
```

Bild 2.20: Programm im Haltemodus – Gelbfärbung der Kopfzeile

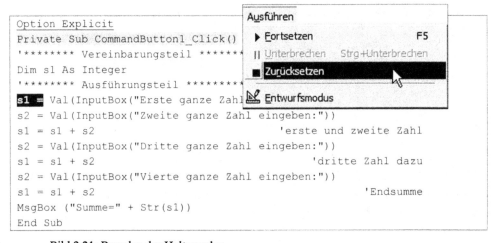

```
Option Explicit                    Ausführen
Private Sub CommandButton1_Click()  ▶ Fortsetzen                F5
'******** Vereinbarungsteil *******  || Unterbrechen    Strg+Unterbrechen
Dim s1 As Integer                   ■ Zurücksetzen
'******** Ausführungsteil ********
s1 = Val(InputBox("Erste ganze Zahl  Entwurfsmodus
s2 = Val(InputBox("Zweite ganze Zahl eingeben:"))
s1 = s1 + s2                                 'erste und zweite Zahl
s2 = Val(InputBox("Dritte ganze Zahl eingeben:"))
s1 = s1 + s2                                     'dritte Zahl dazu
s2 = Val(InputBox("Vierte ganze Zahl eingeben:"))
s1 = s1 + s2                                          'Endsumme
MsgBox ("Summe=" + Str(s1))
End Sub
```

Bild 2.21: Beenden des Haltemodus

Soweit – so gut. Aber nun passiert etwas, an das man sich gewöhnen muss. Wird nämlich die Fehlermeldung durch Klick auf ihr OK bestätigt, dann geht das Programm in einen *Haltemodus* über; zu erkennen an einer auffälligen *Gelbfärbung derjenigen Kopfzeile, die mit* `Private Sub` *beginnt* (Bild 2.20).

Dieser Haltmodus sollte *unbedingt beendet werden, bevor* die Korrektur im Programmtext vorgenommen und zwischengespeichert wird. Sonst riskiert man, dass die Änderung nicht akzeptiert wird oder dass das Speichern unmöglich ist.

Mit AUSFÜHREN→ZURÜCKSETZEN oder durch Klick auf das zugehörige Symbol, das *kleine Quadrat*, beendet man den Haltemodus, es erscheint das Formular im Entwurf, doch ANSICHT→QUELLTEXT (oder schneller F7) bringen uns zum Programmtext zurück, der nun korrigiert und *gespeichert* und neu ausgeführt werden kann. Bis zum nächsten Syntaxfehler.

Doch bei konzentrierter Arbeitsweise hält sich die Menge der Syntaxfehler auch bei Anfängern im Rahmen, daran scheitert selten der Test eines Programms. Viel unangenehmer sind die logischen Fehler.

2.5.3 Logische Fehler

Logische Fehler werden uns nur ganz selten vom VB-System gezeigt, diese müssen wir durch eine klug ausgedachte *Teststrategie* im allgemeinen selbst erkennen.

Wenn wir zum Beispiel *falsch gedacht* haben und in der letzten Zeile des Ausführungsteils das Mitteilungsfenster mit dem falschen Befehl

```
MsgBox ("Summe=" + Str(s2))
```

erscheinen lassen, dann erfasst das Programm klaglos die vier Zahlen. Aber – es gibt uns anstelle der gewünschten *Summe* nur die *vierte Zahl* zurück.

Logische Fehler müssen wir selbst finden. Dazu braucht man klug ausgedachte *Teststrategien*. Wer nur einmal testet, und das mit den wenig durchdachten Eingaben *Null* → *Null* → *Null* → *Eins*, der findet den Fehler überhaupt nicht. Programmieren erzieht damit auch zur Kritikfähigkeit und zum Misstrauen gegenüber vorschnellen Erfolgserlebnissen.

Wie ist es aber zu werten, wenn ein Nutzer folgende vier Eingaben vornimmt: *Eins Komma fünf* → *Zwei* → *Zwei Komma Fünf* → *Drei*. Theoretisch müsste nun *Neun* herauskommen, angezeigt wird aber *Acht*. Wer hat Schuld?

Es liegt nahe, die Schuld auf den Nutzer zu schieben. Schließlich wird ihm unmissverständlich gesagt, dass er *nur ganze Zahlen* eingeben soll:

```
s1 = Val(InputBox("Erste ganze Zahl eingeben:"))
```

Warum schaut er nicht hin und richtet sich danach, benutzt das Programm nur für die Aufgaben, für die es gedacht ist? Schließlich wird er auch nie versuchen, mit einer Nagelfeile einen Baum umzusägen.

Ja, so leicht könnten wir es uns machen. Doch da bleiben wir an einer ganz gefährlichen Stelle stehen. Die Schuld liegt *beim Programmierer*: Wenn das Programm bestimmte Leistungen nicht erbringen kann, dann müssen durch den Programmierer eben *Reaktionen auf entsprechende, unpassende Nutzerhandlungen* eingebaut werden.

Das Programm muss *bei Fehleingaben passend reagieren*.

Am besten wäre es, wenn nur solche Nutzereingaben zugelassen werden, die erlaubt sind. Bald schon, in Abschnitt 5.2.3, werden wir beginnen, uns damit zu beschäftigen.

2.5.4   Laufzeitfehler

Sehen wir uns abschließend eine Art von logischen Fehlern an, die ausnahmsweise tatsächlich angezeigt werden. Das sind die so genannten *Laufzeitfehler*; der berühmteste dieser Fehler ist die *Division durch Null*.

Folgende kleine Aufgabe ist zu lösen: Ein Basic-Programm soll zwei ganze Zahlen vom Nutzer erfassen und anschließend den Quotient, d. h. das Divisionsergebnis, berechnen und ausgeben. *Sechs durch zwei ist drei*, das sollen wir damit erfahren.

Schnell ist der Programmtext unter Verwendung von drei Speicherplätzen zahl1, zahl2 und ergebnis hingeschrieben, für die Division wird, wie in allen Programmiersprachen üblich, der *Schrägstrich* verwendet:

```
'******** Vereinbarungsteil ********************************
Dim zahl1 As Integer, zahl2 As Integer, ergebnis As Integer
'******** Ausführungsteil **********************************
zahl1 = Val(InputBox("Erste ganze Zahl eingeben:"))
zahl2 = Val(InputBox("Zweite ganze Zahl eingeben:"))
ergebnis = zahl1 / zahl2
MsgBox ("Quotient=" + Str(ergebnis))
```

Wer die Vorgehensweise vom Excel-Start über VB-Fenster, Programm-Rahmen bis hin zum fertigen und gespeicherten Programm wiederholen und üben möchte, sollte das mit diesem Beispiel tun.

DOWNLOAD *Für alle diejenigen, die sich das Eintippen ersparen möchten:*

Laden Sie die Datei KAP02.ZIP *nach dem Öffnen der Seite* http://www.w-g-m.de/basic.htm *durch Anwahl von* Dateien für Kapitel 2 *in Ihren Ordner für die Dateien dieses Buches.*

Durch Doppelklick wird diese Datei extrahiert, und Sie erhalten im darunter befindlichen Ordner BEISPIELE *die Datei* BSP02_03.XLS *mit dem bereits eingetragenen Programmtext.*

Testen wir: Kein Problem, wenn *sechs* und *zwei* eingegeben werden: Wir erhalten das richtige Ergebnis: *drei*.

Doch nun leisten wir uns als *unkonzentrierte Nutzer* eine schlimme *Fehleingabe*: Wir tippen ein: *Sechs* und danach die *Null*. Das Bild 2.22 zeigt die Fehlermeldung.

Mit Klick auf den Button Beenden kommen wir wieder zum Entwurf, von dort mit F7 zum Programmtext.

Dieselbe Fehlermeldung erscheint übrigens auch, wenn in das Fenster zur Erfassung *überhaupt nichts* eingetragen wird. Das wollen wir uns also merken: Eine *leere Eingabe* in einen *Zahlenspeicherplatz* wird genauso gewertet, als hätten wir eine *Null* eingetippt.

Da wir gerade dabei sind: Was passiert eigentlich, wenn wir Eingaben vornehmen, die kein ganzzahliges Ergebnis liefern? Zum Beispiel *neun* und *vier*? Oder *neun* und *sieben*?

Überraschend – es gibt in beiden Fällen *keine Fehlermeldung*. Obwohl wir doch als *Ziel* für das Rechenergebnis den Speicherplatz ergebnis angegeben haben, der nur für *ganze Zahlen* deklariert ist.

Nein, unser VB-System arbeitet da anders. Sehen wir uns das in den Bildern 2.23 und 2.24 an.

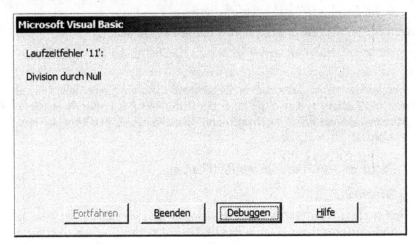

Bild 2.22: Laufzeitfehler: Division durch Null

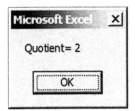

Bild 2.23: Ergebnis von neun durch vier

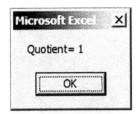

Bild 2.24: Ergebnis von neun durch sieben

Wir könnten noch weiter testen, an der gewonnenen Erkenntnis ändert sich nichts: Das Excel-VB-Verarbeitungssystem *rundet* offensichtlich ein nicht-ganzzahliges Divisionsergebnis *vor* dem Transport in einen Integer-Speicherplatz auf die nächste ganze Zahl.

Erst *danach* wird das Rundungsergebnis in den Speicherplatz transportiert.

Und wer es ausprobiert: Bei *zwölf* durch *acht* wird ebenso wie bei *drei* durch *zwei* die *Zwei* angezeigt: Eine *Fünf nach dem Komma* führt also immer zur *Aufrundung*.

Navigator: Was bisher zu lesen war, was nun folgt:

 Mit `Integer`, also mit Speicherplätzen für ganze Zahlen, können wir also schon ein wenig umgehen. Was liegt näher, als dass wir uns im folgenden Kapitel damit beschäftigen, welche *anderen Arten von Speicherplätzen* wir in unserem Excel-VB-Basic benutzen dürfen.

Schließlich wollen wir bisweilen doch richtig *rechnen* können.

Anregungen für *praktische Übungen* zu diesem Kapitel finden Sie im Anhang A ab Seite 345.

Zuvor aber wollen wir uns kurz davon überzeugen, dass wir Basic nicht nur mit Hilfe von *Excel*, sondern ebenso gut auch mit Hilfe von *Word* oder *PowerPoint* üben könnten. Und natürlich auch mit dem Visual-Basic-Entwicklungssystem aus dem Microsoft Visual Studio.

2.6   Basic mit Word oder PowerPoint lernen

2.6.1   Word-VB

Nach dem Start von Word ist bekanntlich ein *leeres Blatt* zu sehen. Der Wechsel zum *Basic-Verarbeitungssystem* von Word (*Word-VB*) erfolgt genau so wie von Excel aus: Mit Druck auf die Tastenkombination ⌈Alt⌉ + ⌈F11⌉ öffnet sich das Fenstersystem des *Word-Basic-Verarbeitungssystems*.

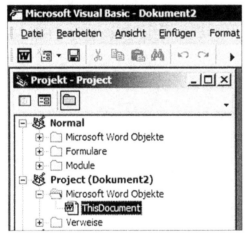

Bild 2.25: Projektübersicht und richtige Auswahl im Word-VB

Möglicherweise ist schon irgendwelcher Text im rechten, großen Fenster zu sehen – dann muss im links in dem *schmalen Fenster* mit der Überschrift PROJEKT-PROJECT die unter PROJECT (DOKUMENT1) befindliche Zeile THISDOCUMENT ausgewählt werden (Bild 2.25).

Danach kann mit EINFÜGEN→USERFORM wieder ein *Formular* angefordert werden.

Die dann entstehende Situation (Bild 2.26) entspricht dann wieder exakt der Situation von Bild 2.3, und die weiteren Schritte über die *Beschaffung des Buttons* bis zum *Programm-Rahmen* sind ohne irgendwelche Änderungen genau so durchzuführen, wie sie in den Abschnitten 2.2.3 bis 2.2.5 ab Seite 32 ausführlich beschrieben wurden.

Selbst das Diskettensymbol für die Erst- und Folgespeicherungen befindet sich an derselben Stelle.

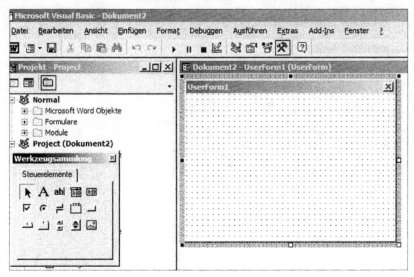

Bild 2.26: Formular mit Werkzeugsammlung

2.6.2   PowerPoint-VB

Wollen wir Basic mit Hilfe von *PowerPoint* erlernen und üben, dann dürfen wir nach dem Start des Programms nicht abbrechen, sondern müssen zuerst eine LEERE PRÄSENTATION verlangen.

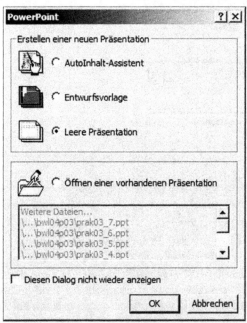

Bild 2.27: Start von PowerPoint – LEERE PRÄSENTATION wählen

Anschließend aber wählen wir $\boxed{\text{Abbrechen}}$, weil wir ja keine neue Folie entwerfen wollen, sondern unser VB-Fenstersystem anstreben (Bild 2.28).

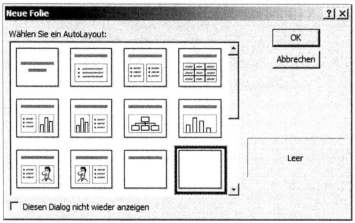

Bild 2.28: Abbrechen, um zum PowerPoint-VB zu kommen

Die übliche Tastenkombination $\boxed{\text{Alt}}$ + $\boxed{\text{F11}}$ öffnet uns dann das bekannte, leere VB-Fenstersystem, und nur wer in Bild 2.29 ganz genau hinsieht, erkennt an der Ergänzung MICRO-SOFT VISUAL BASIC – PRÄSENTATION 1, dass hier jetzt mit *PowerPoint* als Basis-System gearbeitet wird.

Beim Speichern werden unsere Basic-Texte demnach dann in ppt-Dateien abgelegt, das ist die einzige Besonderheit.

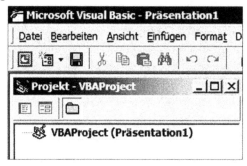

Bild 2.29: PowerPoint-VB

Über EINFÜGEN→USERFORM erhalten wir wieder unser Formular, darauf ziehen wir aus der Werkzeugsammlung einen *Button*, und dann geht es wie gewohnt im Entwurfsmodus (Rasterpunkte des Formulars sind sichtbar) weiter:

Der *Doppelklick auf den Button* liefert uns den *Programm-Rahmen*, dieser wird durch `option explicit` oben ergänzt, anschließend wird der Basic-Text eingegeben. Während des Eingebens des Programmtextes sollte regelmäßig durch Klick auf das Disketten-symbol gesichert werden. Der *Vorbereitungsschritt* (s. Abschnitt 2.4.1 auf Seite 37) bringt uns das Formular mit dem Button auf die Mitte des Bildschirms; der Klick auf den Button veranlasst die Fehlersuche und – bei festgestellter syntaktischer Korrektheit – schließlich die *Ausführung* des Programms.

DOWNLOAD *Für alle diejenigen, die Word und PowerPoint zur Verfügung haben und sich überzeugen wollen, dass tatsächlich dort ebenso wie mit Excel-VB ein Basic-Programm getestet werden kann:*

Öffnen Sie die Seite http://www.w-g-m.de/basic.htm, wählen Sie dort Dateien für Kapitel 2, geben Sie das Ziel ein. Danach erfolgt das Herunterladen der einen einzigen Datei KAP02.ZIP *in den von Ihnen angegebenen Ordner. Durch Doppelklick auf den Dateinamen wird diese Datei extrahiert, und Sie erhalten im darunter befindlichen Ordner* BEISPIELE *die beiden Dateien* BSP02_04.DOC *und* BSP02_05.PPT *mit dem bereits eingetragenen Programmtext.*

Beachten Sie: Wenn Sie durch Doppelklick auf einen der beiden Dateinamen BSP02_04.DOC oder BSP02_05.PPT das entsprechende Office-Programm Word bzw. PowerPoint starten, dann kann eine Warnung wie in Bild 2.30 kommen:

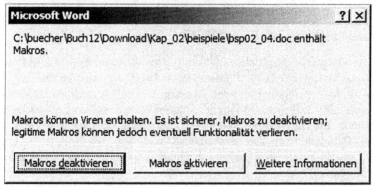

Bild 2.30: Warnung vor dem Basic-Text

Dann muss – trotz dieser Warnung – die Schaltfläche Makros aktivieren gewählt werden, sonst ist der Zugang zum VB-System gesperrt.

Bei Word kommt weiter erschwerend hinzu, dass nach Übergang zum Word-VB zwar viel zu sehen ist, aber leider nicht unser Beispielprogramm. Das erhalten wir erst, wenn wir im Fenster PROJEKT-PROJECT (s. Bild 2.31) die richtige Zeile USERFORM1 auswählen

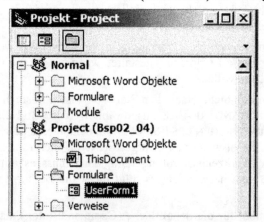

Bild 2.31: In Word-VB: USERFORM1 des Beispiels auswählen

Navigator: Was bisher zu lesen war, was nun folgt:

 Die drei bewährten, beliebten und weit verbreiteten Programme *Excel*, *Word* und *PowerPoint* aus dem *Microsoft-Office-Paket* werden im Hinblick auf ihre wichtigsten Anwendungsgebiete meist als Tabellenkalkulations-, Textverarbeitungs- bzw. Präsentationsprogramm bezeichnet.

Und für diese Zwecke werden sie landauf, landab auch überwiegend genutzt. Dass wir mit Hilfe dieser drei Programme, eigentlich überraschend, sogar Basic lernen können, verdanken wir der Tatsache, dass jedes Programm als Anhang dieses Visual-Basic-System mitführt.

In Abschnitt 23 werden wir den Grund dafür kennen lernen, dass das Beifügen dieses VB-Anhangs keinesfalls selbstlos ist und weit mehr zum Ziel hat, als uns nur eine preiswerte Möglichkeit zum Basic-Training zu geben. Trotzdem nehmen wir diese Möglichkeit gern in Anspruch. Software ist teuer.

2.7   Visual Basic aus dem Visual Studio

Für die Entwicklung von anspruchsvollen und *ohne Basis-System ausführbaren* Basic-Programmen gibt es im *Microsoft Visual Studio* das Entwicklungssystem *Visual Basic (VB)*. Hier wird die Entwicklung und der Test von Basic-Programmen nicht über ein *angehängtes Entwicklungssystem* ermöglicht, sondern hier steht Basic im Mittelpunkt. Die Basic-Programme, die mit diesem „reinen" Visual Basic entwickelt werden, können in ihrer Leistungsfähigkeit weit über das hinausgehen, was mit Hilfe eines der (Excel-, Word- oder PowerPoint-) VB-Systeme erreichbar ist. In Abschnitt 21 werden wir uns damit beschäftigen.

Hinzu kommt: Wird ein Basic-Programm mit Hilfe von *Excel-VB* entwickelt, so wird es in einer *xls-Datei* abgespeichert. Wird es mit *Word-VB* entwickelt, so wird es in einer *doc-Datei* abgespeichert. Wird es mit *PowerPoint-VB* entwickelt, so kommt es in eine *ppt-Datei*. Das bedeutet aber: Jeder Nutzer so entwickelter Basic-Programme braucht also das *passende Basis-Programm*, um damit arbeiten zu können. Ohne Excel kein Zugang zu einer xls-Datei. Und so weiter.

Wird ein Basic-Programm dagegen mit dem *reinen VB* entwickelt, dann kann es als *exe-Datei* um die Welt gehen; nun braucht ein Nutzer lediglich das (passende) *Betriebssystem*, um mit dem Programm arbeiten zu können.

Das allerdings soll uns im Moment noch nicht vorrangig interessieren. Wir wollen uns vielmehr ansehen, wie sich unser Basic-Lernprozess gestaltet, wenn wir ihn mit Hilfe von VB aus dem Visual Studio umsetzen wollen.

Große Unterschiede gibt es eigentlich nicht. Nach dem Start von Visual Basic muss unter den vielen Möglichkeiten zuerst STANDARD-EXE ausgewählt werden (Bild 2.32). Anschließend entfällt der VB-Schritt EINFÜGEN DES FORMULARS, denn dieses ist sofort vorhanden und sichtbar (Bild 2.33). Es ist wieder an dem gerasterten Hintergrund zu erkennen. Wenn das Fenster mit der Werkzeugsammlung fehlt, dann muss es mittels ANSICHT→ WERKZEUGSAMMLUNG geöffnet werden; es trägt meist die Beschriftung ALLGEMEIN.

Dort findet sich das übliche Symbol für die Schaltfläche (CommandButton), damit wird auf das Formular eine Schaltfläche mit der Beschriftung START gezogen.

Der Doppelklick auf diese Schaltfläche liefert wieder den *Programm-Rahmen*, den wir zuerst durch die beiden darüber geschriebenen Worte option explicit ergänzen.

```
Option Explicit

Private Sub Command1_Click()


End Sub
```

Damit ist der Platz gefunden, in den wir nun unseren Basic-Text, bestehend aus Vereinbarungs- und Ausführungsteil, eingeben können.

Beim *erstmaligen Klick auf das Disketten-Symbol* zum Speichern wird *zweimal* ein Dateiname verlangt: Zuerst für die FRM-*Datei*, in der speziell die Angaben des *Formulars* gespeichert werden, dann für die VBP-*Datei* (von Visual Basic Project) , in der die *Projekt-Eigenschaften* gesichert werden. Da die Endungen unterschiedlich sind, kann in beiden Fällen derselbe Hauptteil des Dateinamens verwendet werden.

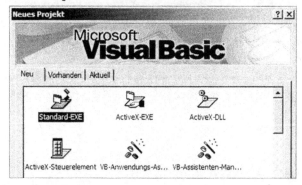

Bild 2.32: Nach Start von VB: Auswahl von STANDARD-EXE

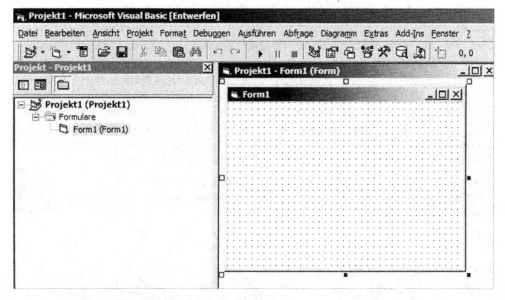

Bild 2.33: VB: Formular bereits vorhanden

Ist der Basic-Text eingegeben und gesichert, dann erfolgt der *Vorbereitungsschritt* wieder durch eine der drei bekannten Bedienhandlungen: *Taste* | F5 | oder AUSFÜH-REN→STARTEN oder *Klick auf das nach rechts gerichtete Dreieck*. Es erscheint das Formular mit dem nun bedienbaren Button.

Mit *Mausklick auf den Button* wird danach die *Syntaxfehler-Analyse* und anschließend, bei Fehlerfreiheit, die *Ausführung der Basic-Befehle* veranlasst. Das Programm wird abgearbeitet, die logischen Fehler können nun erkannt und der Programmtext kann, falls nötig, korrigiert werden. Beim Schließen von VB sollte der letzte Bearbeitungsstand gespeichert werden.

Wird VB zur Weiterführung der Arbeit am Programm neu gestartet, dann ist stets das *Projekt* zu öffnen – oder doppelt auf die VBP-*Datei* zu klicken.

 Für alle diejenigen, die Visual Basic des Visual Studios zur Verfügung haben und sich überzeugen wollen, dass tatsächlich dort ebenso wie mit Excel-VB ein Basic-Programm getestet werden kann:

Öffnen Sie die Seite http://www.w-g-m.de/basic.htm, wählen Sie dort Dateien für Kapitel 2, geben Sie das Ziel ein. Danach erfolgt das Herunterladen der Datei KAP02.ZIP in den von Ihnen angegebenen Ordner.

Durch Doppelklick auf den Dateinamen wird diese Datei extrahiert, und Sie erhalten im darunter befindlichen Ordner BEISPIELE die drei Dateien BSP02_06.FRM, BSP02_06.VBP und BSP02_06.VBW.

Die Projektdatei ist die Datei BSP02_06.VBP.

Navigator: Was bisher zu lesen war, was nun folgt:

Wer ein Programm in Form von Basic-Text entwirft, will es auch testen. Man will wissen, ob die Regeln der Sprache eingehalten worden sind. Das Hauptziel aber ist der Nachweis, dass das Programm logisch richtig arbeitet:

Ob es bei *sinnvollen Nutzereingaben richtige Ergebnisse* liefert, bei *sinnlosen Nutzereingaben sachgerecht reagiert*.

In diesem Kapitel wurden vier Programme vorgestellt, mit deren Hilfe der syntaktische und logische Test eines Basic-Textes durchgeführt werden kann: Excel, Word und PowerPoint haben als Zugabe jeweils ein VB-System, das für unsere Zwecke vorerst völlig ausreichen wird. Ob es tatsächlich nur eine Zugabe für Basic-Lernende ist, das wird im Abschnitt 23 geklärt. Dann gibt es aber noch das echte VB, dessen Zweck ausschließlich auf Basic ausgerichtet ist. Wir werden in den nächsten Kapiteln mit Excel-VB arbeiten.

Zuvor muss aber für die Leserschar eine ganz wichtige Weichenstellung angeboten und erklärt werden. Es geht um Basic oder Visual Basic. Wo liegt der Unterschied? Welche Kapitel vermitteln dazu das Wissen?

3   Große Weichenstellung für das Weiterlesen

Navigator: Was bisher zu lesen war, was nun folgt:

 An dieser Stelle ist es fair, Leserinnen und Leser deutlich darauf hinzuweisen, dass es heutzutage zwei recht verschiedene Wege gibt, sich weiter in die *Welt der Programmierung* einzuarbeiten. Wenngleich auch beide Wege mit den fünf Buchstaben *Basic* zu tun haben, so sind sie doch methodisch sehr verschieden.

Der eine Weg, gemeinhin mit den Worten klassische Programmierung charakterisiert, orientiert sich an der traditionellen Programmierausbildung der siebziger und achtziger Jahre des vergangenen Jahrhunderts.

Äußeres Zeichen dieser „Klassik" ist die einfache, inzwischen absolut unmoderne Benutzerführung: Das Programm fragt, der Nutzer tippt ein. Das Programm fragt wieder, der Nutzer tippt wieder ein. Und so weiter. Bis das Programm dann ein Ergebnis in ziemlich nüchterner, schmuckloser Form liefert.

Man kann unterschiedlicher Meinung sein, ob es sinnvoll ist, derartiges „altes Denken" heutzutage noch zu pflegen und Wege zur Erzeugung solcher klassischen Programme sogar in Bücher mit dem Erscheinungsjahr 2004 aufzunehmen. Der Autor dieser Zeilen ist dieser Meinung, und er wird dafür auch viele Gründe anführen.

Der andere Weg der gegenwärtigen Programmierausbildung, auch mit Basic im Hintergrund, ist die sofortige Hinwendung zur Herstellung *heutiger Programme*. Sie zeichnen sich dadurch aus, dass für den Nutzer eine komfortable *Benutzeroberfläche* vorbereitet wird, auf die er vielfältig mit Maus und Tastatur reagieren kann: Klicken, wählen, eintragen, absenden, regeln, einstellen, umschalten, Maus bewegen, tippen und noch viele weitere *Nutzereinwirkungen auf die Bedienelemente* der Benutzeroberfläche können erfolgen.

Jede Nutzerhandlung ist ein *Ereignis*. Dazu gibt es aber auch weitere Ereignisse, die nicht durch Nutzer herbeigeführt werden.

Die Programmierung beginnt hier mit der Überlegung, *auf welches Ereignis eine Reaktion* erfolgen soll. Und dann – *wie* diese Reaktion aussehen soll. Was verlangt die Aufgabenstellung? Anschließend muss diese Reaktion programmiert werden. Dann wird's schwierig.

Gegenüber der „klassischen Programmierung" ist die „heutige Programmierung" anfangs leichter zu erlernen – und sie macht auch, so sagen Studierende aller Matrikel immer wieder, viel mehr Spaß. Dem verschließt sich der Autor natürlich nicht, und so empfiehlt er allen diesbezüglich interessierten Leserinnen und Lesern hier den Sprung zu Kapitel 14. Im genannten Kapitel 14 wird gleich mit „heutiger Programmierung" begonnen.

Die Darstellung erfolgt dort so, dass zum Verständnis das Durcharbeiten des vorherigen „klassischen Teils" in den Kapiteln 4 bis 13 grundsätzlich nicht notwendig ist. Obwohl es empfohlen wird. Solides Basiswissen schadet nie.

3.1   Warum noch „klassische Programmierung"?

Klassische Programmierung zeichnet sich rein äußerlich zuerst einmal durch eine prähistorische Benutzerführung aus: Wird das Programm gestartet, erscheint, manchmal sogar auf schwarzem Hintergrund, eine informierende, einfache Ausschrift. Damit wird der Nutzer aufgefordert, seine Eingabe zu tätigen und mit Enter oder ↵ zu bestätigen.

Dann passiert im Inneren des Computers irgendwas, der Nutzer erhält wieder eine Aufforderung, tippt wieder ein, bestätigt. Und so weiter. Irgendwann schreibt der Computer dann ein Ergebnis oder viele Ergebnisse auf den Bildschirm (Bilder 3.1 bis 3.6). Ziemlich unattraktiv für den Nutzer.

Microsoft Excel	✕
Geben Sie den Weg (in km) ein:	OK
	Abbrechen
150	

Bild 3.1: Frage nach dem zurückgelegten Weg

Microsoft Excel	✕
Wann fahren Sie ab (Stunde der Uhrzeit)?	OK
	Abbrechen
8	

Bild 3.2: Frage nach der Startzeit (Stunde)

Microsoft Excel	✕
Wann fahren Sie ab (Minute der Uhrzeit)	OK
	Abbrechen
35	

Bild 3.3: Frage nach der Startzeit (Minute)

Nun gut, das Ganze stammt aus der Zeit vor farbigem und grafischem Bildschirm, vor Maus und heutiger Tastatur. Brauchen wir Derartiges heute noch?

Jein. Natürlich wird heutzutage niemand mehr Programme mit derartig primitiver Nutzerführung herstellen. Soweit zum *nein*.

Aber an alle Lernende auf dem Gebiet *Programmierung* ergeht die Aufforderung, trotzdem nicht ungehalten zu sein, wenn sie anfangs damit beschäftigt werden, solche „altmodischen" Programme zu entwerfen, zu schreiben, zu testen. Denn dabei können sie *sehr viel lernen*.

Zuerst einmal müssen alle Nutzereingaben auf ihre *Sinnfälligkeit* geprüft werden. Bei Fehleingaben soll der Nutzer auf seinen Fehler aufmerksam gemacht und zur *korrigierenden Wiederholung* aufgefordert werden, solange, bis er sinnvoll eingibt. Das motiviert zur Beschäftigung mit programmtechnischen Mitteln, bei denen *Wiederholungen von Befehlsfolgen* umzusetzen sind (*Schleifen*) und bei denen manche Befehle nur *in Abhängigkeit von erfüllten Bedingungen* auszuführen sind (*Tests* und *Alternativen*).

Anschließend müssen die Nutzereingaben *intern verwaltet* werden. Schon sind wir bei den *Speicherplätzen* und ihren verschiedenen Typen. Und bei der *internen Darstellung*.

Wenn es sich um sehr viele gleichartige Daten handelt, müssen wir uns mit dem Begriff des *Feldes* auseinandersetzen.

Die Beschäftigung mit Feldern und mit den Arten, wie sie *belegt* werden können, schult wiederum den Umgang mit Schleifen, insbesondere mit den *Zählschleifen*, die Lernenden erfahrungsgemäß große Schwierigkeiten bereiten.

Strukturierte Datenmengen unterschiedlicher Art lassen sich schließlich in *Instanzenfeldern* effektiv erfassen, speichern und verarbeiten. Speichertechnisch ist damit die Tür zur *Massendatenverarbeitung* aufgestoßen.

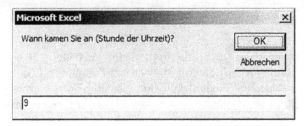

Bild 3.4: Frage nach der Ankunftszeit (Stunde)

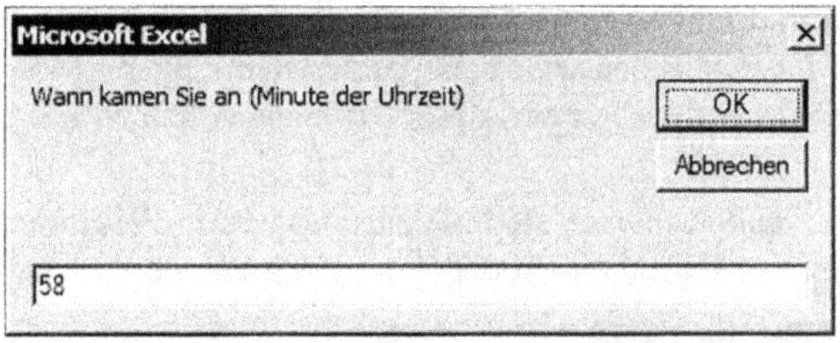

Bild 3.5: Frage nach der Ankunftszeit (Minute)

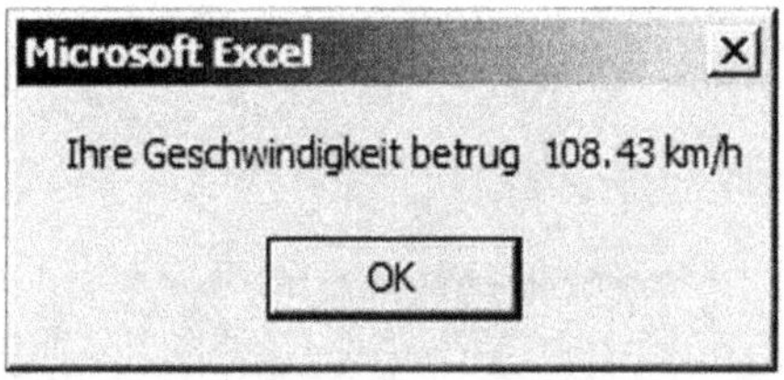

Bild 3.6: Gefahrene Durchschnittsgeschwindigkeit in km/h

DOWNLOAD   *Öffnen Sie die Seite http://www.w-g-m.de/basic.htm, wählen Sie dort Dateien für Kapitel 3, geben Sie Ihr Ziel ein. Danach erfolgt das schnelle Herunterladen der Datei KAP03.ZIP in den von Ihnen angegebenen Ordner. Durch Doppelklick auf den Dateinamen wird diese Datei extrahiert, und Sie erhalten im darunter befindlichen Ordner BEISPIELE die Datei BSP03_01.XLS mit dem Programmtext zu den Bildern 3.1 bis 3.6.*

Schnell werden aber die Programme groß und unübersichtlich, und der Wunsch nach *Beherrschbarkeit großer Programmtexte* sowie vor allem nach Möglichkeiten der *Arbeitsteilung beim Programmieren* leitet über zu den Prinzipien der *modularen Programmierung*.

Modulare Programmierung und Instanzenfelder – das war die Erfolgskombination der *klassischen Programmierung*, Tausende von guten Programmen der *Datenverarbeitung* sind so entstanden. Gleichzeitig stieß diese Methodik aber bei immer komplexer werdenden Aufgabenstellungen an ihre Grenzen; die *Softwarekrise* verlangte *neues Denken*.

Dieses *neue Denken* kam in Form der *objekt-orientierten Programmierung* (*OOP*). Mit deren Erklärung wird auch hier im Buch das Ende der „klassischen Programmierung" eingeleitet.

Um OOP richtig tiefgründig verstehen zu können, braucht man einen Einstieg in die *aktive OOP* mit ihrer *Programmierung von Klassen*. Dazu können immer noch klassische Programme genutzt werden.

Die klassische Basic-Programmierung geht allerdings dann vollständig in die *passive OOP* über, wenn der Programmierer sich darauf konzentrieren kann, zur Lösung der gestellten Aufgabe nur noch *vorhandene* (nichtvisuelle und visuelle) *Klassen* richtig zu nutzen, um geeignete *Objekte* für seinen Gebrauch zu erzeugen und mit ihnen zu arbeiten.

3.2   Benutzeroberflächen mit passiver OOP

Die *passive objekt-orientierte Programmierung,* ermöglicht, wenn sie durch so genannte *Visual-Systeme* unterstützt wird, durch Nutzung vorhandener *visueller Klassen* die Vorbereitung von *Benutzeroberflächen*. Mit ihnen wird dem Nutzer eine Fülle an Möglichkeiten auf dem Bildschirm vorgegeben, an denen er vielfältige Bedienhandlungen mit Maus und Tastatur vornehmen kann.

Bild 3.7 zeigt die wichtigsten *Bedienelemente*, die im Visual Basic des Visual Studio (VB), aber auch in den VB-Systemen von Excel, Word oder PowerPoint zur Verfügung stehen.

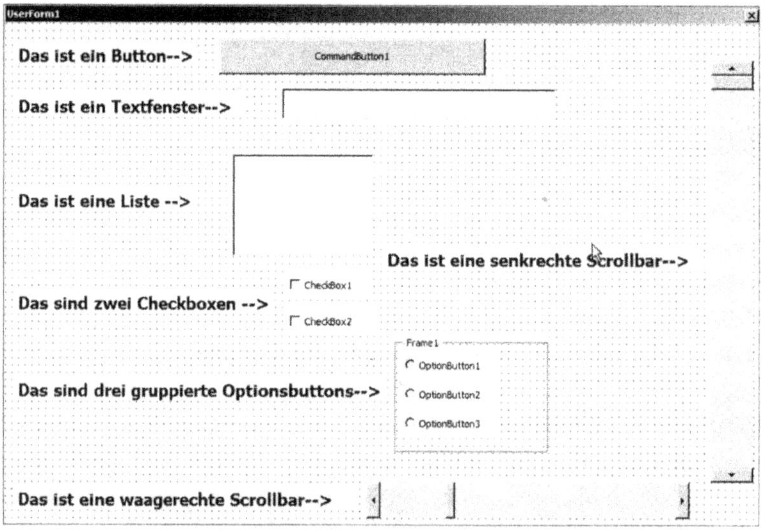

Bild 3.7: Elemente von Benutzeroberflächen

3.2.1 VB-Lösungen und stand-alone-Lösungen

Wird *mit dem ergänzenden VB-System* bei Excel, Word oder PowerPoint eine *Benutzeroberfläche* zu dem Zweck hergestellt, Nutzern den *Umgang mit Excel-Tabellen, Word-Dokumenten* oder *PowerPoint-Präsentationen* zu erleichtern oder überhaupt erst zu ermöglichen, dann spricht man von *VBA-Lösungen. Visual Basic for Applications*, das heißt auf deutsch: Visual Basic wird *ergänzend in einer und für eine Office-Anwendung* benutzt. VBA-Lösungen gehören zu Excel-, Word oder PowerPoint-Dateien; sie sind folglich nur mit dem jeweiligen *Basissystem* nutzbar.

Wird eine Benutzeroberfläche dagegen eigenständig vorbereitet, um mit ihrer Hilfe eine gestellte Programmieraufgabe zu lösen, dann spricht man im Gegensatz dazu gern von einer erzeugten stand-alone-Lösung. stand-alone-Lösungen benötigen, wenn sie mit Visual Basic des Visual Studio entwickelt wurden, nur ein passendes Betriebssystem zur Ausführung.

3.2.2 stand-alone-Lösungen

Bild 3.8 zeigt eine stand-alone-Lösung für die Berechnung der Durchschnitts-Geschwindigkeit bei gegebenem Abfahrts- und Ankunftszeitpunkt. Sie leistet genau dasselbe wie die klassische Lösung der Bilder 3.1 bis 3.6. Die vorbereitete *Benutzeroberfläche* dient dem Zweck, die Nutzerangaben zu den gefahrenen Kilometern, zur Uhrzeit von Abfahrt und Ankunft zu erfassen und bei Klick auf den Button anschließend die erzielte Durchschnittsgeschwindigkeit anzuzeigen. Das ist ihre einzige Aufgabe.

Hier kann man übrigens schon erkennen, dass die aufwändige Kontrolle, ob der Nutzer *sinnvoll mit dem Programm* umgeht, weitgehend entfallen kann. Denn die vier Schieberegler (*Scrollbar*) werden ohnehin nur so vorbereitet, dass die Stunden ausschließlich ganzzahlig von Null bis 23 und die Minuten ganzzahlig von Null bis 59 eingeregelt werden können. Anderes ist überhaupt nicht möglich.

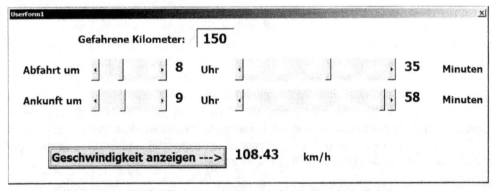

Bild 3.8: Benutzeroberfläche zum Programm für die Geschwindigkeit

DOWNLOAD   *Öffnen Sie die Seite http://www.w-g-m.de/basic.htm, wählen Sie dort*
Dateien für Kapitel 3, geben Sie Ihr Ziel ein. Danach erfolgt das schnelle Herunterladen der Datei KAP03.ZIP *in den von Ihnen angegebenen Ordner. Durch Doppelklick auf den Dateinamen wird diese Datei extrahiert, und Sie erhalten im darunter befindlichen Ordner* BEISPIELE *die Datei* BSP03_03.XLS *mit dem Programmtext zu Bild 3.8.*

Für die Herstellung von Stand-alone-Lösungen steht das teure *Visual Basic* des *Visual Studio* bereit; für Übungszwecke und zum Lernen können wir natürlich aber auch mit den leichter verfügbaren *VB-Systemen* von Excel, Word oder PowerPoint arbeiten. In diesem Falle ist dann die leere Excel-Tabelle, das leere Word-Dokument, die leere PowerPoint-Präsentation nur zwangläufig mitgenommener Ballast.

Navigator: Was bisher zu lesen war, was nun folgt:

 Wer jetzt festgestellt hat, dass sein persönliches Interessengebiet oder der Lehr-gegenstand seines Hochschullehrers vorwiegend auf die Herstellung von Benut-zeroberflächen zur Lösung von Programmieraufgaben gerichtet ist, der sollte die folgenden Kapitel 4 bis 13 der klassischen Programmierung überschlagen und auf Seite 199 bei Kapitel 14 weiterlesen.

Anfangs wird dort aus Gründen der Verfügbarkeit mit dem *Excel-VB* gearbeitet; damit lassen sich schon attraktive Anwendungen herstellen.

Wenn die Leistungsfähigkeit vom VB für stand-alone-Lösungen ausführlich er-klärt ist, dann wird ergänzend in den Kapiteln 21 und 22 (ab Seite 291) zur Arbeit mit dem *Visual Basic des Visual Studio* übergegangen. Grundsätzlich gibt es kei-ne Unterschiede, aber VB besitzt zusätzlich *Timer* und Möglichkeiten zur *Menü-programmierung*. Diese sehen wir uns dann an.

3.2.3   Visual Basic for Applications

Viele dicke Bücher gibt es allein zu *Excel-VBA*, andere zu *Word-VBA*, wieder andere zu *Po-werPoint-VBA*. Es ist hier leider auch nicht annähernd der Platz, um die Vielfalt der Mög-lichkeiten auch nur aufzählen zu können, wie durch individuell gestaltete Benutzeroberflä-chen eine neue Qualität dieser bekannten Office-Programme erreicht werden kann. Trotz-dem werden exemplarisch zwei Anwendungen vorgeführt.

Zur Auswertung einer Stimmabgabe in einem Territorium kann eine einfache Excel-Tabelle genutzt werden. Dabei sind die Daten sehr gefährdet, und die Auswertenden müssen außer-dem Excel-Grundkenntnisse haben (Tabellenarbeit, Sicherung, Grafikerstellung).

Setzt man aber eine *passend eingerichtete Benutzeroberfläche* vor die Tabelle, dann kann diese dem *Kenntnisstand der Bearbeiter* angepasst werden, die Daten werden sicher, Fehlbedienungen oder Manipulationen können verhindert werden. Auf Knopfdruck er-scheinen die aktuellen Auszählungsergebnisse in üblicher Darstellung.

Will ein Mitarbeiter in einem Schreibbüro Dokumente verschiedener Art (offizielle Schrei-ben, Aushänge, Einladungen, Protokolle, Privatbriefe) verfassen, dann muss er selbst seine Arbeit mit Word organisieren. Eine passende Benutzeroberfläche hilft ihm, schnell eine Kopie einer passenden Vorlage zu erhalten, die er dann nur noch ergänzen braucht.

Navigator: Was bisher zu lesen war, was nun folgt:

 Die exemplarische Excel-VBA-Lösung „Stimmenauszählung" wird in Kapitel 23 ab Seite 325 vorbereitet und in den Übungen ab Seite 381 schrittweise umgesetzt. Dort lernen wir auch kennen, wie man ein Makro ganz bequem als Textlieferant für Basic nutzen kann.

Die Word-VBA-Lösung „Dokumentbereitstellung" wird in Kapitel 24.1 ab Seite 337 vorgestellt. Dabei spielen DOT-Dateien, mit deren Hilfe *Vorlagen* erstellt werden können, eine entscheidende Rolle.

4 Speicherplätze für Zahlen

Navigator: Was bisher zu lesen war, was nun folgt:

 Hinter uns liegen die ersten beiden, einführenden Kapitel. Ging es zuerst um die Grundbegriffe *Programm, Programmieren* und *Programmiersprache*, so erklärte uns Kapitel 2, wie mit Hilfe des VB-Systems am allseits vorhandenen Excel ein *Programm-Rahmen* erzeugt, der *Programmtext* eingetragen und schließlich das Programm getestet, korrigiert und verändert werden kann.

Zwei Programme wurden bereits vorgestellt – zur Erfassung und Addition von vier ganzen Zahlen sowie zur Division zweier ganzer Zahlen. Im letztgenannten Programm gab es allerdings niemals gebrochene Ergebnisse, auch bei „neun durch 4". War auch erklärbar, da als Zielspeicherplatz für das Rechenergebnis ja nur ein Integer-Speicherplatz zur Verfügung stand.

Also beschäftigen wir uns in diesem Kapitel zuerst mit den *Prinzipien der internen Darstellung von Zahlen* und kommen damit zu den *einfachen Datentypen,* das heißt zu den *Arten von Speicherplätzen,* die in Basic verwendet werden, um *ganze Zahlen* und *Dezimalbrüche* speichern und verarbeiten zu können.

4.1 Bit und Byte

Innerhalb jedes Rechners gibt es prinzipiell stets nur zwei Zustände: *an* oder *aus, Strom fließt* oder *Strom fließt nicht, Stelle ist magnetisiert* oder *Stelle ist nicht magnetisiert* und so weiter. Stellen wir es uns anschaulich so vor:

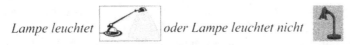

Lampe leuchtet ... *oder Lampe leuchtet nicht*

Nun unsere *Behauptung*: Es soll möglich sein, dass *jede ganze Zahl im Bereich von Null bis 31* mit Hilfe von *fünf Lampen* (ein bzw. aus) dargestellt wird. Wie kann das sein? Recht einfach: Wir beschriften unsere Lampen, von rechts beginnend, in der folgenden Weise mit 1, 2, 4, 8 und 16 (Bild 4.1).

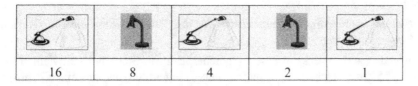

| 16 | 8 | 4 | 2 | 1 |

Bild 4.1: *An-und-aus*-Darstellung der Zahl 21

Dann zeigt Bild 4.1 also die Zahl 21 an.

Aus Bild 4.2 ist die Zahl Null abzulesen, und aus Bild 4.2 die Zahl 31. Für *jede andere ganze Zahl* dazwischen findet sich ebenfalls genau eine derartige *an-aus-Kombination*.

Damit ist die Behauptung bewiesen:

Jede ganze Zahl von Null bis 31 lässt sich unter Verwendung von fünf Lampen darstellen – bei entsprechender Beschriftung.

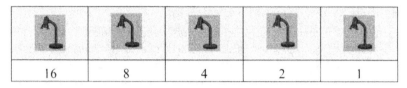

| 16 | 8 | 4 | 2 | 1 |

Bild 4.2: *An-aus-Darstellung* der Zahl 0

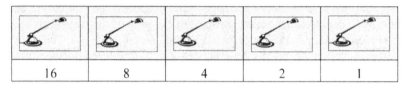

| 16 | 8 | 4 | 2 | 1 |

Bild 4.3: *An-aus-Darstellung* der Zahl 31

Erweitern wir unsere Tabelle um weitere drei Lampen, so sehen wir in Bild 4.4, dass mit *acht Lampen* alle ganzen Zahlen von *Null bis 255* darstellbar wären; die Tabelle zeigt die Maximalbelegung.

| 128 | 64 | 32 | 16 | 8 | 4 | 2 | 1 |

Bild 4.4: *An-aus-Darstellung* der Zahl 255

Eine kleine Fleißaufgabe ist es schon – aber nicht unlösbar: Mit *16 Lampen* und der weiteren Beschriftung ...,1024, 512, 256 usw. kann man in der Tat alle ganzen Zahlen von *Null bis 65.535* darstellen. Mit *24 Lampen* geht es von *Null bis 16.777.215*, und mit *32 Lampen* könnten wir den riesigen Zahlenbereich der ganzen Zahlen von *Null* bis sage und schreibe *4.294.967.295* überstreichen!

So, und nun ersetzen wir die Vokabel *Lampe* durch die Vokabel *Bit*. Dann sind wir nämlich im Inneren jedes Computers, wo die Zahlen eben in genau der Art gespeichert werden, wie es unsere Lampen vormachen.

Ein Bit ist die kleinste Speichereinheit im Rechner, und sie kann nur die Werte 0 (leer) und 1 (belegt) annehmen.

Wenn wir also *wissen*, dass in einem Speicherplatz mit Sicherheit nur Zahlen zwischen Null und 255 abzuspeichern sind, dann reicht es eigentlich aus, nur einen *8-Bit-(= 1 Byte)- Speicherplatz* anzufordern (sofern es einen solchen gibt, in Excel-VB nämlich nicht) .

Wissen wir, dass die abzuspeichernden Zahlen größer werden, also zwischen 0 und 65.535 liegen werden, dann müssen wir schon einen *16-Bit-Speicherplatz (2 Byte)* anfordern.

Werden die Zahlen nur zwischen Null und 15 liegen, würden wir theoretisch mit einem kleinen 4-Bit-Speicherplatz (1/2 Byte) auskommen. *Den gibt es aber nicht.*

- Für ganze Zahlen gibt es in Excel-VB-Basic nur 16-Bit- und 32-Bit-Speicherplätze. Das wurde so festgelegt, daran können wir nichts ändern.

Und weil *8 Bit gleich 1 Byte* ist, gilt also:

- Excel-VB-Basic bietet für ganze Zahlen 2-Byte- und 4-Byte-Speicherplätze an.

Bevor wir uns in einer Übersicht noch einmal die Zahlenbereiche ansehen, wollen wir uns zusätzlich klarmachen, dass ein *16-Bit-Speicherplatz (2 Byte)*

- einerseits alle ganzen Zahlen von Null bis 65.535 oder

- andererseits alle ganzen Zahlen von -32.768 bis 32.767 aufnehmen kann.

Im zweiten, allgemein verwendeten Fall wird das erste Bit als so genanntes *Vorzeichen-Bit* betrachtet.

4.2 Interne Darstellung ganzer Zahlen

4.2.1 Integer und Long

Wenn wir in einem Programm einen *Speicherplatz zur Aufnahme ganzer Zahlen* verwenden wollen, müssen wir ihn *vereinbaren* (deklarieren). Die Vereinbarung besteht darin, dass man durch Angabe des zutreffenden Basic-Schlüsselwortes mitteilt, welchen *Zahlenbereich* der Inhalt überstreichen soll:

`Dim x as Integer`	2 Byte	Der Speicherplatz kann ganze Zahlen zwischen –32768 und 32767 aufnehmen
`Dim x as Long`	4 Byte	Der Speicherplatz kann ganze Zahlen zwischen – 2.147.483.648 und 2.147.483.647 aufnehmen

4.2.2 Laufzeitfehler Überlauf

Was müssen wir also beachten: Beim Programmieren müssen wir uns *vorher* überlegen, welche Größenordnung die voraussichtliche Belegung eines ganzzahligen Speicherplatzes haben wird. Dementsprechend ist *im Vereinbarungsteil passend anzufordern*.

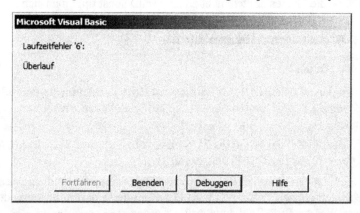

Bild 4.5: Überlauf-Meldung

Im folgenden Beispiel (BSP04_01.XLS) wird bewusst gegen diese Regel verstoßen:

```
'******* Vereinbarungsteil ********************************
Dim x1 As Integer
'******* Ausführungsteil **********************************
x1 = 40000
MsgBox ("x1=" + Str(x1))
```

Bild 4.5 zeigt, wie das Excel-VB nach dem Klick auf den START-Button erwartungsgemäß reagiert. Es gibt eine *Überlauf-Meldung*. Diesen Fehler sollten wir also dem Katalog möglicher *Laufzeitfehler* von Abschnitt 2.5.4 noch hinzufügen.

Wer es ausprobiert, wird anschließend feststellen, dass mit sinnvoller Deklaration

```
'******* Vereinbarungsteil ********************************
Dim x1 As Long
'******* Ausführungsteil **********************************
x1 = 40000
MsgBox ("x1=" + Str(x1))
```

natürlich diese Überlauf-Meldung ausbleibt. Warum sollte sie auch kommen – schließlich fasst der Long-Speicherplatz bis zu positiven und negativen *Milliarden*!

4.2.3   Namensgebung für ganzzahlige Speicherplätze

Werden in einem Basic-Programm Speicherplätze verwendet, kann sich die Übersichtlichkeit und Verständlichkeit des Programms um ein Vielfaches erhöhen. Dazu trägt die *Namensgebung der Speicherplätze* viel bei:

Ein Speicherplatz sollte stets einen *sprechenden Namen* haben. Das heißt, der *Name eines Speicherplatzes* sollte auf die *Bedeutung des Inhalts* hinweisen.

Für die Namensgebung gibt es im Regelwerk von Basic *strenge Vorschriften*: Ein Name eines Speicherplatzes darf nur mit einem *Buchstaben* oder dem *tiefen Strich* _ beginnen. Anschließend können Buchstaben und/oder Ziffern folgen. *Verboten* sind Leerzeichen und Sonderzeichen. Und – die Namen sollten nicht zu lang sein. Sonst tippt man sich zu Tode.

4.3   Interne Darstellung von Dezimalbrüchen

4.3.1   Single und Double

Erinnern wir uns an den Abschnitt 4.1, als wir uns mit Hilfe von Lampen veranschaulichten, wie *ganze Zahlen* in 8-Bit-Kombinationen, die auf den Namen *Byte* hören, abgespeichert werden können.

Ein Byte fasst die ganzen Zahlen von 0 bis 255 (bzw. von −128 bis 127), *zwei Byte* von 0 bis 65535 (bzw. von −32768 bis 32767) und so weiter.

Je nach Größenordnung der in einer Ereignisprozedur auftretenden und in einem Speicherplatz abzulegenden ganzen Zahl muss vom Programmierer dafür ein passender Speicherplatz mit ausreichender Byte-Zahl angefordert werden.

Wie ist das aber nun bei *Dezimalbrüchen*? Wenn beispielsweise ein Programmierer möchte, dass z. B. die Zahl 314,123456789123456789123456789 exakt gespeichert werden soll? Geht das überhaupt? Was soll er dann anfordern?

Dazu muss man das *Prinzip der internen Verarbeitung von Dezimalbrüchen* kennen.

Gibt ein Nutzer eine solche Zahl (natürlich mit Dezimalpunkt, aber dazu kommen wir noch) ein, dann wird sie unverzüglich intern in eine absolut gleichwertige *halblogarithmische Darstellung* überführt, bei der die *erste gültige Ziffer* unmittelbar rechts vom Dezimal-Trennzeichen erscheint:

```
314,123456789123456789123456789
= 0,314123456789123456789123456789*10³
```

Jeder Dezimalbruch lässt sich so darstellen.

Wenn rechts vom Komma mindestens eine Null steht, dann bekommt die 10 eine *negative Hochzahl* (Exponent) :

```
0,00002345678=0,2345678*10⁻⁴
```

Der Begriff *Exponent* ist eben schon gefallen – das ist die Hochzahl an der Zehn. Die gültigen Ziffern nennt man dagegen die *Mantisse*.

Für unser erstes Beispiel erhalten wir also für die Mantisse die vielstellige Ziffernfolge

```
314123456789123456789123456789,
```

der zugehörige Exponent ist 3.

Im zweiten Beispiel haben wir die Mantisse 2345678 mit dem Exponenten -4.

• Durch *Mantisse und Exponent* ist *jeder Dezimalbruch* eindeutig bestimmt.

Zum Speichern von Dezimalbrüchen können wir in Excel-VB zuerst mittels

```
Dim x_normal As Single
```

Speicherplätze vom Typ Single anfordern. Das sind *4-Byte-Speicherplätze*.

Der *Exponent*, einschließlich seines Vorzeichens, wird im *ersten Byte* abgespeichert. Für die *Mantisse* bleiben also noch *drei Byte* (24 Bit) übrig.

Entsprechend dieses geringen 3-Byte-Fassungsvermögens werden von der Mantisse, von links beginnend, nur diejenigen Ziffern abgespalten, die in diese wenigen drei Byte aufgenommen werden können, gegebenenfalls mit vorheriger Rundung:

```
3141235|56789123456789123456789.
```

Bei drei Byte-Mantissen sind das sechs, manchmal sieben Dezimal-Ziffern. Der Rest (*kursiv gedruckt*) wird nicht berücksichtigt, er wird ignoriert.

Der Traum von der *genauen internen Speicherung* der Zahl ist somit bereits absolut ausgeträumt, wenn der Transport in einen Single-Speicherplatz erfolgt ist.

Damit erfahren wir:

• Dezimalbrüche können nur mit *so vielen gültigen Ziffern* gespeichert und intern verarbeitet werden, wie es das *Byte-Angebot für die Mantisse* erlaubt. Bei *3-Byte-Mantissen* müssen wir uns demnach darauf einstellen, dass die Genauigkeit der internen Speicherung und Rechnung *nicht mehr als sechs gültige Dezimalziffern* beträgt.

Wollen wir genauere Rechnungen durchführen, dann müssen wir *8-Byte-Speicherplätze* vom Typ `Double` anfordern:

```
Dim x_genau As Double
```

Im gewöhnlichen Programmierer-Jargon wird dabei von *doppeltgenauen Speicherplätzen* gesprochen. Doch das ist nicht korrekt: *Ein Byte* nimmt wieder den Exponenten auf, verbleiben also diesmal *sieben Byte für die Mantisse*. Bei `Single` sind es drei Byte, bei `Double` sind es aber sieben Byte. Mehr als nur doppelt so viel.

Damit erklärt sich auch, dass wir uns darauf verlassen können, dass bei *7-Byte-Mantissen* die Genauigkeit der internen Speicherung und Rechnung sogar *15 bis 16 gültige Dezimalziffern* beträgt.

Sehen wir uns im Beispiel (in der Datei BSP04_03.XLS) an, wie ein Programmierer versucht, einen Traum auszuleben und beide Speicherplätze `y1` und `y2` mit einer sehr genauen Dezimalzahl zu füttern:

```
'******** Vereinbarungsteil *********************************
Dim y1 As Single, y2 As Double
'******** Ausführungsteil ***********************************
y1 = 3.12345678912346
MsgBox ("y1=" + Str(y1))
y2 = 3.12345678912346
MsgBox ("y2=" + Str(y2))
```

Ein schöner Traum. Die Bilder 4.6 und 4.7 zeigen uns, was davon übrig bleibt.

Bild 4.6: Tatsächlicher Inhalt des `Single`-Speicherplatzes

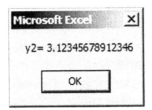

Bild 4.7: Tatsächlicher Inhalt des `Double`-Speicherplatzes

Zusätzlich zu den Typen `Single` und `Double` gibt es in den verschiedenen Basic-Versionen noch eine Fülle weiterer Möglichkeiten, Dezimalzahlen mehr oder weniger genau intern verarbeiten zu können. Eines bleibt aber trotzdem sicher: Eine *absolute Genauigkeit* wird es aufgrund der internen Rechner-Organisation *nie geben*.

4.3.2   Komma oder Punkt

Die Antwort ist ganz klar: Wird in einem Basic-Programm ein `Single`- oder `Double`-Speicherplatz mit einem Zahlenwert belegt, so muss *immer der Dezimalpunkt* verwendet werden:

```
Dim y1 As Single, y2 As Double
```

Falsch ist `y1=3,123456` – aber richtig ist `y1=3.123456`

Falsch ist `y2=3,12345678912345` – aber richtig ist `y2=3.12345678912345`

4.4   Beispiel: Division

DOWNLOAD   *Öffnen Sie die Seite http://www.w-g-m.de/basic.htm, wählen Sie dort Dateien für Kapitel 4, geben Sie Ihr Ziel ein. Danach erfolgt das Herunterladen der Datei KAP04.ZIP in den von Ihnen angegebenen Ordner. Durch Doppelklick auf den Dateinamen wird diese Datei extrahiert, und Sie erhalten im darunter befindlichen Ordner BEISPIELE die Dateien BSP04_01.XLS usw.*

Mit Alt *+* F11 *kommen Sie zum Excel-VB-System und sehen mit ANSICHT→CODE den bereits eingetragenen Programmtext.*

Nun können wir endlich richtig *rechnen*, zum Beispiel vom Nutzer *zwei Zahlen* (gegebenenfalls mit Dezimalpunkt) verlangen und ihm dann den *Quotienten* mitteilen.

Das Beispiel in der Datei BSP04_04.XLS vereinbart dafür drei `Double`-Speicherplätze. Der *Ausführungsteil* enthält die passenden Basic-Befehle.

```
'******** Vereinbarungsteil *********************************
Dim zahl1 As Double, zahl2 As Double, quotient As Double
'******** Ausführungsteil ***********************************
zahl1 = Val(InputBox("Erste Zahl mit Dezimalpunkt eingeben"))
zahl2 = Val(InputBox("Zweite Zahl mit Dezimalpunkt eingeben"))
quotient = zahl1 / zahl2
MsgBox ("Quotient=" + Str(quotient))
```

Im Bild 4.8 sehen wir das Ergebnis der Division, wenn als erste Zahl 0.1 und als zweite Zahl 0.06 vom Nutzer eingegeben worden sind.

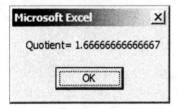

Bild 4.8: `Double`-Ergebnis von 0.1 / 0.06

Können wir damit *zufrieden* sein? Einerseits ja, denn wir erhalten ein durchaus brauchbares, genaues Ergebnis. Das wollten wir ja auch.

Andererseits wird es sicher auch Situationen geben, in denen uns die Menge der angezeigten Stellen nach dem Dezimalpunkt lästig ist, wenn es beispielsweise um Euro und Cent geht. Was sollen dann 14 Stellen?

Dann sollte *gerundet* werden. Natürlich, es gibt in Basic eine spezielle Funktion zur gerundeten Anzeige mit gewünschter Stellenzahl. Wir wollen sie aber erst dann kennen lernen, wenn wir unter Verwendung eines `Integer`-Speicherplatzes die *manuelle Rundung* kennen gelernt haben.

4.5   Rundung

4.5.1   Verwendung eines Integer-Speicherplatzes

Sehen wir uns im Beispiel (Datei BSP04_05.XLS) das interessante Vorgehen an. Zum besseren Verständnis wurden die interessanten Befehle des Ausführungsteils mit Hilfe von *Kommentaren* nummeriert.

```
'******** Vereinbarungsteil ********************************
Dim zahl1 As Double, zahl2 As Double, quotient As Double
Dim hilf As Integer, ausgabe As Single
'******** Ausführungsteil **********************************
zahl1 = Val(InputBox("Erste Zahl mit Dezimalpunkt eingeben"))
zahl2 = Val(InputBox("Zweite Zahl mit Dezimalpunkt eingeben"))
quotient = zahl1 / zahl2                                 '(3)
quotient = quotient * 100                                '(4)
hilf = quotient                                          '(5)
ausgabe = hilf / 100                                     '(6)
MsgBox ("Quotient=" + Str(ausgabe))
```

In Befehl (3) wird erst einmal *genau* gerechnet. Bei unseren Eingaben 0.1 und 0.06 bekommt der `Double`-Speicherplatz `quotient` hier die Belegung `1.166666666666667`.

Anschließend wird im Befehl (4) der Inhalt von `quotient` mit 100 multipliziert, das Ergebnis kommt wieder nach `quotient`. Damit enthält der Speicherplatz `quotient` nun die neue Belegung `116.6666666666667`. Dieses Ergebnis wird in den `Integer`-Speicherplatz `hilf` gebracht, das bedeutet, `hilf` bekommt den *gerundeten ganzen Teil* von `quotient`, also `117`.

Bild 4.9: Ausgabe des gerundeten Ergebnisses von 0.1 / 0.06

Schließlich wird der Inhalt von `hilf` durch `100` geteilt und im `Single`-Speicherplatz `ausgabe` abgelegt. `ausgabe` erhält also `1.17` – und das wird dann angezeigt.

Der Speicherplatz `ausgabe` muss hier nicht mehr vom Typ `Double` sein, denn zwei Stellen nach dem Komma können auch mit `Single` genau dargestellt werden (falls nicht zu viele Stellen vor dem Komma stehen sollten).

Bild 4.9 überzeugt uns, dass mit dem Programm tatsächlich eine Rundung auf zwei Stellen nach dem Komma stattgefunden hat.

4.5.2 Verwendung der Round-Funktion

Das Beispiel (Datei BSP04_06.XLS) spricht eigentlich für sich:

```
Dim zahl1 As Double, zahl2 As Double, quotient As Double
Dim ausgabe As Single
'******** Ausführungsteil ************************************
zahl1 = Val(InputBox("Erste Zahl mit Dezimalpunkt eingeben"))
zahl2 = Val(InputBox("Zweite Zahl mit Dezimalpunkt eingeben"))
quotient = zahl1 / zahl2
ausgabe = Round(quotient, 2)
MsgBox ("Quotient=" + Str(ausgabe))
```

In den Klammern der Funktion `Round` muss *an erster Stelle* der *Name des Speicherplatzes* angegeben werden, dessen Inhalt zu runden ist. An *zweiter Stelle*, nach dem Komma, muss entweder eine *ganze Zahl* oder der *Name eines* `Integer`-*Speicherplatzes* stehen, mit dem die gewünschte *Anzahl der Stellen nach dem Dezimalpunkt* festgelegt wird.

4.6 Beispiel: Mehrwertsteuer

Zur Finanzierung der Staatsausgaben wird jede Ware mit einer *Mehrwertsteuer* belegt. Aus dem *Nettopreis* wird durch Erhöhung um den jeweiligen *Mehrwertsteuersatz* der *Bruttopreis*, der dann vom Käufer zu entrichten ist (Beispiel: Nettopreis = 100 EUR , Satz = 16 % -> Bruttopreis =116 EUR).

Es soll ein Basic-Programm geschrieben werden, so dass Nettopreis und Mehrwertsteuersatz (in Prozent) erfasst werden und anschließend der Bruttopreis berechnet und ausgegeben wird. Natürlich interessieren bei einem Preis nur zwei Dezimalstellen.

Der Programmtext (auch in Datei BSP04_07.XLS) zeigt, wie man vorgehen kann:

```
'******** Vereinbarungsteil **********************************
Dim netto As Double, brutto As Double, mws As Single
'******** Ausführungsteil ************************************
netto = Val(InputBox("Netto-Preis mit Dezimalpunkt eingeben"))
mws = Val(InputBox("MWS in % mit Dezimalpunkt eingeben"))
brutto = netto + netto * (mws / 100)
brutto = Round(brutto, 2)
MsgBox ("Bruttopreis=" + Str(brutto))
```

Navigator: Was bisher zu lesen war, was nun folgt:

 Weitere Anregungen, sich mit Zahlenspeicherplätzen, Rechnungen und Rundungen zu beschäftigen, werden in den Übungen (Anhang A, ab Seite 347) gegeben.

Wie geht es weiter?

Es hat sich schon soviel Grundlagenwissen angehäuft, dass es vor der Vermittlung weiterer Basic-Möglichkeiten geraten erscheint, nun die Empfehlungen kennen zu lernen, die aus der gründlichen Analyse vielfältiger logischer Fehler aus fünf Jahrzehnten Programmierung abgeleitet wurden.

Sie können in einer einfachen Formel zusammengefasst werden: Wer *konsequent strukturiert programmiert*, hält die Gefahr logischer Fehler niedrig.

5 Strukturiertes Programmieren

Navigator: Was bisher zu lesen war, was nun folgt:

 Nachdem wir gelernt haben, wie Zahlenspeicherplätze *im Nutzerdialog* belegt werden können, wie man mit ihnen rechnen kann und wie man ihre Inhalte sofort oder gerundet ausgeben kann, könnten wir bereits umfangreichere Programme in Angriff nehmen.

Doch erinnern wir uns: *Programmieren ist Denken.*

Denkfehler sind aber *nie ausgeschlossen.* Und sie führen zu den schwerwiegendsten Fehlern, die ein Programm haben kann, nämlich zu logischen Fehlern. Haben sie sich erst einmal in ein Programm eingeschlichen, sind sie nur sehr schwer zu finden und zu korrigieren. Insbesondere von Anfängern.

Für sie gilt nach wie vor uneingeschränkt die Regel: Wer ein Programm *strukturiert entwirft*, hält die Wahrscheinlichkeit für logische Fehler *niedrig*.

Deshalb beginnen wir jetzt mit den *Prinzipien des strukturierten Entwurfs.*

5.1 Strukturierter Entwurf

Wird ein Programm *strukturiert entworfen*, dann wird es aus *wenigen Grundbausteinen* zusammengesetzt. Für jeden Grundbaustein gibt es einen zugehörigen *Bildbaustein*, so dass das Ergebnis des Entwurfes als *Bild des Programms* vorliegt. Damit ist es möglich, *die Programmlogik am Bild* zu analysieren und zu diskutieren.

In dieses Bild – als *Struktogramm* bezeichnet – werden einige Details, insbesondere die *Informationstexte* an den Nutzer bei Erfassung von Daten und bei der Ausgabe, grundsätzlich *nicht* mit hineingenommen. Ebenso fehlt in jedem Struktogramm der *Vereinbarungsteil*.

Damit wird eine *Programmierung in zwei Stufen* möglich: Zuerst kommt das Wesentliche, der *strukturierte Entwurf*, mit dessen Hilfe die *Programmlogik* kontrolliert und diskutiert wird. Anschließend erfolgt erst die *Umsetzung in den Text der gewählten Programmiersprache*; erst dann denkt man über die *Texte für den Nutzer* und notwendige *Kommentare* nach.

Kurz gefasst bedeutet die *Methode des strukturierten Entwurfs*, dass *zwei Stufen* bis zum fertigen Programm absolviert werden:

> Stufe 1: *Logik* (Diskussion am Bild des Programms)
>
> Stufe 2: *Syntax* (Umsetzung in die Programmiersprache)

Diese *Entkopplung der Schwierigkeiten* ist jedem Anfänger grundsätzlich zu empfehlen. Hinzu kommt, dass für viele *Standard-Aufgaben der Programmierung* bereits fertige Bild-Bausteine vorliegen, die immer und immer wieder genutzt werden können.

5.2 Strukturelemente

5.2.1 Folge

Bereits der erste Grundbaustein *Folge* kann ausreichen, um einfache Programme zu entwerfen. Sehen wir uns Bild und Basic-Umsetzung an:

```
 _____
| Befehl_1               |          Die Befehle werden
|_____|          untereinander geschrie-
| Befehl_2               |          ben
|_____|
|    . . . . . . . . .   |
|_____|
```

Speziell für die *Erfassung* des Inhalts eines *Zahlen-Speicherplatzes* vom Nutzer gibt es ein einfaches Bildelement:

```
 _____
|\ sp_platz              |          Umsetzung in Basic:
| /_____|          sp_platz=Val(InputBox("..."))
```

Ebenso wird die *Mitteilung* über den Inhalt eines *Zahlen-Speicherplatzes* an den Nutzer symbolisch dargestellt:

```
 _____
| sp_platz             \|          Umsetzung in Basic:
|_____/|          MsgBox("..."+Str(sp_platz))
```

Einfache Programme, die lediglich unter Verwendung des Strukturelements *Folge* entworfen werden können, werden auch als *lineare Programme* bezeichnet. Alle Programme, die wir bisher in den Beispielen und Übungen behandelt haben, sind lineare Programme.

Sehen wir uns an einem weiteren Beispiel an, wie die erwähnte Zweischritt-Strategie für die Trennung von Logik und Syntax auf dem Wege von der Programmieraufgabe bis zum Basic-Text funktioniert.

DOWNLOAD   *Öffnen Sie die Seite http://www.w-g-m.de/basic.htm, wählen Sie dort Dateien für Kapitel 5, geben Sie Ihr Ziel ein. Danach erfolgt das Herunterladen der Datei* KAP05.ZIP *in den von Ihnen angegebenen Ordner. Durch Doppelklick auf den Dateinamen wird diese Datei extrahiert, und Sie erhalten im darunter befindlichen Ordner* BEISPIELE *die Dateien* BSP05_01.XLS *usw. Mit* Alt + F11 *kommen Sie zum Excel-VB-System und sehen mit* ANSICHT→CODE *den bereits eingetragenen Programmtext.*

Beispiel (s. Datei BSP05_01.XLS): Ein Nutzer soll aufgefordert werden, den gefahrenen *Weg in km* und die benötigte *Zeit in Stunden* einzugeben.

Dann soll er die *Geschwindigkeit* erfahren. Zuerst wird die Programmlogik mit dem Struktogramm entworfen und dargestellt.

```
 _____
|\ weg                   |
| /_____|
|\ zeit                  |
| /_____|
```

```
| geschw=weg/zeit       |
|_____|
| geschw             \ |
|_____/ |
```

Schmucklos und nüchtern ist dieses Struktogramm, und nur das *Wesentliche* darstellend. Wir können nun sehen, wie der *Ablauf der Befehle* geplant ist. Logische Mängel, zum Beispiel die Verarbeitung eines Speicherplatzes, *bevor* er überhaupt einen Inhalt erhalten hat, fallen sofort auf.

Optische Problemdiskussion sei das, sagen Manche zu dieser Vorgehensweise. Wir werden diese Vokabel nicht weiter verwenden, obwohl sie treffend ist.

Die *Logik des Programms* ist offensichtlich treffend beschrieben, nun können wir an die *Umsetzung* gehen. Erst jetzt interessiert uns überhaupt die gewählte Programmiersprache und ihr Regelwerk. Erst jetzt machen wir uns Gedanken über die Mitteilungen an den Nutzer. Erst jetzt denken wir darüber nach, wie das Ergebnis zu runden ist.

```
'******** Vereinbarungsteil ********************************
Dim weg As Double, zeit As Double, geschw As Double
'******** Ausführungsteil **********************************
weg = Val(InputBox("Gefahrener Weg in km ?"))
zeit = Val(InputBox("Benötigte Zeit in Stunden ?"))
geschw = weg / zeit
MsgBox ("Geschwindigkeit=" + Str(Round(geschw, 1)) + " km/h")
```

5.2.2   Abweisende Schleife (kopfgesteuerte Schleife)

Das erste Strukturelement, das uns zu Programmen führt, die anspruchsvollere Aufgaben lösen, trägt den Namen *kopfgesteuerte Schleife* (oder *Abweisschleife*).

```
|SOLANGE lauf_bedingung GILT |      Do While lauf_bedingung
|  _____|        Befehle
| | ........     \    auszu- |        des
| |_____      | führende|        Schleifeninneren,
| | ........       | Befeh-  |        untereinander
| |_____      | le      |        geschrieben
| |            /            |        Loop
|_ |_____|
```

Diese *kopfgesteuerte Schleife* wird als Strukturelement benötigt, wenn Programmieraufgaben zu lösen sind, bei denen ein- und dieselbe Befehlsfolge mehrfach zu wiederholen ist und ein Ende erst dann eintritt, wenn eine *Wiederholungsbedingung* (hier als *Laufbedingung* bezeichnet) nicht mehr erfüllt ist.

Eine typische Programmieraufgabe, zu deren Realisierung wir diese Schleife benötigen, tritt immer dann auf, wenn mit einem Nutzer vereinbart wird, dass er *das Ende seiner Dateneingabe* durch eine ganz bestimmte, vorher vereinbarte *Sonderbelegung* mitteilen wird.

Nehmen wir an, ein Lehrer möchte Zensuren eingeben und den Notendurchschnitt erfahren, will aber vorher nicht abzählen, um wie viele Zensuren es sich handelt. Ich werde, so spricht er, einfach nach der letzten Zensur eine Null eintippen. Damit weiß das Programm dann, dass ich fertig bin. Spricht er.

Seine Aufgabe können wir mit der berühmten *Fenstertechnik* lösen. Sehen wir uns den ersten Entwurf an.

```
 _____
|\   fenster               |
|/_____|
| SOLANGE fenster ungleich 0 |
|    _____   |
|   |sum = sum + fenster    |
|__|_____|
| durch = sum / anz        |
|_____|
```

Optisch sofort klar – hier kann vieles nicht stimmen. Der Summenspeicherplatz sum wird nicht *initialisiert*, der Anzahl-Speicherplatz anz bekommt *nie* einen Wert, es gibt überhaupt keine *Ausgabe*, und der Lehrer kann überhaupt nur *eine einzige Eingabe* vornehmen. So wird es richtig:

```
 _____
| sum = 0, anz =0          |
|_____|
|\ fenster                 |
|/_____|
| SOLANGE fenster ungleich 0 |
|    _____   |
|   | anz = anz +1          |
|   |_____   |
|   | sum = sum + fenster   |
|   |_____   |
|   |\ fenster              |
|__|/_____|
| durch = sum / anz        |
|_____|
| durch                  \ |
|_____/ |
```

Es lässt sich so schön beschreiben: Die erste Eingabe wird in das *Fenster* gelegt. Ist sie *gut*, dann wird sie *gezählt* (indem der Inhalt des Speicherplatzes anz um 1 erhöht wird), und sie wird *verarbeitet* (zur Summe hinzugenommen). Anschließend wird der Nutzer aufgefordert, die nächste Zahl in das Fenster zu legen, sie wird geprüft usw.

Alles endet, wenn eine Null im Fenster liegt. Dann wird gerechnet und ausgegeben.

An die *Fenstertechnik* werden wir uns noch oft erinnern müssen, diese Technik wird oft gebraucht und gern genutzt (download: BSP05_02.XLS).

```
'******** Vereinbarungsteil ********************************
Dim sum As Integer, anz As Integer, fenster As Integer
Dim durch As Single
'******** Ausführungsteil ********************************
sum = 0
anz = 0
fenster = Val(InputBox("Zensur eingeben"))
Do While fenster <> 0
    anz = anz + 1
    sum = sum + fenster
    fenster = Val(InputBox("Zensur eingeben"))
    Loop
durch = sum / anz
MsgBox ("Durchschnitt=" + Str(Round(durch, 1)))
```

Auch hier gilt wieder: Mit den Fragen der *Syntax*, des Regelwerkes der Programmiersprache, haben wir uns vorhin überhaupt nicht beschäftigt, es war nicht nötig. Nein, da ging es nur um die Logik.

Jetzt allerdings mussten wir nachsehen: *ungleich* wird in Basic mit <> geschrieben.

Das Programm arbeitet nun korrekt, wir könnten zufrieden sein. Zumal die eingerückte Schreibweise den Zusammenhang zwischen Struktogramm und Basic-Programm schön deutlich macht.

Einen Mangel hat das Programm aber doch noch. Der Nutzer erfährt nicht, *wie* er die Erfassung beenden kann. Kein Problem, ändern wir den Dialogtext entsprechend ab (download: BSP05_03.XLS):

```
    fenster = Val(InputBox("Zensur eingeben, Ende mit Null"))
```

Und dann setzt das Programm noch voraus, dass *mindestens eine* echte Zensur eingegeben wird. Beginnt der Nutzer gleich mit der Null, dann gibt es eine geharnischte Fehlermeldung. Warum, das kann man sich anhand des Struktogramms schnell überlegen.

5.2.3 Nichtabweisende Schleife (fußgesteuerte Schleife)

Während die *kopfgesteuerte Schleife* die Eigenschaft hat, dass erst *nach* bestandenem Eingangstest die Befehlsfolge des Schleifeninneren erstmalig abgearbeitet wird, ist dies bei der *fußgesteuerten Schleife* nicht der Fall.

```
|W |  ........     \  auszu-  |
|I |  _____    | führende|        Do
|E |  ........      | Be-     |            Befehle des
|D |  _____    | fehle   |            Schleifeninneren
|E |            /   |         |            untereinander
|R |  _____|                 geschrieben
|Hole SOLANGE lauf_bedingung|             Loop While lauf_bedingung
|  _____|
```

Hier erfolgt *in jedem Falle* ein erster Durchlauf, bevor überhaupt gefragt wird, ob es zu einer *Wiederholung* kommen soll.

Mit Hilfe der fußgesteuerten Schleife kann man einen Nutzer zwingen, korrekte Werte einzugeben.

Zum Beispiel prüft das folgende Struktogramm (download: BSP05_04.XLS) *nach* der Nutzereingabe, ob es sich um eine *Zensur* handelt. Wenn nein, ist die Laufbedingung erfüllt, und der Nutzer muss neu eingeben. Solange, bis er endlich korrekt handelt – und sei es erst nach hundert Fehlversuchen. Zum Lohn wird ihm dann seine richtige Eingabe gezeigt.

```
|    |\ zensur                        |
|    |/_____    |
|    SOLANGE zensur <1 oder zensur >6 |
|  _____ |
| zensur                           \ |
|  _____/ |
```

Über die Frage, wie dieser Wiederholungstest in Basic zu formulieren ist, brauchten wir uns bei der *Logik-Diskussion* wieder keine Gedanken zu machen. Dort mussten wir nur prüfen, ob damit wirklich die *Fehleingabe treffend beschrieben* ist.

Sehen wir uns nun die Syntax bei der Umsetzung in den Basic-Text an.

```
'******* Vereinbarungsteil ********************************
Dim zensur As Integer
'******* Ausführungsteil **********************************
Do
     zensur = Val(InputBox("Zensur eingeben"))
     Loop While zensur < 1 Or zensur > 6
MsgBox ("Eingegeben wurde:" + Str(zensur))
```

Wir sehen: Tests, die mit *oder* verbunden sind, werden im Basic-Text mit Or verbunden. Beide Tests müssen immer *vollständig* sein, so etwas wie zensur <1 Or >6 ist *verboten*.

5.2.4   Einfacher Test (unvollständige Alternative)

Ist eine Befehlsfolge *nur dann* auszuführen, *wenn* eine bestimmte *Bedingung* (ein Test)
erfüllt ist, dann benötigt man das Strukturelement *einfacher Test*:

```
|\                                    /|
| \          t e s t           /  |        If test Then
|  \                          /   |            auszuführende
|_j_____/_n_|            Befehle
|                        |     |            unter-
| .......  \ auszu-      |     |            einander
|_____  | führende   |     |            geschrieben
| .......   | Be-        |./.|            End If
|_____  | fehle      |     |
|           /            |     |
|_____|___|
```

Die erste Anwendung des einfachen Tests ergibt sich unmittelbar an eine *kritische Wer-
tung des Struktogramms zum Erzwingen korrekter Eingaben* aus dem vorigen Abschnitt.

Denn – woher erfährt der Nutzer am Bildschirm, dass seine Eingabe als *Fehleingabe* nicht
akzeptiert und somit zurückgewiesen wurde.

Dass er nicht die nächste Zensur eingeben soll, sondern seine letzte Eingabe korrigieren
soll?

Hier hilft ein *einfacher Test* im Innern der fußgesteuerten Schleife:

```
|   |\ zensur                              |
|   |/_____|
|   |\                                /|
|   | \ zensur<1 oder zensur >6 ?    / |
|   |  \                            /  |
|   |_j_____/_n_|
|   |    Fehler-Info an Nutzer   \|./.|
|   |_____/|___|
| SOLANGE zensur <1 oder zensur >6    |
|_____|
| zensur                             \|
|_____/|
```

Die Umsetzung des Struktogramms in den Basic-Text enthält zusätzlich den Vereinbarungsteil; nun müssen auch die Dialogtexte für den Nutzer ausgearbeitet werden. Das folgende Programm ist niemals falsch (download: BSP05_05.XLS), sondern nur ein wenig lang:

```
'******* Vereinbarungsteil ********************************
Dim zensur As Integer
'******* Ausführungsteil *********************************
Do
    zensur = Val(InputBox("Zensur eingeben"))
    If zensur < 1 Or zensur > 6 Then
        MsgBox ("Wiederholen!")
        End If
    Loop While zensur < 1 Or zensur > 6
MsgBox ("Eingegeben wurde:" + Str(zensur))
```

Denn – bei erfülltem Test haben wir doch nur *einen einzigen Befehl*, der auszuführen ist. Deshalb können wir hier die *Ausnahmeregel* in Anspruch nehmen:

```
|\                          /|
| \          t e s t       / |        If test Then der_Befehl
|  \                      /  |
|_j_____/_n_|
|          der_Befehl     |./.|
|_____|___|
```

Ausnahmeregel: Ist bei erfülltem Test nur *ein einziger Befehl* auszuführen, dann muss dieser sofort hinter das Schlüsselwort Then geschrieben werden; das End If entfällt:

```
'******* Vereinbarungsteil ********************************
Dim zensur As Integer
'******* Ausführungsteil *********************************
Do
    zensur = Val(InputBox("Zensur eingeben"))
    If zensur < 1 Or zensur > 6 Then MsgBox ("Wiederholen!")
    Loop While zensur < 1 Or zensur > 6
MsgBox ("Eingegeben wurde:" + Str(zensur))
```

Eine zweite kombinierte Anwendung von fußgesteuerter Schleife und einfachem Test findet sich bei den berühmten *Menü-Programmen*:

Dem Nutzer wird ein Leistungsangebot (ein Menü) vorgelegt.

Er wählt eine bestimmte Leistung aus, diese findet statt. Anschließend kommt das Leistungsangebot wieder. Das erfolgt solange, bis der Nutzer durch eine bestimmte Eingabe (meist ist es die Null) das Ende veranlasst.

```
 |  | Ausgabe des Leistungsangebots       \|
 |  |_____/|
 |  |\ wahl                                 |
 |  |/_____|
 |  | \              wahl = 1 ?        /  |
 |  |j_____ /n_|
 |  |      Leistung 1 kommt            |./.|
 |  |_____|___|
 |  | \              wahl = 2 ?        /  |
 |  |j_____ /n_|
 |  |      Leistung 2 kommt            |./.|
 |  |_____|___|
 | SOLANGE wahl ungleich Null             |
 |_____|
```

Stellen wir ein Beispiel für solch ein Menü-Programm zusammen:

Wählt der Nutzer die 1, so soll *Weg* und *Zeit* erfasst und die *Geschwindigkeit* ausgegeben werden.

Wählt er die 2, dann sollen Weg und Geschwindigkeit erfasst und die Zeit berechnet werden.

Schließlich kommt bei der Wahl von 3 die Erfassung von *Zeit* und *Geschwindigkeit*, der *Weg* wird ausgegeben. Alles in km, Stunden und km/h. Mit der *Null* endet das Programm.

Zur *Diskussion der Logik* müsste das allgemeine Menütechnik-Struktogramm lediglich konkretisiert werden. Sehen wir uns gleich den fertigen Basic-Text an (download: BSP05_06.XLS):

```
'******** Vereinbarungsteil *********************************
Dim wahl As Integer
Dim weg As Double, zeit As Double, geschw As Double
'******** Ausführungsteil ***********************************
Do
     MsgBox ("1-->Geschw., 2-->Zeit, 3-->Weg, 0-->Ende")
     wahl = Val(InputBox("Ihre Wahl bitte"))
     If wahl = 1 Then
          weg = Val(InputBox("Weg in km"))
          zeit = Val(InputBox("Zeit in h"))
          geschw = weg / zeit
          MsgBox ("Geschwindigkeit=" + Str(geschw))
          End If
```

```
    If wahl = 2 Then
        weg = Val(InputBox("Weg in km"))
        geschw = Val(InputBox("Geschwindigkeit in km/h"))
        zeit = weg / geschw
        MsgBox ("Zeit=" + Str(zeit))
        End If
    If wahl = 3 Then
        zeit = Val(InputBox("Zeit in h"))
        geschw = Val(InputBox("Geschwindigkeit in km/h"))
        weg = zeit * geschw
        MsgBox ("Weg=" + Str(weg))
        End If
    Loop While wahl <> 0
```

Mit Ausnahme der noch ziemlich primitiven Menüdarstellung und Nutzerführung können wir mit diesem Programm doch ganz zufrieden sein.

5.2.5   Vollständiger Test (Alternative)

Tritt bei der Umsetzung einer Programmieraufgabe die Situation auf, dass bei der *Erfüllung* einer Bedingung (eines Tests) *eine bestimmte Befehlsfolge*, aber bei der *Nichterfüllung* eine *andere Befehlsfolge* auszuführen ist, dann benötigt man das Strukturelement *vollständiger Test* (Alternative, entweder-oder).

```
 _____
| \                  / |    If test Then
|  \       t e s t  /  |        Befehle
|   \             /    |        des
|_j_____/_n_|          JA-Zweiges
|          |         |          untereinander
| .\  auszu-  | .\ auszu-   |    geschrieben
|___| führende |__ |führende |     Else
| ..| Befeh-  | ..|Befeh-  |      Befehle
|___| le des  |___|le des  |      des NEIN-Zweiges,
|  / JA-Zweig |  / NEIN-Zw. |      untereinander
|_____|_____|          End If
```

Das Schaltjahr: Bekanntlich sind alle Jahre, deren Jahreszahlen durch vier teilbar sind, *Schaltjahre*.

Falsch. Denn 1900, 2100, 2200 und 2300 sind *keine Schaltjahre*.

Bei den *vollen Hundertern* haben nur die *durch 400 teilbaren Jahre* einen neunundzwanzigsten Februar.

Wie muss also ein Programm entworfen werden, das zu einer eingegebenen *Jahreszahl* mitteilt, ob es sich um ein Schaltjahr handelt oder nicht? Sehen wir uns das Struktogramm dazu an:

```
 _____
|\ jahr                                     |
|/_____|
|\                                       / |
| \        jahr durch 100 teilbar ?     /  |
|  \                                   /   |
|_j_____/_n_|
|\   jahr durch    /|\   jahr durch    /|
| \ 400 teilbar ?/ | \ 4 teilbar ?   /  |
|  \            /  |  \             /   |
|_j_____/_n_|_j_____/_n_|
| "SJ" \|"kein SJ"\| "SJ" \|"kein SJ"\|
|_____/|_____/|_____/|_____/|
```

Die anfangs zu treffende Entscheidung betrifft die Jahrhunderte. Handelt es sich um eine Jahrhunderts-Jahreszahl, so folgt anschließend die Prüfung auf Teilbarkeit durch 400.

Handelt es sich dagegen um keine Jahrhunderts-Jahreszahl, so wird der Nein-Zweig der großen Alternative abgearbeitet; der dort folgende Test prüft dann die Teilbarkeit durch 4.

Die Frage, wie in Basic die Prüfung der Teilbarkeit umzusetzen ist, spielt erst jetzt eine Rolle. Sie war für die *Logik-Diskussion* unerheblich.

Aber nun müssen wir uns damit beschäftigen.

Wie findet man heraus, ob 22 durch 7 teilbar ist? Nun, man lässt rechnen:

>   22 durch 7 ist 3, *Rest 1*. Der *Rest* ist *nicht Null*, also liegt *keine Teilbarkeit* vor.

>   22 durch 11 dagegen liefert 2, *Rest Null*. Also ist 22 durch 11 *teilbar*.

Nun brauchen wir nur noch zu erfahren, dass der *Teilungsrest* in Basic mit dem Schlüsselwort Mod angefordert wird.

Damit können wir das Struktogramm in den Basic-Text umsetzen (im download: BSP05_07.XLS), der auf der folgenden Seite übersichtlich und unter Verwendung vieler Einrückpositionen aufgeschrieben ist.

Auf diese Weise ist auch im Basic-Text die Struktur des Programms erkennbar.

Der Autor dieser Zeilen richtet an alle Anfänger den eindringlichen Appell, keinesfalls auf die hier vorgeführte *Schreibweise mit vielfältigen Einrückpositionen* zu verzichten.

Denn würde zur Abschreckung dasselbe Programm einmal ohne jegliche Einrückposition aufgeschrieben, so dass alle Zeilen am linken Bildschirmrand beginnen – nur ausgewählte Könner hätten dann eine Chance, die *Logik des Programms*, den Zusammenhang mit dem Struktogramm zu erkennen und damit überhaupt eine Kontrolle ausüben zu können, ob denn das Struktogramm überhaupt eins-zu-eins umgesetzt wurde.

```
'******** Vereinbarungsteil ********************************
Dim jahr As Integer
'******** Ausführungsteil ********************************
jahr = Val(InputBox("Welches Jahr ?"))
If jahr Mod 100 = 0 Then
    If jahr Mod 400 = 0 Then
        MsgBox ("Schaltjahr")
                        Else
        MsgBox ("Kein Schaltjahr")
                        End If
              Else
    If jahr Mod 4 = 0      Then
        MsgBox ("Schaltjahr")
                        Else
        MsgBox ("Kein Schaltjahr")
                        End If
                        End If
```

Navigator: Was bisher zu lesen war, was nun folgt:

Weitere Anregungen, Programmieraufgaben mit kopf- oder fußgesteuerten Schleifen, und mit einfachen und vollständigen Tests zur Selbstkontrolle zu lösen, werden in den Übungen (Anhang A, ab Seite 349) gegeben.

Wie geht es weiter? Als einziges Strukturelement fehlt noch die *Zählschleife*. Sie kommt dann zum Einsatz, wenn von vornherein bekannt ist, wie oft eine Befehlsfolge oder ein einzelner Befehl zu wiederholen ist.

Diese Situation gab es bei unseren bisher gelösten Aufgaben nicht: Es ist ja niemals vorher bekannt, wann der Nutzer seine Zahleneingaben mit der Null beendet. Wann er endlich korrekt eingibt. Und wann er ein Leistungsangebot nicht mehr in Anspruch nehmen will.

Da ein sehr wichtiges Hauptanwendungsfeld der Zählschleife sich immer dann ergibt, wenn es um die *Behandlung von Text* geht, wird zunächst aber ein Kapitel über *Speicherplätze für Zeichenfolgen* (Strings) eingeschoben.

6   Speicherplätze für Zeichenketten

Navigator: Was bisher zu lesen war, was nun folgt:

Wir wissen inzwischen, wie *Zahlenspeicherplätze* vereinbart und belegt werden, wie man mit ihren Inhalten *rechnen* kann. Damit können bereits vielfältige Programmieraufgaben gelöst werden.

Je anspruchsvoller eine Aufgabe aber ist, desto notwendiger ist es, sich die *Logik des Programms* an einem Schema erst einmal zu verdeutlichen, bevor die konkrete Umsetzung in den unübersichtlichen Programmtext (in welcher Sprache auch immer) und die Beschäftigung mit den Details (insbesondere mit den *Dialogtexten*) beginnt.

Eine bewährte Methode zur Entwicklung und Veranschaulichung der Programmlogik ist die *Methode des strukturierten Entwurfs*. Fünf Strukturelemente – Folge, zwei Schleifen, Test und Alternative – wurden bereits vorgestellt. Im Kapitel 7 wird abschließend dazu die *Zählschleife* folgen.

Vorher wollen wir aber, als Einschub und notwendige Ergänzung, die Frage klären, wie *Zeichenfolgen* (Texte) im Rechner gespeichert und verarbeitet werden.

6.1   Vereinbarung, Belegung, Ausgabe

6.1.1   Vereinbarung

Ein Speicherplatz zur Aufnahme von *einem oder mehreren Zeichen* muss in Basic im *Vereinbarungsteil* als String-Speicherplatz deklariert werden:

```
'******** Vereinbarungsteil ********************************
Dim tx As String, ty As String, tz As String
```

Jeder dieser drei Speicherplätze tx, ty bzw. tz kann für sich von 0 bis 65535 Zeichen aufnehmen – das dürfte für den Anfang genügen.

6.1.2   Belegung

Ein String-Speicherplatz kann einerseits durch Direktzuweisung

```
tx="Uenglingen"
```

belegt werden, wobei die rechts stehende *Quelle* durch die doppelten Anführungsstriche (auf der Tastatur über der 2) als *feste Zeichenfolge* gekennzeichnet sein muss. Denn wenn die Anführungsstriche fehlen

```
tx=Uenglingen
```

dann sucht das Basic-Verarbeitungssystem nach einem *Speicherplatz* mit dem Namen Uenglingen und will dessen *Inhalt* als *Quelle* verwenden.

Ein String-Speicherplatz kann natürlich auch *vom Nutzer* belegt werden:

```
tx=InputBox("Bitte Zeichenfolge eingeben"590
```

Hier ist zu beachten, dass das Befehlswort Val jetzt nicht anzuwenden ist. Denn nun braucht das, was der Nutzer eingetippt hat, natürlich *nicht* in einen *Wert* (engl. *value*) umgewandelt zu werden.

Das müssen wir uns also unbedingt merken:

- Belegung eines String-Speicherplatzes durch Nutzerdialog: *ohne* Val
- Belegung eines *Zahlen-Speicherplatzes* durch Nutzerdialog: *mit* Val

DOWNLOAD   *Öffnen Sie die Seite http://www.w-g-m.de/basic.htm, wählen Sie dort Dateien für Kapitel 6, geben Sie Ihr Ziel ein. Danach erfolgt das Herunterladen der Datei* KAP06.ZIP *in den von Ihnen angegebenen Ordner. Durch Doppelklick auf den Dateinamen wird diese Datei extrahiert, und Sie erhalten im darunter befindlichen Ordner* BEISPIELE *die Dateien* BSP06_01.XLS *usw. Mit* $\boxed{Alt}$ + $\boxed{F11}$ *kommen Sie zum Excel-VB-System und sehen nach* ANSICHT → CODE *den bereits eingetragenen Programmtext.*

Beispiel: (auch in der Datei BSP06_01.XLS zu finden):

```
'******** Vereinbarungsteil ********************************
Dim tx As String, ty As String
Dim x As Integer, y As Double
'******** Ausführungsteil **********************************
tx = InputBox("Tippen Sie ein")
x = Val(InputBox("Tippen Sie ein"))
ty = InputBox("Tippen Sie ein")
y = Val(InputBox("Tippen Sie ein"))
```

Übrigens – der Nutzer am Bildschirm merkt natürlich nichts davon, ob seine Eingabe in einen *Zahlen-* oder in einen String-Speicherplatz gelenkt wird.

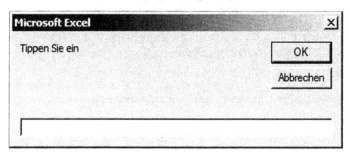

Bild 6.1: Dialogfenster zeigt nicht, ob Val verwendet wird

Er sieht nur die Aufforderung (Bild 6.1). Allerdings – wenn seine Eingabe mit Val verarbeitet und in einen *Zahlenspeicherplatz* gelenkt werden soll, dann kommt bei einer unsinnigen Eingabe (z.B. 1o5 anstelle 105 für x und y) leider *keine Fehlermeldung*.

Ein großer Mangel an diesem Basic. Statt dessen kommt in den *Zahlenspeicherplätzen* x und y jeweils ein *Fantasiewert* an (Bild 6.2).

Was schließen wir daraus? Am besten wird es sein, *jede Nutzereingabe*, unabhängig von ihrer späteren Verarbeitung, *erst einmal in einen* String-*Speicherplatz* zu holen. So ein String-Speicherplatz ist wie ein Mülleimer, der nimmt alles.

Anschließend muss dann mit programmtechnischen Mitteln, die bald beschrieben werden, der Inhalt des String daraufhin geprüft werden, ob er brauchbar ist. Derartige Prüfungen sind keinesfalls leicht zu bewerkstelligen. Wir werden es in Abschnitt 8.2 andeutungsweise erleben.

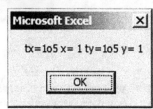

Bild 6.2: Reaktionen auf Falscheingaben, Fantasiewerte in x und y

6.1.3 Ausgabe

Zur Ausgabe des *Inhalts eines* String-*Speicherplatzes* benutzen wir die bekannte MsgBox, aber ohne Str: ·

```
'******** Vereinbarungsteil ********************************
Dim tx As String, ty As String
Dim x As Integer, y As Double
'******** Ausführungsteil ********************************
tx = InputBox("Tippen Sie ein")
x = Val(InputBox("Tippen Sie ein"))
ty = InputBox("Tippen Sie ein")
y = Val(InputBox("Tippen Sie ein"))
MsgBox ("tx="+tx + " x="+Str(x) + " ty="+ty + " y="+Str(y))
```

Die Funktion Str wird ja nur dazu gebraucht, um den Inhalt eines *Zahlenspeicherplatzes* vor seiner Ausgabe in eine *Zeichenfolge* umzuwandeln (siehe Abschnitt 6.3). Eine Zeichenfolge muss natürlich nicht mehr umgewandelt werden.

Das müssen wir uns also unbedingt merken:

- Ausgabe des Inhalts eines String-Speicherplatzes: *ohne* Str
- Ausgabe des Inhalts eines Zahlenspeicherplatzes: *mit* Str

6.1.4 Leerer String

Wird ein String vereinbart,

```
'******** Vereinbarungsteil ********************************
Dim tx As String
```

dann sollte man sich grundsätzlich vorstellen, dass dieser Speicherplatz *leer* ist. Die folgende, eigenartig aussehende Anweisung

```
'******** Ausführungsteil ********************************
tx = ""
```

füllt dagegen diesen Speicherplatz. Er ist *nicht mehr leer*. Er besitzt jetzt als Inhalt eine *Zeichenfolge ohne Zeichen*. Dafür benutzt man den Ausdruck *leerer* `String`.

• Der *leere* `String` ist ein `String` ohne ein einziges Zeichen.

6.2   Interne Darstellung, ASCII

6.2.1   ASCII

Für *Zahlen*, ob ganz oder gebrochen, gibt es eine *natürliche interne Darstellung* in 0-1-Form. Das führt bei ganzen Zahlen dazu, dass es immer eine *größte verarbeitbare Zahl* gibt (s. Abschnitt 4.2). Bei gebrochenen Zahlen führt es dazu, dass (eigentlich immer) *ungenau gerechnet* wird.

Wie ist es aber mit den *Zeichen*, wie wird beispielsweise das große A intern abgespeichert? Oder das kleine a. Oder das Zeichen $? Oder das Zeichen 5 (nicht zu verwechseln mit der Zahl 5) ?

Für jedes Zeichen wird intern *ein Byte* verwendet, also *8 Bit*. Welche Belegung zu welchem Zeichen gehört – das wurde *rein willkürlich* in einem *Code* namens *ASCII* festgelegt. Dieser Festlegung zufolge entspricht dem *Zeichen A* die folgende Belegung:

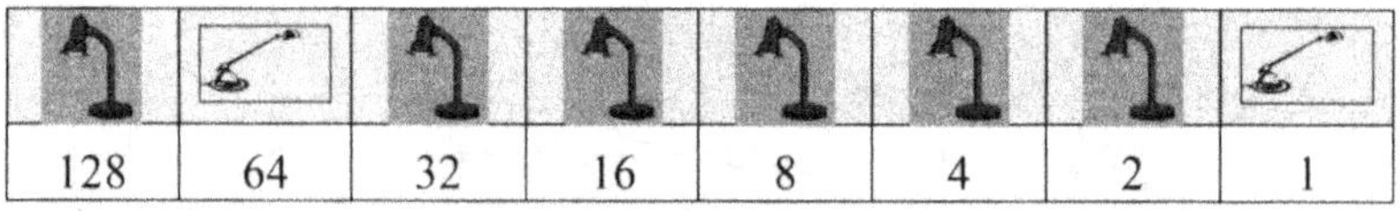

Bild 6.3: Bitmuster des Zeichens A: Codewert 65

Natürlich ist die Festlegung der Code-Werte sinnvoll vorgenommen worden: Der zweite Großbuchstabe B hat den Code-Wert 66, C dann 67 usw.

Das kleine a hat den Codewert 97, das kleine z hat den Code-Wert 122; das Zeichen 0 besitzt 48, das Zeichen 9 hat den Code-Wert 57.

Die Tabelle auf Seite 85 enthält die Code-Werte der *darstellbaren Zeichen* bis 127. Diese sind überall auf der Welt gleich.

Die verbleibenden Code-Werte von 128 bis 255 dagegen sind national unterschiedlich belegt. Auf einem deutschen Computer findet man beispielsweise unter einem bestimmten Wert jenseits der 127 das ß, auf einem schwedischen Computer dafür ein Sonderzeichen der schwedischen Sprache usw.

Was aber verbirgt sich hinter den Codewerten vor der 32? Nun, beispielsweise gehört zur 27 die beliebte Taste $\boxed{\text{Esc}}$, ganz links oben auf jeder Tastatur.

Wenn wir also prüfen wollen, ob ein Nutzer mit dieser Taste das Ende einer Erfassung mitgeteilt hat, dann brauchen wir nur prüfen lassen, ob der Codewert der gedrückten Taste gerade 27 gewesen ist.

Der Codewert 13 gehört zur Taste $\boxed{\text{Enter}}$ ($\boxed{\leftarrow}$) . Diese Taste veranlasst ja nicht nur die *Bestätigung einer Eingabe*, sondern auch einen *Zeilenwechsel*.

Das werden wir noch oft nutzen.

32		64	@	96	`
33	!	65	A	97	a
34	"	66	B	98	b
35	#	67	C	99	c
36	$	68	D	100	d
37	%	69	E	101	e
38	&	70	F	102	f
39	'	71	G	103	g
40	(	72	H	104	h
41	)	73	I	105	i
42	*	74	J	106	j
43	+	75	K	107	k
44	,	76	L	108	l
45	–	77	M	109	m
46	.	78	N	110	n
47	/	79	O	111	o
48	0	80	P	112	p
49	1	81	Q	113	q
50	2	82	R	114	r
51	3	83	S	115	s
52	4	84	T	116	t
53	5	85	U	117	u
54	6	86	V	118	v
55	7	87	W	119	w
56	8	88	X	120	x
57	9	89	Y	121	y
58	:	90	Z	122	z
59	;	91	[	123	{
60	<	92	\	124		
61	=	93	]	125	}
62	>	94	^	126	~
63	?	95	_	127	

6.2.2   Die Funktionen Asc und Chr

Die Basic-Funktion Chr liefert uns zu einem *gegebenen ASCII-Wert* das *zugehörige Zeichen* – oder veranlasst die *zugehörige Wirkung*. Im Beispiel (auch in der Datei BSP06_02.XLS) wird vom Nutzer ein ASCII-Wert erfragt, und anschließend sowohl Wert als auch Zeichen ausgegeben.

```
'******** Vereinbarungsteil ********************************
Dim x As Integer, tx As String
'******** Ausführungsteil **********************************
x = Val(InputBox("Tippen Sie einen ASCII-Wert ein"))
tx = Chr(x)
MsgBox ("Zum ASCII-Wert " + Str(x) + " gehört " + tx)
```

In der `MsgBox` ist dabei noch einmal deutlich die Verwendung bzw. Nichtverwendung von `Str` zu erkennen.

`Chr(13)` führt einen Zeilenwechsel herbei. Damit kann in einer `MsgBox` *mehrzeilig* geschrieben werden (auch in der Datei BSP06_03.XLS). Bild 6.4 zeigt die Wirkung.

```
'******** Vereinbarungsteil ********************************
Dim tx As String, ty As String, tz As String
'******** Ausführungsteil *********************************
tx = "Magdeburg"
ty = "Dessau"
tz = "Halle"
MsgBox ("Sachsen-Anhalt:"+Chr(13)+tx+Chr(13)+ty+Chr(13)+tz)
```

Bild 6.4: Mehrzeilige Ausgabe

Die Funktion `Asc` kehrt die Wirkung von `Chr` um: Zu einem *Zeichen* liefert diese Funktion den *zugehörigen ASCII-Wert* (Beispiel in BSP06_04.XLS).

```
'******** Vereinbarungsteil ********************************
Dim x As Integer, tx As String
'******** Ausführungsteil *********************************
tx = InputBox("Tippen Sie ein Zeichen ein")
x = Asc(tx)
MsgBox ("Das Zeichen " + tx + " hat den ASCII-Wert " + Str(x))
```

Bild 6.5 zeigt, dass in der Tat der ASCII-Wert des deutschen Sonderzeichens ß weit außerhalb des international konstanten Bereiches (32 bis 127) liegt:

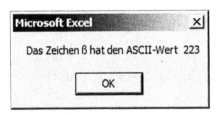

Bild 6.5: ASCII-Wert eines deutschen Sonderzeichens

Stellen wir zum Schluss noch einmal die wichtigsten ASCII-Bereiche zusammen:

- Die *Großbuchstaben* A bis Z (ohne die deutschen Umlaute) beginnen beim AS-CII-Wert 65 und enden beim ASCII-Wert 90.

- Die *Kleinbuchstaben* a bis z (ohne die deutschen Umlaute) beginnen beim AS-CII-Wert 97 und enden beim ASCII-Wert 122.

- Die *Ziffern-Zeichen* 0 bis 9 beginnen beim ASCII-Wert 48 und enden bei 57.

6.3 Doppelcharakter von Ziffernfolgen

Wenn ein Nutzer aufgefordert wird, eine *Ziffernfolge* einzutippen (Bild 6.6), dann weiß er nicht, *wohin* diese Ziffernfolge gebracht wird, ob in einen *Zahlenspeicherplatz* oder in einen String.

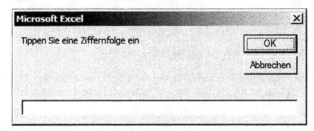

Bild 6.6: Aufforderung an einen Nutzer

Auch bei der Ausgabe erfährt der Nutzer im Regelfall nicht, *woher* das kommt, was ihm angezeigt wird (Bild 6.7)

Bild 6.7: Ausgabe aus *Zahlenspeicherplatz* und String

Obwohl die eingegebene Ziffernfolge intern, wie das Beispiel (BSP06_05.XLS) zeigt, *ganz unterschiedlich* verarbeitet wurde:

```
'******** Vereinbarungsteil ********************************
Dim x As Integer, tx As String
'******** Ausführungsteil **********************************
tx = InputBox("Tippen Sie eine Ziffernfolge ein")
x = Val(InputBox("Tippen Sie eine Ziffernfolge ein"))
MsgBox ("Erste Eingabe="+tx+Chr(13)+"Zweite Eingabe="+Str(x))
```

Die *erste Eingabe* wurde nämlich als Zeichenfolge *Eins->Zwei->Drei* in den String tx gebracht. Die zweite Eingabe aber wurde als *Zahl Einhundertdreiundzwanzig* in den *Zahlenspeicherplatz* x transportiert.

Das ist der *Doppelcharakter einer Ziffernfolge*. Je nachdem, *wohin sie gebracht wird* und wie sie behandelt wird, muss sie als *Zeichenfolge* oder als *Zahl* angesehen werden.

Übrigens – nicht in jedem Fall bekommt man in beiden Fällen die eingegebene Ziffernfolge unverändert wieder angezeigt. Tippt man nämlich die schöne sächsische Postleitzahl 02694 ein, dann zeigt Bild 6.8 die Ausgabe. Problemlos zu erklären: Auf dem Weg in den Zahlenspeicherplatz verschwand die „führende Null". Was sollte sie auch dort. Als Zeichen aber wurde sie natürlich entgegengenommen – und gespeichert.

Bild 6.8: Sächsische Postleitzahl – nur korrekt im String

Was lehrt uns das? Postleitzahlen gehören in Strings. (Abgesehen davon, dass ein einfacher Integer-Speicherplatz aufgrund seines bescheidenen 2-Byte-Fassungsvermögens eine bayrische Postleitzahl ohnehin nicht aufnehmen könnte.)

Übrigens – es gibt, wie Bild 6.9 zeigt, auch unterschiedliche Reaktionen, wenn ein Nutzer *überhaupt nichts* eingibt, d. h. wenn er zweimal sofort auf Abbrechen oder OK klickt. Oben wird der *leere* String wiedergegeben, den der Nutzer ja auch eingegeben hat, unten dagegen das, was die Val-Funktion aus dieser Eingabe machte.

Bild 6.9: Wiedergabe, wenn keine Eingabe erfolgte

6.4   Rechnen mit Strings

6.4.1   Verketten und Vergleichen

Die Vokabel *Rechnen* ist für den Umgang mit Strings unpassend. Denn Inhalte von String-Speicherplätzen kann man nicht addieren, subtrahieren, multiplizieren oder dividieren.

Man kann sie nur *vergleichen* oder *verketten* (zusammenfügen). Beim Verketten spielt die *Reihenfolge* natürlich eine Rolle (siehe BSP06_06.XLS):

```
'******** Vereinbarungsteil ********************************
Dim tx As String, ty As String, tz As String
```

```
'******** Ausführungsteil *********************************
tx = InputBox("Erste Zeichenfolge")
ty = InputBox("Zweite Zeichenfolge")
If tx = ty Then MsgBox ("Beide sind gleich")
tz = tx & ty
MsgBox ("Verkettung vorwärts: " & tz)
tz = ty + tx
MsgBox ("Verkettung rückwärts: " + tz)
```

Als *Verkettungszeichen* sollte eigentlich das Zeichen & (über der 6 auf der Tastatur) verwendet werden; es ist aber üblich, das gewohnte Pluszeichen + dafür zu verwenden. Allerdings, Bild 6.10 zeigt es, sollte es nie mit dem *Rechen-Plus* verwechselt werden. Die *Verkettung der Zeichenfolgen* 12 und 34 liefert eben nicht 46, sondern 1234.

Bild 6.10: Ziffernfolgen vorwärts verkettet

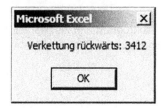

Bild 6.11: Ziffernfolgen rückwärts verkettet

6.4.2   String-Funktionen

Basic stellt die wichtigen String-Funktionen Len, Left, Right und Mid bereit, um Auskünfte über den Inhalt eines String-Speicherplatzes zu bekommen. Len liefert die *Zeichenzahl*, Left die gewünschten Zeichen von links, Right Zeichen von rechts, und Mid liefert ab einer angegebenen Position den gewünschten *Teilstring* aus der Mitte heraus.

Das Beispiel (auch in BSP06_07.XLS) zeigt, wie mit den Funktionen gearbeitet wird.

```
'******** Vereinbarungsteil *******************************
Dim tx As String, li As Integer, re As Integer
Dim pos As Integer, mi As Integer
Dim msgtext As String
```

```
'******** Ausführungsteil ***********************************
tx = InputBox("Zeichenfolge eingeben")
li = Val(InputBox("Wieviele Zeichen von links?"))
re = Val(InputBox("Wieviele Zeichen von rechts?"))
pos = Val(InputBox("Ab welcher Position?"))
mi = Val(InputBox("Wieviele Zeichen aus der Mitte?"))
msgtext = ""
msgtext = msgtext + "Eingegeben: " + tx + Chr(13)
msgtext = msgtext+"Anzahl der Zeichen:"+Str(Len(tx)) + Chr(13)
msgtext = msgtext+Str(li)+" von links: "+Left(tx, li)+ Chr(13)
msgtext = msgtext+Str(re)+" von rechts: "+Right(tx, re)+Chr(13)
msgtext = msgtext+Str(mi)+" aus Mitte ab Pos. "+Str(pos)
msgtext = msgtext + ": " + Mid(tx, pos, mi) + Chr(13)
MsgBox (msgtext)
```

Um die Ausgabe in einer MsgBox *mehrzeilig* zu erhalten, wurde hier in einem String msgtext schrittweise der Inhalt der MsgBox vorbereitet. So kann man es auch machen.

Navigator: Was bisher zu lesen war, was nun folgt:

 Weitere Anregungen, dazu Programmieraufgaben zur Erfassung von Zeichen und Zeichenfolgen zur Selbstkontrolle werden in den Übungen (Anhang A, ab Seite 351) gegeben.

Dabei wird gleichzeitig weiter angeregt, intensiv mit Struktogrammen zu arbeiten und die Standard-Aufgaben (Fenstertechnik, Menü, Erzwingen) weiter zu üben.

7 Zählschleifen

Navigator: Was bisher zu lesen war, was nun folgt:

 Im vorigen Kapitel lernten wir die wichtigen *String-Speicherplätze* zum Abspeichern und Verwalten von *Zeichen* und *Zeichenfolgen* (auch Ziffernfolgen) mit ihren grundlegenden Möglichkeiten und Grenzen kennen.

Nun kommen wir zu den vier *Grundaufgaben der Zeichenkettenarbeit*: Zeichen und Muster zählen, Zeichen und Muster löschen, Zeichen und Muster ersetzen, Quersummen von Ziffernfolgen ermitteln.

Alle Aufgaben dieser Art enthalten Befehle, die mehrfach auszuführen sind. Aber – und das ist das Neue, jetzt wissen wir immer ganz genau, *wie oft* eine Befehlsfolge zu wiederholen ist – denn bei den Strings kennen wir ja *deren Länge* ganz genau.

Also benötigen wir jetzt ergänzend zur kopf- und fußgesteuerten Schleife eine weitere *Schleifenart*, die sich dadurch auszeichnet, dass bei ihr die *Anzahl der Schleifendurchläufe bekannt* ist. Das ist die *Zählschleife*.

7.1 Zeichen- und Musterzählung

7.1.1 Zeichenzählung

Ein Nutzer soll eine längere *Zeichenfolge* in den `String`-Speicherplatz tx eingeben, anschließend soll er noch *ein einzelnes Zeichen* in den `String`-Speicherplatz z hinterherschicken. Gesucht ist ein Programm, das ihm dann mitteilt, *wie oft* das Zeichen in dem `String` vorhanden ist.

Fangen wir an. Zuerst muss natürlich ein Zählwerksspeicherplatz auf Null gesetzt werden. Dann muss das *erste Zeichen des* `String` in tx mit dem Inhalt von z verglichen werden: Stimmt es überein, ist das Zählwerk zu schalten. Ansonsten verändert sich nichts.

Dann muss das zweite Zeichen des `String` in tx mit dem Inhalt von z verglichen werden:

```
| anz=0                        |
|_____|
| \                        / |
|  \ 1.Zeichen von tx = z ? / |
|_j_____/n_|
|          anz=anz+1        |./.|
|_____|___|
| \                        / |
|  \ 2.Zeichen von tx = z ? / |
|_j_____/n_|
|          anz=anz+1        |./.|
|_____|___|
```

Dann muss das *dritte Zeichen* des `String` mit dem Inhalt von `z` verglichen werden:
Stimmt es überein, ist das Zählwerk zu schalten:

```
 _____
| \                           / |
|  \ 3.Zeichen von tx = z ?  /  |
|_j_____/n__|
|          anz=anz+1        |./.|
|_____|___|
```

Und so weiter. Wie endet das? Es geht so weiter bis zum letzten Zeichen.

Woher wissen wir aber, was das *letzte Zeichen* ist? Natürlich, wir kennen doch die *Länge des* `String`, können also am Programmbeginn die *letzte Position* in einen `Integer`-Speicherplatz `lepos` abspeichern lassen.

```
 _____
| lepos=Länge von tx  |
|_____|
```

Also wäre der *letzte Test*, den wir programmieren müssten, dieser:

```
 _____
| \                             / |
|  \ lepos-tes Zeichen von tx = z ? / |
|_j_____/n_|
|           anz=anz+1           |./.|
|_____|___|
```

So, und nun müsste es los gehen. Müssen wir die Tests *alle einzeln programmieren*? Das geht doch gar nicht, denn woher wollen wir wissen, wie oft wir das machen müssen?

Wie setzt man das um, wie kommen wir zum Struktogramm?

Wichtig ist dabei die fundamentale Überlegung: Die skizzierten Test-Struktogramme *unterscheiden sich voneinander* lediglich darin, dass *ein einziger Zahlenwert sich systematisch ändert*.

Dann hilft uns die *Zählschleife*:

An die *Stelle des Zahlenwertes*, der sich *systematisch ändert*, wird der *Name eines Hilfsspeicherplatzes* (zumeist `i`) geschrieben.

Umgeben wird das dann von der Mitteilung, welche Werte `i` annehmen soll, welchen *Startwert*, welchen *Endwert*. Wir wollen einstweilen von der *Standard-Schrittweite* 1 ausgehen, diese braucht nicht extra angegeben werden.

Oder – wenn die Werte *nicht explizit bekannt* sind, dann wird eben angegeben, *in welchem Speicherplatz* Start- und/oder Endwert zu finden sind.

Sehen wir uns die Symbolik an:

```
 _____
| Für i von 1 bis lepos               |
|    _____    |
|   |\                          /|
|   | \ i-tes Zeichen von tx = z ? / |
|   |_j_____/n_|
|   |            anz=anz+1        |./.|
|___|_____|___|
```

Hier erscheint also das *sechste Strukturelement*, die *Zählschleife*. Sie wird in Basic mit den Schlüsselwörtern `For`, `To` und `Next` umgesetzt

```
For i=1 To lepos
    ... auszuführende Befehle, untereinander geschrieben...
        Next i
```

Man beachte, dass hinter dem `Next` der *Name der Schleifenvariablen* (hier `i`) wiederholt werden muss.

Sehen wir uns jetzt das fertige Struktogramm an. So einfach stellt sich die *Programmlogik der Zeichenzählung* im Bild dar.

```
 _____
| lepos=Länge von tx                  |
|_____|
| anz=0                               |
|_____|
| Für i von 1 bis lepos               |
|    _____    |
|   |\                          /|
|   | \ i-tes Zeichen von tx = z ? / |
|   |_j_____/n_|
|   |            anz=anz+1        |./.|
|___|_____|___|
| anz                             \|
|_____/|
```

DOWNLOAD *Öffnen Sie die Seite http://www.w-g-m.de/basic.htm, wählen Sie dort*

Dateien für Kapitel 7, geben Sie Ihr Ziel ein. Danach erfolgt das Herunterladen der Datei KAP07.ZIP *in den von Ihnen angegebenen Ordner. Durch Doppelklick auf den Dateinamen wird diese Datei extrahiert, und Sie erhalten im darunter befindlichen Ordner* BEISPIELE *die Dateien* BSP07_01.XLS *usw. Mit* Alt + F11 *kommen Sie zum Excel-VB-System und sehen mit* ANSICHT→CODE *den bereits eingetragenen Programmtext.*

Und das ist der Basic-Text für die Zeichenzählung (download: BSP07_01.XLS)

```
'******** Vereinbarungsteil ********************************
Dim tx As String, z As String
Dim lepos As Integer, anz As Integer, i As Integer
'******** Ausführungsteil **********************************
tx = InputBox("Tippen Sie den langen String ein ")
z = InputBox("Welches Zeichen soll gezählt werden?")
lepos = Len(tx)
anz = 0
For i = 1 To lepos
    If Mid(tx, i, 1) = z Then anz = anz + 1
    Next i
MsgBox (z + " ist " + Str(anz) + "-mal enthalten")
```

Wie schon gesagt, auch i ist ein *Speicherplatz* und muss deshalb vereinbart werden.

Die *Zeichenzahl*, d. h. die Belegung des Speicherplatzes lepos ergibt sich aus der *Länge des* String*s*, und für das Herauslösen des i-ten Zeichens wird die allgemeingültige String-Funktion Mid verwendet.

Fassen wir noch einmal zusammen: *Eine Zählschleife ist eine abkürzende und zusammenfassende Darstellung für eine Menge von einzelnen Befehlen oder Befehlsgruppen, die sich nur dadurch unterscheiden, dass sich Zahlenwerte systematisch und mit bekannten Anfangs- und Endwerten ändern.*

Dabei ist es unerheblich, ob man den Anfangs- und/oder Endwert explizit *zahlenmäßig kennt* oder ob man nur weiß, *in welchem Speicherplatz* er sich befindet.

Sollte die *Schrittweite*, mit der sich die Laufvariable ändert, ausnahmsweise nicht Eins sein, dann muss sie in folgender Form angegeben werden:

```
For i=1 To lepos Step schrittweite
    ... auszuführende Befehle, untereinander geschrieben...
        Next i
```

Hier würde also die Schrittweite aus dem Speicherplatz schrittweite geholt werden, natürlich hätten wir auch eine feste Zahl eintragen können.

Wird als Schrittweite -1 angegeben, dann verringert sich i, dann muss also der *Startwert größer als der Endwert* sein.

Das Struktogramm gibt uns darüber Auskunft, dass ein Nutzer anstelle des einzelnen Zählzeichens auch eine Zeichenfolge eingeben könnte.

Allerdings wird diese offensichtlich nicht gezählt (wegen der 1 in Mid(tx,i,1)).

Andererseits können wir auch fragen, was zu tun ist, um ein *Muster* zu zählen. Als *Muster* bezeichnet man *Zeichenfolgen mit mehr als einem Zeichen.*

7.1.2   Musterzählung

Das Struktogramm klärt uns sofort auf: Es ist lediglich nötig, schrittweise, von links beginnend, jeden *Teilstring mit der Musterlänge* mit dem *Muster* zu vergleichen. Mehr ändert sich nicht:

```
| lepos=Länge von tx                      |
|_____|
| m_len=Länge des Musters                 |
|_____|
| anz=0                                   |
|_____|
| Für i von 1 bis lepos                   |
|     _____|
|   |\      Teilstring von tx ab        /|
|   | \ Position i mit Länge m_len  / |
|   |  \     gleich dem Muster ?    /  |
|   |_j_____/_n_|
|   |              anz=anz+1          |./.|
|___|_____|___|
| anz                                    \|
|_____/|
```

Das Basic-Programm (download: BSP07_02.XLS) enthält dazu natürlich noch den *Vereinbarungsteil* und die *Erfassung der beiden Nutzereingaben.*

```
'******** Vereinbarungsteil ********************************
Dim tx As String, m As String, lepos As Integer
Dim m_len As Integer, anz As Integer, i As Integer
'******** Ausführungsteil **********************************
tx = InputBox("Tippen Sie den langen String ein ")
m = InputBox("Welches Muster soll gezählt werden?")
lepos = Len(tx)
m_len = Len(m)
anz = 0
For i = 1 To lepos
    If Mid(tx, i, m_len) = m Then anz = anz + 1
    Next i
MsgBox (m + " ist " + Str(anz) + "-mal enthalten")
```

7.2   Zeichen löschen

Eine leicht zu verstehende Vorgehensweise geht von einer originellen *Idee* aus: Es wird im eingegebenen String *nichts verändert*, sondern es wird einfach ein zweiter String aufgebaut. Und zwar *zeichenweise*, von links nach rechts. Ist das gerade betrachtete Zeichen aus dem Quell-String nicht gleich dem *Löschzeichen*, wird es an den Ziel-String rechts angekettet. Ansonsten passiert nichts:

```
|  lepos=Länge von tx                  |
|_____|
|  ty=""                               |
|_____|
|  Für i von 1 bis lepos               |
|        _____|
|     |\  i-tes Zeichen von tx      /|
|     | \       ,ungleich z ?      / |
|     |_j_____/n_|
|     | i-tes Zeichen von tx    |   |
|     |    rechts an ty anketten |./.|
|___|_____|___|
|  ty                            \|
|_____/|
```

Die Logik ist offensichtlich; der Weg zum Basic-Text, vervollständigt durch die Erfassung von langer Zeichenfolge und einzelnem Zeichen, ist nun leicht aufzuschreiben.

Auch hier wird die universelle Funktion Mid verwendet, um das i-te Zeichen aus dem String tx herauszukopieren (download: BSP07_03.XLS).

```
'******* Vereinbarungsteil ********************************
Dim tx As String, z As String, lepos As Integer
Dim ty As String, i As Integer
'******* Ausführungsteil **********************************
tx = InputBox("Tippen Sie den langen String ein ")
z = InputBox("Welches Zeichen soll gelöscht werden?")
lepos = Len(tx)
ty = ""
For i = 1 To lepos
    If Mid(tx, i, 1) <> z Then ty = ty + Mid(tx, i, 1)
    Next i
MsgBox ("Neuer String=" + ty)
```

7.3 Zeichen ersetzen

Wenn wir die Namen für den *Speicherplatz des alten Zeichens* mit `raus` und für das *Ersetzungszeichen* mit `rein` wählen (warum nicht), dann ändert sich nur wenig gegenüber dem Struktogramm von Seite 96:

Aus dem *einfachen Test* wird die *Alternative*:

```
| lepos=Länge von tx                    |
|_____|
| ty=""                                 |
|_____|
| Für i von 1 bis lepos                 |
|      _____|
|   |\   i-tes Zeichen von tx        /|
|   | \          ungleich raus ?    / |
|   |_j_____/n_|
|   | i-tes Zeichen | Zeichen aus      |
|   | rechts an ty  | rein rechts an   |
|   | anketten      | ty anketten      |
|___|_____|_____|
| ty                                  \|
|_____/ |
```

Das Aufschreiben des Basic-Textes zu diesem Struktogramm sollte nun nicht mehr schwer sein; es wird als eine der *Übungsaufgaben* zu diesem Kapitel empfohlen. In der zugehörigen Lösung ist es ausgedruckt, dort kann also verglichen werden. Wer den download benutzt, findet das Programm unter BSP07_04.XLS.

7.4 Deutsches Dezimalkomma zulassen

Irgendwie war es bisher störend – wenn ein `Single`- oder `Double`-Speicherplatz vom Nutzer zu belegen war, dann musste der Nutzer stets mit großem Aufwand darauf hingewiesen werden, dass er sich doch bitte vom gewohnten *deutschen Dezimalkomma* lösen und den *englischen Dezimalpunkt* eintippen solle.

Ja, und wenn er der Bitte einfach nicht nachkam? Dann transportierte die `Val`-Funktion einen *Fantasiewert* in den Zahlenspeicherplatz. Solche Programme sind eigentlich wertlos.

Nun haben wir ihn in der Hand. Den Ausweg nämlich:

Wir lassen die Nutzereingabe erst einmal in einen `String`-Speicherplatz bringen. Ein `String` nimmt alles.

Dann wird *Komma* zu *Punkt* gemacht, und anschließend kann der Wert dieser, intern also in die *englische Zahlendarstellung* verwandelten Zeichenfolge, problemlos in den beabsichtigten Zahlenspeicherplatz gebracht werden.

Das Basic-Programm benutzt gleich das Ergebnis des vorigen Abschnitts, indem für raus der String "," und für rein der String "." direkt zugewiesen werden. Zur Kontrolle wird nach erfolgreichem Transport in den Double-Speicherplatz eine gerundete Ausgabe vorgenommen.

Der Transport aus dem Ergebnis-String ty in den *Zahlenspeicherplatz* x erfolgt mit der bereits bekannten Funktion Val. Sie kann nun keinen Schaden mehr anrichten, da ihr eine Zeichenfolge übergeben wird, die nach deutscher Zahleneingabe durch den Nutzer jetzt *Ziffern und den Dezimalpunkt* enthält (s. Datei BSP07_05.XLS).

```
'******** Vereinbarungsteil ********************************
Dim tx As String, x As Double
Dim raus As String, rein As String
Dim lepos As Integer, ty As String, i As Integer
'******** Ausführungsteil **********************************
tx = InputBox("Tippen Sie Ihre Zahl ruhig mit Komma ein")
raus = ","
rein = "."
lepos = Len(tx)
ty = ""
For i = 1 To lepos
    If Mid(tx, i, 1) <> raus Then
        ty = ty + Mid(tx, i, 1)
                            Else
        ty = ty + rein
                            End If
    Next i
MsgBox ("Neuer String=" + ty)
x = Val(ty)
MsgBox ("Zahlenwert, gerundet=") + Str(Round(x, 2))
```

Wer das Programm testet, wird aber feststellen, dass sehr wohl immer noch *Fantasiewerte* im Double-Speicherplatz x entstehen können. Wenn ein Nutzer nämlich versehentlich einen Buchstaben eintippt (z. B. ein kleines o in 1o2,34567). Dann meldet das Programm eine nüchterne Eins, und die ist sicher grundfalsch. Diese Nutzereingabe hätte überhaupt nicht angenommen werden dürfen. Es war früher schon angekündigt worden: Absolut sichere Programme zu schreiben, das ist, zumindest in Basic, ungeheuer kompliziert.

Navigator: Was bisher zu lesen war, was nun folgt:

Um weitere Mittel zur *Herstellung sicherer Programme* kennen zu lernen, schieben wir anschließend noch das ganze Kapitel 8 ein.

7.5   Quersummen

Angenommen, es gelingt uns, den Nutzer zu zwingen, dass er *nur Ziffern* eintippt. Am Ende des nächsten Kapitels werden wir wissen, wie das geht. Haben wir einstweilen Vertrauen, nehmen wir einfach an, wir hätten einen *konzentrierten und gutwilligen Nutzer*, der vor dem Eintippen erst einmal die Hinweise liest.

Ein Nutzer tippt also eine *Ziffernfolge* ein und möchte davon die *Quersumme* erfahren. Zum Beispiel:

> *Die Quersumme von 123456 ist 1+2+3+4+5+6=21*

Gesucht ist ein Programm, das die Quersumme ausrechnet. Überlegen wir: Wir können mit der Mid-Funktion jedes Zeichen aus dem Inhalt eines String-Speicherplatzes zur Untersuchung herauskopieren und untersuchen lassen. Also können wir auch dessen jeweiligen ASCII-Wert mit Hilfe von Asc feststellen lassen.

Das ist es: Ist das Zeichen die Null, dann hat es den ASCII-Wert 48. Zur Quersumme muss folglich der ASCII-Wert minus 48 hinzugenommen werden.

Ist das Zeichen die Eins, dann hat es den ASCII-Wert 49. Zur Quersumme muss folglich ebenfalls der ASCII-Wert minus 48 hinzugenommen werden.

Das geht so bis zur Neun: Der ASCII-Wert des Zeichens Neun (s. Tabelle auf Seite 85) ist 57, also muss die Quersumme auch hier um den ASCII-Wert minus 48 erhöht werden.

Das Struktogramm zeigt die Lösung:

```
 _____
|\ tx                               |
|/ _____|
| lepos=Länge von tx                |
|_____|
| qsum=0                            |
|_____|
| Für i von 1 bis lepos             |
|  _____|
|  | qsum=qsum+ASCII-Wert des       |
|  |    i-ten Zeichens von tx       |
|  |    minus 48                    |
|__|_____  |
| qsum                            \ |
|_____/ |
```

Wieder ist Anlass zur Empfehlung, sich klarzumachen, dass mit dieser *Zählschleife* lediglich eine *abkürzende Schreibweise für eine Menge gleichartiger Befehle* vorgelegt wird, die sich *nur in Zahlenwerten* (hier nur in einem) unterscheiden. Der Basic-Text zum Struktogramm ist auf der nächsten Seite sowie im download in der Datei BSP07_06.XLS zu finden.

```
'******** Vereinbarungsteil ********************************
Dim tx As String, qsum As Integer
Dim lepos As Integer, i As Integer
'******** Ausführungsteil **********************************
tx = InputBox("Tippen Sie Ihre Ziffernfolge ein")
lepos = Len(tx)
qsum = 0
For i = 1 To lepos
    qsum = qsum + (Asc(Mid(tx, i, 1)) - 48)
    Next i
MsgBox ("Quersumme von " + tx + " beträgt: " + Str(qsum))
```

Übrigens wäre es auch möglich, aus einem Ziffern-Zeichen, zum Beispiel "9", mit Hilfe der Val-Funktion sofort zum Zuwachs für die Quersumme zu kommen. Denn Val("9") liefert die Integer-Zahl 9.

Navigator: Was bisher zu lesen war, was nun folgt:

 Weitere Anregungen, dazu Programmieraufgaben zur Zählung, zum Löschen und zum Ersetzen von Zeichen sowie zu den Quersummen werden in den Übungen (Anhang A, ab Seite 353) zur Selbstkontrolle gegeben.

Wie schon erwähnt, fehlen uns noch wirksame Methoden, um bei einer Nutzereingabe umfangreichere *Erlaubnisprüfungen* vornehmen zu können.

Wenn wir beispielsweise *erzwingen* wollen, dass ein Nutzer eine *reine Ziffernfolge* eingibt, dann müssen wir nach seiner Eingabe mühsam durchtesten, ob das erste Zeichen eine Ziffer, das zweite Zeichen eine Ziffer ist und so weiter.

So lange Tests können und wollen wir nicht schreiben. Das nächste Kapitel zeigt uns, wie es einfacher geht.

8 Logische Speicherplätze (Boolean)

Navigator: Was bisher zu lesen war, was nun folgt:

 Die Strukturelemente *Folge*, kopf- und fußgesteuerte *Schleife*, einfacher *Test* und *Alternative* sowie – im vorigen Kapitel – die *Zählschleife*, sind nun vorgestellt und bereits in vielen typischen Einsatzfällen präsentiert worden.

Ohne *Folge* wird wohl kein Programm auskommen; selbst einfachste Programmieraufgaben besitzen wohl mindestens drei oder vier aufeinander folgende Befehle.

Programme, die nur mit Hilfe des Strukturelements Folge entworfen werden können, heißen *lineare Programme*. Unser Vier-Zahlen-Additionsprogramm aus dem Einstiegskapitel gehörte dazu.

Das typische Anwendungsgebiet der *kopfgesteuerten Schleife* findet sich dort, wo die Erfassung einer großen Zahl von Nutzereingaben vereinbarungsgemäß damit enden soll, dass der Nutzer nach seiner letzten Eingabe ein bestimmtes „Ende-Signal" hinterherschickt, z. B. die Null bei einer Zensurenerfassung. Diese Art der Anwendung der kopfgesteuerten Schleife werden wir unter der Bezeichnung *Fenstertechnik* noch mehrmals wieder sehen.

Die *fußgesteuerte Schleife* dagegen bietet sich als zentrales Strukturelement an, wenn *Menü-Programme* umzusetzen sind: Der Nutzer erhält ein *Leistungsangebot*, wählt aus, bekommt die gewünschte Leistung, erhält dann wieder das Leistungsangebot und so weiter, bis er selbst das Leistungsangebot nicht mehr erhalten möchte. Programme dieser Art funktionieren aber nur, wenn im Schleifeninhalt mehrere einfache Tests umgesetzt werden.

Die *Kombination aus fußgesteuerter Schleife und einfachem Test* liefert uns weiter ein gutes Mittel, Programme *benutzerfreundlich* und zugleich *sicher* zu machen: Wie können wir mit Hilfe dieser beiden Strukturelemente dafür sorgen, dass ein unkonzentrierter (oder bösartig falsch eingebender) Nutzer bei offensichtlicher *Fehleingabe* darüber informiert und anschließend zur Korrektur und Wiederholung der Eingabe aufgefordert wird. Derartig entworfene Programme – auch in diesem Kapitel wird es wieder um solche gehen – arbeiten einfach nicht weiter und zwingen den Nutzer, irgendwann doch einmal nachzudenken, den Informationstext von Eingabe und Fehlermeldung zu lesen und entsprechend zu handeln. Sonst sitzt er sein Leben lang vor der Tastatur.

Der Einsatz von kopf- bzw. fußgesteuerter Schleife ist immer dann unvermeidlich, wenn absolut *nicht bekannt* ist, *wie oft* ein Befehl oder eine Befehlsfolge zu wiederholen ist: Weder wissen wir bei Programmentwurf, wann der Nutzer das Ende-Signal geben wird, noch, wann er „Ende" im Menü wählt, noch gar, wann er nach diversen Falscheingaben endlich korrekt eingibt.

Demgegenüber gibt es aber Programmieraufgaben, bei denen sehr wohl die *genaue Anzahl* der Wiederholungen eines Befehls oder einer Befehlsgruppe *bekannt* ist. Typisches Beispiel aus den beiden vorigen Kapiteln: Die *Zeichenkettenarbeit*. Zählen von Zeichen und Mustern, Löschen von Zeichen, Ersetzen von Zeichen, Quersummenbildung – überall kennt der Programmierer die genaue Anzahl der Durchläufe. Denn sie ergibt sich immer aus der bekannten Zeichenzahl, der Länge des String. In solchen Fällen nutzt man das Strukturelement *Zählschleife*.

Die Zählschleife ist eine zusammenfassende und abkürzende Darstellung für eine Menge von Befehlen, die sich voneinander nur in einem (sich systematisch ändernden) Zahlenwert unterscheiden.

Für die *Alternative*, dieses Strukturelement, das eingesetzt werden muss, wenn bei erfülltem Test eine andere Befehlsfolge als bei nicht erfülltem Test zu programmieren ist, haben wir als typischen Anwendungsfall bisher die Schaltjahresbestimmung kennen gelernt. Später werden weitere Anwendungen hinzu kommen.

Dieses Kapitel führt eine weitere Art von Speicherplätzen ein: Es sind die Speicherplätze zur Aufnahme des *logische Wertes* „wahr" bzw. „falsch".

Als typisches Einsatzgebiet derartiger Speicherplätze muss wieder die *Erzwingung korrekter Nutzereingaben* herhalten, nun aber in dem Falle, dass die Korrektheit einer Nutzereingabe nicht mehr kurz mit einem einfachen Test feststellbar ist.

8.1 Logische Speicherplätze (Boolean)

8.1.1 Vereinbarung

Mit dem Eintrag im Vereinbarungsteil

```
'******** Vereinbarungsteil ********************************
Dim p1 As Boolean, p2 As Boolean
```

werden p1 und p2 als 1-Byte- (8 Bit)- Speicherplätze festgelegt, die nur die *Wahrheitswerte* True (für *wahr*) und False (für *falsch*) annehmen können. p1 und p2 werden dann als *logische Speicherplätze* bezeichnet.

Für p1 und p2 würde eigentlich nur jeweils *ein einziges Bit* gebraucht; aber wir wissen ja aus Abschnitt 4.1, dass die *kleinste interne Verwaltungseinheit im Computer* das *Byte* in seiner Gesamtheit von 8 Bit ist.

8.1.2 Belegung

Logische Speicherplätze werden *nicht* per Nutzerdialog belegt – wozu in aller Welt sollte denn auch ein Befehl in der Art

```
p1 = Val(InputBox("Geben Sie einen logischen Wert ein!"))
```

gebraucht werden? Unser Excel-VB-Basic lässt solch eine Befehl zwar zu, aber es kommt in p1 niemals True an. Nein, logische Speicherplätze werden *durch Zuweisung* belegt.

Das Beispiel (in der download-Datei BSP08_01.XLS) zeigt die *einfachste Art der Zuweisung*: Auf der *Quellseite* stehen die englischen Wahrheitswerte, auf der *Zielseite* die Speicherplätze.

DOWNLOAD   *Öffnen Sie die Seite http://www.w-g-m.de/basic.htm, wählen Sie dort*

Dateien für Kapitel 8, geben Sie Ihr Ziel ein. Danach erfolgt das Herunterladen der Datei KAP08.ZIP *in den von Ihnen angegebenen Ordner. Durch Doppelklick auf den Dateinamen wird diese Datei extrahiert, und Sie erhalten im darunter befindlichen Ordner* BEISPIELE *die Dateien* BSP08_01.XLS *usw. Mit* $\boxed{Alt}$ + $\boxed{F11}$ *kommen Sie zum Excel-VB-System und sehen mit* ANSICHT➔CODE *den bereits eingetragenen Programmtext.*

```
'******** Vereinbarungsteil *********************************
Dim p1 As Boolean, p2 As Boolean
'******** Ausführungsteil ***********************************
p1 = True
p2 = False
MsgBox ("p1=" + Str(p1) + Chr(13) + "p2=" + Str(p2))
```

Bild 8.1 zeigt, dass unser *deutsch eingestelltes Betriebssystem* für die Ausgabe in der
MsgBox die tatsächlich englischen Inhalte der beiden Speicherplätze p1 und p2 in die
deutsche Sprache übersetzt.

Bild 8.1: Ausgabe der Inhalte logischer Speicherplätze

Das darf uns aber nicht verwirren: In Basic-Programmtexten ist trotzdem *ausnahmslos*
True oder False zu verwenden. Das nächste Beispiel (BSP08_02.XLS) zeigt es:

```
'******** Vereinbarungsteil *********************************
Dim p1 As Boolean, p2 As Boolean
Dim tx_p1 As String, tx_p2 As String
'******** Ausführungsteil ***********************************
p1 = True
p2 = False
If p1 = True Then
    tx_p1 = "p1 ist wahr"
            Else
    tx_p1 = "p1 ist falsch"
            End If
If p2 = False Then
    tx_p2 = "p2 ist falsch"
            Else
    tx_p2 = "p1 ist wahr"
            End If
MsgBox (tx_p1 + Chr(13) + tx_p2)
```

Übrigens – und damit stimmen wir uns gleich auf die später folgenden Anwendungen ein –
können wir uns die *schreibaufwendigen Alternativen* auch sparen, indem beide Strings

Im weiteren Ablauf des Programms wird diese Startbelegung nur dann korrigiert, wenn es nötig ist (download: BSP08_03.XLS).

```
'******* Vereinbarungsteil ********************************
Dim p1 As Boolean, p2 As Boolean
Dim tx_p1 As String, tx_p2 As String
'******* Ausführungsteil **********************************
tx_p1 = "p1 ist wahr"                        'Startbelegung
tx_p2 = "p2 ist wahr"
p1 = True
p2 = False
If p1 = False Then tx_p1 = "p1 ist falsch"
If p2 = False Then tx_p2 = "p2 ist falsch"
MsgBox (tx_p1 + Chr(13) + tx_p2)
```

Kommen wir nun im vierten Beispiel (im download in der Datei BSP08_04.XLS) zu zwei ziemlich exotisch aussehenden Zuweisungen für die Inhalte der logischen Speicherplätze.

```
'******* Vereinbarungsteil ********************************
Dim p1 As Boolean, p2 As Boolean
'******* Ausführungsteil **********************************
p1 = (5 > 3)
p2 = (8 = 4)
MsgBox ("p1=" + Str(p1) + Chr(13) + "p2=" + Str(p2))
```

Die beiden *Quellen* auf der rechten Seite, das sind nun die beiden *Tests* 5>3 und 8=4. Diese Tests sind entweder *erfüllt* oder *nicht erfüllt*, es gibt nur diese beiden Möglichkeiten – und entsprechend wird der links stehende *Zielspeicherplatz* mit True oder False belegt. Bild 8.2 zeigt uns das Ergebnis.

Bild 8.2: 5>3 ist richtig, 8=4 ist falsch.

8.1.3   Ausgabe

Logische Speicherplätze werden in der Regel *nur intern* in Programmen benutzt, dort leisten sie dann gute Dienste. Die *Ausgabe* (siehe das zweite und dritte Beispiel) wird dann in Abhängigkeit von der Belegung der logischen Speicherplätze mit Strings organisiert.

Nur selten wird ein Programmierer den *Nutzer* direkt mit dem *Inhalt eines logischen Spei-cherplatzes* konfrontieren. Dann allerdings muss in der `MsgBox` wieder die *Konvertie-rungs-Funktion* `Str` verwendet werden, die den *Inhalt eines logischen Speicherplatzes* in eine *Zeichenfolge* umwandelt:

```
MsgBox ("p1=" + Str(p1) + Chr(13) + "p2=" + Str(p2))
```

8.1.4 Vergleiche und Rechnungen

Inhalte von logischen Speicherplätzen können miteinander oder auch mit den *logischen Werten* `True` bzw. `False` verglichen werden. Hier gibt es natürlich nur die beiden Situa-tionen *gleich* oder *ungleich*, was sollte auch das Größer- oder Kleiner-Zeichen zwischen Inhalten von `Boolean`-Speicherplätzen?

Rechnungen im Sinne von Addition, Subtraktion, Multiplikation oder Division sind bei Inhalten logischer Speicherplätze ebenfalls *sinnlos*.

Wohl können aber *logische Operationen* mit Hilfe der drei Schlüsselwörter `And`, `Or` und `Not` ausgeführt werden. Das Beispiel 8.5 (in der Datei BSP08_05.XLS) zeigt eine kleine Anwendung, Bild 8.3 zeigt die Ergebnisse.

```
'******** Vereinbarungsteil ********************************
Dim p1 As Boolean, p2 As Boolean
Dim p3 As Boolean, p4 As Boolean, p5 As Boolean
'******** Ausführungsteil **********************************
p1 = True
p2 = False
p3 = p1 And p2
p4 = p1 Or p2
p5 = Not p1
MsgBox ("p3=" + Str(p3) + " p4=" + Str(p4) + " p5=" + Str(p5))
```

Wie die Ergebnisse der *Verknüpfungen* mit `And`, `Or` bzw. `Not` zustande kommen, das ist in den *Wahrheitstafeln* genau festgelegt und entspricht auch genau dem, was ein *denken-der Mensch* intuitiv annehmen würde.

p1	p2	p1 And p2	p1 Or p2	Not p1
True	True	True	True	False
True	False	False	True	False
False	True	False	True	True
False	False	False	False	True

Unter Verwendung von Klammern lassen sich, falls nötig, *Wahrheitsformeln* aufbauen. Die folgende *Formel* liefert, wenn `p1` mit `True` und `p2` mit `False` belegt ist, als Ergebnis den Wahrheitswert `True` (download: BSP08_06.XLS):

```
p3 = (p1 And p2) Or ((p1 Or p2) And (Not p2))
```

Werden die *Klammern* in solchen *Wahrheitsformeln* weggelassen, dann gibt es zwar *Vorrangregeln*, aber auf diese sollte man sich nicht verlassen. Denn um sich dieser Vorrangregeln bedienen zu können, müsste man zusätzlich noch wissen, wie derartige Wahrheitsformeln ausgewertet werden: Von links nach rechts? Von rechts nach links? Von innen nach außen? Zuerst Or? Zuerst And?

Solch ein Missverständnis tritt beispielsweise schon bei der vergleichsweise einfachen Wahrheitsformel auf:

>   p1 And p2 Or p3 And p4

Wie wird diese Formel ausgewertet? Werden zuerst p2 und p3 verarbeitet?

>   p1 And (p2 Or p3) And p4

Oder werden zuerst die And-Verknüpfungen in folgender Weise ausgewertet?

>   (p1 And p2) Or (p3 And p4)

Ein kleines Experiment mit der Belegung p1 = False, p2 = False, p3 = True und p4 = True zeigt, dass die letzte Version stimmt: *Zuerst* werden die And-Verknüpfungen ausgewertet, *danach* erst werden mit deren Ergebnissen die Or-Verknüpfungen behandelt.

In Anlehnung an die allseits bekannte, klassische Rechenregel *Punktrechnung vor Strichrechnung* können wir hier also formulieren: And-*Rechnung geht vor* Or-*Rechnung.* Wer das sicher weiß, könnte in der Tat auf Klammern verzichten.

Aber: Das Setzen von Klammern mag manchmal vielleicht überflüssig sein, aber damit kann man Missverständnisse vermeiden. Dann gilt nämlich immer und zweifelsfrei: Zuerst werden die *Klammerinhalte* ausgewertet. Dann kommt der Rest.

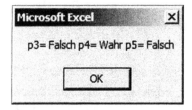

Bild 8.3: Ergebnisse: True und False, True oder False, nicht True

8.2   Anwendung, Methode der Unschuldsvermutung

Es sieht ganz einfach aus: Der Nutzer startet das Programm und sieht die Aufforderung von Bild 8.4; er soll eine *reine Ziffernfolge* eingeben. Alles andere wäre schlecht.

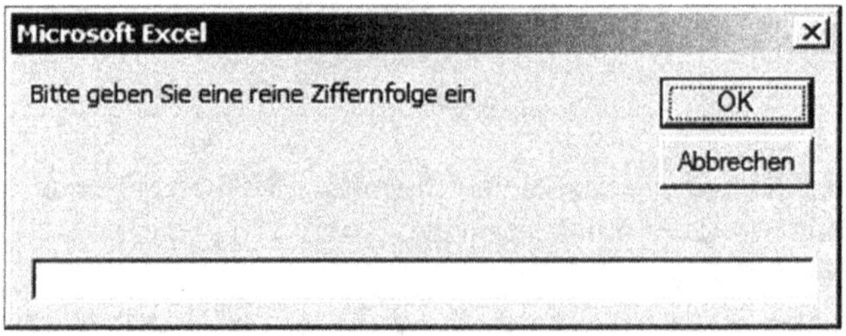

Bild 8.4: Nutzerinfo – wird er sich daran halten?

Was glauben Sie, lieber Leser, können wir uns darauf *verlassen*, dass sich *jeder Nutzer immer* an diese Aufforderung hält? Wir brauchen doch nur von uns selbst auf andere zu schließen – auch wir sind manchmal müde, unkonzentriert. Oder auch neugierig, was wohl passieren wird, wenn wir falsch eingeben. Ehrlich.

Daraus leitet sich die unbedingte *Programmieraufgabe* ab: Hält sich der Nutzer *nicht* an die Aufforderung, dann soll er eine entsprechende *Mitteilung* bekommen und zur *Wiederholung der Eingabe* aufgefordert werden. Und das solange, bis er endlich eine Zeichenfolge eingetippt hat, die tatsächlich *nur aus Ziffern* besteht.

Die prinzipielle Vorgehensweise ist klar; *fußgesteuerte Schleife* und *einfacher Test* bilden mit der *Folge* die Strukturelemente, mit denen hier der Entwurf zu gestalten ist:

```
 _____
|   |\ tx                                |
|   |/_____|  |
|   |\                             / |
|   | \ tx enthält nicht nur Ziffern / |
|   |  \                           /  |
|   |_j_____/_n_|
|   | Fehler-Info an Nutzer      \|./.|
|   |_____/|___|
| SOLANGE tx nicht nur Ziffern enthält|
|_____|
| tx                                  \ |
|_____/ |
```

Wie aber sollen wir feststellen, ob der String `tx`, der die Nutzereingabe aufnimmt, der möglicherweise aus sehr, sehr vielen Zeichen besteht, an *irgendeiner Position* keine Ziffer hat? Hier hilft uns ein *logischer Speicherplatz*, wollen wir ihn `ist_ok` nennen: Ihn setzen wir anfangs auf `True`, damit sprechen wir eine *Unschuldsvermutung* aus.

```
 _____
| ist_ok=True                        |
|_____|
| Für i=1 bis Länge von tx           |
|        _____|
|       |\ Ist das i-te Zeichen    /|
|       | \ von tx keine Ziffer?  / |
|       |_j_____/n_|
|       |   ist_ok=False      |./.|
|_____|_____|___|
```

Anschließend wird mittels einer *Zählschleife* nacheinander, von links beginnend, *Zeichen für Zeichen* von `tx` untersucht. Wird dabei ein *erstes falsches Zeichen* gefunden, dann kann die *Unschuldsvermutung nicht mehr aufrecht erhalten* werden.

Der Inhalt des logischen Speicherplatzes ist_ok wird dann auf False umgestellt. Weitere falsche Zeichen führen dann nur dazu, dass False mit False überspeichert wird. Auf jeden Fall ist offensichtlich: Nur wenn *nicht ein einziges falsches Zeichen* gefunden wurde, bleibt die Anfangsbelegung von ist_ok auf True. Genau das wollten wir aber.

Das Struktogrammstück mit Unschuldsvermutung und Zählschleife ist jetzt unterhalb der Erfassung der Nutzereingabe in das obere Struktogramm einzufügen. Der folgende Basic-Text zeigt die Umsetzung (auch enthalten in der Datei BSP08_07.XLS).

```
'******** Vereinbarungsteil ********************************
Dim ist_ok As Boolean, tx As String, i As Integer
'******** Ausführungsteil **********************************
Do
    tx = InputBox("Bitte geben Sie reine Ziffernfolge ein")
    ist_ok = True                        'Unschuldsvermutung
    For i = 1 To Len(tx)
        If Asc(Mid(tx,i,1)) < 48 Or Asc(Mid(tx,i,1)) > 57 Then
            ist_ok = False
            End If
        Next i
    If ist_ok = False Then MsgBox ("N u r   Zifffern !")
    Loop While ist_ok = False
MsgBox ("Inhalt von tx=" + tx)
```

Im Basic-Text können wir schließlich ablesen, wie festgestellt wird, dass *ein Zeichen keine Ziffer* ist: Es wird mit Hilfe der Asc-Funktion geprüft, ob der *ASCII-Wert des untersuchten Zeichens* außerhalb von *48 bis 57* liegt. Denn dann ist das Zeichen, wie wir der Tabelle auf Seite 85 entnehmen können, sicher keine Ziffer.

8.3   Zeichen finden

Gegeben sind ein String und ein einzelnes Zeichen. Die Aufgabe: Es soll lediglich festgestellt werden, ob das Zeichen überhaupt in dem String vorkommt; ob einmal, ob mehrmals – das ist in dieser Aufgabe nicht wichtig.

Lösungsidee 1: Wir *zählen* nach der Methode aus Abschnitt 7.1.1, ist die Anzahl größer als Null, gibt es das Zeichen in dem String.

Lösungsidee 2: Wir verwenden einen *logischen Speicherplatz* und wenden die *Methode der Unschuldsvermutung* an. (Einzelheiten siehe Übung / Lösung 8.1 auf Seite 355).

Navigator: Was bisher zu lesen war, was nun folgt:

  Weitere Anregungen und verwandte Programmieraufgaben mit logischen Speicherplätzen werden in den Übungen (Anhang A, ab Seite 355) zur Selbstkontrolle gegeben.

9 Felder

Navigator: Was bisher zu lesen war, was nun folgt:

 Die methodischen Grundlagen für den *strukturierten Entwurf von Programmen* sind nun gelegt. Die sechs *Strukturelemente* (Folge, Test und Alternative, die drei Schleifenarten) sind vorgestellt und anschaulich in Beispielen, Übungen und Lösungen verwendet.

Es sei hier nicht verschwiegen, dass es noch ein siebentes, bisher nicht vorgestelltes Strukturelement gibt. Das ist die *Mehrfachfallunterscheidung*.

Sie kann verwendet werden, wenn in Abhängigkeit von der Belegung eines Speicherplatzes mehr als zwei verschiedene Befehle oder Befehlsfolgen auszuführen sind. Insofern wäre es eine „Alternative mit mehr als zwei Möglichkeiten" (obwohl das Fremdwort „Alternative" mit seiner lateinischen Wurzel eigentlich nur benutzt werden darf, wenn es sich um genau zwei Möglichkeiten handelt : entweder – oder). Deshalb also die entschuldigenden Anführungszeichen bei der falschen Formulierung „Alternative mit mehr als zwei Möglichkeiten". Im journalistischen Tagesgeschäft wird sie leider oft benutzt.

Die genannte Mehrfachfallunterscheidung wird aber aus Platzgründen, und weil sich mit Hilfe mehrerer einfacher Tests dieselbe Wirkung erzielen lässt, hier nicht vorgestellt.

Derartige Situationen werden noch mehrfach auftreten, dass ein Kompromiss zwischen dem Drang nach Vollständigkeit, dem eingeschränkten Platz und vor allem dem Übersichts- und Querschnitts-Charakter dieses Buches gefunden werden muss.

Dann werden alle Leser um Verständnis gebeten, dass Lücken bleiben. Wer sie schließen will, findet in jeder Bibliothek oder im Internet ausreichend Möglichkeiten, diese später selbst zu schließen.

Also, die *Bausteine des strukturierten Entwurfs* sind grundsätzlich verfügbar; an alle Programmentwürfe kann strukturiert herangegangen werden. Für viele *Standard-Aufgaben* gibt es bereits bewährte *Lösungsvorschläge*.

Was fehlt also noch? Betrachten wir unsere bisher gelösten Programmieraufgaben, so fällt auf, dass wir immer nur mit *einzelnen Speicherplätzen* gearbeitet haben.

Um Missverständnisse auszuräumen: Selbst wenn wir im Abschnitt 5.2.2 auf Seite 71 die Verarbeitung *beliebig vieler Zensuren* programmierten – nicht eine einzige der eingegebenen Zensuren wurde dauerhaft gespeichert, so dass sie später für nachfolgende Anwendungen zur Verfügung stand. Sie wurde erfasst, verarbeitet, vergessen.

Es ging also bisher doch immer nur um einzelne, wenige Speicherplätze, zur dauerhaften Speicherung und Bearbeitung einiger, aber weniger Daten.

Nun wollen wir uns folglich damit beschäftigen, wie man *große Mengen von Daten* im Computer *speichern und effektiv be- und verarbeiten* kann. Der Schlüssel dafür liegt im Begriff des *einfachen Feldes*.

9.1 Feldbegriff, Feldvereinbarung

Ein *einfaches Feld* ist eine *Menge nummerierter Speicherplätze gleichen Typs*. Ein einfaches Feld wird *vereinbart*, indem im *Vereinbarungsteil* in den *runden Klammern* die *Anzahl* der gewünschten *nummerierten Speicherplätze* eingetragen wird.

```
'******** Vereinbarungsteil ********************************
Dim x(100) As Integer
```

Nun müssen wir *drei Begriffe* klar unterscheiden:

Durch diese *Vereinbarung* werden 100 Speicherplätze erzeugt. Sie tragen im Einzelnen die Namen x(1), x(2), ..., x(100).

x(1), x(2), ..., x(100) werden auch als *Elemente des Feldes* x bezeichnet.

Der Bezeichner x, der offensichtlich für *keinen einzelnen Speicherplatz*, sondern für die *Gesamtheit all dieser Speicherplätze* steht, heißt *Feldname*.

Die *Zahl in den Klammern* heißt *Feldindex*. Mit ihrer Hilfe ist jedes Feldelement eindeutig bestimmt, d. h. der *Name eines bestimmten nummerierten Speicherplatzes* wird zusammengesetzt aus dem *Feldnamen* und dem in Klammern angegebenen *Feldindex*.

Index	1	2	...	100
Speicherplatz	x(1)	x(2)	...	x(100)
Feldname	<--------		x	-------->

Obwohl es so einfach zu sein scheint, diese drei Begriffe auseinander zu halten, haben doch viele Anfänger große Schwierigkeiten damit.

Dabei ist es doch nicht schwer sich vorzustellen, dass der Befehl

```
x = 23
```

jetzt absolut sinnlos ist: x ist doch *kein Speicherplatz*, x ist der *gemeinsame Name von einer Menge nummerierter Speicherplätze*. Was sollte so eine Zuweisung also bewirken?

Wichtig: Bei der Vereinbarung eines Feldes muss bei Basic im Vereinbarungsteil in den Klammern *immer eine konkrete ganze Zahl* stehen.

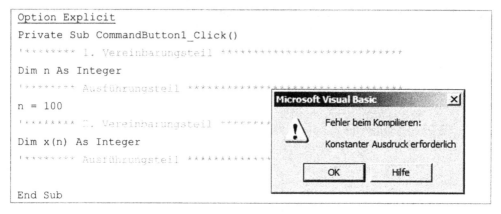

Bild 9.1: Fehlermeldung bei falscher Feldverei

Streng verboten ist also ein Vorgehen, wie es im folgenden Programmtext versucht wird:

```
'******** 1. Vereinbarungsteil *****************************
Dim n As Integer
'******** Ausführungsteil *******************************
n = 100
'******** 2. Vereinbarungsteil *****************************
Dim x(n) As Integer
```

Bild 9.1 zeigt die Fehlermeldung: Basic erwartet im Vereinbarungsteil *immer eine feste Zahl* in den runden Klammern. Das bedeutet für uns, dass wir nun vor dem Aufschreiben des Vereinbarungsteils aufgrund der *Analyse der Problemstellung* zusätzlich über die *voraussichtliche Anzahl der benötigten Feldelemente* nachdenken müssen.

9.2 Belegung von Feldern

9.2.1 Differenzierte Zuweisung oder Nutzereingabe

Unter dieser Überschrift wollen wir ein Vorgehen verstehen, bei dem entweder der Programmierer konkret festlegt, welchen Inhalt ein *bestimmtes Feldelement* bekommen soll, oder der Nutzer wird zuerst nach dem *Index* und dann nach dem *Inhalt* gefragt. Im Beispiel wird diese Vorgehensweise vorgeführt (download: BSP09_01.XLS).

DOWNLOAD *Öffnen Sie die Seite http://www.w-g-m.de/basic.htm, wählen Sie dort Dateien für Kapitel 9, geben Sie Ihr Ziel ein. Danach erfolgt das Herunterladen der Datei KAP09.ZIP in den von Ihnen angegebenen Ordner. Durch Doppelklick auf den Dateinamen wird diese Datei extrahiert, und Sie erhalten im darunter befindlichen Ordner BEISPIELE die Dateien BSP09_01.XLS usw. Mit Alt + F11 kommen Sie zum Excel-VB-System und sehen mit ANSICHT→CODE den bereits eingetragenen Programmtext.*

```
'******** Vereinbarungsteil ****************************
Dim index As Integer, x(100) As Integer
'******** Ausführungsteil ****************************
x(3) = 11                                    'feste Zuweisung
x(27) = 123
MsgBox (Str(x(3)) + " " + Str(x(27)))              'Ausgabe

index = Val(InputBox("Welcher Index?"))         'Nutzerdialog
x(index) = Val(InputBox("Welcher Inhalt?"))
MsgBox ("Inhalt von x(" + Str(index) + "):" + Str(x(index)))
```

Natürlich wird dieser oder jener Nutzer stark überfordert sein, wenn er nach einem *Index* gefragt wird. Schließlich können wir von einem einfachen Nutzer nicht erwarten, dass er *Fach-Vokabeln* kennt, die mit den *internen Vorgängen* im Computer zu tun haben. In den späteren Anwendungen werden wir deshalb *verständliche Fragen* an die Nutzer richten müssen.

Übrigens, zur Selbstkontrolle: Wie viele und welche Speicherplätze bleiben nach Ablauf des obigen Programms *leer*? Antwort: Es bleiben genau *97 Feldelemente* unbelegt, wobei wir nicht genau sagen können, welche das sind. Das hängt davon ab, welchen Index der Nutzer auswählte.

Halten wir also fest: Die *differenzierte Belegung* eines Feldes birgt immer das Risiko in sich, dass *Lücken in der Belegung* entstehen. Und es gibt keine Möglichkeit, einen Speicherplatz daraufhin zu testen, ob er leer oder nicht leer ist.

9.2.2 Lückenlose Belegung mit bekannter Anzahl

Angenommen, wir haben einen Nutzer, der *genau weiß*, *wie oft* er eingeben möchte. Er hat zum Beispiel eine Namensliste vor sich liegen und kennt die *Anzahl der Namen*.

Da können wir doch so vorgehen, dass wir den Nutzer zuerst fragen, wie viele Namen er eingeben möchte, und dann nacheinander die eingegebenen Namen in aufeinander folgende Feldelemente bringen.

Im Beispiel 9.2 (download: BSP09_02.XLS) ist dazu natürlich eine *Zählschleife* umgesetzt.

```
|\ n                      |
|/_____|
| Für i von 1 bis n       |
|    _____|
|   |\ tx(i)              |
|__|/_____ |
```

Wie immer, wird erst bei der Umsetzung in den konkreten Basic-Text die Dialoggestaltung festgelegt; nun ist auch über die Verwendung der Funktion `Val` bei der Belegung des `Integer`-Speicherplatzes n und ihre Nicht-Verwendung bei der Belegung der `String`-Speicherplätze `tx(1)`, `tx(2)` usw. nachzudenken.

```
'******* Vereinbarungsteil ********************************
Dim n As Integer, i As Integer, tx(100) As String
'******* Ausführungsteil **********************************
n = Val(InputBox("Wie viele Namen sind auf der Liste?"))
For i = 1 To n
    tx(i) = InputBox("Namen eingeben")
    Next i
```

Der Nutzer wird zuerst gefragt, *wie viele* Namen er hat, er gibt die *Anzahl* ein. Dann aber liest er immer und immer wieder nur *Namen eingeben, Namen eingeben,* und so weiter, und das womöglich hundert Mal. Hoffen wir, dass er sofort in seiner Liste abstreicht, was er schon eingetippt hat.

Sonst endet das Programm, bevor er fertig ist, oder – im anderen Falle er hat keinen Namen mehr, das Programm verlangt aber noch einen. Beides wäre sehr unangenehm.

Verbessern wir doch einfach die *Nutzerführung* des Programms, indem wir den Nutzer durch eine kleine Erweiterung im Inhalt der `InputBox` darüber informieren, der wievielte Name gerade an der Reihe ist:

```
For i = 1 To n
    tx(i) = InputBox(Str(i) + "-ten Namen eingeben")
    Next i
```

9.2.3 Initialisierung von Feldern

Unter *Initialisierung eines Feldes* versteht man die lückenlose Belegung *aller vereinbarten Feldelemente* mit einem *Anfangswert*. Bei *Zahlenfeldern* initialisiert man meist mit der Null, bei `String`-Feldern mit dem leeren String. Es handelt sich stets um Befehle, die mit sich änderndem Zahlenwert auszuführen sind, wobei man die Anzahl der Durchläufe kennt. Wieder kommt also die *Zählschleife* zum Einsatz (download: BSP09_03.XLS):

```
'******** Vereinbarungsteil *********************************
Dim i As Integer, x(100) As Double, tx(200) As String
'******** Ausführungsteil ***********************************
For i = 1 To 100
    x(i) = 0
    Next i
For i = 1 To 200
    tx(i) = ""
    Next i
```

Es ist eine kleine Mühe, immer derartige Initialisierungen vorzunehmen. Damit vermeiden wir, später vielleicht versehentlich auf *leere Speicherplätze* zuzugreifen.

9.2.4 Lückenlose Belegung bei unbekannter Anzahl

Nur selten können wir voraussetzen, dass ein Nutzer genau weiß, wie viele Daten er einzugeben hat. Was können wir aber tun, wenn wir ein Erfassungsprogramm für einen Nutzer schreiben sollen, der nicht bereit ist, vorher mühsam seine Daten (z. B. Namen) abzuzählen?

Ganz einfach: Wir vereinbaren mit dem Nutzer, dass er *nach* der Eingabe des *letzten Namens* seiner Liste eine bestimmte, *charakteristische Zeichenfolge* hinterherschickt. Zum Beispiel drei Sterne ***.

Daraus ergibt sich unsere *aktuelle Programmieraufgabe*: Es sind *solange* Namen zu erfassen und lückenlos nacheinander in die Elemente eines `String`-Feldes zu bringen, *bis* der Nutzer die drei Sterne eingibt. Dann sollte er erfahren, wie viel Eingaben er getätigt hat.

Zählschleife? Nein – denn es ist ja *überhaupt nicht klar*, wann der Nutzer das Ende mitteilen wird. Also – *kopf- oder fußgesteuerte Schleife*.

Hier bietet sich die *Fenstertechnik* an – die Eingabe wird ins Fenster gelegt, ist sie brauchbar, wird sie passend abgespeichert, die nächste Eingabe kommt ins Fenster und so weiter:

```
 _____
|  n=0                           |
|_____|
|\ fenster                       |
|/_____|
|SOLANGE fenster ungleich ***|
|     _____|
|   | n=n+1                       |
|   |_____    |
|   | tx(n)=fenster               |
|   |_____    |
|   |\ fenster                    |
|___|/_____|
|  n                          \ |
|_____/ |
```

Die Umsetzung dieses Struktogramms in Basic-Text kann entweder im download unter BSP09_04.XLS angesehen werden; es wird aber empfohlen, sie zur Übung selbst vorzunehmen (Übung 9.2, Lösung auf Seite 393).

Im Struktogramm ist es deutlich zu erkennen: Der Speicherplatz n hat jetzt eine *Doppelbedeutung*. Einerseits *zählt* er jede brauchbare Eingabe des Nutzers mit. Andererseits schaltet er sich selber weiter und liefert damit den *Feldindex* für das Ziel der nächsten Eingabe – die erste Eingabe geht also nach tx(1), die zweite nach tx(2) und so weiter.

Für die *Dimensionierung des Feldes* tx im Vereinbarungsteil muss aus dem Hintergrund der Aufgabenstellung abgeleitet werden, mit wie vielen Eingaben man maximal zu rechnen hat.

9.3   Grundaufgaben mit Feldern

9.3.1   Suchen und Finden

Ein Feld, also eine Menge nummerierter Speicherplätze, soll bereits lückenlos bis zu einem bekannten letzten Index belegt sein. Wir nehmen an, dass dieser letzte Index sich im Integer-Speicherplatz n befinden soll.

Nun wird ein bestimmter Wert eingegeben und es soll nur mitgeteilt werden, ob es diesen Wert *irgendwo im Feld gibt,* mindestens einmal.

Erinnern wir uns an das vorige Kapitel: Für derartige Aufgaben bietet sich die Verwendung eines *logischen Speicherplatzes* geradezu an.

Das Programm (download: BSP09_05.XLS) beginnt mit der Belegung eines String-Feldes nach der Fenstertechnik. Dort sehen wir noch die *kopfgesteuerte Schleife* – weil ja während des Eingabevorgangs überhaupt *nicht bekannt* ist, *wann* der Nutzer zum Schluss kommen wird.

Anschließend wird der *Suchwert* erfasst, um die Suche durchzuführen. Im Speicherplatz n befindet sich die *Anzahl der belegten Feldelemente* – deshalb können wir jetzt natürlich die *Zählschleife* einsetzen. Die differenzierte Mitteilung am Schluss erfolgt schließlich unter Verwendung einer *Alternative*.

```
'******* Vereinbarungsteil *********************************
Dim n As Integer, tx(200) As String, fenster As String
Dim wert As String, ist_drin As Boolean, i As Integer
'******* Ausführungsteil *********************************
n = 0
fenster = InputBox("Namen eingeben")
Do While fenster <> "***"
    n = n + 1
    tx(n) = fenster
    fenster = InputBox("Namen eingeben, Ende mit ***")
    Loop                                      'Erfassung been-
det
wert = InputBox("Was wird gesucht?")
ist_drin = False
For i = 1 To n
    If tx(i) = wert Then ist_drin = True
    Next i
If ist_drin = True Then
    MsgBox ("Ist vorhanden!")
                    Else
    MsgBox ("Ist nicht vorhanden!")
                    End If
```

9.3.2   Abzählen in Feldern

Es wird jetzt verlangt, nicht nur mitzuteilen, ob ein bestimmter Wert (Zahl oder String) überhaupt unter den Inhalten der Feldelemente auftritt – nein, nun soll differenzierter mitgeteilt werden, *wie oft* es den Wert gibt. Wobei auch Null herauskommen kann – dann gibt es ihn nicht.

Sehen wir uns gleich das Struktogramm für den Abzähl-Teil an; es beginnt mit der Erfassung des Wertes, der zu zählen ist, und mit der Initialisierung des Zählwerkes:

```
 _____
|\ wert               |
|/_____|
| anz=0               |
|_____|
```

Dann folgt das *Absuchen aller belegten Feldelemente*:

```
 _____
| Für i von 1 bis n              |
|     _____|
|    |\ i-tes Feldelement     / |
|    | \  gleich dem wert    /  |
|    |_j_____/_n__|
|    |    anz=anz+1        |./.|
|___|_____|____|
| anz                         \|
|_____/|
```

Dabei sind wir davon ausgegangen, dass die Elemente des betrachteten Feldes *lückenlos von Anfang an* belegt sind, und dass sich die Anzahl der Belegungen im Speicherplatz n befindet. Der Rest des Struktogramms spricht für sich – wegen der *bekannten Anzahl* bietet sich natürlich die *Zählschleife* zur schrittweisen Untersuchung jedes einzelnen Feldelements an.

In der Übung 9.5 werden die ersten vier Feldelemente eines Integer-Feldes direkt belegt; anschließend sollte dann dort dieses Struktogramm zur Übung umgesetzt werden. Die Lösung findet sich im Anhang B auf Seite 395.

Abzählen kann man natürlich auch, wie oft es Feldelemente gibt, deren Inhalt jeweils eine *bestimmte Eigenschaft* erfüllt (Beispiele: bei Integer-Inhalten soll gezählt werden, wie viele Inhalte ungleich Null sind; bei Double-Speicherplätzen interessiert vielleicht die Anzahl der positiven Inhalte; bei String-Speicherplätzen die Anzahl der Ein-Zeichen-Belegungen usw.). Alle derartigen Untersuchungen folgen dem gleichen Vorgehensmuster:

```
 _____
| anz=0                          |
|_____|
| Für i von 1 bis n              |
|     _____|
|    |\    i-tes Feldelement   / |
|    | \ hat die Eigenschaft /  |
|    |_j_____/_n__|
|    | anz=anz+1          |./.|
|___|_____|____|
```

9.3.3   Extremwertsuche in Zahlen-Feldern

Ein Integer-Feld mit vier Feldelementen soll vier ganze Zahlen enthalten, so, wie sie in der Tabelle dargestellt sind. Es ist die scheinbar einfache Frage zu beantworten: Welches ist *der größte Wert unter allen Inhalten*? Natürlich, wir sehen es ja sofort, es ist die *Sieben*. Auch wenn sie zweimal auftritt, sie stellt das *Maximum* dar. Das *Minimum*, d. h. der kleinste Wert unter allen Inhalten, beträgt *Zwei*.

Index	1	2	3	4
Speicherplatz	x(1)	x(2)	x(3)	x(4)
Inhalt	3	7	7	2

Und in dem Wort *sehen* liegt das Problem: Ein Computer *kann nicht sehen*. Wie können wir trotzdem ein Programm entwerfen, das uns Minimum und Maximum findet und ausgibt?

Wir müssen die folgende *Strategie* umsetzen: Wir beginnen mit einem *Kandidaten*. Das ist natürlich die *Belegung des ersten Feldelements*.

Anschließend wird der *Kandidat* mit dem *Inhalt des zweiten Feldelements* verglichen. Ist dieser Inhalt *besser*, haben wir einen *neuen Kandidaten*. Ist er nicht besser, bleibt der Kandidat unverändert.

Das ist es: Durch solch *schrittweisen Vergleich des Kandidaten mit allen restlichen Feldelementen* befindet sich zum Schluss der *beste Wert* im Kandidaten-Speicherplatz.

Sehen wir uns dazu das Struktogramm an, wobei wir wieder davon ausgehen wollen, dass mit dem `Integer`-Speicherplatz n die Anzahl der belegten Feldelemente verfügbar sei:

```
 _____
|  kand=x(1)                |
|_____|
|  Für i von 2 bis n        |
|    _____ |
|   |\ ist i-tes Feldelement /|
|   | \  besser als kand ?  / |
|   |_j_____/n_|
|   |  kand = i-tes Feld- |   |
|   |          element    |./.|
|__ |_____|___|
|  kand                    \ |
|_____ / |
```

Am Struktogramm können wir auch anschaulich die Frage klären, ob wir einen *logischen Fehler* begehen, wenn wir die Laufvariable i in der Zählschleife von 1 bis n laufen lassen würden:

```
|  Für i von 1 bis n        |
|    _____ |
```

Was passiert denn dann, wenn in i die Zahl 1 steht? Der *Wert des Kandidaten* wird mit dem *Inhalt des ersten Feldelements* verglichen. Doch diese beiden Inhalte sind gleich; denn so wurde der Kandidat gerade erst vorher belegt. Der Vergleich „besser" kann nie erfüllt sein, sofort geht die Zählschleife zum nächsten i=2 über. Die 1 anstelle der 2 führt also nicht zu einem *logischen Fehler*, sondern nur zu einem *überflüssigen Befehl*.

Für die Maximumsuche erhalten wir aus dem Struktogramm den folgenden Basic-Text (im download: BSP09_06.XLS):

```
'******** Vereinbarungsteil ********************************
Dim n As Integer, x(10) As Integer
Dim max_kand As Integer, i As Integer
'******** Ausführungsteil **********************************
x(1) = 3
x(2) = 7
x(3) = 7
x(4) = 2
n = 4
max_kand = x(1)
For i = 2 To n
    If x(i) > max_kand Then
        max_kand = x(i)
        End If
    Next i
MsgBox ("Maximum=" + Str(max_kand))
```

Die Übungsaufgabe 9.6 auf Seite 358 regt an, das *Minimum* zu suchen. Die Lösung findet sich im Anhang B auf Seite 395. Was muss sich ändern?

9.3.4   Extremwertsuche in String-Feldern

Die Strategie ist dieselbe, wieder wird mit einem *Kandidaten* gearbeitet, der mit dem *Inhalt des ersten Feldelements* belegt wird. Wieder wird dieser *nacheinander* mit *allen wieteren Feldinhalten* verglichen.

Unser String-Feld heißt nun tx, und die vier Belegungen werden direkt zugewiesen mit vier Befehlen (download: BSP09_07.XLS):

```
tx(1) = "Brandenburg"
tx(2) = "Potsdam"
tx(3) = "Magdeburg"
tx(4) = "Berlin"
```

Warum liefert uns dieses Programm, wie in Bild 9.2 zu sehen ist, als *Maximum* aber gerade den Inhalt von tx(2) ?

Bild 9.2: Ergebnis der Maximumsuche

Berlin ist größer, *Brandenburg* hat mehr Buchstaben – warum gerade *Potsdam*?

Ganz einfach zu erklären: Von den vier Städtenamen steht Potsdam *im Telefonbuch* (oder in jedem anderen Orts-Verzeichnis) *am weitesten hinten*. Es wird nämlich nach der so genannten *lexikografischen Ordnung* entschieden: Wenn kein anderer `String` dasselbe erste Zeichen hat, dann entscheidet bereits das erste Zeichen endgültig über die Position. Erst wenn es mehrere `Strings` mit demselben ersten Zeichen gibt, dann entscheidet das zweite Zeichen und so weiter.

Die *Maximumsuche über einem* `String`-*Feld* liefert stets den *lexikografisch größten* `String` (der im Telefonbuch „am weitesten hinten" steht).

Entsprechend liefert die *Minimumsuche über einem* `String`-*Feld* stets den *lexikografisch kleinsten* `String` (der im Telefonbuch „am weitesten vorn" steht).

Bild 9.3: Ergebnis der Minimumsuche

Würden wir den vier Strings vier *Ziffernfolgen* zuweisen

```
tx(1) = "12345"
tx(2) = "4"
tx(3) = "234"
tx(4) = "332"
```

dann erhalten wir, nicht überraschend, nicht etwa die größte Zahl 12345, sondern das *lexikografische Maximum*, also 4. Wir kommen nicht daran vorbei: Eine *Ziffernfolge*, also eine *Zeichenfolge, die aussieht wie eine Zahl*, ist *keine Zahl* und wird also auch *nicht* wie eine Zahl behandelt.

Bild 9.4: Lexikografisches Maximum der Ziffernfolge

Und was müssen wir tun, wenn wir den *längsten* `String` finden wollen? Dann müssen wir nur den Test entsprechend verändern (download: BSP09_08.XLS) :

```
max_kand = tx(1)
For i = 2 To n
    If Len(tx(i)) > Len(max_kand) Then
        max_kand = tx(i)
        End If
    Next i
```

Werden die `String`-*Längen* zum Gegenstand der Untersuchung gemacht, dann finden wir natürlich *Brandenburg* mit seinen 11 Zeichen heraus.

9.3.5   Extremwertsuche mit Positionsangabe

Nehmen wir jetzt erst einmal folgende Belegung an:

Index	1	2	3	4
Speicherplatz	x(1)	x(2)	x(3)	x(4)
Inhalt	3	7	9	2

Nun interessiert uns nicht das *Maximum* selbst, sondern die *Maximum-Stelle*, also der *Index desjenigen Feldelements*, das das Maximum besitzt:

Bild 9.5: Maximumposition=Index des Elements mit maximalem Inhalt

Was müssen wir tun? Können wir uns die Maximumsuche sparen und uns ganz auf die *Positionsbestimmung* konzentrieren? Nein, das geht nicht. Ist auch einsichtig: Wenn wir nicht wissen, welches der größte Wert ist, können wir natürlich die Positionsfrage niemals beantworten. Wir müssen vielmehr einen *zweiten Kandidatenspeicherplatz* für die *Maximum-Position* mitführen. Der bekommt am Anfang natürlich die 1 (falls nämlich der Inhalt von `x(1)` bereits gleich dem Maximalwert sein sollte).

```
|  kand=x(1)                  |
|_____|
|  pos=1                      |
|_____|
|  Für i von 2 bis n          |
|     _____  |
|    |\ ist i-tes Feldelement /|
|    | \  besser als kand ?  / |
|    |_j_____/n_ |
|    | kand = i-tes Feld-  |  |
|    |        element      |./.|
|    |_____  |  |
|    | pos=i               |  |
|__ |_____|___|
```

```
|  pos                         \|
|_____/|
```

Der Übergang zum Basic-Programmtext wird als Übungsaufgabe in der Übung 9.7 empfohlen, in der zugehörigen Lösung in Anhang B auf Seite 395 kann er verglichen werden. Wichtig ist hier, dass bei erfülltem Test nun *zwei Befehle* auszuführen sind – damit darf die *Ausnahmeregelung des einfachen Tests* (s. Seite 76) nicht mehr in Anspruch genommen werden.

Was passiert aber nun, wenn wir die folgende Situation eingeben und wir unser Maximums-Positions-Bestimmungs-Programm (download: BSP09_09.XLS) starten?

Index	1	2	3	4
Speicherplatz	x(1)	x(2)	x(3)	x(4)
Inhalt	3	7	7	2

Testen Sie sich vorher selbst, überlegen Sie, liebe Leserin, lieber Leser. Was passiert?

(a) Es gibt eine Fehlermeldung, weil die Position nicht eindeutig bestimmbar ist.

(b) Es werden sowohl die 2 als auch die 3 ausgegeben.

(c) Es wird die 2 ausgegeben.

(d) Es wird die 3 ausgegeben.

Die dritte Antwort (c) ist richtig. Warum? Die Antwort darauf finden wir im Struktogramm:

```
|   |\ ist i-tes Feldelement /|
|   | \  besser als kand ?  / |
|   |_j_____/n_|
```

Wann ist der Test *erfüllt*? Wenn ein *besserer* Inhalt gefunden wird. Aber der Inhalt von tx(3) ist *nicht besser* als der Inhalt von tx(2), sondern *nur gleich*. Gleich ist nicht besser. Deswegen also die Ausgabe der ersten von allen Maximum-Positionen.

9.3.6 Summen bei Zahlenfeldern

Gegeben ist das *Zahlen-Feld* x mit den Feldelementen x(1), x(2), ... vom Typ Integer oder Long oder Single oder Double. Gegeben ist weiter der Speicherplatz n, der die *Anzahl der belegten Feldelemente* enthalten soll.

Gesucht ist einfach nur die Summe aller Inhalte aller belegten Feldelemente. Sehen wir uns dazu das Struktogramm an, das uns wahrlich nichts revolutionär Neues bietet.

Es beginnt mit der Initialisierung des *Summenspeicherplatzes*. Der Summenspeicherplatz wird zuerst mit der *natürlichen Startbelegung* versehen. Anschließend wird die Summe nacheinander durch die Inhalte aller belegten Feldelemente ergänzt. Und so sieht das zugehörige Struktogramm aus:

```
|  sum=0                       |
|_____|
```

```
 _____
| Für i von 1 bis n              |
|    _____ |
|   | sum=sum+Inhalt des         |
|   |     i-ten Feldelementes    |
|___|_____|
| sum                          \ |
|_____ / _|
```

Im Basic-Text (download: BSP09_10.XLS) wird die Logik des Struktogramms umgesetzt; hinzu kommt dort die Überlegung, mit welchem Informationstext die Ausgabe versehen wird. Und dann muss wieder die Funktion Str verwendet werden, denn der Inhalt des Zahlenspeicherplatzes sum kann erst *nach Umwandlung in eine Zeichenfolge* in eine MsgBox geschrieben werden.

```
sum = 0
For i = 1 To n
    sum = sum + x(i)
    Next i
MsgBox ("Summe=" + Str(sum))
```

9.3.7   Kopien von Feldern

Gegeben ist das Feld x mit den Feldelementen x(1), x(2), ... , gegeben ist dazu der Speicherplatz n, der die Anzahl der tatsächlich belegten Feldelemente enthalten soll, und weiter gegeben ist ein gleichartiges, aber leeres Feld y mit den Elementen y(1), y(2), ... usw.

Weil wir befürchten müssen, dass in unserem Programm die Inhalte von x vielleicht verändert werden, soll eine *Sicherungskopie von* x im Feld y hergestellt werden.

Das bedeutet: Es sind die Transportbefehle y(1)=x(1), y(2)=x(2) und so weiter zu programmieren. *Zählschleife* oder *nicht Zählschleife*? Kennen wir die *genaue Anzahl der Transportbefehle*, oder kennen wir sie nicht?

Wir kennen sie: Der Speicherplatz n enthält ja nach obiger Voraussetzung den letzten Index, der verwendet werden muss.

Also – hier bietet sich wieder, wie meist bei Feld-Programmierungs-Aufgaben, das Strukturelement *Zählschleife* an:

```
For i = 1 To n
    y(i) = x(i)
    Next i
```

So einfach ist das. Zur Übung wird vorgeschlagen, vier *Ziffernfolgen* zuerst in einem String-Feld zu speichern und dort hinsichtlich ihrer *lexikografischen Ordnung* zu analysieren, sie anschließend unter Verwendung der Funktion Val als *Zahlenwerte* in ein Integer-Feld zu laden und dann die Maximumsuche zu wiederholen. Dann erhält man nämlich das *Zahlen-Maximum*.

9.4   Externe Speicherung von Daten

Navigator: Was bisher zu lesen war, was nun folgt:

Alles schön und gut. Nun können wir ein Programm starten, Dutzende, Hunderte, womöglich Tausende von Zahlen oder Zeichenfolgen in ausreichend große Felder eintippen (oder eintippen lassen), und anschließend führt das Programm vielfältige *Analyseprozesse* mit den eingegebenen Datenmengen aus.

Es sucht und findet, zählt ab, ermittelt größte und/oder kleinste Werte im lexikografischen oder im Zahlen-Sinne, summiert und kopiert.

Doch was passiert, wenn das Fenster mit dem Button START geschlossen wird, wenn das Programm seine Arbeit beendet?

Dann sind alle Zahlen oder Zeichenfolgen verloren, nichts ist aufbewahrt, für die nächste Aktion müssten alle Daten neu eingetippt werden.

Natürlich – das ist graue Theorie. Selbstverständlich muss es Möglichkeiten geben, die *einmal erfassten Daten extern zu speichern*, so dass sie nach erneutem Programmstart lediglich wieder *geladen* werden brauchen.

Und das wollen wir jetzt versuchen, uns klar zu machen. Dazu brauchen wir zuerst eine schön anschauliche *Vorstellung von einer Datei*.

9.4.1   Das Dateimodell

Für unsere Zwecke bietet sich als Veranschaulichung einer Datei der gute alte *Karteikasten* an. Vorn ein *Etikett*, der *Deckel* abnehmbar, drin stehen, dicht an dicht, die beschrifteten *Karteikarten*. Wir wollen annehmen, dass es *keine leeren Karteikarten* im Kasten gibt – sie liegen abseits bereit, warten auf ihre Beschriftung und nachfolgende Aufnahme in den Kasten.

Zwei *Besonderheiten* brauchen wir noch für unsere Veranschaulichung. Das ist zum Einen die *Schlusskarte*, aus besonders dicker Pappe, die stets am Ende der Kartenmenge steht. Selbst wenn eine Kartei noch nicht eine einzige beschriftete Karte enthält – diese Schlusskarte ist immer da. Sie gehört zum Kasten. Die Schlusskarte hat in jedem Karteikasten dieselbe, nämlich eine *Standard-Beschriftung*, bestehend nur aus drei Buchstaben: EOF . Das ist die Abkürzung für End of File. Deren Sinn wird sofort klar, wenn man weiß, dass die englische Vokabel *File* in die deutsche Sprache mit der Vokabel *Datei* zu übertragen ist. *Ende der Datei.*

Zweitens gibt es in jedem Karteikasten den *Dateizeiger*. Er sieht aus wie ein Lineal, das senkrecht *vor* eine Karte gesteckt wird und damit deren *Position* fixiert. Die Karteikarten brauchen deshalb gar keine Nummerierungen; entnimmt man eine Karte, dann markiert man eben mit dem Dateizeiger-Lineal deren Position. Schon kommt sie nach der Bearbeitung wieder an die richtige Stelle. So machten es unsere Urgroßeltern, und sie benutzten in der Tat dafür zumeist ein echtes Lineal.

Das *Etikett* vorn auf dem Karteikasten enthält den *physischen* (tatsächlichen, echten) *Namen* der Datei.

Eine Datei kann immer nur zu einem bestimmten Zweck geöffnet werden. Öffnen an sich *gibt es nicht.* Wir wollen nun die beiden wichtigsten Zwecke betrachten: Eine Datei wird entweder *zum Schreiben* oder *zum Lesen* geöffnet.

9.4.2   Datei zum Schreiben öffnen

Das *Öffnen einer Datei zum Schreiben* können wir uns mit unserem Karteikastenmodell so vorstellen: Der Deckel wird abgehoben, sollten beschriftete Karten vorhanden sein, dann werden sie *herausgenommen und vernichtet*. Es gibt nach jedem *Öffnen zum Schreiben* in jeder Datei also nur die EOF-*Karte* und den davor stehenden *Dateizeiger*. Nichts weiter.

Bei jedem *Schreibvorgang* passiert dann folgendes: Eine bereitliegende Karte wird beschriftet und in dem Kasten *vor dem Dateizeiger* eingestellt. Wir haben dann die Reihenfolge: *erste Karte-->Dateizeiger-->*EOF-*Karte*.

Der *nächste Schreibvorgang* beschriftet eine neue, leere Karte und stellt sie wieder *vor* den Dateizeiger, so dass die Reihenfolge danach lautet: *erste Karte--->zweite Karte--> Dateizeiger -->*EOF-*Karte*.

Jede weitere Karte gelangt somit wieder zwischen die vorige Karte und den Dateizeiger. Also stehen die Karten *in der Reihenfolge ihres Einstellens*, der Dateizeiger bleibt aber stets vor der EOF-Karte.

9.4.3   Feld in einer Datei extern sichern

Diese Karteikasten-Vorstellung reicht uns schon aus, um das *Auslagern* (externe Speichern) eines ganzen Feldes in eine Datei zu verstehen. Wir gehen wieder davon aus, dass wir in einem Speicherplatz n die Anzahl der belegten Feldelemente haben.

Zuerst muss die *Datei zum Schreiben* geöffnet werden (Kasten holen, Deckel abnehmen, ggf. Karten vernichten, neues Etikett an den Kasten kleben). Dabei muss ein *Dateiname* vergeben werden.

Dann wird *nacheinander* der Inhalt des *ersten bis letzten Feldelements* in die Datei geschrieben (neue Karteikarte beschriften und einstellen).

Anschließend wird die Datei *geschlossen* (Dateizeiger entfernen, Deckel auf den Kasten setzen). *Eine geschlossene Datei besitzt keinen Dateizeiger.*

Das Struktogramm schildert genau dieses Vorgehen.

```
| Datei zum Schreiben öffnen |
|_____|
| Für i von 1 bis n          |
|    _____|
|   | schreibe Inhalt des    |
|   | i-ten Feldelementes    |
|   | in Datei               |
|___|_____|
| Datei schließen            |
|_____|
```

Der Excel-VB-Text (im download: BSP09_11.XLS) folgt genau diesen vorgezeichneten Schritten:

```
'******** Vereinbarungsteil ********************************
Dim n As Integer, x(10) As Integer, i As Integer
'******** Ausführungsteil *********************************
x(1) = 3
x(2) = 7
x(3) = 7
x(4) = 2
n = 4                    'Das Feld ist belegt, n enthält die Anzahl
Open "C:\basic\bsp08.txt" For Output As #1
For i = 1 To n
    Print #1, x(i)
    Next i
Close #1
MsgBox ("Das Feld ist ausgelagert, die Datei geschlossen")
```

Nur wenig ist noch zu erklären: Die Zeile

```
Open "C:\basic\bsp08.txt" For Output As #1
```

verlangt, eine Datei *zum Schreiben* (zur *Ausgabe*=Output) zu öffnen, ihr den Namen bsp08.txt zu geben und sie in dem Ordner C:\BASIC anzulegen. Man kann sich allerdings vorstellen, dass es sehr unpraktisch wäre, wenn von nun an überall im Programm, wo mit dieser Datei zu arbeiten wäre, dieser *physische*, echte Dateiname verwendet werden müsste. Deshalb bekommt die Datei einen *kurzen, internen Namen*: #1. Das Zeichen # ist dabei vorgeschrieben, die Zahl dahinter kann frei gewählt werden.

Der Befehl

```
Print #1, x(i)
```

veranlasst das Schreiben in die Datei mit dem internen Namen #1. Schließlich wird mit

```
Close #1
```

diese Datei *geschlossen* und der Dateizeiger entfernt; der interne Name #1 verliert seine Gültigkeit, könnte erneut, für eine andere Datei, verwendet werden.

Wir können uns sofort vergewissern, dass tatsächlich unsere Daten extern und dauerhaft gesichert sind. Klicken wir nämlich doppelt im Ordner C:\BASIC auf den Namen unserer Sicherungsdatei bsp08.txt, dann sehen wir in Bild 9.6 unseren Feldinhalt:

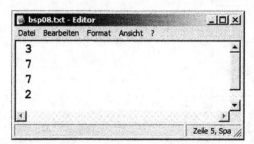

Bild 9.6: Inhalt der Sicherungsdatei

Wir können den Computer herunterfahren und eine Auszeit genießen. Unsere Daten sind gesichert. Bis wir selbst irgendwann einmal die Datei BSP08.TXT löschen.

9.4.4   Datei zum Lesen öffnen

Das *Öffnen einer Datei zum Lesen* können wir uns wieder mit unserem *Karteikastenmodell* vorstellen:

Es wird zuerst derjenige Karteikasten gesucht, auf dessen Etikett der angegebene physische (tatsächliche) Dateiname steht. Die Datei wird geöffnet – d. h. der Deckel wird abgehoben. Wir sehen die beschrifteten Karteikarten, und an ihrem Ende die EOF-Karte.

Der *Dateizeiger* steht jetzt *vor der ersten Karte* – es ist also eine völlig andere Situation als beim Öffnen zum Schreiben.

Bei jedem *Lesevorgang* wird der Inhalt der Karte, die sich unmittelbar *hinter dem Dateizeiger* befindet, kopiert und in das angegebene *Ziel* weitergegeben.

Sofort danach wandert der Dateizeiger *eine Position nach hinten*, hinter die soeben verarbeitete Karte, steht also dann vor der nächsten beschrifteten Karte. Oder vor der EOF-Karte.

Also ist der *Lesevorgang dann beendet*, wenn der *Dateizeiger vor der* EOF-*Karte angekommen* ist.

Sehen wir uns dazu das Struktogramm an. Natürlich können wir nun *keine Zählschleife* einsetzen – wir wissen ja überhaupt nicht, wie viele Karten in der jeweiligen Datei vor der EOF-Karte stehen.

Außerdem müssen wir, wie schon bei der bekannten *Fenstertechnik*, einen Integer-Speicherplatz (üblicherweise mit Namen n) verwenden, der *sich selbst fortschreibt* und damit den *Index des Ziel-Feldelementes* regelt. Dazu *zählt* n gleichzeitig noch mit, wie viele Feldelemente einen Inhalt bekamen (vergleiche die Feldbelegung mit der Fenstertechnik im Abschnitt 9.2.4 auf Seite 113).

```
 _____
| n auf Null setzen              |
|_____|
| Datei zum Lesen öffnen         |
|_____|
| SOLANGE Dateizeiger nicht      |
| vor EOF steht                  |
|    _____ |
|   | n um 1 erhöhen            | |
|   |_____| |
|   | Inhalt der Karte in       | |
|   | Feldelement(n) schreiben  | |
|___|_____| |
| Datei schließen                |
|_____|
```

```
| n                          \|
|_____/|
```

Und das ist der zugehörige erste Entwurf des zugehörigen Excel-VB-Basic-Textes
(download: BSP09_12.XLS):

```
'******* Vereinbarungsteil *********************************
Dim n As Integer, x(10) As Integer, i As Integer
'******* Ausführungsteil *********************************
Open "C:\basic\bsp08.txt" For Input As #1
n = 0
Do While EOF(1) = False
    n = n + 1
    Line Input #1, x(n)
    Loop
Close #1
MsgBox (Str(n) + " Feldelemente wurden belegt")
```

Was ist neu? Was ist anders? Zuerst das *Öffnen* der Datei zum *Lesen*:

```
Open "C:\basic\bsp08.txt" For Input As #1
```

Auch hier wird wieder ein interner, zeitweiliger, kurzer Name, zum Beispiel #1 vergeben.

Der Test, ob der Dateizeiger vor der EOF-Karte angekommen ist, erfolgt mit Hilfe der Basic-Funktion EOF(1). Die Zahl in den Klammern, das ist dabei der selbst vergebene Teil des internen Dateinamens.

EOF(1) liefert True, wenn der Dateizeiger vor der EOF-Karte steht.

Folglich steht in der Kopfzeile der Schleife richtig

```
Do While EOF(1) = False
```

Bleibt nur noch der *Transportbefehl von der jeweiligen Karte in das Feldelement*:

```
Line Input #1, x(n)
```

Es scheint alles richtig zu sein – trotzdem gibt es eine böse Fehlermeldung (Bild 9.7). Die *Typen seien unverträglich*, beschwert sich das Excel-VB-Basic-System. Warum?

Schon sind wir wieder bei diesem ärgerlichen Thema *Ziffernfolgen*.

Eine *Textdatei* (und was ist die Datei bsp08.txt anderes) kann nämlich *nur Text* aufnehmen. Deshalb wurden beim vorhergehenden *Schreibvorgang*, ohne dass wir es bemerkten, nicht die *Zahlen* 3, 7, 7, und 2, sondern die *Zeichen* 3, 7, 7, 2 in der Datei abgelegt. Rein optisch war das in Bild 9.6 nicht zu erkennen, wie immer bei diesem leidigen Thema.

Wir wollten also einen `Integer`-Speicherplatz mit einem *Zeichen* belegen. Das geht nicht, auch wenn das Zeichen *aussieht wie eine Zahl*. Deshalb erfolgt der Protest mit der Fehlermeldung *Typen unverträglich* in Bild 9.7.

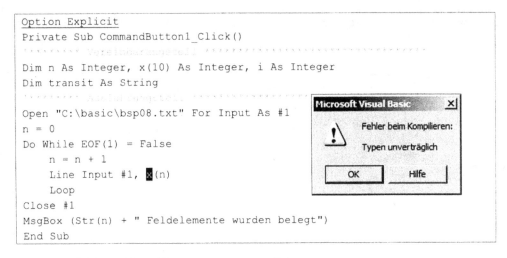

Bild 9.7: Fehlermeldung: Typen unverträglich

Welchen Ausweg gibt es? Wie lösen wir das Problem?

Wir *parken* das gelesene Zeichen aus der (jeweiligen Karte der) Datei zuerst in einem `String`-Speicherplatz, zum Beispiel mit dem Namen `transit`. Der nimmt alles auf.

Dann wenden wir die bekannte `Val`-Funktion für die *Umwandlung von* `String` *in Zahl* und den anschließenden Transport in das jeweilige Feldelement des Integer-Feldes `x` an.

Im Basic-Text (download: BSP09_12.XLS) ist das Vorgehen deutlich erkennbar:

```
'******** Vereinbarungsteil ********************************
Dim n As Integer, x(10) As Integer, i As Integer
Dim transit As String
'******** Ausführungsteil **********************************
Open "C:\basic\bsp08.txt" For Input As #1
n = 0
Do While EOF(1) = False
    n = n + 1
    Line Input #1, transit
    x(n) = Val(transit)
    Loop
Close #1
MsgBox (Str(n) + " Feldelemente wurden belegt")
```

Merken wir uns ein weiteres Mal: Enthält eine Datei (mit der Endung .txt) Einträge, die *wie Zahlen aussehen* (also *reine Ziffernfolgen mit oder ohne Vorzeichen* oder *Ziffernfolgen mit Dezimalpunkt mit oder ohne Vorzeichen*), dann können wir den Dateiinhalt trotzdem *nicht* sofort in ein passendes *Zahlenfeld* laden.

Vielmehr muss immer ein *Zwischenschritt* eingeschoben werden:

Aus der Datei muss stets zuerst in einen String gelesen werden, erst *nach erfolgter Konvertierung* mit Hilfe der Val-Funktion kann der Weitertransport in das jeweilige Zahlen-Feldelement erfolgen.

Folglich dürfte es überhaupt keine Probleme bereiten, einen Datei-Inhalt in ein String-Feld zu laden (download: BSP09_13.XLS):

```
'******** Vereinbarungsteil ********************************
Dim n As Integer, tx(10) As String, i As Integer
'******** Ausführungsteil **********************************
Open "C:\basic\bsp08.txt" For Input As #1
n = 0
Do While EOF(1) = False
    n = n + 1
    Line Input #1, tx(n)
    Loop
Close #1
```

Es gibt tatsächlich nun keine Fehlermeldung mehr. Was stellten wir früher schon fest: String-Speicherplätze (und das sind je die Elemente eines String-Feldes) sind wie Mülleimer, die nehmen eben *alles* in sich auf.

Und was werden wir also sehen, wenn wir jetzt zwischen die Feldinhalte das Pluszeichen schreiben?

```
MsgBox (tx(1) + tx(2) + tx(3) + tx(4))
```

Bild 9.8 bestätigt es: Die Plus-Zeichen haben hier, wie zu erwarten, keine *Zahlen-Addition*, sondern eine *Verkettung* veranlasst:

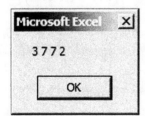

Bild 9.8: Ausgabe von MsgBox(tx(1)+tx(2)+tx(3)+tx(4))

Navigator: Was bisher zu lesen war, was nun folgt:

Weitere Anregungen und verwandte *Programmieraufgaben mit Feldern* werden in den Übungen (Anhang A, ab Seite 357) zur Selbstkontrolle gegeben.

Die zuletzt angedeutete Problematik (Sicherung von Inhalten von Zahlen-Feldern) kann ziemlich diffizil werden.

Das wird der Fall sein, wenn wir uns über die *reinen Ziffernfolgen* hinaus, die ja nur positive ganze Zahlen darstellen, zu den Single- und Double-Feldern bewegen. Was kommt dann in den Textdateien an – das *Dezimal-Komma* oder der *Punkt*? Wenn dort das Dezimal-Komma ankommt – wie können wir die gesicherten Zahlendaten beim *Laden aus der Datei* wieder in die Zahlen-Speicherplätze des Zahlen-Feldes bringen?

Es ist ein weites Feld – leider können wir uns damit nicht intensiv beschäftigen. Man kann die Konflikte aber durchaus lösen, indem die Konvertierungsfunktionen Str und Val richtig eingesetzt werden.

10 Instanzen und Instanzenfelder

Navigator: Was bisher zu lesen war, was nun folgt:

 Jetzt wissen wir, wie wir *viele gleichartige Daten* erfassen, alle speichern und effektiv be- und verarbeiten können. Dafür gibt es die *Felder*.

Ein *Feld* ist eine *Menge nummerierter Speicherplätze*.

Jeder einzelne dieser nummerierten Speicherplätze, er heißt *Feldelement*, hat seinen eigenen Namen – dieser setzt sich zusammen aus dem *gemeinsamen Feldnamen* und dem *Index*, der in den Klammern steht.

Felder sollten immer *initialisiert* werden; die Feldelemente können *differenziert* – direkt oder per Nutzerdialog – belegt werden. Oder sie werden *lückenlos* belegt, mit einer *Zählschleife*, wenn ausnahmsweise bekannt ist, wie viele Daten erfasst werden sollen.

Oder die Belegung erfolgt per *Fenstertechnik*, wenn mit einer vereinbarten Eingabe des Nutzers das Ende der Erfassung mitgeteilt wird.

Felder müssen *stets mit fester Dimensionierung* vereinbart werden. Es ist nicht möglich, im Laufe eines Programms plötzlich festzustellen, dass man sich verzählt hat, noch ein weiteres Feldelement braucht und dieses dann „nachvereinbart". Das geht nicht.

Den ersten Schritt zur Entwicklung und zum Verständnis von *Programmen der Massen-Daten-Verarbeitung* haben wir also getan.

Wir können beispielsweise schon von tausend oder zehntausend Studenten die Namen, die Vornamen, das Alter und die Abiturnote erfassen, speichern und anschließend mit diesen Angaben arbeiten. Dazu brauchen wir vier Felder: Zwei `String`-Felder, ein `Integer`-Feld und ein `Single`-Feld. Was fehlt denn eigentlich noch?

Die vier Angaben pro Student gehören doch *logisch zusammen*, auch wenn sie von verschiedenem Typ sind. Warum müssen wir sie so getrennt erfassen und speichern?

Deshalb wollen wir kennen lernen, wie wir *logisch zusammenhängende Daten unterschiedlichen Typs* gemeinsam verwalten können. Dazu brauchen wir *selbst definierte Datentypen*, *Instanzen* und schließlich die *Instanzenfelder*.

10.1 Eigene Datentypen und Instanzen

10.1.1 Privater Datentyp

Bleiben wir bei dem Beispiel: Name, Vorname, Alter und Abiturnote eines Studenten sollen gemeinsam als *logische Einheit* verwaltet werden.

Der erste Schritt dorthin besteht in der *Definition eines eigenen* (privaten) *Datentyps*:

```
Private Type studentenTyp
     fname As String
     vname As String
     alter As Integer
     abinote As Single
     End Type
```

Diese `Type`-Festlegung bewirkt erst einmal *überhaupt nichts*. Sie teilt nur mit, dass wir die bisher verfügbaren *einfachen Datentypen* (von `Boolean` bis `String`) nun *ergänzen* wollen durch unseren *individuellen Datentyp* `studentenTyp`.

Bild 10.1 zeigt uns, dass derartige individuelle Typvereinbarungen *außerhalb des Programm-Rahmens*, aber unmittelbar unterhalb der Zeile `Option Explicit`, eingetragen werden müssen.

```
Option Explicit
Private Type studentenTyp
    fname As String
    vname As String
    alter As Integer
    abinote As Single
    End Type
Private Sub CommandButton1_Click()
'******** Vereinbarungsteil *******************************
Dim s1 As studentenTyp, s2 As studentenTyp
'******** Ausführungsteil ********************************
```

Bild 10.1: Typvereinbarung unterhalb `Option Explicit` eintragen

10.1.2 Instanzen

Ebenso, wie wir bisher erst mit dem Eintrag in eine `Dim`-Zeile mit

```
Dim p as Boolean
```

oder

```
Dim x(100) as Integer
```

tatsächlich die *physische Erzeugung* eines *Speicherplatzes* oder eines *Feldes* veranlassten, so gibt es erst nach Eintrag in einer *Dim*-Zeile mit

```
Dim s1 As studentenTyp, s2 As studentenTyp
```

etwas Neues. Aber was? Einen Speicherplatz? Zwei Speicherplätze? Viele Speicherplätze? Was wird da hergestellt?

Behauptung: Mit den zwei Vereinbarungen

```
Dim s1 As studentenTyp, s2 As studentenTyp
```

werden *acht Speicherplätze* erzeugt.

Diese acht Speicherplätze haben natürlich *acht verschiedene Namen*. Ihre Namen setzen sich, ganz neuartig, zusammen aus einem *gemeinsamen Bestandteil vor dem Punkt* und den *unterschiedlichen Bestandteilen nach dem Punkt*. Dabei kommt der gemeinsame Bestandteil `s1` aus der `Dim`-Zeile, während die differenzierten Bestandteile nach dem Punkt aus der `Type`-Vereinbarung stammen.

Typ	String	String	Integer	Single
Name	s1.fname	s1.vname	s1.alter	s1.abinote
Gemeinsamkeit	<------------ s1 ------------>			
Name	s2.fname	s2.vname	s2.alter	s2.abinote
Gemeinsamkeit	<------------ s2 ------------>			

Da wir aber jetzt die *Namen der Speicherplätze* kennen, befinden wir uns wieder auf bekanntem Terrain. Dann gehen wir wie gewohnt mit diesen Speicherplätzen um, füllen sie, arbeiten mit ihnen, lassen uns ihren Inhalt anzeigen. Sehen wir uns das in Bild 10.2 beispielhaft an (download: BSP10_01.XLS).

```
Option Explicit
Private Type studentenTyp
    fname As String
    vname As String
    alter As Integer
    abinote As Single
    End Type
Private Sub CommandButton1_Click()
'******* Vereinbarungsteil ****************************
Dim s1 As studentenTyp, s2 As studentenTyp
'******* Ausführungsteil ****************************
s1.fname = "Meier"
s1.vname = "Maik"
s1.alter = 25
s1.abinote = 2.7
s2.fname = s1.fname
s2.vname = "Katrin"
s2.alter = s1.alter - 3
s2.abinote = s1.abinote
MsgBox (s2.alter)
End Sub
```

Bild 10.2: Bekannter Umgang mit acht Speicherplätzen

Zur Information sei hier mitgeteilt, dass es erlaubt ist, für die vier Befehle

```
s1.fname = "Meier"
s1.vname = "Maik"
s1.alter = 25
s1.abinote = 2.7
```

eine *abkürzende Schreibweise* mit Hilfe der With-*Anweisung* zu verwenden:

```
With s1
.fname = "Meier"
.vname = "Maik"
.alter = 25
.abinote = 2.7
End With
```

Wir werden `With`-Anweisungen nicht weiter nutzen, da sie den Anfänger leicht ablenken können. Der Könner benutzt sie gern.

Kehren wir stattdessen zurück zur Tabelle auf der vorigen Seite und suchen nach einer Begriffs-Erklärung für die beiden „Gemeinsamkeiten" `s1` und `s2`.

Was ist `s1`? Ein *Name eines Speicherplatzes*? Nein. Ein *Feldname*, d. h. der Name für eine Menge gleichartiger, nummerierter Speicherplätze? Nein.

`s1` ist etwas Anderes, etwas *ganz Neues*. `s1` ist der Oberbegriff für eine *Zusammenstellung verschiedenartiger, logisch zusammenhängender Speicherplätze*. Dafür gibt es eine neue Vokabel:

> `s1` ist eine *Instanz von* `studentenTyp`.

Wiederholen wir unter Verwendung dieses neuen Begriffes, wie sich die *Namen* der so vereinbarten *Speicherplätze* zusammensetzen:

> *Vor dem Punkt* steht der *Name der Instanz, nach dem Punkt* steht der *Name einer Komponente* aus der individuellen `Type`-Vereinbarung.

DOWNLOAD *Öffnen Sie die Seite http://www.w-g-m.de/basic.htm, wählen Sie dort Dateien für Kapitel 10, geben Sie Ihr Ziel ein. Danach erfolgt das Herunterladen der Datei* KAP10.ZIP *in den von Ihnen angegebenen Ordner. Durch Doppelklick auf den Dateinamen wird diese Datei extrahiert, und Sie erhalten im darunter befindlichen Ordner* BEISPIELE *die Dateien* BSP10_01.XLS *usw. Mit* $\boxed{Alt}$ + $\boxed{F11}$ *kommen Sie zum Excel-VB-System und sehen mit* ANSICHT→CODE *den bereits eingetragenen Programmtext.*

Im obigen Beispiel (download: BSP10_01.XLS) werden zwei *Instanzen* `s1` *und* `s2` erzeugt und es wird wie üblich mit ihren Komponenten `s1.name` bis `s2.abinote` (das sind also klassische, einfache *Speicherplätze*) gearbeitet: Belegung, Verwendung, Ausgabe.

10.2   Instanzenfelder

10.2.1   Begriff und Vereinbarung

Bleiben wir bei dem Beispiel und gehen zuerst davon aus, dass *Name, Vorname, Alter* und *Abiturnote eines Studenten* als logische Einheit verwaltet werden sollen.

Offensichtlich ist diese Problemstellung sinnlos – was soll die Verarbeitung der Angaben eines einzelnen Individuums.

Sinnvoll dagegen ist die Aufgabe, für *tausend Studierende* diese Angaben zu erfassen und zu verwalten. Pro Studentin/Student vier Speicherplätze – das heißt doch, dass wir viertausend Speicherplätze für die Lösung dieser Aufgabe benötigen.

Wohlan – hier sind sie, so werden sie erzeugt:

```
Dim s(1000) As studentenTyp
```

Mit dieser *einen* `Dim`-Zeile wird das *Instanzenfeld* `s` vereinbart. Es besteht aus den 1000 einzelnen Instanzen `s(1)` bis `s(1000)`.

Jede dieser *Instanzen* s(1) bis s(1000) wiederum ist eine Zusammenfassung von je vier logisch zusammenhängenden *Speicherplätzen:* Die Instanz s(1) fasst z. B. die vier unterschiedlichen Speicherplätze s(1).fname, s(1).vname, s(1).alter und s(1).abinote zusammen.

Die Tabelle veranschaulicht die Situation. Der *Name des Instanzenfeldes* s gleicht dem *Namen der gesamten Tabelle.* Die *Zeilen* heißen s(1) bis s(1000), und die *einzelnen Zellen* in der Zeile – das sind schließlich die konkreten *Speicherplätze.*

Name des Instanzenfeldes	*Name der einzelnen Instanz*	*1.Speicherplatz der Instanz*	*2.Speicherplatz der Instanz*	*3.Speicherplatz der Instanz*	*4.Speicherplatz der Instanz*
^	s(1)	s(1).fname	s(1).vname	s(1).alter	s(1).abinote
	s(2)	s(2).fname	s(2).vname	s(2).alter	s(2).abinote
s					
	s(1000)	s(1000).fname	s(1000).vname	s(1000).alter	s(1000).abinote
v					

Bild 10.3 zeigt, wie mit den *ersten acht Speicherplätzen* (von viertausend) nun gearbeitet werden kann: Sie werden klassisch belegt, genutzt, ausgegeben. Wichtig ist nur, dass die korrekten Namen der Speicherplätze verwendet werden (download: BSP10_02.XLS).

```
Option Explicit
Private Type studentenTyp
    fname As String
    vname As String
    alter As Integer
    abinote As Single
    End Typ
Private Sub CommandButton1_Click()
'''''''** Vereinbarungsteil *****************************
Dim s(1000) As studentenTyp
'~~~~~** Ausführungsteil *****************************
s(1).fname = "Meier"
s(1).vname = "Maik"
s(1).alter = 25
s(1).abinote = 2.7
s(2).fname = s(1).fname
s(2).vname = "Katrin"
s(2).alter = s(1).alter - 3
s(2).abinote = s(1).abinote
MsgBox (s(2).alter)
End Sub
```

Bild 10.3: Arbeit mit den ersten beiden Instanzen des Feldes

10.2.2   Differenzierte Belegung von Instanzenfeldern

Der Nutzer wird nach der Studierenden-Nummer gefragt; wir wollen zuerst der Einfachheit halber annehmen, dass diese Nummer gleichbedeutend mit der Instanzen-Nummer sein soll. Anschließend werden die vier Angaben erfasst und in die entsprechenden Speicherplätze gebracht.

Der Basic-Text (download: BSP10_03.XLS) lässt zusätzlich erkennen, dass mit Hilfe einer *fußgesteuerten* Schleife die Möglichkeit geschaffen wurde, solange Eingaben vorzunehmen, bis der Nutzer auf die Frage nach der Wiederholung einen der beiden Buchstaben *n* oder *N* eintippt.

Denn nur, wenn im Speicherplatz wahl weder *n* noch *N* angekommen sind, wird wiederholt. *Weder...noch* heißt aber genau *dies nicht* und *das nicht*. Das sind diese einfachen logischen Überlegungen, die doch bisweilen so schwer fallen.

```
'******* Vereinbarungsteil ********************************
Dim s(1000) As studentenTyp
Dim index As Integer, wahl As String
'******* Ausführungsteil **********************************
Do
    index = Val(InputBox("Welcher Student? Nummer eingeben!"))
    s(index).fname = InputBox("Familiennname")
    s(index).vname = InputBox("Vorname")
    s(index).alter = Val(InputBox("Alter"))
    s(index).abinote=Val(InputBox("Abiturnote(m.Dezimalpunkt)"))
    wahl = InputBox("Noch eine Erfassung j/n?")
        Loop While (wahl <> "n") And (wahl <> "N")
```

10.2.3   Lückenlose Belegung bei bekannter Anzahl

Für den seltenen, aber trotzdem annehmbaren Fall, dass ein Nutzer *vorher* genau weiß, wie viele Angaben er erfassen und speichern lassen möchte, bietet sich das gleiche Vorgehen wie im Abschnitt 9.2.2 (Seite 112) an:

Zuerst wird vom Nutzer die Anzahl erfragt und in einen passenden Integer-Speicherplatz gebracht. Anschließend werden mit Hilfe einer Zählschleife genau so viele Eingaben verlangt, wie beabsichtigt (download: BSP10_04.XLS):

```
'******* Vereinbarungsteil ********************************
Dim s(1000) As studentenTyp
Dim anz As Integer, i As Integer
'******* Ausführungsteil **********************************
anz = Val(InputBox("Wieviele Daten werden Sie eingeben?"))
```

```
For i = 1 To anz
    s(i).fname = InputBox("Familiennname")
    s(i).vname = InputBox("Vorname")
    s(i).alter = Val(InputBox("Alter"))
    s(i).abinote = Val(InputBox("Abiturnote (m. Dezimalpunkt)")
    Next i
```

10.2.4   Lückenlose Belegung bei unbekannter Anzahl

Wenn wir dem Nutzer das aufwändige Abzählen ersparen wollen, sollten wir mit ihm nur vereinbaren, dass er einfach nach der letzten eingegebenen Abiturnote mittels eines bestimmten *Ende-Signals* (z. B. drei Sterne) anstelle des nächsten Familiennamens signalisiert, dass er fertig ist.

Wieder kommen wir zur programmtechnischen Umsetzung dieser Vorgehensweise an der *Fenstertechnik* (siehe Abschnitt 9.2.4 auf Seite 113) nicht vorbei: Der erste Familienname wird in das Fenster gelegt, ist er brauchbar, wird er verarbeitet, die restlichen Angaben der Instanz werden erfragt. Anschließend muss die nächste Eingabe zuerst wieder zur Prüfung in das Fenster gelegt werden und so weiter.

Das folgende Struktogramm beschreibt anschaulich die Logik des Vorgehens.

```
 _____
| n=0                       |
|_____|
|\ fenster                  |
|/_____|
|SOLANGE fenster ungleich ***|
|    _____ |
|   |    n=n+1             | |
|   |_____| |
|   |    s(n).fname =fenster| |
|   |_____| |
|   |\  s(n).vname         | |
|   |/_____| |
|   |\  s(n).alter         | |
|   |/_____| |
|   |\  s(n).abinote       | |
|   |/_____| |
|   |\  fenster            | |
|___|/_____| |
| n                       \ |
|_____/ |
```

Die Umsetzung dieses Struktogramms in Basic-Text kann im download unter
BSP10_05.XLS angesehen werden; es wird aber vor allem dem Anfänger sehr empfohlen,
sie zur Übung selbst vorzunehmen (Übung 10.2 auf Seite 359, Lösung auf Seite 396).

10.3 Datenbestände mit Instanzenfeldern speichern und verwalten

10.3.1 Begriff des Datenbestandes

Wir wollen ab jetzt von einem *Datenbestand* sprechen, wenn umfangreiche, aber gleichartig strukturierte Daten erfasst und verwaltet werden sollen. Dazu gehören die schon
mehrfach verwendeten Personaldaten ebenso wie die Daten der Kunden eines Handelhau-
ses oder einer Werkstatt, aber auch die Konten in einem Geldinstitut oder die Kraftfahr-
zeuge eines Fuhrparks.

Anschaulich gesprochen: Wir werden von einem *Datenbestand* sprechen, wenn sich die
Daten in *tabellarischer Form* darstellen lassen:

Personal-Nummer	Name	Vor-name	Geburts-datum	Straße	Nr.	PLZ	Ort

Sehen wir uns dazu noch einmal die Tabelle von Seite 135 an, so fällt die Gemeinsamkeit
förmlich ins Auge: Der Inhalt jeder *Zelle* der Tabelle passt genau zu einem bestimmten
Speicherplatz des Instanzenfeldes. Jede *Zeile* entspricht einer *Instanz*, die *ganze Tabelle*
dem *Instanzenfeld*.

Name des In-stan-zenfeldes	Name der ein-zelnen Instanz	1.Speicher-platz der Instanz	2.Speicher-platz der Instanz	3.Speicher-platz der Instanz	4.Speicher-platz der Instanz
∧	`s(1)`	`s(1).fname`	`s(1).vname`	`s(1).alter`	`s(1).abinote`
	`s(2)`	`s(2).fname`	`s(2).vname`	`s(2).alter`	`s(2).abinote`
|					
s					
|					
v	`s(1000)`	`s(1000).fname`	`s(1000).vname`	`s(1000).alter`	`s(1000).abinote`

Halten wir also fest: Alle derart tabellarisch gegebenen Daten können programmtechnisch
mit Hilfe von Instanzenfeldern gespeichert und verwaltet werden.

10.3.2 Erfassen und Sichern eines Datenbestandes

Bleiben wir bei unserem einfachen Studierenden-Beispiel; wir wollen unseren Datenbestand zum Lernen nicht übermäßig komplizieren.

Deshalb nehmen wir ab jetzt insbesondere noch einen Spezialfall an – die Abiturnote soll jetzt nur eine einfache ganze Zahl sein.

Zur *Erfassung des Datenbestandes* verwenden wir ausnahmsweise die Zählschleife; unser Nutzer kennt die *Anzahl seiner Daten* ganz genau. Damit kommen die Daten in die *Speicherplätze des Instanzenfeldes*; würde der Rechner nun ausgeschaltet, wären sie alle verloren.

Deshalb sollten wir unverzüglich nach der Erfassung die *Sicherung* in einer oder mehreren externen Dateien in Angriff nehmen. Am einfachsten ist die Verwendung von *vier (Text-) Dateien*: In die erste Textdatei kommen alle *Familiennamen*, in die zweite Datei alle *Vornamen*, in die dritte alle *Altersangaben*, und in die vierte alle *Abiturnoten*. Sehen wir uns den Basic-Text an (download: BSP10_06.XLS):

```
'******** Ausführungsteil ********************************
n = Val(InputBox("Wieviele Daten werden Sie eingeben?"))
For i = 1 To n
    s(i).fname = InputBox("Familiennname")
    s(i).vname = InputBox("Vorname")
    s(i).alter = Val(InputBox("Alter"))
    s(i).abinote = Val(InputBox("Abiturnote(m. Dezimalpunkt)"))
    Next i
'******** Sicherung der Familiennamen ***********************
Open "C:\basic\bsp10_fname.txt" For Output As #1
For i = 1 To n
    Print #1, s(i).fname
    Next i
Close #1
MsgBox ("Familiennamen sind ausgelagert,Datei geschlossen")
'******** Sicherung der Vornamen ***************************
Open "C:\basic\bsp10_vname.txt" For Output As #1
For i = 1 To n
    Print #1, s(i).vname
    Next i
Close #1
MsgBox ("Vornamen sind ausgelagert, die Datei geschlossen")
```

```
'******** Sicherung der Altersangaben ************************
Open "C:\basic\bsp10_alter.txt" For Output As #1
For i = 1 To n
    Print #1, Str(s(i).alter)
    Next i
Close #1
MsgBox ("Altersangaben sind ausgelagert, Datei geschlossen")
'******** Sicherung der Abiturnoten ************************
Open "C:\basic\bsp10_abinote.txt" For Output As #1
For i = 1 To n
    Print #1, Str(s(i).abinote)
    Next i
Close #1
```

Zugegeben – diese Vorgehensweise ist ziemlich schreibaufwändig. Nacheinander wird jede der vier Zieldateien zum Schreiben (For Output) geöffnet, bekommt den *internen Namen* #1, wird mit dem entsprechenden Teil des Datenbestandes belegt und geschlossen. Dann kann der interne Name wieder für die nächste Datei vergeben werden usw.

Es geht auch kürzer: Wir dürfen durchaus gleichzeitig mehrere Dateien zum Schreiben öffnen – allerdings benötigen wir dann *vier verschiedene interne Namen*.

Dann können die Befehle zum Schreiben in die vier Dateien in *einer einzigen Zählschleife* zusammengefasst werden (download: BSP10_07.XLS):

```
Open "C:\basic\bsp10_fname.txt" For Output As #1
Open "C:\basic\bsp10_vname.txt" For Output As #2
Open "C:\basic\bsp10_alter.txt" For Output As #3
Open "C:\basic\bsp10_abinote.txt" For Output As #4
For i = 1 To n
    Print #1, s(i).fname
    Print #2, s(i).vname
    Print #3, Str(s(i).alter)
    Print #4, Str(s(i).abinote)
    Next i
Close #1
Close #2
Close #3
Close #4
MsgBox ("Alle Daten sind ausgelagert, die Dateien geschlossen")
```

In beiden Fällen entstehen dann im Ordner C:\BASIC die vier Dateien BSP10_FNAME.TXT, BSP10_VNAME.TXT, BSP10_ALTER.TXT und BSP10_ABINOTE.TXT. Jede Datei enthält gleichsam eine Spalte des Datenbestandes. Die Dateinamen müssen wir uns merken, wenn wir uns im folgenden Abschnitt damit beschäftigen werden, wie der Datenbestand aus den externen Dateien zurück in die Speicherplätze des Instanzenfeldes geholt werden kann.

Selbstverständlich – wir könnten den gesamten Datenbestand auch in eine einzige Datei auslagern. Dazu brauchen wir nur die Inhalte der Speicherplätze einer Instanz miteinander zu verketten; als Trennzeichen sollten wir ein selten verwendetes Sonderzeichen nutzen.

Der folgende Basic-Text (download: BSP10_08.XLS) zeigt das Vorgehen:

```
Open "C:\basic\bsp10_alles.txt" For Output As #1
For i = 1 To n
    zeile = ""
    zeile = zeile + s(i).fname + "&"
    zeile = zeile + s(i).vname + "&"
    zeile = zeile + Str(s(i).alter) + "&"
    zeile = zeile + Str(s(i).abinote)
    Print #1, zeile
    Next i
Close #1
MsgBox ("Alle Daten sind ausgelagert, die Datei geschlossen")
```

Als Sonderzeichen, mit dessen Hilfe später die Daten wieder getrennt werden müssen, wird hier das Zeichen & (auf der Tastatur über der 6) verwendet.

In Bild 10.4 können wir uns überzeugen, dass tatsächlich der gesamte Datenbestand nun in der Text-Datei BSP10_ALLES.TXT gespeichert ist.

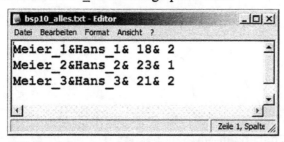

Bild 10.4: Pro Instanz eine Zeile, Trennzeichen &

Für diese Bequemlichkeit, dass wir uns anstelle von vier Dateinamen nur noch einen merken müssen, zahlen wir allerdings einen recht hohen Preis. Denn dann müssten wir jede Zeile nach dem Laden wieder geeignet *zerlegen*, um die *einzelnen Speicherplätze* des Instanzenfeldes zu füllen. Das bedeutet recht anstrengende String-Arbeit.

Deshalb die Empfehlung: Lieber etwas mehr schreiben, als sich selbst durch vorschnelles Streben nach übermäßiger Perfektion selbst das Leben schwer machen. Bleiben wir also lieber bei den vier Dateien.

10.3.3   Lesen eines Datenbestandes aus externen Dateien

Erinnern wir uns an den Abschnitt 9.4.4 auf Seite 126: Wenn wir eine Datei *zum Lesen öffnen*, dann steht der Dateizeiger vor der ersten Karte; nach jedem Lesevorgang wandert er eine Position nach hinten. Das Auslesen aus der Datei ist also dann beendet, wenn der Dateizeiger vor der Schlusskarte EOF angekommen ist.

Unter Verwendung der *kopfgesteuerten Schleife* lässt sich deshalb mit Hilfe der *Ende-Testfunktion* EOF der Lesevorgang aus den vier Dateien recht einfach organisieren (download: BSP10_09.XLS):

```
'******* Vereinbarungsteil ********************************
Dim s(1000) As studentenTyp
Dim n As Integer, transit As String
'******* Ausführungsteil **********************************
Open "C:\basic\bsp10_fname.txt" For Input As #1
Open "C:\basic\bsp10_vname.txt" For Input As #2
Open "C:\basic\bsp10_alter.txt" For Input As #3
Open "C:\basic\bsp10_abinote.txt" For Input As #4
n = 0
Do While EOF(1) = False
    n = n + 1
    Line Input #1, s(n).fname
    Line Input #2, s(n).vname
    Line Input #3, transit
        s(n).alter = Val(transit)
    Line Input #4, transit
        s(n).abinote = Val(transit)
    Loop
Close #1
Close #2
Close #3
Close #4
MsgBox (Str(n) + " Instanzen wurden belegt")
```

Da wir *alle vier Dateien* gleichzeitig *zum Lesen öffnen*, müssen wir vier verschiedene interne Namen #1 bis #4 vergeben.

Da die Komponenten alter und abinote von einem *Zahlen-Typ* sind, können die entsprechenden Speicherplätze der Instanzen nicht sofort beim Auslesen aus den beiden Textdateien ALTER.TXT und ABINOTE.TXT belegt werden; es würde dann wieder die Fehlermeldung *Typen unverträglich* kommen.

Deshalb also die Zwischenspeicherung in dem `String`-Speicherplatz `transit`, auf dessen Inhalt die Konvertierungsfunktion `Val` angewendet wird.

10.3.4 Ändern im Datenbestand

Mit dem *Grobstruktogramm* nähern wir uns der Programm-Logik: Angenommen, ein Studierender, dessen Daten sich im Datenbestand befinden, hat den Namen gewechselt. Oder seine Abiturnote muss korrigiert werden. Wie müssen wir vorgehen?

```
 _____
| Laden aus externen Dateien |
| in das Instanzenfeld       |
|_____|
| Finden/Anzeigen der Instanz|
|_____|
| Leistungsangebot: Was soll |
| geändert werden?         \ |
|_____/ |
|\ Erfassung der Entscheidung|
|/_____|
|\ Erfassung der Änderung    |
|/_____|
| Änderung in Instanzenfeld  |
| übernehmen                 |
|_____|
| Sichern in externen Dateien|
|_____|
```

Gehen wir schrittweise vor. Das Laden aus den externen Dateien wurde bereits im Abschnitt 10.3.3 auf Seite 142 ausführlich dargelegt.

Sehen wir uns gleich den nächsten Abschnitt des Grob-Struktogramms an: Hier müssen wir schon ins Nachdenken kommen. Denn weder mit Name oder Vorname, noch viel weniger mit Alter oder Abiturnote kann eine Instanz eindeutig gefunden werden. Tun wir jetzt das, was wir schon längst hätten tun sollen: Ergänzen wir unseren selbst geschaffenen Datentyp durch das, was ohnehin jeder Studierende besitzt – durch die *Matrikelnummer*:

```
Private Type studentenTyp
    fname As String
    vname As String
    alter As Integer
    abinote As Integer
    matr_nummer As String
    End Type
```

Die Matrikelnummer muss dabei natürlich als `String` gespeichert werden, schließlich wollen wir mit ihr nicht *rechnen*. Außerdem ist sie in der Regel achtstellig, da wäre sie für einen `Integer`-Speicherplatz ohnehin viel zu groß (s. Abschnitt 4.2.2 auf Seite 61).

Nach erfolgter Erfassung der Matrikelnummer kann durch *systematisches Absuchen der Speicherplätze* `s(1).matr_nummer`, `s(2).matr_nummer` usw. der *Index der zutreffenden Instanz* festgestellt werden; dafür wird ein `Integer`-Speicherplatz mit dem Namen pos benutzt. Anschließend werden zur Kontrolle Name und Vorname des gefundenen Studierenden angezeigt – oder es wird eben mitgeteilt, dass keine Instanz mit der eingegebenen Matrikelnummer existiert.

```
mnr = InputBox("Matrikel-Nummer eingeben:")
pos = -1
For i = 1 To n
    If s(i).matr_nummer = mnr Then pos = i
    Next i

'************** Anzeigen der Instanz *******--**************
If pos <> -1 Then
    MsgBox ("Name: "+s(pos).fname+"Vorname: "+s(pos).vname)
            Else
    MsgBox ("nicht gefunden")
            End If
```

Nun kann in einer *fußgesteuerten Schleife* als Erstes das *Leistungsangebot (Menü)* programmiert werden.

Entsprechend der ausgewählten Leistung erfolgt dann mittels `InputBoxen` die gezielte *Neubelegung* des passenden Speicherplatzes im Instanzenfeld.

```
Do
    wahl = Val(InputBox("Was soll geändert werden? "+Chr(13) +
            "1:Name"+Chr(13)+"2:Abinote"+Chr(13)+"0:Ende"))
    If wahl = 1 Then s(pos).fname = InputBox("Neuer Name:")
    If wahl = 2 Then s(pos).abinote= Val(InputBox("korrigierte
                                        Abiturnote:"))
    Loop While wahl > 0
```

Wenn der Nutzer sich entscheidet, dass er keine weiteren Änderungen vornehmen möchte, erfolgt zum Schluss das *Öffnen der Dateien zum Lesen*, und der korrigierte Datenbestand wird gesichert (siehe Abschnitt 10.3.2 auf Seite 139).

In der Beispiel-Datei (download: BSP10_10.XLS) ist der komplette Basic-Text des gesamten Programms angegeben. Zum Test des Programms wird zusätzlich zu den aus früheren Abschnitten schon vorhandenen vier Dateien BSP10_FNAME.TXT, BSP10_VNAME.TXT, BSP10_ALTER.TXT und BSP10_ABINOTE.TXT noch eine nichtleere Datei BSP10_MATRNR.TXT benötigt.

Um diese fünfte Datei für Testzwecke zu erzeugen, kann eines der beiden ersten Programme aus Abschnitt 10.3.2 entsprechend erweitert werden. Es geht aber viel einfacher: Mit dem einfachen *Editor* (manchmal auch *NotePad* genannt) wird Datei BSP10_MATR-NR.TXT mit einigen Matrikelnummern angelegt (Bild 10.5).

Bild 10.5: Erzeugen der Textdatei mit Matrikelnummern mit dem Editor

10.3.5 Streichen im Datenbestand

Eine bestimmte Instanz soll gestrichen werden. Wie macht man das?

Erst einmal muss begriffliche Klarheit geschaffen werden, dazu sollten wir ein anschauliches Modell verwenden: Angenommen, in einer Straße stehen zwanzig Häuser, alle bewohnt. Vergleichbar mit zwanzig Instanzen. Die Bewohner von Haus 5 ziehen aus, ihr Haus steht jetzt leer.

Was ist zu tun, damit die verbleibenden 19 Familien nun wieder eine lückenlose Belegung bilden? Haus 5 kann man nicht abreißen (ebenso wie man *Speicherplätze nicht vernichten kann*). Also muss der Bewohner aus Haus 6 in Haus 5 ziehen, dann der aus Haus 7 in Haus 6 und so weiter. Zum Schluss zieht der Bewohner von Haus 20 in Haus 19 – dann ist die Aussage richtig, dass nun 19 lückenlos bewohnte Häuser sich in der Straße befinden. So könnten wir es auch machen; das Struktogramm veranschaulicht die Vorgehensweise:

```
 _____
| Laden aus externen Dateien |
|_____|
|\ raus_pos                  |
|/_____|
| Für i von raus_pos bis n-1 |
|     _____|
|    |Instanz(i)=Instanz(i+1)|
|____|_____|
| n = n-1                    |
|_____|
| Sichern in ext. Dateien    |
|_____|
```

Die Umsetzung dieses Grobstruktogramms müssen wir aber in den Abschnitt 10.4.6 auf Seite 153 verschieben, denn bis jetzt wissen wir ja noch nicht, wie der Inhalt der Zählschleife programmtechnisch umzusetzen ist. Wie *weist man Instanzen einander zu*? Geht das überhaupt? Wenn ja, wie?

Betrachten wir eine andere, viel einfachere Vorgehensweise: Nachdem der Datenbestand in das Instanzenfeld geladen wurde, suchen wir mit Hilfe der Matrikelnummer den Index der zum Streichen ausgewählten Instanz und speichern ihn in einem `Integer`-Speicherplatz ab, der wieder den Namen `raus_pos` tragen soll:

```
'************* Suche nach der Instanz *********************
mnr = InputBox("Matrikel-Nummer eingeben:")
raus_pos = -1
For i = 1 To n
    If s(i).matr_nummer = mnr Then raus_pos = i
    Next i
```

Nach einer möglichen Kontrollausgabe (download: BSP10_11.XLS) setzen wir dann in der Instanz eine *Löschmarkierung*, zum Beispiel durch Voransetzen des Zeichens # an den Familiennamen:

```
'************* Versehen mit Löschmarkierung*****************
s(raus_pos).fname = "#" + s(raus_pos).fname
```

Was dann? Dann braucht beim Sichern in den externen Dateien nur noch geprüft zu werden, ob die gerade zum Schreiben anliegende Instanz die Löschmarkierung besitzt:

```
'******** Schreiben in die Dateien ************************
For i = 1 To n
    If Left(s(i).fname, 1) <> "#" Then
        Print #1, s(i).fname
        Print #2, s(i).vname
        Print #3, Str(s(i).alter)
        Print #4, Str(s(i).abinote)
        Print #5, s(i).matr_nummer
        End If
    Next i
```

So einfach ist das. Die gekennzeichnete Instanz wird beim Schreiben einfach ignoriert, der nun gesicherte Datenbestand enthält sie nicht mehr. Erneutes Laden bringt dann den verkleinerten Datenbestand, die Anzahl der Instanzen ist um 1 verringert.

Übrigens hat die *Methode der Löschmarkierung* neben ihrer Einfachheit noch einen weiteren Vorteil: Wir könnten nämlich auch *zweimal* in *je fünf Dateien* schreiben:

Das erste Mal werden nur, wie oben, die *nicht markierten Instanzen* geschrieben. Damit entstehen die Dateien mit dem *aktuellen Datenbestand*. Das zweite Mal werden *alle*, auch die markierten Instanzen, in *fünf andere Dateien* geschrieben. Das sind dann die so genannten *Sicherungskopien (*oft mit der Endung `.BAK` versehen*)*; mit ihrer Hilfe könnten später beispielsweise *Löschvorgänge rückgängig* gemacht werden.

Es ist ein weites, aber hochinteressantes Feld, dieser Umgang mit Datenbeständen. Schade, dass wir dafür hier nur geringen Raum haben.

10.3.6 Anfügen zum Datenbestand

Neunzehn Häuser der Straße sind lückenlos bewohnt, nun will eine zwanzigste Familie einziehen. Völlig klar – die letzte Hausnummer eines bewohnte Hauses (hier also die 19) wird um 1 erhöht; damit ist die Nummer des ersten leer stehenden Hauses gefunden, in das die Familie dann einziehen kann.

Genau so arbeitet unser Programm (download: BSP10_12.XLS), von dem wir uns nur die wesentlichen Teile ansehen wollen:

```
'******** Öffnen der Dateien zum Lesen **********************
.................

'******** Laden in das Instanzenfeld **********************
.................

'******** Schließen der Dateien **********************
.................

'******** Erfassung der neuen Instanz **********************
n = n + 1
s(n).fname = InputBox("Familiennname")
s(n).vname = InputBox("Vorname")
s(n).alter = Val(InputBox("Alter"))
s(n).abinote = Val(InputBox("Abiturnote"))
s(n).matr_nummer = InputBox("Matrikel-Nummer")

'******** Öffnen der Dateien zum Schreiben *****************
.................

'******** Schreiben in die Dateien **********************
.................

'******** Schließen der Dateien **********************
.................
```

Das Modell mit der *Straße* und den bewohnten und unbewohnten *Häusern* lässt sich übrigens sehr gut verwenden, um sich klar zu machen, welcher gewaltige *Aufwand* getrieben werden müsste, wenn die Neuankömmlinge aus irgendwelchen Gründen unbedingt in die *Mitte* hinein, in das (natürlich bewohnte) Haus Nummer 5 ziehen wollten oder sollten:

Zuerst müssten die Bewohner von 19 nach 20 ziehen, dann die von 18 nach 19, dann die von 17 nach 18 und so weiter, schließlich die Bewohner von 5 nach 6 – dann endlich könnten die Neuankömmlinge ihr Wunschhaus 5 beziehen.

Es hat schon seinen Grund, wenn beim *Erweitern eines Datenbestandes* im Normalfall am Ende angefügt wird. Der Aufwand ist um ein Vielfaches geringer.

10.4   Analysen über Datenbeständen

Navigator: Was bisher zu lesen war, was nun folgt:

 Ein *Instanzenfeld*, das ist eine *Menge nummerierter Instanzen*, also eine Menge von Zusammenfassungen gleichartig strukturierter Daten. Derartige Datenbestände lassen sich sehr gut in *Tabellenform* darstellen, also ist die Tabelle auch die beste Veranschaulichung für ein Instanzenfeld.

Jede Zeile entspricht einer Instanz; jede Zelle in der Tabelle einem einzelnen Speicherplatz.

Der *Name jedes Speicherplatzes* setzt sich zusammen aus dem *Instanzennamen* vor dem Punkt und dem *Komponentennamen* aus der Typvereinbarung nach dem Punkt.

In Verbindung mit Sicherungsmethoden in externen Dateien bilden Instanzenfelder die *passenden Datenstrukturen zur Speicherung und zum effektiven Umgang mit Datenbeständen*. Wir lernten bisher die Erfassung eines Datenbestandes in ein Instanzenfeld kennen, dann seine Sicherung in externen Dateien, anschließend das Laden aus den Dateien, schließlich beschäftigten wir uns mit Methoden zur Änderung, zum Löschen und zum Erweitern eines Datenbestandes.

Nun werden wir uns mit grundlegenden *Analyse-Aufgaben* beschäftigen. Die verwendeten programmtechnischen Mittel sind dabei überhaupt nicht neu, sie wurden schon ausführlich in den Abschnitten 9.3.1 bis 9.3.7 vorgestellt.

Wir werden in den folgenden Abschnitten einen sehr bekannten Datenbestand verwenden – es handelt sich um die grundlegenden Angaben zu unseren 16 Bundesländern. Dieser Datenbestand lässt sich natürlich in Tabellenform darstellen, ist also für ein *Instanzenfeld* wie geschaffen.

laender.txt	metropolen.txt	Kfz.txt	flaechen.txt	bewohner.txt
Baden-Württemberg	Stuttgart	S	35752	10601000
Bayern	München	M	70550	12330000
Berlin	Berlin	B	892	3388000
Brandenburg	Potsdam	P	29476	2593000
Bremen	Bremen	HB	404	660000
Hamburg	Hamburg	HH	755	1726000
Hessen	Wiesbaden	WI	21114	6078000
Mecklenburg-Vorpommern	Schwerin	SN	23173	1760000
Niedersachsen	Hannover	H	47616	7956000
Nordrhein-Westfalen	Düsseldorf	D	34082	18052000
Rheinland-Pfalz	Mainz	MZ	19847	4049000
Saarland	Saarbrücken	SB	2568	1066000
Sachsen	Dresden	DD	18413	4384000
Sachsen-Anhalt	Magdeburg	MD	20447	2581000
Schleswig-Holstein	Kiel	KI	15761	2804000
Thüringen	Erfurt	EF	16172	2411000

Für jede Spalte ist eine Textdatei anzulegen, dafür werden diese fünf Namen vorgeschlagen.

DOWNLOAD *Öffnen Sie die Seite http://www.w-g-m.de/basic.htm, wählen Sie dort Dateien für Kapitel 10, geben Sie Ihr Ziel ein. Danach erfolgt das Herunterladen der Datei KAP10.ZIP in den von Ihnen angegebenen Ordner. Durch Doppelklick auf den Dateinamen wird diese Datei extrahiert, und Sie erhalten im darunter befindlichen Ordner BEISPIELE die fünf Text-Dateien LAENDER.TXT bis BEWOHNER.TXT. Kopieren Sie diese Dateien in den Ordner, auf den Ihre Basic-Programme später zugreifen sollen (Vorschlag: C:\BASIC – das wird in den download-Beispielen benutzt).*

Wer die fünf Dateien selbst herstellen will, kann einen gewöhnlichen Editor (Notepad) verwenden.

Zum Umgang mit dem Datenbestand benötigen wir zuerst die Vereinbarung eines passenden *eigenen Datentyps*:

```
Private Type laenderTyp
    landname As String
    hauptstadt As String
    kfz As String
    flaeche As Long
    bewohner As Long
End Type
```

Da sowohl die *Flächenangaben* (Quadratkilometer) als auch die *Bewohnerzahl* weit über das mögliche Integer-Maximum von 32767 hinausgehen, muss für diese Komponente folglich Long gewählt werden.

Im folgenden Programm (download: BSP10_13,XLS) wird zuerst das *Laden des Datenbestandes aus den fünf Dateien* und die gleichzeitige *Belegung des Instanzenfeldes* land umgesetzt.

Zu beachten ist wieder, dass die *Flächenangaben* und die *Bevölkerungszahlen* in den beiden Dateien flaechen.txt und bewohner.txt dort als *Zeichenfolgen* (Texte) gespeichert sind – wenn auch diese Zeichenfolgen *aussehen wie Zahlen*. Ein Versuch des sofortigen Transports aus den txt-Dateien in die Long-Speicherplätze land(1).flaeche usw. würde sofort wieder zu der bekannten Fehlermeldung *Typen unverträglich* (vgl. Bild 9.7 auf Seite 128) führen. Deswegen wieder der Einschub eines String-Speicherplatzes transit.

```
'******** Vereinbarungsteil *********************************
Dim land(16) As laenderTyp, transit As String, n As Integer
Dim i As Integer, ist_da As Boolean
'******** Ausführungsteil **********************************
'******** Öffnen der Dateien zum Lesen *********************
Open "C:\basic\laender.txt" For Input As #1
Open "C:\basic\metropolen.txt" For Input As #2
Open "C:\basic\kfz.txt" For Input As #3
Open "C:\basic\flaechen.txt" For Input As #4
Open "C:\basic\bewohner.txt" For Input As #5
```

```
'******** Laden in das Instanzenfeld ************************
n = 0
Do While EOF(1) = False
    n = n + 1
    Line Input #1, land(n).landname
    Line Input #2, land(n).hauptstadt
    Line Input #3, land(n).kfz
    Line Input #4, transit
        land(n).flaeche = Val(transit)
    Line Input #5, transit
        land(n).bewohner = Val(transit)
    Loop
MsgBox (Str(n) + " Instanzen wurden geladen")
'******** Schließen der Dateien ****************************
.........................
```

10.4.1   Suchen und Finden

Gibt es ein Bundesland, dessen Landeshauptstadt ein Autokennzeichen mit drei Buchstaben besitzt? Nun – wir wissen es, das gibt es nicht. Doch lassen wir uns das bestätigen mit dem folgenden Auskunftsprogramm (download: BSP10_14.XLS):

```
'******** Öffnen der Dateien zum Lesen *********************
....................
'******** Laden in das Instanzenfeld ************************
....................
'******** Schließen der Dateien ****************************
....................
'******** Unschuldsvermutung *******************************
ist_da = False

'******** Überprüfung und ggf. Korrektur ********************
For i = 1 To n
    If Len(land(i).kfz) = 3 Then ist_da = True
    Next i

'******** Auswertung ***************************************
If ist_da = True Then
    MsgBox ("Es gibt ein Land mit dieser Eigenschaft")
            Else
    MsgBox ("Es gibt kein Land mit dieser Eigenschaft")
            End If
```

Ausgangspunkt ist eine Unschuldsvermutung, der logische Speicherplatz `ist_da` wird auf `False` gesetzt. Anschließend werden nacheinander die `String`-Speicherplätze `land(1).kfz` bis `land(16).kfz` untersucht, ob sich in ihnen eine Zeichenfolge der Länge 3 befindet.

Denken wir an unsere Tabelle als dem anschaulichen Modell für den strukturierten Datenbestand, dann bemerken wir, dass diese Untersuchung gleichbedeutend damit ist, dass wir die Einträge in der dritten Spalte der Tabelle der Reihe nach von oben nach unten untersuchen.

Erweitern wir nun unsere Such-Finde-Aufgabenstellung: Gibt es ein Bundesland, dessen Hauptstadt das Autokennzeichen „EF" hat? Wenn ja, wie heißt das Land?

Hier geht es also nicht nur um eine ja-nein-Antwort; vielmehr muss der Index der zutreffenden Instanz gefunden werden (in der Tabelle: die Zeilennummer). Der Basic-Text zeigt das Wesentliche des Vorgehens (download: BSP10_15.XLS). Mit einer *Zählschleife* wird die mögliche Position (der Index) gesucht; mit Hilfe dieser Position kann dann sofort der zugehörige Ländername angegeben werden.

```
  ...................
  '******** Position initialisieren ***************************
  pos = -1
  '******** Durchsuchen ***************************************
  For i = 1 To n
      If land(i).kfz = "EF" Then pos = i
      Next i
  '******** Auswertung ****************************************
  If pos <> -1 = True Then
      MsgBox ("Das Land heißt: " + land(pos).landname)
                      Else
      MsgBox ("Es gibt kein Land mit dieser Eigenschaft")
                      End If
```

10.4.2 Abzählen

Wie viele Bundesländer haben weniger als eine Million Einwohner? Eine Grundaufgabe (download: BSP10_16.XLS): Der *Zählwerksspeicherplatz* anz wird anfangs auf Null gesetzt, anschließend werden in einer *Zählschleife* die interessanten Speicherplätze `land(1).bewohner` bis `land(16).bewohner` untersucht:

```
  '******** Zählwerk initialisieren **************************
  anz = 0
  '******** Überprüfung und ggf. Korrektur *******************
  For i = 1 To n
      If land(i).bewohner < 1000000 Then anz = anz + 1
      Next i
  '******** Auswertung ***************************************
  MsgBox (Str(anz) + " Länder haben < 1 Mio. Einwohner")
```

10.4.3   Extremwertsuche

Wie viel Einwohner hat das bevölkerungsreichste Bundesland? Die Lösung dieser Programmieraufgabe wollen wir erst gar nicht in Angriff nehmen, denn wer würde da nicht
sofort die Frage hinterherschicken, wie denn dieses bevölkerungsreichste Land auch
heißt? Welche Hauptstadt es hat?

Um diese Fragen beantworten zu können, müssen wir die *Extremwertsuche mit Positionsangabe* programmtechnisch realisieren.

10.4.4   Extremwertsuche mit Positionsangabe

Wie viel Einwohner hat das bevölkerungsreichste Bundesland? Wie heißt es, wie heißt
seine Hauptstadt?

Also müssen wir zusätzlich zum *Maximum* auch noch die *Maximumposition* ermitteln
(download: BSP10_17.XLS). Wie in Abschnitt 9.3.5 auf Seite 120 verwenden wir dafür
zwei *Kandidaten-Speicherplätze* max und maxpos:

max wird initialisiert mit land(1).bewohner, maxpos wird initialisiert mit 1:

```
'******** Kandidaten initialisieren ***********************
max = land(1).bewohner
maxpos = 1
'******** Durchsuchen und ggf. aktualisieren ****************
For i = 2 To n
    If land(i).bewohner > max Then
        max = land(i).bewohner
        maxpos = i
        End If
    Next i
'******** Auswertung ****************************************
MsgBox ("Das Land "+land(maxpos).landname+" siegt mit " +
                            Str(land(maxpos).bewohner))
```

10.4.5   Summationsaufgaben

Wie groß ist die *durchschnittliche Fläche* eines deutschen Bundeslandes?

Also – Summe der Flächen aller Bundesländer ermitteln und durch 16 teilen. Ist das
schwer? Nein (download: BSP10_18.XLS). Das Programm spricht für sich:

```
'******** Summe initialisieren ****************************
sum = 0
'******** Aufsummieren ************************************
For i = 1 To n
    sum = sum + land(i).flaeche
    Next i
```

```
'******** Auswertung ****************************************
schnitt = sum / 16
MsgBox ("Unsere Bundesländer sind im Schnitt "+Str(schnitt)+
                                               " qkm groß")
```

Bild 10.6 bestätigt die Vermutung: Die *durchschnittliche Landesgröße* beträgt weniger als ein Drittel der Fläche Bayerns. Haben wir zu viele Mini-Länder?

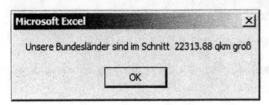

Bild 10.6: Durchschnittliche Landesgröße in Deutschland

10.4.6   Kopieren von Instanzenfeldern

Erinnern wir uns nun an den anfangs oft benutzten, selbst definierten Datentyp `studentenTyp`

```
Private Type studentenTyp
     fname As String
     vname As String
     alter As Integer
     abinote As Single
     matr_nummer As String
     End Type
```

Nehmen wir an, dass im Vereinbarungsteil eines Programms folgendes aufgeschrieben ist:

```
'******** Vereinbarungsteil ********************************
Dim s(1000) As studentenTyp, t(1000) as studentenTyp
```

Damit sind – machen wir uns das immer wieder klar – *zwei Instanzenfelder, zweimal Tausend Instanzen* und *zweimal fünftausend Speicherplätze* vereinbart, sie existieren also, sind aber leer. Zu vergleichen ist das mit *zwei Tabellen* mit je *1000 Zeilen* und je *fünf Spalten*.

Das erste Instanzenfeld soll nun bereits vom ersten Index an lückenlos belegt worden sein. Ein Speicherplatz n enthalte die Anzahl der belegten Instanzen.

Die Aufgabe: Das zweite Instanzenfeld soll nun genauso belegt werden wie das erste, es soll eine *Kopie* angefertigt werden. Falls wir nach Änderungen im ersten Instanzenfeld den Urzustand doch noch einmal benötigen – derartige Aufgaben kommen nicht selten vor.

Können, dürfen wir dafür einfach schreiben

```
'******** Versuch der Kopie ********************************
t = s
```

Schön wäre es. Aber es geht nicht. Ist nicht erlaubt. Bild 10.7 zeigt die Fehlermeldung.

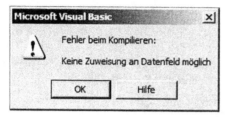

Bild 10.7: Instanzenfelder dürfen nicht Quelle und Ziel sein

Das geht also nicht. Nun gut, versuchen wir, ob sich wenigstens die einzelnen Instanzen zuweisen lassen:

```
'******** 2. Versuch der Kopie ******************************
For i = 1 To n
   t(i) = s(i)
   Next i
```

Das funktioniert. Es gibt *keine Fehlermeldung* – eine *einzelne Instanz* darf also in Basic *sowohl Quelle als auch Ziel* sein.

Nun können wir auch die aufwändige erste Löschmethode aus dem Abschnitt 10.3.5 von Seite 145 umsetzen. Sie bestand im Kern darin, dass die Instanz, die gelöscht werden soll, durch ihre Nachfolge-Instanz überschrieben wird, diese dann wiederum durch ihre Nachfolge-Instanz und so weiter. Umzusetzen ist also dieses Struktogrammstück:

```
| Für i von raus_pos bis n-1 |
|     _____     |
|    |Instanz(i)=Instanz(i+1)|
|____|_____|
```

Im Basic-Programmtext (download: BSP10_19.XLS) dürfen wir das also ganz elegant und einfach umsetzen:

```
'************** Löschen durch Überspeichern ****************
For i = raus_pos To n - 1
   s(i) = s(i + 1)
   Next i
```

Navigator: Was bisher zu lesen war, was nun folgt:

Wir haben mit Erfolg einen ersten Abschluß erreicht: Von den *einfachen Speicherplätzen* über die *Felder* haben wir uns bis zu den *Instanzenfeldern* vorgearbeitet. Wir wissen nun prinzipiell, wie wir große Datenbestände erfassen, sichern, laden, verändern und auswerten können.

Was sollte uns noch schrecken, nun *Projekte zur Massen-Datenverarbeitung* in Angriff zu nehmen? Ganz einfach: Das wird die gewaltige *Größe der dazu notwendigen Programme* sein.

11 Modulare Programmierung

Navigator: Was bisher zu lesen war, was nun folgt:

 Am Ende des vorigen Kapitels wurde es schon festgestellt: Von der speicher-technischen Seite her könnten wir uns jetzt problemlos der Entwicklung größerer Projekte zuwenden, mit denen auch *umfangreiche Datenbestände* erfaßt, gesichert, gepflegt und ausgewertet werden.

Das wäre der Einstieg in die *Datenverarbeitung.*

Doch welch ungeheurer *programmtechnischer Aufwand* wartet dann auf uns: Was für riesig große Programme hätten wir zu schreiben. Schon die überschaubaren Beispiele im vergangenen Kapitel, die sich ja immer nur mit einem ganz kleinen, bescheidenen Detail des *Umgangs mit Datenbeständen* beschäftigten, führten uns zu Basic-Texten, die sich über mehrere Seiten erstreckten. Was soll das erst werden, wenn ein *komplexes Projekt* umzusetzen ist? Kann das überhaupt ein einzelner Programmierer bewältigen? Sicher nicht. Niemals.

Ebenso, wie kein einzelner Konstrukteur ein heutiges Auto komplett konzipieren kann.

Oder wie kein einzelner Bauingenieur eine große Brücke statisch auslegen kann. Oder wie kein einzelner Architekt in der Lage sein wird, ein größeres Gebäude zu planen.

Überall gibt es *Arbeitsteilung.*

Also – es geht nun um die Frage der *Arbeitsteilung beim Programmieren.* Wie kann sie erfolgen, welche programmtechnischen Hilfsmittel stellt uns Basic dafür bereit?

Die Antwort darauf wird mit dem Begriff *modulare Programmierung* gegeben. Modulare Programmierung – das heißt Zusammensetzung eines großen Programms aus Bausteinen, aus Modulen, die entweder speziell für dieses Programm angefertigt wurden oder einer *Bausteinsammlung* entnommen wurden.

11.1 Das Demonstrationsbeispiel

Ein *gemeiner Bruch*, in dessen Zähler und Nenner jeweils eine ganze Zahl steht, ändert seinen Wert nicht, wenn Zähler und Nenner jeweils durch dieselbe Zahl geteilt werden.

```
 24      24/2        12
----- = --------- = ----
 16      16/2         8
```

Bei diesem Beispiel gibt es *vier Zahlen*, durch die Zähler und Nenner gleichzeitig (also *gemeinsam*) geteilt werden können: 1, 2, 4 und 8. Diese Zahlen heißen *gemeinsame Teiler* von 24 und 16.

Die letztgenannte Zahl 8 ist dabei der *größte gemeinsame Teiler* von 24 und 16.

Werden in einem gemeinen Bruch sowohl Zähler als auch Nenner durch den *größten gemeinsamen Teiler* dividiert, dann sagt man, der Bruch wird *gekürzt*:

```
 24      24/8         3
----- = --------- = ----
 16      16/8         2
```

Einen gemeinsamen Teiler gibt es immer: Die Zahl Eins. Mit ihr kann also die Suche nach dem größten gemeinsamen Teiler begonnen werden.

Sehen wir uns nun ein Basic-Programm an, mit dessen Hilfe ein gemeiner Bruch erfasst und gekürzt wird. Zum Schluss werden alter und neuer Bruch ausgegeben:

```
'******** Vereinbarungsteil ********************************
Dim z As Integer, n As Integer
Dim zneu As Integer, nneu As Integer
Dim min As Integer, teiler As Integer, i As Integer
'******** Ausführungsteil **********************************
'*************** Erfassung **********************************
z = Val(InputBox("Zähler des Bruches:"))
n = Val(InputBox("Nenner des Bruches:"))
'*************** Kürzen *************************************
If z < n Then
    min = z
        Else
    min = n
        End If
teiler = 1
For i = 1 To min
    If (z Mod i = 0) And (n Mod i = 0) Then
        teiler = i
        End If
    Next i
zneu = z / teiler
nneu = n / teiler
'*************** Ausgabe ************************************
MsgBox (Str(z)+"/"+Str(n)+"="+Str(zneu)+"/"+Str(nneu))
```

Es gibt wunderschöne klassische Verfahren der Suche nach dem größten gemeinsamen Teiler; wir gehen hier dagegen ziemlich einfach, aber wirksam, vor: Beginnend mit der Eins werden mit einer Zählschleife nacheinander alle Zahlen bis zum Minimum von Zähler und Nenner daraufhin untersucht, ob sie auch Teiler sein können. Wenn ja, wird der Inhalt des Speicherplatzes teiler aktualisiert. Wenn nein, bleibt eben die Eins dort.

DOWNLOAD   *Öffnen Sie die Seite http://www.w-g-m.de/basic.htm, wählen Sie dort*

Dateien für Kapitel 11, geben Sie Ihr Ziel ein. Danach erfolgt das Herunterladen der Datei KAP11.ZIP in den von Ihnen angegebenen Ordner. Durch Doppelklick auf den Dateinamen wird diese Datei extrahiert, und Sie erhalten im darunter befindlichen Ordner BEISPIELE die Dateien BSP11_01.XLS usw.

Betrachten wir den Basic-Text (download: BSP11_01.XLS), dann gibt er uns Anlass, *drei Mängel* zu konstatieren:

(1) Das *Grundanliegen des Programms* ist eigentlich nur mit Mühe zu erkennen, die *Details* überdecken die *Strategie*.

(2) Drei Speicherplätze, die eigentlich nur in einem der drei Programmteile benötigt werden (nämlich min, teiler und i) werden anfangs vereinbart und stehen – *überflüssig* – im gesamten Programmablauf zur Verfügung.

(3) Wie sollte bei dieser Art der Programmierung hier eine *Arbeitsteilung* organisiert werden können?

11.2 Aktive modulare Programmierung

11.2.1 Zerlegung in Haupt- und Unterprogramme

Ersichtlich besteht unser Kürzungs-Programm doch aus *drei wesentlichen Teilen*: *Erfassung*, *Kürzen* und *Ausgabe*. Basic (wie jede andere Programmiersprache auch) erlaubt uns, diese Programmstücken mit *eigenen Namen* zu versehen:

```
Private Sub erfassung()                    'Erstes Unterprogramm
z = Val(InputBox("Zähler des Bruches:"))
n = Val(InputBox("Nenner des Bruches:"))
End Sub                          'Ende des ersten Unterprogramms

Private Sub kuerzen()                      'Zweites Unterprogramm
Dim min As Integer, teiler As Integer, i As Integer
If z < n Then
    min = z
        Else
    min = n
        End If
teiler = 1
For i = 1 To min
    If (z Mod i = 0) And (n Mod i = 0) Then
        teiler = i
        End If
    Next i
zneu = z / teiler
nneu = n / teiler
End Sub                          'Ende des zweiten Unterprogramms

Private Sub ausgabe()                      'Drittes Unterprogramm
MsgBox (Str(z) + "/" + Str(n) + "=" + Str(zneu) + "/" +
Str(nneu))
End Sub                          'Ende des dritten Unterprogramms
```

Dann kann das *Hauptprogramm* nur noch auf die drei *Aufrufe der Unterprogramme* reduziert werden (download: BSP11_02.XLS):

```
'******** Hauptprogramm ****************************************
Call erfassung
Call kuerzen
Call ausgabe
```

Bild 11.1 zeigt die *Anordnung von Haupt- und Unterprogrammen*. Warum nun verschiedene Vereinbarungsteile benötigt werden, das wird in den nächsten Abschnitten ausführlich erklärt.

```
Option Explicit
'******** Globaler Vereinbarungsteil *********************
Dim z As Integer, n As Integer
Dim zneu As Integer, nneu As Integer
Private Sub CommandButton1_Click()
'******** Hauptprogramm ****************************************
Call erfassung
Call kuerzen
Call ausgabe
End Sub
Private Sub erfassung()
z = Val(InputBox("Zähler des Bruches:"))
n = Val(InputBox("Nenner des Bruches:"))
End Sub
Private Sub kuerzen()
'******** Lokaler Vereinbarungsteil *********************
Dim min As Integer, teiler As Integer, i As Integer
If z < n Then
     min = z
          Else
     min = n
          End If
teiler = 1
For i = 1 To min
     If (z Mod i = 0) And (n Mod i = 0) Then
          teiler = i
          End If
     Next i
zneu = z / teiler
nneu = n / teiler
End Sub
Private Sub ausgabe()
MsgBox (Str(z) + "/" + Str(n) + "=" + Str(zneu) + "/" +
Str(nneu))
End Sub
```

Bild 11.1: Haupt- und Unterprogramme: Anordnung in Excel-VB

Die drei Unterprogramme werden *nach* dem End Sub des Hauptprogramms eingetragen, sie haben jeweils *eigene Unterprogramm-Rahmen.*

Die *Kopfzeile* eines Unterprogramm-Rahmens beginnt mit `Private Sub` und enthält dann den *Namen des Unterprogramms*, gefolgt von einem *leeren Klammernpaar*. Die *Fußzeile* jeder Programmeinheit (Haupt- und Unterprogramme) besteht immer nur aus den beiden Basic-Schlüsselwörtern `End Sub`.

Das Visual-Basic-System zieht selbständig waagerechte Linien zwischen den *Programmeinheiten*, so dass die Struktur gut zu erkennen ist.

Damit keine Missverständnisse auftreten: Das Programm zur Bruchrechnung in der jetzigen Form ist keinesfalls kürzer geworden, sondern im Gegenteil, es ist neun Zeilen *länger* als das Programm auf Seite 156.

Trotzdem können wir wohl feststellen, dass der Mangel (1) mit dieser Art der Programmierung abgestellt werden kann:

Die Details sind in die Unterprogramme ausgelagert worden, das Hauptprogramm fasst jetzt mit seinen Aufrufen nur noch zusammen. Es enthält das Wesentliche.

11.2.2   Lokal gültige Speicherplätze

Untersuchen wir weiter, ob mit dieser Art der Programmierung auch Mangel (2) abgestellt werden kann: Es war kritisiert worden, dass die drei Hilfs-Speicherplätze `min`, `teiler` und `i` nicht einschränkend nur dort vereinbart und bereitgestellt werden, wo sie benötigt werden.

Bild 11.1 lässt uns im Unterprogramm `kuerzen` erkennen, dass es nun möglich ist, *in einem Unterprogramm* einen *eigenen Vereinbarungsteil* zu schreiben.

Die innerhalb einer Programmeinheit vereinbarten Speicherplätze heißen *lokal*, und ihre *Gültigkeit endet an der nächsten waagerechten Linie*. Die *Gültigkeitsregel* sollten wir uns unbedingt und für immer merken:

Lokal vereinbarte Speicherplätze sind nur innerhalb derjenigen Programmeinheit gültig, in der sie vereinbart (deklariert) sind.

```
Option Explicit
Private Sub CommandButton1_Click()
'******** Hauptprogramm ***************************
'-******* Vereinbarungsteil ***********************
Dim z As Integer, n As Integer
Dim zneu As Integer, nneu As Integer
'********* Ausführungsteil ************************
Call erfassung
Call kuerzen
Call ausgabe
End Sub
Private Sub erfassung()
z = Val(InputBox("Zähler des Bruches:"))
n = Val(InputBox("Nenner des Bruches:"))
End Sub
Private Sub kuerzen()
'******** Lokaler Vereinbarungsteil **************
Dim min As Integer, teiler As Integer, i As Integer
```

Bild 11.2: Vereinbarung der übergreifenden Speicherplätze im Hauptprogramm

11.2.3   Global gültige Speicherplätze

Wie ist das aber mit unseren wichtigen, *übergreifend* benötigten Speicherplätzen z, n, zneu und nneu? z und n werden gleichzeitig im *Hauptprogramm* und in *allen drei Unterprogrammen* benötigt. zneu und nneu werden gleichzeitig im *Hauptprogramm* und in den Unterprogrammen kuerzen und ausgabe benötigt.

Angenommen, wir hätten die Vereinbarung dieser vier wichtigen *Übergabe-Speicherplätze*, wie Bild 11.2 zeigt, im *Hauptprogramm* belassen (download: BSP11_03.XLS). Dann wären sie, verwenden wir gleich den eben gelernten Begriff, doch nur *lokal im Hauptprogramm* vereinbart. Und – warum sollte die *Gültigkeitsregel* denn nicht auch für sie gelten – dann verlieren auch sie ihre Gültigkeit an der *waagerechten Linie* unter dem End Sub.

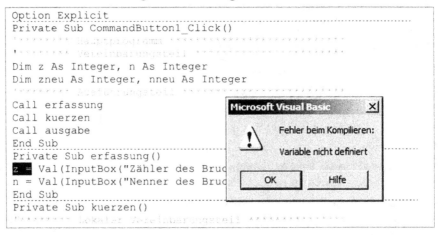

Bild 11.3: Die Gültigkeit von z ist an der Linie beendet

Es ist nur logisch, dass dann in einer *Fehlermeldung* (Bild 11.3) beklagt wird, dass z schon im Unterprogramm erfassung nicht definiert ist.

Wie kommen wir aus diesem Dilemma heraus? Versuchen wir doch einfach, wie in Bild 11.5 zu sehen, z und n und zneu und nneu überall dort, wo sie gebraucht werden, noch einmal zu vereinbaren. Ob das klappt?

Lassen wir ausführen (download: BSP11_04.XLS), tippen wir 24 und 16 ein. Bild 11.4 zeigt uns das überraschende Ergebnis:

Bild 11.4: 24 durch 16 gekürzt: Fehler durch vielfache lokale Vereinbarung

Die Erklärung ist einfach: Wir vereinbaren zuerst im *Hauptprogramm* die vier Speicherplätze. Dann aber ist das Hauptprogramm zu Ende, die Speicherplätze werden *ungültig*, ihr Inhalt ist verloren.

Gleiches passiert im Unterprogramm `erfassung` – am Ende des Unterprogramms sind die gerade erst erzeugten und belegten Speicherplätze samt Inhalt verloren.

Auch in den anderen zwei Unterprogrammen ist das genau so.

Die Tatsache, dass die jeweils lokal vereinbarten Speicherplätze gleiche Namen haben, bedeutet noch lange nicht, dass damit die Gültigkeitsregel außer Kraft gesetzt ist.

```
Dim z As Integer, n As Integer
Dim zneu As Integer, nneu As Integer
'******* Ausführungsteil ************************
Call erfassung
Call kuerzen
Call ausgabe
End Sub
Private Sub erfassung()
'******* Vereinbarungsteil **********************
Dim z As Integer, n As Integer
Dim zneu As Integer, nneu As Integer
z = Val(InputBox("Zähler des Bruches:"))
n = Val(InputBox("Nenner des Bruches:"))
End Sub
Private Sub kuerzen()
'******* Vereinbarungsteil **********************
Dim z As Integer, n As Integer
Dim zneu As Integer, nneu As Integer
'******* Lokaler Vereinbarungsteil **************
Dim min As Integer, teiler As Integer, i As Integer
If z < n Then
    min = z
        Else
    min = n
        End If
teiler = 1
For i = 1 To min
    If (z Mod i = 0) And (n Mod i = 0) Then
        teiler = i
        End If
    Next i
zneu = z / teiler
nneu = n / teiler
End Sub
Private Sub ausgabe()
'******* Vereinbarungsteil **********************
Dim z As Integer, n As Integer
Dim zneu As Integer, nneu As Integer
MsgBox (Str(z)+"/"+Str(n) + "=" + Str(zneu) + "/" + Str(nneu))
End Sub
```

Bild 11.5: Vielfache lokale Vereinbarung

Bleibt die Frage: Wo und wie müssen Speicherplätze vereinbart werden, die *durchgängig gültig* sind?

Durchgängig gültig, dazu sagt man auch: *global gültig*.

Die Antwort war schon in Bild 11.1 zu sehen, sie wird in Bild 11.6 noch einmal deutlich hervorgehoben: Wird ein Speicherplatz *unmittelbar unter der* `Option Explicit`-*Zeile* vereinbart, dann gilt er in durchgängig ausnahmslos allen Programmeinheiten, gleichermaßen in Haupt- und Unterprogrammen, von *jeder Programmeinheit* aus kann auf einen solchen *globalen Speicherplatz* zugegriffen werden.

```
Option Explicit
'********* Globaler Vereinbarungsteil *********************
Dim z As Integer, n As Integer
Dim zneu As Integer, nneu As Integer
Private Sub CommandButton1_Click()
'******** Hauptprogramm *******************************
Call erfassung
```

Bild 11.6: Globaler Vereinbarungsteil

Diese Speicherplätze sind global, demzufolge heißt der Vereinbarungsteil ober- und außerhalb aller Programmeinheiten *globaler Vereinbarungsteil*.

Fassen wir unsere Diskussion zum Mangel (2) zusammen: Innerhalb jeder Programmeinheit können in ihrem *lokalen Vereinbarungsteil* Speicherplätze vereinbart werden, die *innerhalb der Programmeinheit* gültig und nutzbar sind, aber *am Ende der Programmeinheit ihre Gültigkeit verlieren* (Gültigkeitsregel).

Da die Gültigkeitsregel beim *Hauptprogramm* keine Ausnahme macht, müssen Speicherplätze, auf die *von mehreren Programmeinheiten* aus zugegriffen wird und die deshalb *durchgängig gültig* sein müssen (z. B. Übergabe-Speicherplätze), *global* vereinbart werden.

11.2.4   Arbeitsteilung

So, wie man sich die Arbeitsteilung zwischen Hauptkonstrukteur und Teilkonstrukteuren in einem Konstruktionsbüro vorstellen kann, so können wir uns nun auch eine grundsätzliche *Arbeitsteilung* zwischen *Chef- und Teilprogrammierern* vorstellen.

Der Chefprogrammierer verteilt die Aufgaben an seine drei Teilprogrammierer:

- Programmieren Sie einen guten Nutzerdialog, so dass die beiden `Integer`-Speicherplätze z und n sachlich richtig mit Zähler und Nenner eines gemeines Bruches *belegt* werden. Was Sie dabei für interne Hilfsspeicherplätze verwenden, ist Ihre Sache.

- Verwenden Sie die `Integer`-Speicherplätze z und n, lassen Sie den größten gemeinsamen Teiler finden, *kürzen Sie* und bringen Sie das Ergebnis in die `Integer`-Speicherplätze zneu und nneu. Ob Sie dabei interne Hilfsspeicherplätze dabei verwenden, das ist Ihre persönliche Angelegenheit.

- Verwenden Sie die Integer-Speicherplätze z, n, zneu und nneu und sorgen Sie für eine schöne *Ausgabe* von ungekürztem und gekürztem Bruch. Was Sie dabei für interne Hilfsspeicherplätze verwenden, ist Ihre Sache.

Ja, so könnte man sich das vorstellen. Doch ist das wirklich echte Arbeitsteilung, kann jeder Teilprogrammierer *selbständig und schöpferisch* arbeiten, entstehen damit tatsächlich Programmbausteine, die später auch an anderen Stellen, bei anderen Projekten nutzbar sind?

Nein. *Arbeitsteilung beim Programmieren* kann nur dann erfolgreich stattfinden, wenn die strenge Reglementierung wegfällt, dass sich ein Teilprogrammierer unbedingt an die *fest vorgegebenen Namen* der *globalen Speicherplätze* halten muss.

Denn die so entstandenen Unterprogramme sind dann auch niemals universell nutzbar: Will ein anderer Chefprogrammierer zum Beispiel das schöne Unterprogramm kuerzen in sein Projekt einbauen, dann muss er bisher, ob er will oder nicht, dafür genau die vier Namen z, n, zneu und nneu benutzen – denn das Unterprogramm ist ausschließlich für den Zugriff auf diese Speicherplätze geschrieben. Eine starke, eine sehr starke Einschränkung der Verfügbarkeit.

11.2.5 Unterprogramme mit Platzhaltern (formale Parameter)

Ein Teilprogrammierer darf unter zwei Voraussetzungen seine eigenen Bezeichnungen verwenden und damit mehrfach nutzbare Programmbausteine schaffen: Er muss erstens seine ausgedachten, privaten Bezeichnungen als *Platzhalternamen* in der Kopfzeile des Unterprogramms mitteilen und zweitens in einer *Dokumentation* erläutern, wofür er welchen Platzhalter vorgesehen hat. Anstelle von *Platzhaltern* spricht man auch gern von *formalen Parametern*.

Der Programmierer des *Erfassungs-Unterprogramms* darf also durchaus mit seinen privaten (formalen) Bezeichnungen oben und unten arbeiten – er muss dies nur in der *Kopfzeile seines Unterprogramms* in den Klammern mitteilen und in einer *Kurzdokumentation* in Form eines *Kommentarblocks* die Bedeutung der von ihm gewählten *Platzhalter* oben und unten erklären:

```
Private Sub erfassung(oben As Integer, unten As Integer)
'**************************************************************
'*   FORMAL OUTPUT: oben bekommt den Zähler                   *
'*                  unten bekommt den Nenner                  *
'**************************************************************
oben = Val(InputBox("Zähler des Bruches:"))
unten = Val(InputBox("Nenner des Bruches:"))
End Sub
```

Damit weiß der Chefprogrammierer genau, wie er *beim Aufruf des Unterprogramms* die *Platzhalter sachlich richtig* durch seine *Speicherplätze ersetzen* muss:

```
'******** Vereinbarungsteil **********************************
Dim z As Integer, n As Integer
Dim zneu As Integer, nneu As Integer
'******** Ausführungsteil ************************************
Call erfassung(z, n)
```

Der Programmierer von kuerzen entscheidet sich für Platzhalter mit den Namen z1, z2, n1 und n2. Das darf er, sofern er wieder die *beiden Bedingungen* erfüllt: *Alle* Platzhalternamen müssen *mit ihrem Typ* zwischen den Klammern in der *Kopfzeile des Unterprogramms* aufgelistet werden, und die Kurzdokumentation muss über ihre *Bedeutung* informieren:

```
Private Sub kuerzen(z1 As Integer, z2 As Integer,
                    n1 As Integer, n2 As Integer)
'***********************************************************
'*   FORMAL INPUT: z1 muss alten Zähler enthalten          *
'*                 n1 muss alten Nenner enthalten          *
'*   FORMAL OUTPUT: z2 bekommt neuen Zähler                *
'*                  n2 bekommt neuen Nenner                *
'***********************************************************
Dim min As Integer, teiler As Integer, i As Integer
If z1 < n1 Then
    min = z1
        Else
    min = n1
        End If
teiler = 1
For i = 1 To min
    If (z1 Mod i = 0) And (n1 Mod i = 0) Then
        teiler = i
        End If
    Next i
z2 = z1 / teiler
n2 = n1 / teiler
End Sub
```

Für den Chefprogrammierer gibt es nun keine Zweifel: An die Stelle des *ersten Platzhalters* muss er beim Aufruf seinen Speicherplatz schreiben, der bereits den *alten Zähler* enthält. Der *zweite Platzhalter* steht für den *neuen Zähler*, der *dritte Platzhalter* steht für den *alten Nenner*, der *vierte Platzhalter* steht für den *neuen Nenner*:

```
Call kuerzen(z, zneu, n, nneu)
```

Wieder andere Platzhalter verwendet der dritte Teilprogrammierer, er stellt sie auch anders zusammen. Das darf er natürlich, sofern er entsprechend dokumentiert:

```
Private Sub ausgabe(alt_o As Integer, alt_u As Integer,
                    neu_o As Integer, neu_u As Integer)
'***********************************************************
'*   FORMAL INPUT: alt_o muss alten Zähler enthalten       *
'*                 alt_u muss alten Nenner enthalten       *
'*                 neu_o muss neuen Zähler enthalten       *
'*                 neu_u muss neuen Nenner enthalten       *
'***********************************************************
MsgBox
(Str(alt_o)+"/"+Str(alt_u)+"="+Str(neu_o)+"/"+Str(neu_u))
End Sub
```

Der Chefprogrammierer erkennt auch hier aus den Namen der Platzhalter und ihrer Bedeutung, *was* er *an welcher Stelle* eintragen muss:

```
Call ausgabe(z, n, zneu, nneu)
```

Stellen wir nun in Bild 11.7 das ganze Hauptprogramm (download. BSP11_05.XLS) noch einmal zusammen:

```
Option Explicit
Private Sub CommandButton1_Click()
'******** Hauptprogramm **************************************
'******** Vereinbarungsteil *********************************
Dim z As Integer, n As Integer
Dim zneu As Integer, nneu As Integer
'******** Ausfuhrungsteil ***********************************
Call erfassung(z, n)
Call kuerzen(z, zneu, n, nneu)
Call ausgabe(z, n, zneu, nneu)
End Sub
```

Bild 11.7: Hauptprogramm mit Unterprogramm-Aufrufen

Was fällt auf? Der *globale Vereinbarungsteil* ist verschwunden, die vier Speicherplätze z, n, zneu und nneu sind jetzt nur noch *lokal im Hauptprogramm*.

Erklärung: Die drei Unterprogramme greifen ja nicht mehr auf konkrete (Übergabe)-Speicherplätze zu, sondern die Übergabe der Werte an die Unterprogramme erfolgt durch die passende *Ersetzung der Platzhalter* beim Aufruf.

Ein *Platzhalter* besteht in Basic aus *drei Teilen*: Zuerst steht der *Name*, den sich der Teilprogrammierer ausgedacht hat. Dann kommt das Schlüsselwort As. Anschließend kommt der *Typ*.

Beim Aufruf eines Unterprogramms ist jeder Platzhalter (mit allen drei Teilen) durch den Namen des logisch passenden Speicherplatzes zu ersetzen.

Welcher Speicherplatz *logisch passt*, das erfährt man aus der *Dokumentation*. Wird dort mitgeteilt, dass es sich um einen INPUT-Platzhalter handelt, dann muss der Speicherplatz, dessen Name an diese Stelle eingesetzt wird, vorher bereits einen Inhalt haben. Ein OUTPUT-Platzhalter dagegen steht für einen Speicherplatz, der durch das Unterprogramm einen Inhalt bekommt: Das Unterprogramm erfassung *liefert* zwei Inhalte, also sind beide Platzhalter OUTPUT. kuerzen *benötigt und liefert*, also sind zwei Platzhalter INPUT, zwei sind OUTPUT. ausgabe schließlich *benötigt nur*, also sind alle Platzhalter INPUT.

11.2.6 Subroutinen und Funktionen

Stellen wir uns vor, wir sind Teilprogrammierer in einem Softwarehaus und bekommen den Auftrag, ein flexibel nutzbares *Unterprogramm* zur Berechnung der Geschwindigkeit herzustellen, wenn Weg und Zeit gegeben sind.

Kein Problem: Denken wir uns zuerst den *Namen* speed für unser *Unterprogramm* aus
und die *Namen* s, t und v für die *drei Platzhalter*. Mit den *Namen der Platzhalter* programmieren wir die *Rechnung*, in der *Kopfzeile* listen wir in den Klammern dann die
Platzhalter mit ihrem Typ auf, und in der *Dokumentation* erklären wir ihre Bedeutung:

```
Private Sub speed(s As Double, t As Double, v As Double)
'************************************************************
'*   FORMAL INPUT: s muss Weg enthalten                    *
'*                 t muss Zeit enthalten                   *
'*   FORMAL OUTPUT: v bekommt die Geschwindigkeit          *
'************************************************************
v = s / t
End Sub
```

Bild 11.8 zeigt ein kleines, testendes *Hauptprogramm* (download: BSP11_06.XLS), darunter ist das *Unterprogramm* eingetragen. Man sieht wieder deutlich, dass beim Aufruf tatsächlich die *Platzhalter* durch die *Namen der passenden Speicherplätze* des Hauptprogramms ersetzt worden sind.

```
Option Explicit
Private Sub CommandButton1_Click()
'******* Hauptprogramm *************************************
'******* Vereinbarungsteil *********************************
Dim weg As Double, zeit As Double, geschw As Double
'******* Ausführungsteil ***********************************
weg = 100
zeit = 6
Call speed(weg, zeit, geschw)
MsgBox ("Geschwindigkeit=" + Str(Round(geschw, 2)))
End Sub
Private Sub speed(s As Double, t As Double, v As Double)
'************************************************************
'*   FORMAL INPUT: s muß Weg enthalten                     *
'*                 t muß Zeit enthalten                    *
'*   FORMAL OUTPUT: v bekommt die Geschwindigkeit          *
'************************************************************
v = s / t
End Sub
```

Bild 11.8: Hauptprogramm und Unterprogramm für die Geschwindigkeit

Die soeben behandelte Programmieraufgabe hat jedoch eine Besonderheit, die nicht selten
auftritt: Das Ergebnis des Unterprogramms ist nämlich *ein einziger*, *genau ein* Wert. Nicht
weniger, nicht mehr.

Für derartige Programmieraufgaben, bei denen Unterprogramme zu schreiben sind, die
nur einen einzigen Wert liefern, gibt es neben der Subroutine, die mit dem Schlüsselwort
Sub eingeleitet wird, noch eine *zweite Art* der Umsetzung:

Man kann für diesen Spezialfall (ein Ergebniswert) auch eine *Funktion* schreiben:

```
Private Function speedfunction(s As Double, t As Double) As
Double
'*******************************************************
'*  FORMAL INPUT: s muss Weg enthalten               *
'*               t muss Zeit enthalten               *
'*  RETURN: liefert die Geschwindigkeit              *
'*******************************************************
Dim ergebnis As Double
ergebnis = s / t
speedfunction = ergebnis
End Function
```

Eine Funktion enthält grundsätzlich *keinen Platzhalter für den Ergebniswert*. Stattdessen wird *der* Ergebniswert zunächst mit Hilfe eines lokal definierten Speicherplatzes (oft mit dem Namen `ergebnis`) berechnet, und am Ende der Funktion wird er dem *Namen der Funktion* zugewiesen.

Dementsprechend gibt es auch *niemals* einen *Aufruf einer Funktion*, sondern immer eine *Verarbeitung des Ergebniswertes*:

```
Option Explicit
Private Sub CommandButton1_Click()
'******** Hauptprogramm *********************************
'******** Vereinbarungsteil *****************************
Dim weg As Double, zeit As Double, geschw As Double
'******** Ausfuhrungsteil *******************************
weg = 100
zeit = 6
geschw = speedfunction(weg, zeit)
MsgBox ("Geschwindigkeit=" + Str(Round(geschw, 2)))
End Sub
Private Function speedfunction(s As Double, t As Double)
                                                    As Double
'*******************************************************
'*  FORMAL INPUT: s muß Weg enthalten                *
'*               t muß Zeit enthalten                *
'*  RETURN: liefert die Geschwindigkeit              *
'*******************************************************
Dim ergebnis As Double
ergebnis = s / t
speedfunction = ergebnis
End Function
```

Bild 11.9: Kein Aufruf, sondern Verarbeitung des Ergebniswertes der Funktion

Wie zu sehen ist (download: BSP11_07.XLS), wird im nutzenden Hauptprogramm der Ergebniswert auf der *Quellseite* einer Zuweisung erzeugt durch die *Angabe des Funktionsnamens*, wobei wie bisher für die INPUT-Platzhalter die passenden Speicherplätze eingesetzt werden.

Dieser Umweg, dass *der* Ergebniswert im Hauptprogramm erst einmal in einen passenden Speicherplatz gelenkt wird, kann sogar entfallen, wenn man mit ihm nicht weiter arbeiten will, sondern ihn nur ansehen will (download: BSP11_08.XLS):

```
MsgBox("Geschwindigkeit="+Str(Round(speedfunction(weg,zeit), 2)))
```

Der Ergebniswert kann auch, als dritte Möglichkeit, *unmittelbar in einen Test* gelenkt und dort verwendet werden (download: BSP11_09.XLS):

```
If (speedfunction(weg, zeit) < 100) Then
    MsgBox ("Langsam")
                                Else
    MsgBox ("Schnell")
                                End If
```

11.2.7   Platzhalter für Felder

Stellen wir uns wieder vor, wir sind Teilprogrammierer in einem Softwarehaus und bekommen den Auftrag, ein flexibel nutzbares *Unterprogramm* zur Berechnung des größten Wertes in einem Double-Feld bereitzustellen, wobei wir voraussetzen können, dass es einen Speicherplatz gibt, der die Anzahl der belegten Feldelemente enthält.

Fangen wir an: Denken wir uns für unser Unterprogramm den Namen feldmax aus; als Platzhalter-Namen für die Feldelemente entscheiden wir uns z. B. für x(1), x(2), ... ; für den Speicherplatz mit der Anzahl der belegten Feldelemente denken wir uns den Platzhalter-Namen n aus, für den Maximum-Speicherplatz max. Schon können wir den Inhalt des Unterprogramms schreiben:

```
Dim i As Integer
max = x(1)
For i = 2 To n
    If x(i) > max Then max = x(i)
    Next i
End Sub
```

Wo liegt das Problem? Es liegt in der Kopfzeile des Sub-Unterprogramms. Das Regelwerk fordert: Dort sind *alle Platzhalter mit ihrem Typ* aufzulisten. Wir haben aber viele, sehr viele Platzhalter, nämlich alle Feldelemente. Was tun?

Die Lösung: Es werden nicht die Platzhalter der Feldelemente einzeln aufgelistet, sondern es wird nur *ein Platzhalter für den Feldnamen* angegeben:

```
Private Sub feldmax(x() As Double, n As Integer, max As Double)
```

Das leere Klammerpaar () hinter x bedeutet: Dieser Platzhalter steht für einen Feldnamen eines Double-Feldes. Beim Aufruf des Sub-Unterprogramms ist an dieser Stelle der Name des Feldes des Hauptprogramms einzusetzen, dessen Maximalwert zu bestimmen ist.

Sehen wir uns nun zuerst das gesamte Sub-Unterprogramm und dann in Bild 11.10 dazu ein nutzendes Hauptprogramm an (download: BSP11_10.XLS):

```
Private Sub feldmax(x() As Double, n As Integer, max As Double)
'****************************************************************
'*   FORMAL INPUT: x Name des zu untersuchenden Feldes        *
'*                 n muss Anzahl der Elemente enthalten       *
'*   FORMAL OUTPUT: max liefert den größten Wert              *
'****************************************************************
Dim i As Integer
max = x(1)
For i = 1 To n
    If x(i) > max Then max = x(i)
    Next i
End Sub
```

```
Option Explicit
Private Sub CommandButton1_Click()
'******** Hauptprogramm ***************************************
'******** Vereinbarungsteil *********************************
Dim y(3) As Double, anz As Integer, max As Double
'******** Ausführungsteil ***********************************
y(1) = 1.2
y(2) = 2.5
y(3) = 1.7
anz = 3
Call feldmax(y, anz, max)
MsgBox ("maximum=" + Str(max))
End Sub
Private Sub feldmax(x() As Double, n As Integer, max As Double)
'****************************************************************
'*   FORMAL INPUT: x Name des zu untersuchenden Feldes        *
'*                 n muß Anzahl der Elemente enthalten        *
'*   FORMAL OUTPUT: max liefert den größten Wert              *
'****************************************************************
Dim i As Integer
max = x(1)
```

Bild 11.10: Feldbelegung im Hauptprogramm und Aufruf der Subroutine

Übrigens – hier gibt es die Zeichenfolge max zweimal: Einmal bezeichnet sie einen *Platzhalter* und ist eine ausgedachte Bezeichnung des Teilprogrammierers, zum Anderen bezeichnet max einen Double-Speicherplatz im Hauptprogramm.

Es gibt keine Konflikte, denn es ist natürlich nicht verboten, *Speicherplätze* genauso wie *Platzhalter* zu benennen.

Sehen wir uns in Bild 11.11 die *andere Lösung* der Programmieraufgabe an:

Da es nur *einen einzigen Ergebniswert* gibt, können wir deshalb auch eine *Funktion* programmieren und im Hauptprogramm *den* Ergebniswert (download: BSP11_11.XLS) verarbeiten:

```
Option Explicit
Private Sub CommandButton1_Click()
'******** Hauptprogramm ****************************************
'******** Vereinbarungsteil ***********************************
Dim y(3) As Double, anz As Integer, max As Double
'******** Ausführungsteil *************************************
y(1) = 1.2
y(2) = 2.5
y(3) = 1.7
anz = 3
max = feldmaxfunc(y, anz)
MsgBox ("maximum=" + Str(max))
End Sub
Private Function feldmaxfunc(x() As Double, n As Integer) As
                                                         Double
'*************************************************************
'*   FORMAL INPUT: x Name des zu untersuchenden Feldes       *
'*                 n muß Anzahl der Elemente enthalten       *
'*   RETURN: zurückgegeben wird der größten Wert im Feld     *
'*************************************************************
Dim i As Integer, erg As Double
erg = x(1)
For i = 2 To n
    If x(i) > erg Then erg = x(i)
    Next i
feldmaxfunc = erg
End Function
```

Bild 11.11: Funktion `feldmaxfunc` für Feldmaximum mit Hauptprogramm

11.3 Passive modulare Programmierung

11.3.1 Testprogramme

Während die *aktive modulare Programmierung* dafür sorgt, dass für eine Fülle von möglichen Aufgabenstellungen Sub- oder Function-Unterprogramme bereitgestellt und dokumentiert werden, beschäftigt sich die *passive modulare Programmierung* nur damit, derartige Unterprogrammsammlungen zu nutzen.

Für das Verständnis eines gegebenen Unterprogramms ist es immer günstig, stets zuerst ein kleines Testprogramm zu schreiben. Ein Testprogramm für ein Sub-Unterprogramm besteht dabei aus maximal drei Teilen

   - Bereitstellung INPUT

   - Aufruf

   - Verwertung OUTPUT,

wobei entweder der Bereitstellungsteil, oder der Verwertungsteil, entfällt, wenn das Unterprogramm keine INPUT- bzw. OUTPUT-Platzhalter hat.

Sehen wir uns dazu ein kleines Beispiel an: Gegeben sind Kopfzeile und Dokumentation eines Sub-Unterprogramms mit dem Namen mws_auskunft:

```
Private Sub mws_auskunft(brutto As Double, mws As Single,
                         netto As Double, mw As Double)
'***************************************************************
'*   FORMAL INPUT: brutto muss Bruttobetrag enthalten        *
'*                 mws muss Mehrwertsteuersatz in % enthalten*
'*   FORMAL OUTPUT: netto bekommt den Nettobetrag            *
'*                : mw bekommt die abgeführte Mehrwertsteuer *
'***************************************************************
```

Offensichtlich verwertet diese Subroutine einen Bruttobetrag und einen Mehrwertsteuersatz und liefert dazu den resultierenden Nettobetrag sowie die einbehaltene Mehrwertsteuer. In der Übung 11.6 auf Seite 362 wird vorgeschlagen, den Inhalt des Unterprogramms selbst herzustellen; auf Seite 400 ist er als Lösung angegeben.

Wir wollen uns hier nur ansehen, wie ein kleines Testprogramm für diese Subroutine aussehen kann (download: BSP11_12.XLS):

```
'******** Vereinbarungsteil ********************************
Dim brutto As Double, mws As Single, netto As Double, mw As
Double
'******** Ausführungsteil ********************************
brutto = 2.32
mws = 16
Call mws_auskunft(brutto, mws, netto, mw)
MsgBox ("Netto=" + Str(netto) + " abgezogen:" + Str(mw))
```

Der Einfachheit halber wurden hier die Speicherplätze des Hauptprogramms genauso bezeichnet wie die Platzhalter. Warum sollte man auch andere, weniger sinnvolle Bezeichnungen verwenden?

Deutlich erkennbar sind die drei Teile: Zuerst werden die beiden Speicherplätze brutto und mws, die an die Stelle der beiden INPUT-Platzhalter kommen, belegt. Dann folgt der *Aufruf mit dem Schlüsselwort* Call, und mit einer MsgBox werden die Ergebnis-Speicherplätze netto und mw angesehen.

Betrachten wir nun die Kopfzeile und die Dokumentation einer gegebenen Funktion:

```
Private Function ist_gleich(x() As String, y() As String,
                            n As Integer) As Boolean
'***************************************************************
'*   FORMAL INPUT: x Name des ersten Feldes                  *
'*                 y Name des zweiten Feldes                 *
'*                 anz Anzahl der zu prüfenden Elemente      *
'*   RETURN: Prüfergebnis der Gleichheit (log. Wert)         *
'***************************************************************
```

Diese Funktion verarbeitet, das sagen uns die *drei Platzhalter*, offensichtlich *zwei* String-*Felder* und *eine* Integer-*Angabe* und gibt einen logischen Wert zurück.

Dem Namen der Funktion sowie der Beschreibung des Rückgabewertes entnehmen wir, dass die Funktion die Gleichheit der Feldelemente überprüft, und zwar werden so viele Feldelemente geprüft, wie anstelle des dritten Platzhalters eingetragen sind.

Ein *Testprogramm* für diese Funktion muss also zuerst zwei `String`-Felder erzeugen und belegen, dann kann die Funktion genutzt werden:

```
'******** Hauptprogramm *************************************
'******** Vereinbarungsteil *********************************
Dim tx(3) As String, ty(3) As String, anz As Integer
'******** Ausführungsteil ***********************************
tx(1) = "Stendal"
tx(2) = "Magdeburg"
tx(3) = "Wittenberg"
ty(1) = "Stendal"
ty(2) = "Magdeburg"
ty(3) = "Wittenburg"
MsgBox("Gleichheit der Felder?"+Str(ist_gleich(tx,ty, 3)))
```

Der logische Ergebniswert der Funktion wird hier wieder *sofort in die Ausgabe* gelenkt. Zu beachten ist hier auch, dass diesmal anstelle des *dritten Platzhalters* kein Speicherplatz, sondern eine konkrete Zahl eingetragen wurde. Bild 11.12 zeigt das Ergebnis (download: BSP11_13.XLS).

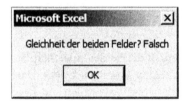

Bild 11.12: Ergebnisanzeige für die ersten drei Feldelemente von `tx` und `ty`

Setzen wir in der letzten Zeile des Hauptprogramms an letzter Stelle die ganze Zahl 2 ein:

```
MsgBox ("Gleichheit der Felder? " + Str(ist_gleich(tx, ty, 2)))
```

so wird selbstverständlich die Gleichheit angezeigt (Bild 11.13).

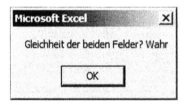

Bild 11.13: Die ersten zwei Elemente der Felder `tx` und `ty` stimmen überein

11.3.2 Schnittstellen

Wir haben es erlebt: Es reicht vollständig aus, von einem `Sub`- oder `Function`-Unterpro-
gramm nur die *Kopfzeile* und die *Dokumentation* zu kennen, um mit diesem Unterprogramm erfolgreich arbeiten zu können. Wir müssen dabei durchaus nicht wissen, wie das
Unterprogramm im Innern arbeitet.

Betrachten wir dazu noch das folgende Beispiel (download: BSP11_14.XLS):

```
Private Sub insichsort(x() As Integer,n As Integer,auf As Boolean)
'*****************************************************************
'*  Formal INPUT: n muss Anzahl der Feldelemente enthalten  *
'*                auf: True für aufsteigend, False sonst     *
'*  FORMAL INPUT/OUTPUT: x Name des Feldes                  *
'*****************************************************************
```

Diese Subroutine verarbeitet eine `Integer`-Angabe, eine `Boolean`-Angabe und ein `In-
teger`-Feld, wobei letzteres offensichtlich im Ergebnis der Arbeit der Subroutine auch
verändert wird. Das entnehmen wir der Angabe FORMAL INPUT/OUTPUT: x.

Wie aber wird das Feld verändert? Das ergibt sich doch aus dem *Namen der Subroutine*:
Wenn sie von ihrem Programmierer `insichsort` genannt wurde, dann wird wohl das
Feld *in sich sortiert* werden. Also wird noch einmal klar, dass das Feld nach dem Aufruf
der Subroutine anders aussehen wird als vorher.

Ob die Sortierung auf- oder absteigend erfolgen soll, das müssen wir mit dem Eintrag an
der Stelle des dritten Platzhalters steuern:

```
'******** Hauptprogramm *********************************
'******** Vereinbarungsteil *****************************
Dim x(4) As Integer, anz As Integer
'******** Ausführungsteil *******************************
x(1) = -3
x(2) = 7
x(3) = -8
x(4) = 2
anz = 4
Call insichsort(x, anz, False)
MsgBox (Str(x(1))+"|"+Str(x(2))+"|"+Str(x(3))+"|"+Str(x(4)))
```

Hier wurde `False` eingetragen, also müsste *absteigend* sortiert werden. Bild 11.14 überzeugt uns davon. Wählen wir dagegen anstelle des dritten Platzhalters den Wert `True`,

```
Call insichsort(x, anz, True)
```

dann wird aufsteigend sortiert (Bild 11.15).

Die *Sortierung von Feldern* ist eine anspruchsvolle Programmieraufgabe. Wir haben uns damit noch nicht beschäftigt. Aber ist das ein Mangel? Müssen wir alles selbst programmieren können? Nein, wie wir soeben gesehen haben. Es reicht aus, wenn wir wissen, *wo* ein Sortier-Unterprogramm zu finden ist und *wie* wir damit umgehen müssen.

Diese Situation tritt im Leben nur zu oft auf – es werden Dinge genutzt und verwendet, deren *interne Funktionsweise* uns gänzlich unbekannt ist.

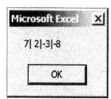

Bild 11.14: Sortierung nach Aufruf `Call insichsort(x,anz,False)`

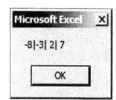

Bild 11.15: Sortierung nach Aufruf `Call insichsort(x,anz,True)`

Wenn wir unser Auto in die Werkstatt bringen, dann wird doch auch nur das defekte Teil herausgenommen, ein neues Teil ausgepackt, eingebaut und angeschlossen. Wichtig ist doch nur, dabei das richtige Kabel an die richtige Stelle anzuschließen. Bei uns heißt das, für die *Platzhalter* die *passenden Angaben* einzutragen.

Der Vergleich mit dem Einbau eines Ersatzteiles (richtige Anschlüsse verbinden) stand Pate bei einer Namensgebung: Man sagt nämlich, dass *Kopfzeile und Dokumentation* die *Schnittstelle jedes Unterprogramms* beschreiben.

11.3.3 Nutzprogramme

Wir haben recht ausführlich gelernt, wie wir Testprogramme schreiben können, *ohne dabei irgendwelche Kenntnis über die interne Funktionsweise* des verwendeten `Sub`- oder `Function`-Unterprogramms zu benötigen. Wenn die Schnittstellen-Beschreibung ausführlich genug ist, lösen wir damit unser Problem.

Nun können wir uns auch vorstellen, wie arbeitsteilige, *modulare Programmierung* abläuft: In umfangreichen Bibliotheken werden passende Unterprogramme gesucht, fehlende Unterprogramme werden ergänzend geschrieben, schließlich wird das fertige Produkt, das Hauptprogramm, im Wesentlichen gestaltet als *Aneinanderreihung von Aufrufen von Subroutinen* und *Verarbeitung von Ergebniswerten von Funktionen*.

Navigator: Was bisher zu lesen war, was nun folgt:

 Das also war der begriffliche Einstieg in die *modulare Programmierung*. Modulare Programmierung, das heißt im *aktiven Fall* Arbeitsteilung bei der Programmentwicklung, und im *passiven Sinne* heißt es: Wiederverwendung von Programm-Bausteinen, nur unter Nutzung der *Schnittstellen-Beschreibung*.

12 Instanzenfelder und modulare Programmierung

Navigator: Was bisher zu lesen war, was nun folgt:

 Nun kennen wir beides: Die *Instanzenfelder*, die wir in Kapitel 10 kennenlernten, und die *Subroutinen* und *Funktionen* aus dem vorigen Kapitel 11.

Mit den *Instanzenfeldern* sind wir (theoretisch) in der Lage, *große Datenbestände* zu verwalten.

In Verbindung mit der *externen Sicherung der Daten*, die wir vorher in Kapitel 9 kennenlernten, lassen uns die Instanzenfelder ahnen, dass man mit ihnen echte *Massendatenverarbeitung* organisieren könnte.

Dazu braucht es aber umfangreiche Programmierleistungen, so dass umfassende *Arbeitsteilung beim Programmieren* zwingend notwendig ist.

Subroutinen und Funktionen, das sind die beiden Möglichkeiten von Basic zur separaten Herstellung von Teil- und Unterprogrammen.

Mit ihnen kann das Konzept der Arbeitsteilung wie in einem Konstruktionsbüro umgesetzt werden: Der *Chefprogrammierer* verteilt die Aufgaben, die *Teilprogrammierer* beschäftigen sich mit den Details, liefern ihre Ergebnisse getestet und gut dokumentiert ab, der Chef lässt sie zum leistungsfähigen *Endprodukt* zusammensetzen.

Ingenieurmäßiges Denken hält damit Einzug in die Programmierung, und nicht zuletzt spricht man gern von den *Prinzipien des Software Engineering*, die es zu erforschen und zu vervollkommnen gilt.

Ingenieurmäßiges Denken stand auch Pate, als – vergleichbar mit den Ersatzteil- und Baugruppenlagern – große *Bibliotheken* mit Tausenden von fertigen Unterprogrammen angelegt wurden, damit für Projekte aller Art möglichst viele, und möglichst gute, möglichst standardisierte *Bausteine* vorhanden sind und sofort genutzt werden können.

Es schien recht lange Zeit im vergangenen Jahrhundert so, dass *modulare Programmierung mit Instanzenfeldern* das Ideal für die Entwicklung von Software sei.

Doch in den siebziger Jahren gab es plötzlich gravierende Probleme mit vielen so entwickelten Programmen, und das Gespenst einer *Softwarekrise* zeichnete sich ab. Wir wollen versuchen, in diesem Kapitel ein wenig zu verstehen, worum es damals ging.

12.1 Kontenverwaltung

In jedem Geldinstitut werden, jeder weiß das, Konten von Kunden geführt. Der Kunde *eröffnet* ein Konto, *zahlt ein*, *hebt ab*, informiert sich über den *Kontostand*, *löscht* bisweilen auch sein Konto wieder, wenn er woanders bessere Konditionen vorfindet.

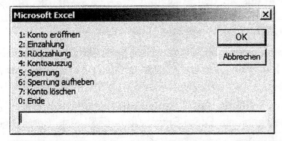

Bild 12.1: Leistungsangebot zur Kontenverwaltung (stark vereinfacht)

Nicht jeder Kunde macht Freude, bisweilen ist es auch nötig, ein Konto zu *sperren*; fallen die Gründe für die Sperrung weg, dann kann sie *aufgehoben* werden.

Lassen wir es dabei bewenden, an *Verzinsung* und *Dispo* und *Kredite* und *Depots* mit Fonds und dergleichen wollen wir anfangs gar nicht denken. Es ist auch so schon anstrengend genug, für diese ganz wenigen Leistungen eine „Geldinstituts-Software" zu entwickeln.

Zuerst brauchen wir eine passende *eigene Datenstruktur*, mit deren Hilfe wir später das *Instanzenfeld mit den Kundendaten* aufbauen, sichern und verwalten werden.

```
Private Type kontenTyp
    kontonr As String
    fname As String
    vname As String
    saldo As Double
    sperrung As String
End Type
```

Wir wollen uns auch hier auf Name und Vorname, Kontonummer und Saldo sowie auf den möglichen Sperrvermerk ("j" oder "n") beschränken. Es ist bereits das zweite Mal, dass hier von starken, eigentlich praxisfremden Vereinfachungen die Rede ist – und es wird nicht das letzte Mal sein.

DOWNLOAD   *Öffnen Sie die Seite http://www.w-g-m.de/basic.htm, wählen Sie dort Dateien für Kapitel 12, geben Sie Ihr Ziel ein. Danach erfolgt das Herunterladen der Datei* KAP12.ZIP *in den von Ihnen angegebenen Ordner. Durch Doppelklick auf den Dateinamen wird diese Datei extrahiert, und Sie erhalten im darunter befindlichen Ordner* BEISPIELE *die Datei* BSP12_01.XLS.

Im *Vereinbarungsteil des Hauptprogramms* werden weiter mit der wichtigsten Dim-Zeile

```
'******** Vereinbarungsteil ********************************
Dim k(100) As kontenTyp
```

vorerst *fünfhundert Speicherplätze* k(1).kontonr bis k(100).sperrung zur Aufnahme der Daten von einhundert Kunden bereitgestellt. Dann geht es los:

Womit fangen wir überhaupt an? Ein *Berg voll Arbeit* liegt vor uns, wo ist der Einstieg?

Probieren wir es: Erinnern wir uns an den Abschnitt 5.2.4, als wir die *fußgesteuerte Schleife* kennen lernten und sie in Verbindung mit einfachen Tests zur Umsetzung der *Menü-Programmierung* einsetzten. Damit wollen wir hier beginnen.

Zuerst wird das *Leistungsangebot* (d. h. der *Menütext*) vorbereitet; die Umsetzung des *Ascii-Codewertes* 13 durch die Funktion Chr (s. Abschnitt 6.2.2) veranlasst jeweils einen Zeilenwechsel.

Dann beginnt die fußgesteuerte Schleife, das Leistungsangebot wird angezeigt, der Nutzer wird um seine *Entscheidung* gebeten. Diese Entscheidung soll er in Form einer Ziffer zwischen Null und Sieben eintippen.

```
'******** Ausführungsteil ********************************
menutxt = ""
menutxt = menutxt + "1: Konto eröffnen" + Chr(13)
menutxt = menutxt + "2: Einzahlung" + Chr(13)
menutxt = menutxt + "3: Rückzahlung" + Chr(13)
menutxt = menutxt + "4: Kontoauszug" + Chr(13)
menutxt = menutxt + "5: Sperrung" + Chr(13)
menutxt = menutxt + "6: Sperrung aufheben" + Chr(13)
menutxt = menutxt + "7: Konto löschen" + Chr(13)
menutxt = menutxt + "0: Ende"
Do
      wahl = Val(InputBox(menutxt))
```

Es wird zuerst einmal angenommen, dass sich noch keine Kundendaten in den externen Dateien befinden:

```
n = 0
```

Bei jedem Ladevorgang wird später die Anzahl der Konten ohnehin aktualisiert.

Ja, und nun beginnt das Ausprogrammieren der *Inhalte der sieben Tests*. Wie geht man vor? Programmiert man jedes Detail? Programmiert man nur immer einen einzigen Aufruf eines Unterprogramms und delegiert damit den gesamten Inhalt an einen Teilprogrammierer?

Wie zu sehen ist, haben wir hier einen Zwischenweg eingeschlagen, über den man sicher viel diskutieren kann:

```
'*********************************************************
    If wahl = 1 Then
        If n > 0 Then Call laden(k, n)
        Call konto_einrichten(k, n)
        Call sichern(k, n)
        End If
'*********************************************************
    If wahl = 2 Then
        Call laden(k, n)
        k_nr = InputBox("Kontonummer eingeben")
        Call info(k, n, k_nr, gefunden)
        If gefunden = True Then
            k_saldo = Val(InputBox("Welcher Betrag?"))
            Call einzahlung(k, n, k_saldo, k_nr)
            Call sichern(k, n)
            End If
        End If
```

```
'**********************************************************
     If wahl = 3 Then
         Call laden(k, n)
         k_nr = InputBox("Kontonummer eingeben")
         Call info(k, n, k_nr, gefunden)
         If gefunden = True Then
             k_saldo = Val(InputBox("Welcher Betrag?"))
             Call rueckzahlung(k, n, k_saldo, k_nr)
             Call sichern(k, n)
             End If
         End If
'**********************************************************
     If wahl = 4 Then
         Call laden(k, n)
         k_nr = InputBox("Kontonummer eingeben")
         Call info(k, n, k_nr, gefunden)
         End If
'**********************************************************
     If wahl = 5 Then
         Call laden(k, n)
         k_nr = InputBox("Kontonummer eingeben")
         Call info(k, n, k_nr, gefunden)
         If gefunden = True Then
             MsgBox ("Konto wird gesperrt")
             Call sperren(k, n, k_nr)
             Call info(k, n, k_nr, gefunden)
             Call sichern(k, n)
             End If
         End If
'**********************************************************
     If wahl = 6 Then
         Call laden(k, n)
         k_nr = InputBox("Kontonummer eingeben")
         Call info(k, n, k_nr, gefunden)
         If gefunden = True Then
             MsgBox ("Konto wird freigegeben")
             Call entsperren(k, n, k_nr)
             Call info(k, n, k_nr, gefunden)
             Call sichern(k, n)
             End If
         End If
```

```
'*********************************************************
    If wahl = 7 Then
        Call laden(k, n)
        k_nr = InputBox("Kontonummer eingeben")
        Call info(k, n, k_nr, gefunden)
        If gefunden = True Then
            bestaetigung = InputBox("Tatsächlich löschen?")
            If (bestaetigung="j") Or (bestaetigung="J") Then
                Call loeschen(k, n, k_nr)
            End If
        End If
    End If
'*********************************************************
Loop While wahl <> 0
```

Das war er, der erste *Entwurf des Hauptprogramms*.

Wir könnten auch sagen, dass mit diesem Entwurf der Projektverantwortliche (der „Chef-programmierer") festgelegt hat, welche *Bausteine* (Projektmoduln) von den *Teilprogram-mierern* nun zu *erarbeiten*, separat *auszutesten*, zu *dokumentieren* und dann zu *übergeben* sind.

Ihre Programmtexte werden dann angefügt, mit ihnen wird das Projekt vervollständigt und kann in den großen *Projekt-Test* gehen und schließlich zur *Auslieferung*.

Dieser Projektentwurf sieht vor, dass *neun* Subroutine-*Unterprogramme* programmiert werden müssten:

```
Private Sub laden(k() As kontenTyp, n As Integer)

Private Sub sichern(k() As kontenTyp, n As Integer)

Private Sub info(k() As kontenTyp, n As Integer, k_nr As String,
                                        gefunden As Boolean)

Private Sub einzahlung(k() As kontenTyp, n As Integer,
                        k_saldo As Double, k_nr As String)

Private Sub rueckzahlung(k() As kontenTyp, n As Integer,
                        k_saldo As Double, k_nr As String)

Private Sub konto_einrichten(k() As kontenTyp, n As Integer)

Private Sub loeschen(k() As kontenTyp,n As Integer,k_nr As String)

Private Sub sperren(k() As kontenTyp,n As Integer,k_nr As String)

Private Sub entsperren(k() As kontenTyp,n As Integer,
                                        k_nr As String)
```

Sehen wir uns diese neun `Subroutine`-Unterprogramme mit ihren (derzeit) insgesamt 127 Programmzeilen (im download: `BSP12_01.XLS`) nun im Einzelnen an?

Nein. Es wäre – ernsthaft – schade, sehr schade um den Platz auf den Seiten dieses Buches, wenn wir nun beginnen wollten, uns `Subroutine` für `Subroutine` vorzunehmen und bereits über ihre jeweilige Programmierung nachzudenken.

Denn wir würden dabei pausenlos auf *Unzulänglichkeiten* stoßen, feststellen, dass der Entwurf ganz und gar nicht durchdacht ist, es fehlt doch noch dies. Und das. Und weiteres.

Der Entwurf würde zum ersten Male verbessert werden, es würden sich weitere Bausteine ergeben, die Aufgaben dann neu verteilt, das Bisherige verworfen, neu begonnen.

Dann käme die zweite Verbesserungsrunde, und so weiter.

Kurz und schlecht – wir würden uns eigentlich ständig im Kreise drehen. Wer weiß, wann wir sagen könnten, dass wir *fertig* sind?

12.2   Grenzen: Die Softwarekrise

Das Beispiel-Projekt des vorigen Kapitels lässt in uns eine schwache Ahnung davon entstehen, dass *Software-Entwicklung* weit, weit *mehr ist als nur die reine Programmierung*. Deshalb wurde bereits in den 50er und 60er Jahren des vergangenen Jahrhunderts ein durchdachtes methodisches Instrumentarium entwickelt, mit dessen Hilfe die Entwicklung umfangreicher Software-Projekte nach den bewährten *Prinzipien der Ingenieur-Arbeit* erfolgen sollte. Diesen *Wissenschaftszweig der Informatik*, der sich mit dem *Produktionsprozess von Software* beschäftigt, bezeichnete man folgerichtig als *Software-Engineering:* Unter Software-Engineering verstand man anfangs vor allem die sinnvolle Übertragung bewährter Ingenieur-Methoden auf den Entwurfs- und Herstellungsprozess von Software.

Die Erfolge blieben nicht aus – mit der rasch voranschreitenden Entwicklung der Rechentechnik, damals noch auf Großrechner in Rechenzentren konzentriert, vollzog sich der Durchbruch der Anwendung informationsverarbeitender Technik auf nahezu alle Gebiete von Industrie, Handel und Gesellschaft. Damals sprach man in diesem Zusammenhang gern von der umfassenden *Nutzung der EDV* – der *Elektronischen Daten-Verarbeitung*.

Alle großen Projekte jener Zeit aber entstanden klassisch durch *modulare Programmierung mit Instanzenfeldern*; alle gängigen Programmiersprachen dieser Zeit boten dafür die entsprechenden Möglichkeiten an.

Und die Rechner wurden immer größer, schneller und leistungsfähiger, immer anspruchsvollere Projekte konnten in Angriff genommen werden.

Und sie wurden in Angriff genommen: Schnell kam die Zeit heran, in der sich ein Projekt aus Tausenden von Moduln zusammensetzte und im Gesamt-Programmtext Millionen von Zeilen umfasste.

Eine ungeheure Menge an Unterprogrammen musste von sehr vielen Teilprogrammierern in kurzer Zeit hergestellt werden – und *keiner durfte dabei einen Fehler* machen.

Zehntausend Moduln, wenn nur *ein Prozent* davon nicht korrekt programmiert wäre, dann enthält das Projekt bereits *hundert* fehlerhafte Bestandteile. Wer sollte das alles prüfen, welcher Softwareproduzent konnte bei derartigen Dimensionen sicher sein, dass tatsächlich nicht irgendein versteckter Fehler irgendwann einmal auftauchen konnte?

Es begann die Zeit des großen Misstrauens in Software, die Medien überboten sich in Meldungen über den jeweils „teuersten Programmierfehler aller Zeiten".

Erinnern wir uns an unser kleines Einführungsbeispiel aus dem vorigen Abschnitt. Was steht auf der Seite 176 als Erstes?

```
Private Type kontenTyp
    kontonr As String
    fname As String
    vname As String
    saldo As Double
    sperrung As String
    End Type
```

Das ist die *Festlegung der Datenstruktur*. Sie steht am Anfang jeder Projektentwicklung und legt fest, wie die Daten in den Instanzenfeldern strukturiert gespeichert und verarbeitet werden sollen. Erst *nach Festlegung der Datenstruktur* können die Teilprogrammierer ihre jeweiligen Aufgaben erhalten; ihre Programmbausteine beziehen sich dann alle auf die vorgegebene Struktur.

Das aber bedeutet, dass bei *nachträglicher Änderung der Datenstruktur* ein ungeheurer Aufwand zu treiben ist – alle Moduln des Projekts müssen sehr sorgfältig daraufhin untersucht werden, ob sie dann immer noch korrekt arbeiten.

Als man sich mit den möglichen Gefahren des Milleniums-Jahreswechsels von 1999 zu 2000 zu beschäftigen begann, da wurde überrascht und panisch festgestellt, dass es noch viele Software-Projekte gibt, die auf einer Datenstruktur beruhen, bei der für die *Jahreszahl* nur Werte zwischen 00 und 99 (oder entsprechend zwei Ziffern-Zeichen) vorgesehen waren. Was tun?

Die Datenstruktur musste geändert werden, Wissensträger aus alten Programmier-Zeiten wurden reaktiviert, mit ungeheurem Aufwand wurde durch sie jahrelang Baustein für Baustein jedes Projekts untersucht, angepasst, neu getestet.

Zum Glück, wie wir alle am 1. Januar 2000 erlebten, hat sich diese immense Arbeit gelohnt, der *Software-Milleniums-GAU* blieb bekanntlich aus.

Kehren wir aber noch einmal zur *modularen Programmierung mit Instanzenfeldern* zurück.

Da jeder Anwender den festgelegten Datentyp kennt, kennen muss, bleibt ihm die Struktur der Daten nicht verborgen – wer will da bei entsprechenden Größenordnungen der Software-Projekte gewissen Missbrauch völlig ausschließen.

Auch hier lebten sich die Medien aus, indem sie genussvoll schilderten, wie kleine, unscheinbare Programmierer einer Bank-Software bescheiden dafür sorgten, dass kleine Rundungsreste im Promille-Bereich nicht verrechnet wurden, sondern in Richtung des eigenen Bankkontos verschwanden.

Transparente Datenstrukturen, freier Zugriff jedes Teilprogrammierers und Anwenders auf die Daten – das erwies sich also ebenfalls als Hemmnis und als Gefahr.

Neues Denken war gefragt. Die klassischen Denkmuster waren ausgereizt. Die Daten – und nicht vordergründig der Umgang mit ihnen – sollten nun in den Mittelpunkt gestellt werden.

Die *Daten müssen sicherer* werden, hinzu kommt der Ruf nach *höherer Effektivität der Software-Produktion*. Die *Erweiterbarkeit* von Programmen und die *Wiederverwendbarkeit* von Programmteilen bei der Entwicklung anderer Softwaresysteme rücken in den Vordergrund.

Navigator: Was bisher zu lesen war, was nun folgt:

 Was wollte der Autor mit dem demonstrativen (und rundum unfertigen) Einstiegs-Beispiel zur Kontenverwaltung und mit seinen nachfolgenden Ausführungen zum Ausdruck bringen?

Die *klassische Programmierung* hat sich auf der *Datenseite* entwickelt von *einfachen Speicherplätzen* über *Felder* und *Instanzen* bis hin zu den *Instanzenfeldern*.

Auf der *Programmierseite* entwickelte sie sich vom *strukturierten Entwurf* bis hin zu den Möglichkeiten der *arbeitsteiligen modularen Programmierung*. Sie hat zweifellos große Erfolge aufzuweisen.

Sie stößt aber an ihre *Grenzen*, wenn es um die *Überschaubarkeit und Sicherheit* geht, wenn *Änderbarkeit und Effektivität* eine große Rolle spielen, wenn nicht mehr die *Behandlung der Daten*, sondern die *Daten und deren Sicherheit* in den Mittelpunkt gerückt werden sollen.

Neues Denken ist gefragt. Mit Beginn der 80er Jahre setzte es sich durch – und heute ist es Standard: Das *Programmieren mit Objekten*.

Ab jetzt bis zum Ende dieses Buches behandeln wir deshalb die heutige Art der Programmierung – die *objekt-orientierte Programmierung OOP*.

13 Objektorientierte Programmierung – der Einstieg

Navigator: Was bisher zu lesen war, was nun folgt:

 Herzlich willkommen an einer Einsprungstelle dieses Buches. Wir beginnen nun mit der *objekt-orientierten Programmierung*, für die wir ab jetzt nur noch die gebräuchliche Abkürzung *OOP* verwenden werden.

OOP – das heißt: *Neues Denken bei der Programmierung*. Natürlich behalten die Basisbegriffe, wie logischer und syntaktischer Fehler, Speicherplatz und Vereinbarung, interne Darstellung von Zahlen und Zeichen, Quelle und Ziel bei Befehlen, usw. ihre Bedeutung.

Andere Begriffe, die bei der klassischen Programmierung bisher sehr wichtig waren, treten dagegen in den Hintergrund: Felder, kopf- und fußgesteuerte Schleife, Instanzen, Instanzenfelder.

Also ist der Inhalt der bisherigen 12 Kapitel für das Verständnis des nun Folgenden zwar hilfreich, aber nicht zwingend notwendig.

Wir beginnen deshalb mit einer kurzen Wiederholung der organisatorischen Vorbereitung, kommen dann aber sofort zur Programmierung einer *Klasse*, mit deren Hilfe dann *Objekte* erzeugt und genutzt werden können.

13.1 Wiederholung: Vorbereitung mit Excel

Zuerst starten wir Excel, wechseln mit Alt und F11 zum *Excel-Visual-Basic-System* (Excel-VB) und wählen EINFÜGEN→USERFORM (Bild 13.1). In dem Fenster WERKZEUG-SAMMLUNG wird dann die *Befehlsschaltfläche* (Button) ausgewählt (Bild 13.2).

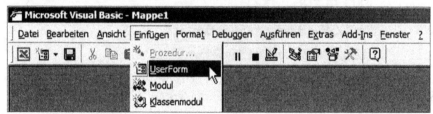

Bild 13.1: Formular anfordern

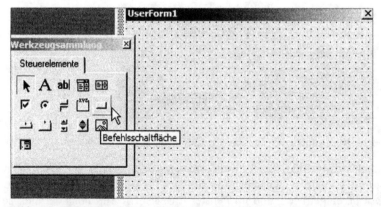

Bild 13.2: Befehlsschaltfläche (Button) auf das Formular ziehen

Die *Beschriftung des Buttons* (ursprünglich lautet sie COMMANDBUTTON1) sollte in START verändert werden (Bild 13.3). Anschließend empfiehlt sich der Wechsel zur (leeren) Excel-Tabelle und das *Speichern*, zum Beispiel unter dem Namen BSP13_01.XLS.

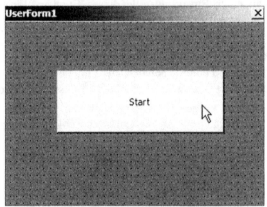

Bild 13.3: Button mit Beschriftung START

DOWNLOAD   *Öffnen Sie die Seite http://www.w-g-m.de/basic.htm, wählen Sie dort Dateien für Kapitel 13, geben Sie Ihr Ziel ein. Danach erfolgt das Herunterladen der Datei KAP13.ZIP in den von Ihnen angegebenen Ordner. Durch Doppelklick auf den Dateinamen wird diese Datei extrahiert, und Sie erhalten im darunter befindlichen Ordner BEISPIELE die Dateien BSP13_01.XLS usw.*

13.2 Aktive OOP: Klassenprogrammierung

13.2.1 Klassenmodul einfügen und benennen

Excel wird gestartet, die Datei BSP13_01.XLS geöffnet, mit $\boxed{\text{Alt}}$ und $\boxed{\text{F11}}$ erfolgt der Wechsel zu Excel-VB. Der Entwurf des Formulars (Bild 13.3) ist zu sehen.

Aktive OOP – das ist die *Programmierung einer Klasse*. Dazu wird über EINFÜGEN→ KLASSENMODUL (Bild 13.4) ein *Fenster für den Basic-Text der Klasse* angefordert.

Bild 13.4: Anfordern des Textfensters für eine Klasse

Rechts erscheint das weiße, leere *Fenster für die Klasse*, links im kleinen Fenster des *Projekt-Explorers* mit der Überschrift PROJEKT – VBA-PROJEKT ist eine neue Rubrik KLASSENMODULE eingetragen, und im Fenster EIGENSCHAFTEN links darunter sehen wir den *Namen*, den die geplante Klasse von Excel-VB soeben bekommen hat: KLASSE1.

Ist das Eigenschaftsfenster nicht zu sehen, so kann es mit ANSICHT→EIGENSCHAFTS-
FENSTER oder $\boxed{\text{F4}}$ angefordert werden.

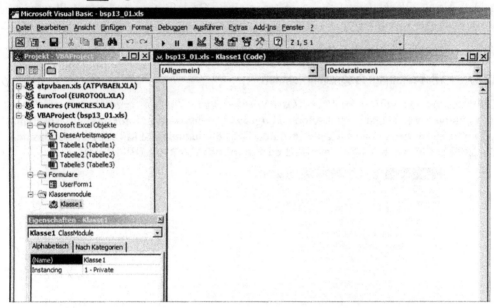

Bild 13.5: Projektexplorer, Eigenschaftsfenster und leeres Fenster für die Klasse

Durch Verändern des Eintrags in der Zeile (Name) des Eigenschaftsfensters könnten wir
den *Namen unserer Klasse ändern* – müssen es aber nicht. Bleiben wir vorerst bei KLAS-
SE1, und speichern wir den gegenwärtigen Bearbeitungsstand.

13.2.2 Erste Festlegungen in der Klasse

Mit einer Klasse werden Objekte vorbereitet. Diesen Satz werden wir noch oft lesen; später wird dann auch das tiefere Verständnis dazu kommen.

Unsere *Objekte*, die wir jetzt vorbereiten wollen, sollen Angaben zu *Autos* sein, zu Perso-
nenkraftwagen einfacher Natur. Mit welchen Daten beschreiben wir ein solches Auto?
Hersteller, Typ, PS-Zahl, Preis. Lassen wir es vorerst bei diesen vier Angaben bewenden,
und tragen wir diese Angaben mit den entsprechenden Typ-Erklärungen in das Klassen-
fenster ein (Bild 13.6).

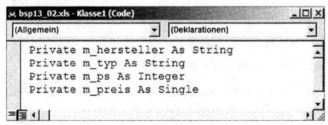

Bild 13.6: Erste Eintragungen der Klasse

Damit ist der erste *Entwurf einer Klasse* programmiert, die Klasse trägt den Namen
KLASSE1.

Mit diesen vier Zeilen (download: BSP13_02.XLS), mit dem nun festgelegten *ersten Inhalt der Klasse,* haben wir bereits die *Zusammensetzung des Datenkerns* für *jedes Objekt* festgelegt, das als *Objekt von* Klasse1 später in einem Basic-Programm hergestellt werden wird. Sehen wir es uns an.

13.3   Passive OOP: Objekte erzeugen und nutzen

13.3.1   Wiederholung: Programm-Rahmen

Die *Erzeugung von Objekten einer Klasse* wird *im Basic-Hauptprogramm* veranlasst: Dazu benötigen wir zuerst wieder einen *Programm-Rahmen.* Wir fordern (vgl. Abschnitt 2.2) im Fenster des *Projekt-Explorers* durch Doppelklick auf USERFORM1 zuerst das gerasterte Formular mit dem Button mit der Beschriftung START an (Bild 13.7).

Bild 13.7: Anfordern des Formulars

Nachdem das *Formular mit dem Button* (s. Bild 13.3) erschienen ist, wechseln wir mit *Doppelklick auf den Button* zum Basic-Textfenster, in dem sich bereits die *Kopf- und Fußzeile des Programm-Rahmens* befinden:

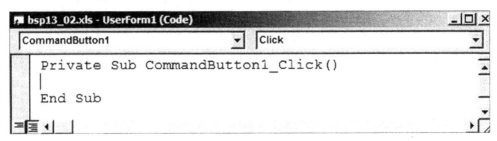

Bild 13.8: Programm-Rahmen für das Basic-Programm

Den Programm-Rahmen ergänzen wir durch eine darüber geschriebene Zeile Option Explicit (vgl. Abschnitt 2.3.2) sowie zwei Kommentarzeilen:

```
Option Explicit
```
```
Private Sub CommandButton1_Click()
'******** Vereinbarungsteil ********************************
```

```
'******** Ausführungsteil ********************************
End Sub
```

Damit sind die organisatorischen Vorbereitungen beendet, der *Programm-Rahmen* ist komplett.

13.3.2 Objekte erzeugen

Fangen wir jetzt mit der Hauptsache an: Sorgen wir dafür, dass beim Start des Programms *zwei Objekte der Klasse* Klasse1 mit den Namen pkw1 und pkw2 erzeugt werden.

Dazu müssen wir *im Vereinbarungsteil* des Programm-Rahmens zwei *Objekt-Vereinbarungen* eintragen:

```
Option Explicit

Private Sub CommandButton1_Click()
'******** Vereinbarungsteil ********************************
Dim pkw1 As New Klasse1, pkw2 As New Klasse1
'******** Ausführungsteil ********************************
End Sub
```

Wir erkennen: Die *Erzeugung eines Objekts* wird veranlasst, indem *zwischen den Objekt-Namen und den Klassen-Namen* die beiden Schlüsselwörter As New gesetzt werden.

Merken wir uns diesen wichtigen Unterschied: Mit dem Basic-Schlüsselwort As allein werden *Speicherplätze, Felder, Instanzen* und *Instanzenfelder* vereinbart – die *Erzeugung von Objekten* dagegen braucht die beiden Schlüsselwörter As New.

13.3.3 Begriffe: Objekte, Klasse, Instanzen

Mit einer *Klasse* werden *Objekte* vorbereitet. Im Basic-Hauptprogramm kann dann mittels der *Objektvereinbarung* Dim ... As New ... die Erzeugung von beliebig vielen *Objekten dieser Klasse* veranlasst werden.

Wir werden diese Formulierung benutzen, und stets allgemein vom *Objekt einer Klasse* sprechen. Damit weichen wir von der oft gebrauchten, gewissermaßen offiziellen Formulierung ab, die ausführlicher lautet: *Ein Objekt ist eine Instanz einer Klasse.*

13.3.4 Versuch: Zugriff auf den Datenkern eines Objekts

Starten wir nun das Basic-Programm in den bekannten zwei Schritten (ausführlich beschrieben in Abschnitt 2.4 auf Seite 37): Zuerst erfolgt im *Vorbereitungsschritt* der Klick auf das nach rechts gerichtete Dreieck (Bild 13.9), und dann folgt im *Ausführungsschritt* der Klick auf die Schaltfläche mit der Beschriftung START (Bild 13.10).

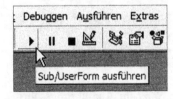

Bild 13.9: Vorbereitungsschritt

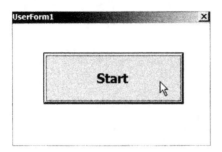

Bild 13.10: Ausführungsschritt

Es gibt keine Fehlermeldung, es scheint auch nichts passiert zu sein. Gar nichts. Wie können wir uns das erklären? *Es stimmt nicht, dass* beim Start des Basic-Programms *nichts passiert.*

Wir *sehen* bloß nichts: In Wirklichkeit sind *zwei Objekte* mit den Namen pkw1 und pkw2 entstanden (Bild 13.11).

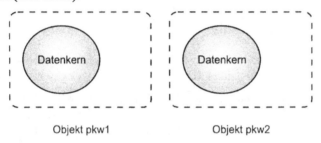

Bild 13.11: Zwei Objekte sind entstanden

13.4   Aktive OOP: Datenkapselung und Freigabe von Datenkernen

13.4.1   Datenkern

Wir behaupten: Der Datenkern des ersten Objekts mit dem Namen pkw1 besteht aus den *vier Speicherplätzen* pkw1.m_hersteller, pkw1.m_typ , pkw1.m_ps und pkw1.m_ preis, und der Datenkern des zweiten Objekts mit dem Namen pkw2 besteht aus den *vier Speicherplätzen* pkw2.m_hersteller, pkw2.m_typ , pkw2.m_ps und pkw2.m_ preis.

Speicherplätze kann man *belegen* – also probieren wir doch einfach aus, ob wir den erstgenannten Speicherplatz pkw1.m_hersteller im Datenkern des Objekts pkw1 klassisch belegen können. Rechts die Quelle, links das Ziel (download: BSP13_03.XLS):

```
'******** Vereinbarungsteil ******************************
Dim pkw1 As New Klasse1, pkw2 As New Klasse1
'******** Ausführungsteil ********************************
pkw1.m_hersteller = "Borgward"
```

Doch was passiert nun beim Klick auf den Button *Start* im Ausführungsschritt? Es gibt eine *Fehlermeldung* (Bild 13.12). Ist unsere Behauptung doch falsch?

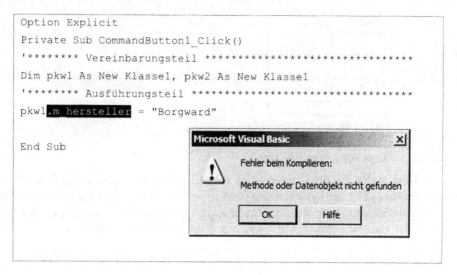

```
Option Explicit
Private Sub CommandButton1_Click()
'******** Vereinbarungsteil ********************************
Dim pkw1 As New Klasse1, pkw2 As New Klasse1
'******** Ausführungsteil **********************************
pkw1.m_hersteller = "Borgward"


End Sub
```

Microsoft Visual Basic

Fehler beim Kompilieren:

Methode oder Datenobjekt nicht gefunden

OK   Hilfe

Bild 13.12: Fehlermeldung beim Zugriff auf den Datenkern

13.4.2 Öffentliche Bestandteile von Datenkernen

Nein, unsere Behauptung ist *nicht falsch*. Das können wir überprüfen, indem wir in Klasse1 ausnahmsweise festlegen, dass der Bestandteil m_hersteller des Datenkerns jedes Objekts dieser Klasse *öffentlich* (Public) sein soll:

```
Public m_hersteller As String
Private m_typ As String
Private m_ps As Integer
Private m_preis As Single
```

Nun gibt es tatsächlich *keine Fehlermeldung* mehr – durch Voranstellen des Schlüsselwortes Public hatten wir ja die Erlaubnis erhalten, im Hauptprogramm unmittelbar auf einen Teil des Datenkerns vom Objekt pkw1 zugreifen zu dürfen.

Da die Festlegungen der Klasse Klasse1 gleichermaßen für *alle Objekte dieser Klasse* gelten, ist also auch der *aktive* und anschließend der *passive Zugriff* auch auf den ersten Speicherplatz des Datenkerns des zweiten Objekts pkw2 möglich:

```
'******** Vereinbarungsteil ********************************
Dim pkw1 As New Klasse1, pkw2 As New Klasse1
'******** Ausführungsteil **********************************
pkw1.m_hersteller = "Borgward"
pkw2.m_hersteller = " aus Bremen"
MsgBox (pkw1.m_hersteller + pkw2.m_hersteller)
```

Bild 13.13 überzeugt uns, dass unsere Vermutung stimmt: Wird in einer Klasse für einen Bestandteil des Datenkerns der *öffentliche Zugriff* durch Verwendung des Schlüsselwortes Public erlaubt, dann kann im Hauptprogramm direkt auf diesen Teil zugegriffen werden.

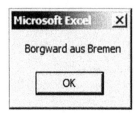

Bild 13.13: Ausgabe aus zwei Datenkernen

13.4.3 Kapselung oder Freigabe?

Die Ursache für die Fehlermeldung in Bild 13.12 lag also nicht darin, dass im Datenkern des Objekts `pkw1` der Speicherplatz `pkw1.m_hersteller` nicht existierte. Vielmehr ergab sich die Fehlermeldung aus der Tatsache, dass *der Zugriff auf diesen Teil des Datenkerns verboten* war – mit Hilfe des in der *Klasse* vorangestellten Schlüsselwortes `Private`:

Wird in einer *Klasse* ein Bestandteil des Datenkerns als `Private` vorbereitet, dann ist in jedem später erzeugten *Objekt dieser Klasse* dieser Teil des Datenkerns *gekapselt* – der Zugriff (aktiv oder passiv) auf diesen Bestandteil der Datenkerne aus Basic-Programmen ist dann *nicht möglich*. Es gibt eine Fehlermeldung *Methode oder Datenobjekt nicht gefunden*.

Wird in einer Klasse ein Bestandteil des Datenkerns als `Public` vorbereitet, dann ist in jedem später erzeugten Objekt dieser Klasse dieser Teil des Datenkerns *öffentlich* – der Zugriff (aktiv und passiv) auf diesen Bestandteil der Datenkerne aus Basic-Programmen ist dann *möglich*.

Wie sollen wir uns nun entscheiden? Sorgen wir bei der Klassenprogrammierung für *öffentliche Datenkerne* – dann kann jeder Anwender mit den Daten machen, was er möchte. Sorgen wir bei der Klassenprogrammierung für *gekapselte Datenkerne* – dann kommt kein Anwender an die Daten in den Datenkernen heran.

Das *Grundprinzip der objektorientierten Programmierung* geht von *gekapselten Datenkernen* aus. Weil aber dabei für keinen Anwender, der in seinem (Nutz-) Programm die Objekte der Klasse erzeugt, ein unmittelbarer Zugriff auf die Datenkerne möglich ist, müssen deshalb *in den Klassen* zusätzlich *Möglichkeiten des Zugriffs auf die Datenkerne* programmiert werden. Derartige Möglichkeiten – das sind bei uns die *Methoden* und die *Eigenschaften*.

13.5   Aktive und passive OOP

13.5.1   Methoden programmieren

Eine *Methode* wird *in der Klasse* in Form eines `Subroutine`-Unterprogramms programmiert: Die folgende Methode `erfassung` organisiert per Nutzerdialog die Belegung der vier Bestandteile des gekapselten Datenkerns:

```
Public Sub erfassung()
m_hersteller = InputBox("Hersteller:")
m_typ = InputBox("Typ:")
m_ps = Val(InputBox("Pferdestärken"))
m_preis = Val(InputBox("Preis:"))
End Sub
```

Mit der Methode `info` schafft der *Klassenprogrammierer* weiter die Möglichkeit, den kompletten *Inhalt des gekapselten Datenkerns* zu erfahren. Der Klassenprogrammierer hat dabei zwecks besserer Übersichtlichkeit einen String-Speicherplatz `msgtxt` verwendet, und mit `Chr(13)` veranlasst er jeweils den Zeilenwechsel (s. Bild 13.14).

```
Public Sub info()
Dim msgtxt As String
msgtxt = ""
msgtxt = msgtxt + "Hersteller: " + m_hersteller + Chr(13)
msgtxt = msgtxt + "Typ:" + m_typ + Chr(13)
msgtxt = msgtxt + "PS:" + Str(m_ps) + Chr(13)
msgtxt = msgtxt + "Preis:" + Str(m_preis)
MsgBox (msgtxt)
End Sub
```

Bild 13.14 (download: bsp13_04.xls) zeigt, wie im Textfenster der Klasse untereinander die Festlegungen für den gekapselten Datenkern sowie die beiden Methoden angeordnet sind.

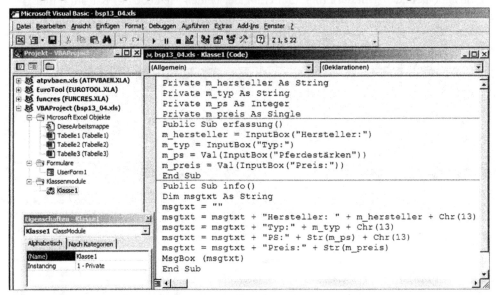

Bild 13.14: Klasse mit Festlegungen für Datenkern und zwei Methoden

13.5.2 Passive OOP: Methoden nutzen

Fangen wir mit einem kleinen Vergleich an: Ein Gartenbesitzer bestellt sich bei einem Baumarkt eine größere Menge an Gehwegplatten. Sie sollen in seinen Garten angeliefert werden.

Nun gibt es zwei Möglichkeiten: Vom Baumarkt kommt ein Lastkraftwagen, auf dem sich nur die Platten befinden. Dann muss der Gartenbesitzer zusätzlich noch einen Kran bestellen, der ihm die Platten herunterhebt.

Oder – der Lastwagen des Baumarktes hat selbst einen kleinen, für seine Ladung geeigneten Kran angebaut, der Schofför steigt aus, nimmt den eigenen Kran in Betrieb, hebt die Platten herunter. Der zweite LKW bringt also den geeigneten Mechanismus gleich selbst mit, um seine Ladung behandeln zu können.

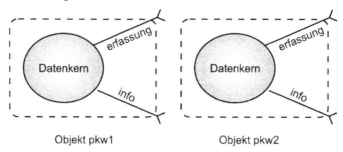

Bild 13.15: Jedes Objekt bringt alle Methoden mit

Die zweite Variante bildet eine sehr gute Möglichkeit, uns die Situation vorzustellen, in der wir uns nun befinden. Mit der Programmierung der beiden Methoden erfassung und info in der Klasse Klasse1 hat der *Klassenprogrammierer* dafür gesorgt, dass später *jedes erzeugte Objekt der Klasse* diese beiden Methoden zum Umgang mit seinem Datenkern selbst mitbringt. So – wie der LKW des Baumarktes seinen eigenen Kran mitbringt.

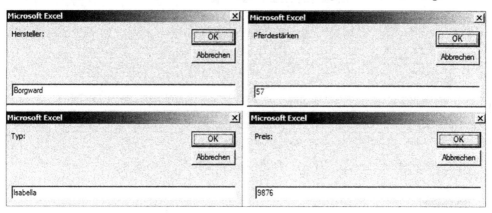

Bild 13.16: Wirkung der Methode erfassung

Bild 13.15 veranschaulicht die Situation für den Fall zweier Objekte. Und ebenso, wie der Gartenbesitzer dem Schofför sagen würde „Nimm von deinem Auto den Kran in Betrieb", so benennt der Anwender zuerst das *Objekt* durch Angabe seines Namens und dann, getrennt durch einen *Punkt*, die *Methode dieses Objekts*, die auszuführen ist:

```
'******** Vereinbarungsteil ******************************
Dim pkw1 As New Klasse1, pkw2 As New Klasse1
'******** Ausführungsteil ******************************
pkw1.erfassung
pkw1.info
pkw2.erfassung
pkw2.info
```

Bild 13.16 zeigt die vier `InputBoxen` der Erfassungsmethode des Objekts `pkw1`, und Bild 13.17 zeigt, wie die Methode `info` die aktuelle Belegung des Datenkerns wiedergibt.

Bild 13.17: Wirkung der Methode `info`

13.5.3   Schutz der Daten

Objektorientierte Programmierung – das heißt also, dass *nur der Klassenprogrammierer*, und er ganz allein, durch die *Methoden*, die er *für die Klasse* programmiert, allen Anwendern die Möglichkeiten eröffnet, mit den Datenkernen ihrer Objekte umgehen zu können. *Was der Klassenprogrammierer nicht vorgesehen hat, ist nicht möglich.*

Kann es einen besseren *Schutz für Daten* geben?

Die beiden Methoden `erfassung` und `info`, die wir als Klassenprogrammierer im Abschnitt 13.5.1 programmiert hatten, haben alle beide *totalen* Charakter: Es werden stets *alle* Bestandteile des Datenkerns belegt, und es wird stets über *alle* Bestandteile des Datenkerns informiert. Mit diesen Methoden ist es *nicht möglich*, nur *einzelne* Bestandteile des Datenkerns zu verändern oder deren Inhalt allein zu erfahren.

Was die Klasse nicht liefert, ist nicht möglich.

Kein Anwender kann zum Beispiel mit den Methoden aus `Klasse1` in seinem Nutzprogramm abzählen lassen, wie viele Objekte eine PS-Zahl oberhalb von 100 haben. Es wäre gegenwärtig nur möglich, sich von allen Objekten die *Totalinformation* geben zu lassen und auf einem Blatt Papier mit einer Strichliste sich selbst diese Auskunft anzufertigen.

Jeder Anwender kann nur in der vom Klassenprogrammierer vorgesehenen und mit entsprechenden Methoden umgesetzten Weise auf die Datenkerne seiner Objekte zugreifen.

13.5.4   Updates

Was passiert eigentlich, wenn der Inhalt der Total-Methode `erfassung` so verändert wird, dass beim Aufruf der Methode der Nutzer zuerst mittels eines *Leistungsangebots* (Menü, vgl. Abschnitt 5.2.4) aufgefordert wird, die von ihm gewünschte Belegung auszuwählen. Anschließend wird er dann zur Eingabe aufgefordert, das Leistungsangebot erscheint erneut, er kann eine andere Eingabe wählen und so weiter.

Mit Eingabe einer Null beendet der Nutzer seine *differenzierte Belegung* des Datenkerns des Objektes.

Uns soll hier weniger die programmtechnische Unsetzung mit Hilfe der fußgesteuerten Schleife interessieren – wer darüber Näheres erfahren möchte, der schlage in Abschnitt 5.2.3 nach.

```
Public Sub erfassung()
Dim wahl As Integer, inputtxt As String
inputtxt = ""
inputtxt = inputtxt + "Was wollen Sie eingeben?" + Chr(13)
inputtxt = inputtxt + "1: Hersteller" + Chr(13)
inputtxt = inputtxt + "2: Typ       " + Chr(13)
inputtxt = inputtxt + "3: PS-Zahl   " + Chr(13)
inputtxt = inputtxt + "4: Preis     " + Chr(13)
inputtxt = inputtxt + "0----> Ende  "
Do
    wahl = Val(InputBox(inputtxt))
    If wahl = 1 Then m_hersteller = InputBox("Hersteller:")
    If wahl = 2 Then m_typ = InputBox("Typ:")
    If wahl = 3 Then m_ps = Val(InputBox("Pferdestärken"))
    If wahl = 4 Then m_preis = Val(InputBox("Preis:"))
    Loop While wahl <> 0
End Sub
```

In gleicher Weise soll der Inhalt der Methode info so verändert worden sein, dass auch dort nach Nutzerauswahl differenziert der Inhalt einzelner Bestandteile des Datenkerns mitgeteilt wird (download: BSP13_05.XLS)

Was uns hier interessieren soll, das ist die Frage, was bei derartig massiven *Änderungen in der Klasse* im *Nutzprogramm* geändert werden muss.

Die überraschende Antwort lautet: *Nichts. Gar nichts.* Das Nutzprogramm bleibt unverändert:

```
'******** Vereinbarungsteil ******************************
Dim pkw1 As New Klasse1, pkw2 As New Klasse1
'******** Ausführungsteil ********************************
pkw1.erfassung
pkw1.info
pkw2.erfassung
pkw2.info
```

Wird eine *Klasse* verändert, indem der *Inhalt von Methoden* verändert (modernisiert, aktualisiert) wird, dann sind *keinerlei Änderungen in den (Nutz-) Programmen* nötig, in denen Objekte dieser Klasse hergestellt und mit Methoden dieser Klasse gearbeitet wird.

Damit haben wir das *update-Prinzip der OOP* kennen gelernt: Wenn heutzutage ein so genanntes *update* verschickt wird, dann handelt es sich um nichts anderes als eine *verbesserte Klasse*, in der der Datenkern erweitert, vorhandene Methoden verbessert oder weitere Methoden hinzugefügt wurden.

Die alte Klasse wird dann tausendfach jeweils durch die verbesserte Klasse ersetzt, aber in *nicht einem einzigen Nutzprogramm* muss irgendeine Änderung vorgenommen werden.

13.5.5   Aktive OOP: Eigenschaften programmieren

Im Abschnitt 13.5.1 haben wir kennen gelernt, wie ein *Klassenprogrammierer* mit Hilfe von *Methoden* den Anwendern gewisse Möglichkeiten zur Verfügung stellen kann, auf die Datenkerne der Objekte zugreifen zu dürfen. Die Methoden werden in Basic in Form von Subroutine-Unterprogrammen programmiert.

```
Public Sub erfassung()
..........
End Sub


Public Sub info()
..........
End Sub
```

In den *Nutzprogrammen* müssen die Methoden von den Anwendern *aufgerufen* werden, wobei zuerst der Name des jeweiligen Objekts, dann ein Punkt und anschließend der Name der Methode anzugeben ist:

```
'******** Vereinbarungsteil *******************************
Dim pkw1 As New Klasse1, pkw2 As New Klasse1
'******** Ausführungsteil **********************************
pkw1.erfassung
pkw1.info
pkw2.erfassung
pkw2.info
```

Nun wollen wir noch eine zweite Möglichkeit kennen lernen, mit deren Hilfe ein *Klassenprogrammierer* einen *schnellen und direkten Zugriff auf Datenkerne von Objekten* erlauben kann. Es handelt sich um die *Eigenschaften (*property*).* Sie werden in Basic in Form von Let-Get-*Kombinationen* programmiert:

```
Public Property Let hersteller(tx As String)
m_hersteller = tx
End Property
Public Property Get hersteller() As String
hersteller = m_hersteller
End Property
```

Let- und Get-Komponente des Paares müssen dabei *den gleichen Namen* besitzen. Mit Hilfe der Let-Komponente wird *in den Datenkern hinein* gebracht, mit Hilfe der Get-Komponente wird *aus dem Datenkern heraus* geholt.

Die Let-Komponente arbeitet mit einem Platzhalter; die Get-Komponente ist vergleich-bar mit den bekannten *Funktionen* (siehe Abschnitt 11.2.6).

13.5.6   Passive OOP: Eigenschaften nutzen

Im Gegensatz zu den *Methoden* werden *Eigenschaften* nicht aufgerufen, sondern *verwendet*.

Eine Eigenschaft kann *passiv* oder *aktiv* verwendet werden. Wird eine Eigenschaft passiv verwendet (z. B. auf der rechten (Quell-) Seite einer Zuweisung oder in einer MsgBox oder in einem Test), dann *holt* sie aus dem Datenkern.

Wird eine Eigenschaft *aktiv* genutzt (z. B. auf der linken (Ziel-) Seite einer Zuweisung), dann *verändert* sie im Datenkern.

Wenn wir davon ausgehen, dass der Klassenprogrammierer nun für alle vier Bestandteile des Datenkerns in Klasse1 die zugehörigen Let-Get-Kombinationen programmiert hat (s. auch Übung 13.5 auf Seite 364 mit Lösung 13.6 auf Seite 403 oder download: BSP13_06.XLS), dann können wir damit die *differenzierte Belegung der einzelnen Bestandteile* sowie die *differenzierte Information* über den Datenkern in folgender Weise programmieren:

```
'******** Vereinbarungsteil ****************************
Dim pkw1 As New Klasse1, pkw2 As New Klasse1
'******** Ausführungsteil ****************************
pkw1.hersteller = InputBox("Hersteller?")
pkw1.typ = InputBox("Typ?")
pkw1.ps = Val(InputBox("PS-Zahl?"))
pkw1.preis = Val(InputBox("Preis?"))

MsgBox ("Hersteller:" + pkw1.hersteller)
MsgBox ("Typ:" + pkw1.typ)
MsgBox ("PS:" + Str(pkw1.ps))
MsgBox ("Preis:" + Str(pkw1.preis))
```

Wir sehen, dass ein Klassenprogrammierer, wenn er *Eigenschaften* in eine Klasse hinein nimmt, dem Anwender offensichtlich bessere und differenzierte, aktive und passive Möglichkeiten zur Verfügung stellt, um mit dem *Inhalt von Datenkernen* arbeiten zu können.

Jetzt wäre zum Beispiel auch die Programmierung einer *Abzählaktion über Datenkernen* denkbar:

```
anz=0
if pkw1.ps>100 Then anz=anz+1
if pkw2.ps>100 Then anz=anz+1
. . . . . . . . .
MsgBox(Str(anz)+" PKW haben mehr als 100 PS"))
```

Da wir in den kommenden Abschnitten in unseren Basic-Programmen recht häufig mit Hilfe von *Eigenschaften* passiv und aktiv auf Datenkerne von Objekten zugreifen werden, wollen wir den Umgang mit ihnen hier vorerst nicht weiter vertiefen.

Interessenten seien außerdem auf die Übungen (ab Seite 363) verwiesen.

13.5.7 Aktive OOP: Prinzipien der Namensgebung

Nun ist es an der Zeit für eine Erklärung, warum in der Klasse mit dem Namen KLASSE1 solch eigenartige *Namen* für die *Bestandteile eines Datenkerns* benutzt werden:

```
Private m_hersteller As String
Private m_typ As String
Private m_ps As Integer
Private m_preis As Single
```

Warum sagt der Klassenprogrammierer nicht einfach hersteller, typ, ps und preis?

Zuerst einmal – diese *Namen*, die *innerhalb der Klasse* verwendet werden, erfährt ohnehin kein Anwender. Denn durch das Voranstellen von Private werden die Daten im Datenkern jedes Objekts der Klasse *gekapselt* sein, ein Zugriff ist, wie wir in Abschnitt 13.4.1 sahen, (vgl. Bild 13.12) *unmöglich*.

Also sind diese Namen in der Klasse nur und ausschließlich für den *Klassenprogrammierer* von Bedeutung. Man spricht deshalb auch von *Member-Variablen*. Häufig wird deshalb ein m_ vorangestellt, so wie wir es auch machten.

Was aber erfährt der Anwender? Er erfährt *nicht* die Namen der Speicherplätze im Datenkern seiner Objekte, sondern er erfährt die *Namen der Methoden und Eigenschaften* der Klasse, mit denen er arbeiten darf.

Was wäre aber, wenn eine Member-Variable den Namen hersteller tragen würde? Dann könnte es doch nicht gleichzeitig eine *Eigenschaft*, also eine Let-Get-Kombination mit dem Namen hersteller geben:

```
Private hersteller As String
..........


Public Property Let hersteller(tx As String)
..........
End Property


Public Property Get hersteller() As String
..........
End Property
```

Was ist also wichtiger? Die *interne Namensvergabe*, die nur den *Klassenprogrammierer* interessiert? Oder die *Benennung der Eigenschaft*, die *viele Anwender* interessiert? Offensichtlich hat die *sinnvolle Benennung der Eigenschaften* absoluten Vorrang – deshalb also die scheinbar komplizierte Namensgebung der Member-Variablen.

13.5.8   Passive OOP: Zusammenfassung, Hilfe durch die Punktliste

Bild 13.18 zeigt die Situation, wie wir sie nun vorfinden, wenn wir als Anwender in einem Basic-Hauptprogramm mit Hilfe der `Dim ... As New ...` -Objektvereinbarung ein Objekt erzeugen lassen. Jedes Objekt besitzt dann den *gekapselten Datenkern*, und mit Hilfe der verfügbaren *Methoden* und/oder *Eigenschaften* können wir mit dem Datenkern umgehen.

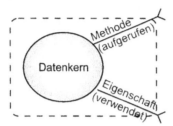

Bild 13.18: Objekt mit Datenkern, Methoden und Eigenschaften

Im Regelfall wird ein *Anwender* den Programm-Text der Klasse aber nicht einsehen können; die Klassen werden versteckt in geschützten Dateien zur Verfügung gestellt.

Die Namen der Bestandteile des Datenkerns brauchen wir nicht zu erfahren – auf den geschützten Datenkern kann ohnehin kein Anwender direkt zugreifen. Demgegenüber benötigen wir unbedingt die *Namen* der durch die Klasse zur Verfügung gestellten *Methoden* und *Eigenschaften*. Woher bekommen wir diese?

Hier hilft uns das Excel-VB-System: Wenn wir nämlich nach dem Namen eines bereits vereinbarten Objekts den *Punkt* eintippen, öffnet sich die *Punktliste* (Bild 13.19).

Diese *Punktliste* informiert uns sofort über *alle verfügbaren Methoden und Eigenschaften* des jeweiligen Objekts. Sie reicht häufig bereits für den geübten Anwender aus; er benötigt dann gar keine umfangreiche Dokumentation der Klasse mehr.

Bild 13.19: Punktliste

Dabei beschreibt das Symbol 🔖 eine *Methode*, die *aufgerufen* wird, und das Symbol 🔖 informiert uns, dass sich hinter dem daneben stehenden Namen eine *Eigenschaft* verbirgt, die also *aktiv* und *passiv verwendet* werden darf.

14 Einschub: Benutzeroberflächen

Navigator: Was bisher zu lesen war, was nun folgt:

Ein herzliches Willkommen für alle, die das Buch an dieser Stelle aufgeschlagen haben und sich gleich und ohne Umwege damit beschäftigen wollen, wie *heutige Programme* geschrieben werden.

Die Zeiten, in denen der Rechner fragte, der Nutzer eintippte, der Rechner wieder fragte, der Nutzer wieder nur die Möglichkeit des Eintippens hatte und so weiter, bis der Rechner schließlich mit primitiver Ausgabe ein Ergebnis mitteilte – diese Zeiten sind lange vorbei.

Heutige Programme präsentieren sich dem Nutzer mit einer mehr oder weniger attraktiven *Benutzeroberfläche*, auf der vielfältige *Bedienelemente* platziert sind. Der Nutzer kann auf verschiedenste Weise auf diese *Bedienelemente* einwirken, er kann mit der *Maus* arbeiten und mit der *Tastatur*, er kann klicken, auswählen, eintragen, bestätigen... Und wenn dann für diese *Nutzereinwirkungen* entsprechende Reaktionen vorgesehen sind, dann werden lebendige Programme daraus.

In diesem Kapitel beschäftigen wir uns aber erst einmal nur mit der *Herstellung von Benutzeroberflächen*. Dazu brauchen wir ausnahmsweise kein Hintergrundwissen; es gibt also keinerlei Rückgriff auf das bisher vermittelte Wissen. Eine ideale Stelle zum Einstieg.

Wer heutzutage ein Programm schreibt, der orientiert sich an Windows. Ob gewollt oder nicht, ob bewusst oder nicht: Die *gängige Form der Mensch-Rechner-Kommunikation* besteht in der *Arbeit mit Maus und Tastatur*, im vielfältigen Umgang mit *Steuer-* oder *Bedienelementen*, die in einem *Fenster* auf einer *Arbeitsfläche* angeordnet sind und die *Benutzeroberfläche* (engl.: *user interface*) bilden.

14.1 Start des VB-Systems von Excel, Word, PowerPoint

Starten wir Excel, sehen wir eine *leere Tabelle*, starten wir Word, sehen wir ein *leeres Dokument*, starten wir PowerPoint, sehen wir eine *leere Präsentation*. Mit der Tastenkombination `Alt` und `F11` oder mit EXTRAS→MAKRO→VISUAL BASIC EDITOR kommen wir in jedem Fall zum *Startbild des Visual Basic Systems*. Wir werden ab jetzt mit dem *Excel-Visual-Basic-System* arbeiten.

Im *Startbild* jedes Visual-Basic-Systems (Bild 14.1) ist anfangs lediglich links ein schmales Fenster mit der Überschrift PROJEKT – VBAPROJECT zu sehen. Dieses Fenster wollen wir ab jetzt als den *Projekt-Explorer* bezeichnen. Rechts befindet sich anfangs eine große freie Fläche.

14.2 Das Formular

Nach EINFÜGEN→USERFORM erscheint dort eine graue, gerasterte Fläche mit der Überschrift USERFORM1 (Bild 14.2). Das ist der *Entwurf des Formulars*, das ist bereits der *Grundbaustein für jede Anwendung*, das wird die *Arbeitsfläche*, der *Hintergrund jeder Benutzeroberfläche*. Außerordentlich wichtig wird für uns ein weiteres Fenster sein, das mit dem Erscheinen des Formulars im Regelfalle links unten erscheint ist und die Beschriftung WERKZEUGSAMMLUNG trägt. Sollte dieses Fenster einmal nicht zu sehen sein, dann kann es über ANSICHT→ WERKZEUGSAMMLUNG geöffnet werden.

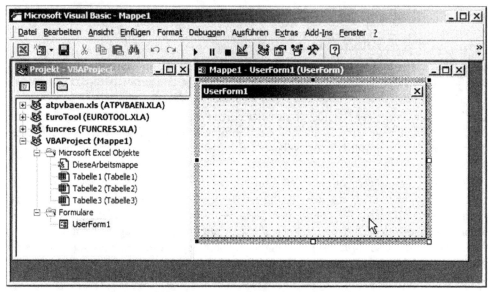

Bild 14.1: Startbild des Visual Basic-Systems von Excel

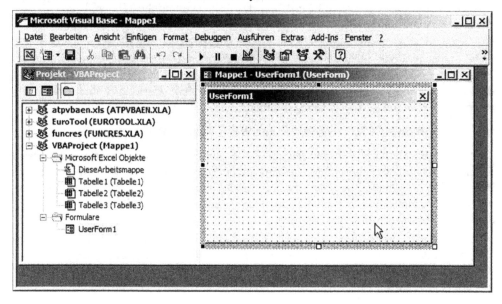

Bild 14.2: Formular-Entwurf

14.2.1   Starteigenschaften des Formulars einstellen

Im Entwurf können wir bereits eine Menge an *Eigenschaften des Formulars* vorbereiten. Zuerst läßt sich natürlich mit der *Maus* das Formular an der rechten unteren Ecke auf die gewünschte *Größe* ziehen.

Weiter sollten wir mit der *rechten Maustaste* (Bild 14.3) das *Eigenschaftsfenster des Formulars* anfordern.

Dieses Eigenschaftsfenster trägt die Überschrift EIGENSCHAFTEN USERFORM1 und enthält (siehe Bild 14.4) in jeder der 34 Zeilen eine *bestimmte Eigenschaft des Formulars*, die wir im Entwurf voreinstellen könnten.

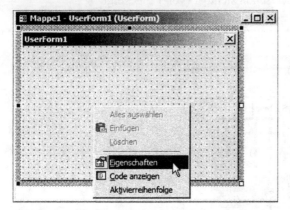

Bild 14.3: Anfordern des Eigenschaftsfensters für das Formular

Bild 14.4: Eigenschaftsfenster zur Voreinstellung vieler Formular-Eigenschaften

Konzentrieren wir uns auf wichtige Fragen und die entsprechenden *Zeilen im Eigenschaftsfenster*:

1. Welche *Überschrift*, d. h. welche *Beschriftung* soll das Formular bekommen? Unsere Entscheidung tragen wir in der Zeile Caption des Eigenschaftsfensters (Bild 14.5) ein.

2. Welche *Farbe* soll die Arbeitsfläche bekommen, d. h. wie soll der Hintergrund unserer Benutzeroberfläche aussehen? Die Farbe stellen wir mit Hilfe der Eigenschaft BackColor (Bild 14.6) ein, wobei wir bei Auswahl des Registerblattes Palette ein Angebot an Grundfarben bekommen.

BorderStyle	0 - fmBorderStyleNone
Caption	Kapitel 14
Cycle	0 - fmCycleAllForms

Bild 14.5: Wahl der Fensterüberschrift

14.2.2 Test des Formulars

Die meisten Eigenschaften, die wir mit Hilfe des Eigenschaftsfensters einstellen, werden uns, wie in einer *Vorschau*, auch schon sichtbar (vor-) angezeigt.

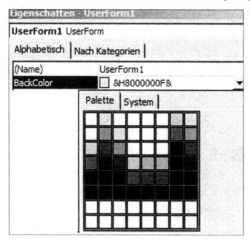

Bild 14.6: Wahl der Hintergrundfarbe

Die endgültige *Kontrolle* aber, wie sich das Formular schließlich dem Nutzer darstellen wird, liefert die tatsächliche *Herstellung des Formulars*, indem die so genannte *Laufzeit* gestartet wird – man sagt auch, es „wird ausgeführt" oder „die Ausführung wird gestartet".

Dazu wird entweder mit der *linken Maustaste* auf das nach rechts ▶ gerichtete Dreieck geklickt, oder es wird die Taste F5 betätigt.

Das Formular erscheint, und wenn es nicht bildschirm-füllend voreingestellt war, dann befindet es sich vor der leeren Excel-Tabelle (Bild 14.7).

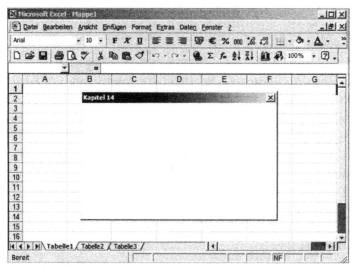

Bild 14.7: Formular zur Laufzeit vor der leeren Tabelle

Für die Rückkehr zum *Entwurfsmodus* (auch als *Entwurfsphase* oder kurz als *Entwurf* bezeichnet) muss die *Laufzeit* beendet werden – in der Sprache von VB heißt das, dass wir zum Visual-Basic-System zurückkehren müssen.

Die Laufzeit lässt sich beenden, indem am Formular das *Schließkreuz* rechts oben angeklickt wird oder die Tastenkombination [Alt] + [F4] gewählt wird.

Im Entwurf kann dann weiter an der Vorbereitung des Formulars gearbeitet werden; Erscheinungsmerkmale, die nicht gefallen haben, können korrigiert werden, und es sollte vor allem durch Speicherung der bisherige Bearbeitungsstand gesichert werden.

14.3 Bedienelemente für das Formular

Wie bekommt man zum Beispiel einen *Button* (Schaltfläche), eine *Scrollbar* (Schieberegler), ein *Textfenster* oder all die anderen Bedienelemente, an die wir inzwischen gewöhnt sind und mit denen wir eine *attraktive Benutzeroberfläche* gestalten wollen, im Entwurf auf das Formular?

14.3.1 Auswahl aus der Werkzeugsammlung

Wenn wir mit VB arbeiten, dann benötigen wir hierzu das Fenster *Werkzeugsammlung*, das verschiedene Bedienelemente zur Verfügung stellt.

14.3.2 Von Button bis Scrollbar

Im Bild 14.8 sind die Sinnbilder aus dem Fenster *Werkzeugsammlung* hervorgehoben, mit denen wir die sechs grundlegenden Bedienungselemente *Button* (Befehlsschaltfläche), *Textfenster* (Textfeld), *Checkbox* (Kontrollkästchen, Ja-Nein-Option), *Optionbutton* (Optionsfeld, exklusive Ja-Nein-Option, Radiobutton), *Label* (Textanzeige, Bezeichnungsfeld) und *Scrollbar* (Schieberegler, Bildlaufleiste) auswählen können. Die Bezeichnungen werden nicht einheitlich gehandhabt; wir werden mit den kursiv gedruckten Vokabeln arbeiten.

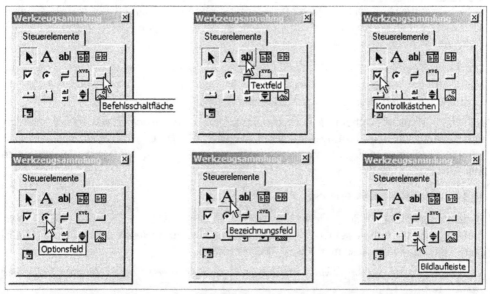

Bild 14.8: Sinnbilder für die sechs Basiselemente

Bild 14.9 (im download: BSP14_01.XLS) zeigt diese Elemente auf dem Formular platziert, bisher noch ohne weitere Voreinstellungen.

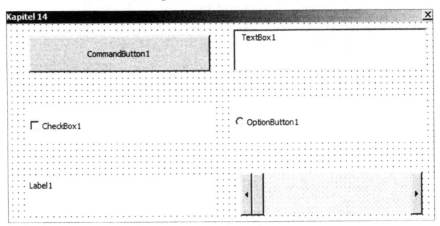

Bild 14.9: Bedienungselemente auf dem Formular

Für den weiteren *Sprachgebrauch* folgen wir dem Trend: Nur für das *Textfenster* werden wir weiterhin die deutsche Bezeichnung verwenden (manchmal wird sich auch *Textbox* einschleichen). Ansonsten sprechen wir von einem *Button*, einer *Checkbox*, einem *Optionbutton*, einem *Label* und einer *Scrollbar*. Dann bleiben wir mit unserer Vokabelwelt auch gleich nahe bei den *Standard-Namen*, die Visual Basic sowieso für diese Bedienungselemente vergibt.

DOWNLOAD   *Öffnen Sie die Seite http://www.w-g-m.de/basic.htm, wählen Sie dort*

Dateien für Kapitel 14, geben Sie Ihr Ziel ein. Danach erfolgt das Herunterladen der Datei KAP14.ZIP *in den von Ihnen angegebenen Ordner. Durch Doppelklick auf den Dateinamen wird diese Datei extrahiert, und Sie erhalten im darunter befindlichen Ordner* BEISPIELE *die Dateien* BSP14_01.XLS *usw.*

Die *Platzierung eines Bedienelementes auf dem Formular* ist denkbar einfach: Mit der Maus wird das Symbol aus dem Fenster *Werkzeugsammlung* an die gewünschte Stelle des Formulars gezogen, die Größe wird eingerichtet, fertig.

Im selben Moment erscheint auch bereits das *Eigenschaftsfenster* für das soeben platzierte Bedienungselement, teilt dessen vorgeschlagenen *Namen* mit und bietet in seinen Zeilen den *Katalog aller Eigenschaften* an, die für die spätere *Laufzeit* voreingestellt werden können.

14.3.3   Name und Beschriftung

In dem Augenblick, in dem wir im Entwurf ein Steuer- oder Bedienelement auf dem Formular platzieren, muss es einen *Namen* bekommen. Dieser *Name* ist Bestandteil der internen Organisation des gesamten Visual-Basic-Projekts.

Das Visual-Basic-System schlägt uns für jedes Bedienelement sofort automatisch einen Namen vor.

Für die *Buttons* wird `CommandButton1`, `CommandButton2` usw. vorgeschlagen, für die *Textfenster* lesen wir `TextBox1`, `TextBox2` usw., für *Checkboxen* wird uns `CheckBox1`, `CheckBox2` usw. vorgeschlagen, für *Optionbuttons* lautet der Vorschlag `Optionbutton1`, `Optionbutton2` usw., und jede *Scrollbar* wird erst einmal mit dem entsprechenden Namen `ScrollBar1`, `ScrollBar2` usw. versehen.

Den *VB-Namensvorschlag* können wir sowohl fettgedruckt in der *Kopfzeile des zugehörigen Eigenschaftsfensters* als auch in der Zeile (`Name`) lesen (Bild 14.10).

Natürlich muss der VB-Namensvorschlag nicht akzeptiert werden; wir könnten unverzüglich im Eigenschaftsfenster die Zeile (`Name`) anders, individuell belegen. Das VB-System würde auch den von uns vergebenen Namen akzeptieren – sofern sein Aufbau gewissen Regeln genügt.

Bild 14.10: Visual Basic schlägt einen Namen für ein Bedienelement vor

Doch für den Anfänger ergibt sich damit eine weitere Schwierigkeit und Fehlerquelle, außerdem kann leicht die Übersicht verloren werden.

• Deswegen wird in diesem Buch grundsätzlich empfohlen, die *Namensvorschläge des Visual-Basic-Systems zu akzeptieren* und mit den VB-Namen zu arbeiten.

Auf eine *Besonderheit* muss jedoch unbedingt hingewiesen werden: Wenn VB einen Namen für ein Bedienungselement vorschlägt und in die Zeile (`Name`) einträgt, dann trägt VB diesen Namen automatisch auch als *Beschriftung* von Formular, Button, Checkbox, Label oder Optionbutton in die Zeile `Caption` des jeweils zugehörigen *Eigenschaftsfensters* ein. Das führt bei Anfängern gern dazu, dass sie die Aufgabe *Ändere die Start-Beschriftung* falsch dadurch lösen, dass sie den *Namen* ändern.

14.3.4   Voreinstellungen

Das *Eigenschaftsfenster eines Buttons* (Bild 14.11) bietet all das an, was in der *Entwurfsphase* entsprechend dem für später gewünschten *Erscheinungsbild beim Start* eingestellt werden kann. Die meistgebrauchten Eigenschaften sind im Bild hervorgehoben: Die *Beschriftung* des Buttons wird über `Caption` und die Einstellung von *Schriftgröße und -stil* über `Font`, die Einstellung von *Hintergrund- und Schriftfarbe* kann über `BackColor` und `ForeColor` verändert werden.

Die wichtigsten Zeilen des *Eigenschaftsfensters eines Textfensters* sind: Text zur *Vorein-stellung des Inhalts* beim Start der Laufzeit, BackColor zur Voreinstellung der *Fenster-farbe,* ForeColor zur *Voreinstellung der Textfarbe* und Font zur Voreinstellung von *Schriftart, -stil* und *-größe.*

Bild 14.11: Eigenschaftsfenster eines Buttons

Im *Eigenschaftsfenster einer Checkbox* sind besonders hervorzuheben: Die Möglichkeit der *Farb-Vorwahl* über BackColor und ForeColor, die *Wahl der Start-Beschriftung* über Caption einschließlich der *Schriftauswahl* mittels Font und die Möglichkeit, die Checkbox *mit oder ohne gesetzten Haken* (Zeile Value) auf der Benutzeroberfläche beim Start der Laufzeit erscheinen zu lassen.

Ein *Label* ist ein reines Ausgabemedium; es wird zuerst einmal dafür benutzt, um *Infor-mations-Texte* auf das Formular zu schreiben. Deshalb kann über die Zeile BackStyle eingestellt werden, ob das Label durchscheinend (transparent) ist oder einen eigenen Hin-tergrund haben soll, mit Caption kann die *Startbeschriftung* gewählt werden, mit Font die *Schriftart,* mit BackColor und ForeColor kann Hintergrund- und Schriftfarbe vor-eingestellt werden.

Weiterhin wird – im Gegensatz zum *Textfenster* – ein *Label* immer dann benutzt, wenn ein Nutzer ein Ergebnis *ohne Änderungsmöglichkeit* zur Kenntnis nehmen soll. In diesem Fall kann über die Zeile AutoSize im Eigenschaftsfenster eingestellt werden, ob sich das Label dem auszugebenden Inhalt in der Größe anpassen soll oder immer dieselbe, im Ent-wurf voreingestellte Größe besitzen soll.

Ein *Schieberegler,* allgemein und auch bei uns als *Scrollbar* bezeichnet, manchmal von Kennern auch *Potentiometer* genannt, ist ein außerordentlich wirksames Bedienungsele-ment. Denn mit seiner Hilfe kann man ein Mittel auf dem Formular platzieren, bei dem eine *Fehlbedienung durch den Nutzer* absolut ausgeschlossen ist.

Wir brauchen uns zum Beispiel nur eine Anwendung vorzustellen, bei der ein Nutzer nur ganzzahlige Werte von 0 bis 255 (s. Abschnitt 19.1.3) eingeben darf.

Lassen wir den Nutzer (auch mit entsprechendem Hinweis) seinen Wert in ein *Textfenster* eintragen, dann können wir davon ausgehen, dass er aus Unkonzentriertheit oder Müdigkeit oder Bösartigkeit doch bisweilen etwas Sinnloses einträgt.

Eine Fehlermeldung, wenn nicht sogar ein Programmabsturz sind die Folgen. Fordern wir den Nutzer dagegen auf, in einer Scrollbar, deren Minimum auf 0 und deren Maximum auf 255 voreingestellt wurde, den Regler einzustellen – da kann er absolut nichts falsch machen.

Das *Eigenschaftsfenster der Scrollbar* liefert wieder die wichtigsten Möglichkeiten der Voreinstellung: *Minimum, Maximum* und *Startposition des Reglers* folgen aus den Eigenschaften Min, Max bzw. Value. Für die *Farbeinstellungen* können wieder die Zeilen BackColor und ForeColor im Eigenschaftsfenster der Scrollbar benutzt werden.

Die *Ausrichtung der Scrollbar* ergibt sich aus der *Mausbewegung*: Wird die Scrollbar von *links nach rechts* auf dem Formular aufgezogen, dann erscheint sie *waagerecht*, wird sie dagegen mit der Maus von *oben nach unten* auf dem Formular aufgezogen, dann erscheint sie *senkrecht*.

Ein *Optionbutton* allein ist eigentlich sinnlos. Denn der Nutzer kann ihn zwar „einschalten" (falls er nicht sogar schon diese Starteigenschaft über Value bekommen hatte), aber er kann ihn nie wieder „ausschalten".

Aus Windows ist es uns allgemein bekannt: *Optionbuttons* treten eigentlich immer in *Gruppen* auf. Innerhalb der Gruppen kann der Nutzer dann *umschalten*.

Bild 14.12 Rahmen-Symbol zur Gruppierung von Optionbuttons

Um solche *Gruppen von Optionbuttons* auf dem Formular zu platzieren, benötigt man zuerst einen *Rahmen* (Bild 14.12, im download: BSP14_02.XLS).

An einem solchen *Rahmen*, der von VB mit dem Namen Frame1 versehen wird, kann natürlich auch über sein *Eigenschaftsfenster* die *Beschriftung* mit Caption und Font sowie die *Hintergrundfarbe* mit BackColor voreingestellt werden.

Anschließend werden dann die *Optionbuttons* in den/die Rahmen hineingezogen. Umgekehrt geht es nicht.

Bild 14.13 zeigt uns eine *Gruppe von Optionbuttons*, die mit ihren *Beschriftungen* in dem Rahmen angeordnet wurden. Der oberste Optionbutton trägt beim Start die Markierung, das wurde eingestellt, indem in seinem *Eigenschaftsfenster* in der Zeile Value der Eintrag von False auf True verändert wurde.

```
┌─────────────────────────────────────────────┐
│ ┌─ Frame 1 ─────────────────────────────┐    │
│ │                                        │    │
│ │   ⊙ OptionButton 1                     │    │
│ │                                        │    │
│ │   ○ OptionButton 2                     │    │
│ │                                        │    │
│ │   ○ OptionButton 3                     │    │
│ │                                        │    │
│ └────────────────────────────────────────┘    │
└─────────────────────────────────────────────┘
```

Bild 14.13 Optionbuttons im beschrifteten Rahmen mit gesetzter Startmarkierung

Navigator: Was bisher zu lesen war, was nun folgt:

 Das war doch nun überhaupt nicht schwierig, oder? Dank eines komfortablen Visual-Basic-Systems, kostenlos mitgeliefert mit Excel, Word und PowerPoint wird es uns kinderleicht gemacht, eine *Benutzeroberfläche* zusammenzuschieben.

Wir haben erfahren, wie wir den Hintergrund für eine Benutzeroberfläche, das *Formular*, erzeugen können. Weiter lernten wir, wie wir auf solch einem Formular *Buttons, Labels, Textfenster, Checkboxen, Gruppen von Optionbuttons* und *Scrollbars* platzieren können.

Weiter erfuhren wir, dass wir durch entsprechende Einträge in den passenden Zeilen der zugehörigen *Eigenschaftsfenster* bereits festlegen können, welche Eigenschaften diese Bedienelemente beim *Start der Laufzeit* haben sollen: Caption steht allgemein für die *Beschriftung,* BackColor und ForeColor stehen für die *Farbgebung,* Value steht für die *Position des Reglers* und für die *Markierungs-Eigenschaft* von *Checkbox* und *Option-buttons,* Text steht für den *Anfangs-Inhalt* eines *Textfensters.*

Was bleibt noch? Das stellen wir sofort fest, wenn die vorbereitete Benutzeroberfläche hergestellt wird, wenn also die *Laufzeit* beginnt.

Alles sieht schön aus und wartet auf die Bedienung durch den Nutzer – doch es gibt noch *keinerlei Reaktion* auf jegliche Nutzereinwirkung. Die Benutzeroberfläche ist noch tot.

Wie sie mit Leben erfüllt werden kann, wie wir erreichen können, dass *bei be-* *stimmten Nutzereinwirkungen auf die Bedienelemente bestimmte Reaktionen* erfolgen – das wird in den folgenden Kapiteln beschrieben.

15 Objekt, Ereignis, Ereignisprozedur

Navigator: Was bisher zu lesen war, was nun folgt:

 Im vorigen Kapitel wurde geschildert, wie über Excel (oder auch Word oder PowerPoint) ein Visual-Basic-System gestartet wird, wie die Starteigenschaften der grundlegenden Arbeitsfläche, des *Formulars*, voreingestellt werden.

Weiter wurde erläutert, wie die so genannte *Laufzeit* gestartet wird, in der die vorbereitete Arbeitsfläche dann tatsächlich zu sehen ist und in der man kontrollieren kann, ob das Formular in der vorbereiteten Erscheinungsform wie gewünscht zu sehen ist.

Daran anschließend folgten erste Anleitungen, wie wichtige *Bedienelemente* auf dem Formular platziert und ihrerseits für ihre wesentlichen *Starteigenschaften* voreingestellt werden können: *Button* (Schaltfläche), *Label* (Beschriftungsfeld), *Textfenster* (Texteingabefeld), *Checkbox* (Ja-Nein-Option), *Scrollbar* (Schieberegler) sowie *Optionbuttons* in Rahmen (gruppierte Auswahl).

Bis hierher ließ sich alles schön einfach, „rein handwerklich", schildern. Man nehme, man tue. Bis auf den Umgang mit einigen englischen Vokabeln, deren Kenntnis für die Suche nach den Eigenschaften und deren Bedeutung im Eigenschaftsfenster hilfreich ist, wurde unser Denkvermögen noch nicht auf harte Proben gestellt.

Doch wenn wir inhaltlich verstehen wollen, was tatsächlich bei der VB-Programmierung vor sich geht, wenn wir eigenen Anteil und die Leistungen des VB-Systems in ihrem Zusammenhang und Wechselspiel einordnen möchten, dann müssen wir uns nun näher mit dem *Begriff des Objektes* befassen.

Denn schließlich werden wir in Wirklichkeit nichts Anderes als *passive OOP* betreiben – *passive objektorientierte Programmierung*. Nur wenige Kapitel werden wir benötigen, und dann werden wir *wissen, was wir tun*.

Wir gehen in kleinen Schritten vor. Befassen wir uns zuerst mit den Begriffen *Objekt*, *Ereignis* und *Ereignisprozedur*.

15.1 Der Objektbegriff

15.1.1 Datenobjekte

Ein *Datenobjekt* besteht zuallererst aus einem *geschützten Datenkern*; man sagt auch, die dort enthaltenen Daten sind *gekapselt*. Wie der Datenkern im Einzelnen aufgebaut ist, das weiß nur derjenige Programmierer, der dieses Datenobjekt irgendwann vorbereitet hat.

Ist ein Daten-Objekt vorbereitet (und beispielsweise in eine *Sammlung* aufgenommen worden), so können viele andere Programmierer damit arbeiten. Wir wollen diese zum Unterschied zu dem Vorbereiter des Objekts als *Nutz-Programmierer (*oder auch *Anwender) bezeichnen. Kein Nutz-Programmierer kann aber unmittelbar auf die Bestandteile des Datenkerns zugreifen!*

Hätte ein Objekt *nur* den geschützten Datenkern, so wäre es offensichtlich sinnlos. Niemand, kein Nutz-Programmierer, könnte mit den Daten des Datenkerns arbeiten. Deshalb enthält jedes Objekt zusätzlich gewisse Mechanismen, mit deren Hilfe jeder Nutz-Programmierer mit dem Datenkern umgehen kann.

In Bild 15.1 sind die zwei *Zugriffs-Mechanismen* eingezeichnet, die zu einem Visual-Basic-Objekt gehören können.

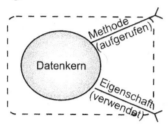

Bild 15.1: Daten-Objekt in Visual Basic

Eine *Eigenschaft* dient dem schnellen *aktiven und passiven Zugriff* auf einzelne Bestandteile des Datenkerns. Verwendet ein Nutz-Programmierer eine Eigenschaft *aktiv*, dann verändert er mit ihrer Hilfe einen einzelnen Wert im Datenkern. *Passive Verwendung* dagegen informiert über die aktuelle Situation im Datenkern, ohne darin zu ändern.

Wenn z. B. im Datenkern die Uhrzeit mit Stunde, Minute und Sekunde verwaltet wird, dann könnten über drei Eigenschaften sowohl die Einzelwerte abgefragt als auch verändert werden. Eigenschaften werden stets *verwendet*.

Eine *Methode* kann dagegen eine *Vielfalt an Wirkungen* haben: Sie kann im Datenkern verändern, sie kann mehrere, sogar viele Werte liefern, kurz, sie hat eine bestimmte *Wirkung*. Methoden werden stets *aufgerufen*.

Diejenigen Leserinnen und Leser, die sich an das Kapitel 13 (ab Seite 183) erinnern, wissen, dass *Eigenschaften* in Form von `Let-Get`-Kombinationen in der Klasse vorbereitet werden; Methoden werden in den Klassen als `Subroutine`-Unterprogramme vorbereitet.

15.1.2 Visuelle Objekte

Visual Basic enthält eine beachtliche Sammlung von *vorbereiteten Objekten*. Im vorigen Kapitel 14 haben wir davon schon – unbewusst – Gebrauch gemacht. Wir haben nämlich besondere Objekte, die als *visuelle Objekte* bezeichnet werden, im Entwurf *vorbereitet* und zur Laufzeit *erzeugen lassen*.

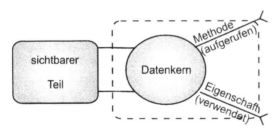

Bild 15.2: Visuelles Objekt in Visual Basic

Visuelle Objekte besitzen zusätzlich zu den einfachen Datenobjekten einen *sichtbaren Teil*, den wir als *Bedienelement* auf dem *Formular* erleben. Auch das *Formular* selbst ist nichts anderes als der sichtbare Teil eines entsprechenden visuellen Objektes. Alle Werte, die zum sichtbaren Teil gehören, sind im Datenkern abgespeichert.

Dazu gehören zum Beispiel Position, Größe und Farbe jedes Bedienelements, Farbe und Start-Status des Formulars, Beschriftung des Labels oder Inhalt des Textfensters, dazu gehören die Belegung bei der Checkbox oder dem Optionbutton, die Position des Reglers bei einer Scrollbar usw.

Wird folglich im Datenkern eines visuellen Objekts irgendein Wert verändert, der mit dem sichtbaren Teil in Beziehung steht, dann sehen wir sofort eine Änderung an dem Bedienelement.

Und schon lässt sich auch erklären, was wir eigentlich taten, als wir unter Nutzung der zugehörigen *Eigenschaftsfenster* im Abschnitt 14.3.4 jeweils die *Startsituation* für Formular und Bedienelemente festlegten.

Bild 15.3 zeigt es: Einige der Eigenschaften, die in den Datenkern führen, können von uns bereits in der *Entwurfsphase* mit Hilfe des *Eigenschaftsfensters* voreingestellt werden. Zu *Beginn der Laufzeit*, dann, wenn dann das *visuelle Objekt* tatsächlich *erzeugt* wird, transportiert Visual Basic die voreingestellten Werte über die Eigenschaften in den Datenkern.

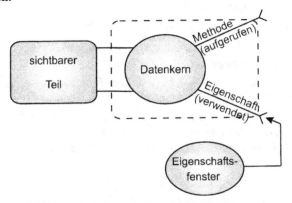

Bild 15.3: Voreinstellung der Starteigenschaften

Dort sorgen sie sofort für entsprechende Darstellung des Bedienelements, also des *sichtbaren Teils des visuellen Objekts*: Das Label erhält die voreingestellte Beschriftung, die Checkbox die voreingestellte Belegung, die Scrollbar die voreingestellte Position, das Formular die voreingestellte Farbe und so weiter.

Nicht *alle*, sondern nur *die wichtigsten* Bestandteile des Datenkerns sind vorab durch das zugehörige Eigenschaftsfenster einstellbar. Im Abschnitt 17.7.3 werden wir erfahren, wie weitere Eigenschaften gefunden und genutzt werden können.

So weit, so gut. Doch was passiert danach, zur *Laufzeit*, wenn das Formular mit den darauf platzierten Bedienelementen hergestellt ist? Dann gibt es die *Nutzerin* oder den *Nutzer* (der Einfachheit halber soll generell nur kurz von dem Nutzer gesprochen werden). Natürlich kann der Nutzer, er wird es sogar, auf die Bedienelemente einwirken: Er wird auf den Button klicken, in das Textfenster eintragen, in der Checkbox den Haken setzen oder wegnehmen, in der Scrollbar den Regler verschieben und so weiter.

Das ist sein gutes Recht, das soll er auch. Schließlich wird die Benutzeroberfläche nicht zum begeisternden Ansehen vorbereitet und hergestellt, sondern zum Entgegennehmen von Nutzereinwirkungen.

Im Bild 15.4 haben wir folglich das Schema des visuellen VB-Objekts erweitert: Durch den Nutzer und seine Möglichkeit, auf ein Bedienelement einzuwirken. Jede *Nutzerein-wirkung* wird dabei als *Ereignis* bezeichnet.

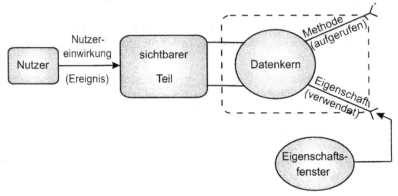

Bild 15.4: Jede Nutzereinwirkung ist ein Ereignis

Damit können wir uns nun das Wechselspiel vorstellen:

• Wird im Datenkern ein Bestandteil, der zur sichtbaren Komponente gehört, geändert, dann ändert sich automatisch der sichtbare Teil, das Bedienelement.

• Erfolgt andererseits eine *ändernde Nutzereinwirkung* auf ein Bedienelement, dann ändert sich nicht nur dieses, sondern sofort wird auch im Datenkern diese Änderung registriert.

Doch nicht jede Nutzereinwirkung ändert etwas – so kann der Nutzer auf einen Button klicken, die Maus über dem Formular bewegen, auf ein Label klicken usw. Dabei wird nichts Sichtbares passieren, obwohl zweifelsohne eine Aktivität des Nutzers stattgefunden hat.

Wir brauchen also einen übergeordneten Begriff, und das ist eben das *Ereignis*.

• Jede *Nutzerhandlung* am Formular oder an einem darauf befindlichen Bedienelement ist ein *Ereignis*.

• Einige dieser Ereignisse können *zusätzlich* noch Änderungen an den Bedienelementen bewirken. Finden solche Änderungen statt, dann werden sie sofort im Datenkern des jeweiligen visuellen Objekts berücksichtigt.

15.1.3 Ereignisbehandlung

Klickt ein Nutzer auf einen Button, dann will er, dass etwas *passiert*, dass eine *Reaktion* eintritt. Das ist sein gutes Recht – und warum gäbe es sonst überhaupt dieses Bedienelement *Button* ?

Das Bild 15.5 versucht nun darzustellen, wie es überhaupt dazu kommen kann, dass auf ein vom Nutzer ausgelöstes Ereignis schließlich eine Reaktion erfolgt.

• Wenn wir ein Bedienelement in der Entwurfsphase auf dem Formular platzieren, bereiten wir damit ein *visuelles Objekt* vor. Das Formular selbst wird dabei auch ein visuelles Objekt.

• Gleichzeitig wird jedes vorbereitete visuelle Objekt durch das Visual-Basic-System beim *Ereignishändler* angemeldet – wir müssen das nicht tun und merken auch nichts davon. Die Anmeldung erfolgt automatisch.

• Zur Laufzeit, wenn also die *Benutzeroberfläche* (Formular mit darauf befindlichen Bedienelementen) tatsächlich hergestellt ist, *wartet der Ereignishändler auf Nachrichten* von den visuellen Objekten.

• Löst ein Nutzer durch eine *Bedienhandlung* ein *Ereignis* an einem visuellen Objekt aus, dann erhält der Ereignishändler eine entsprechende *Nachricht*.

• Der Ereignishändler prüft nun, ob es *zu diesem Ereignis an diesem visuellen Objekt* eine vorbereitete *Ereignisprozedur* gibt.

• *Wenn* es eine vorbereitete Ereignisprozedur für dieses bestimmte Ereignis an diesem Objekt *gibt*, dann wird sie gestartet.

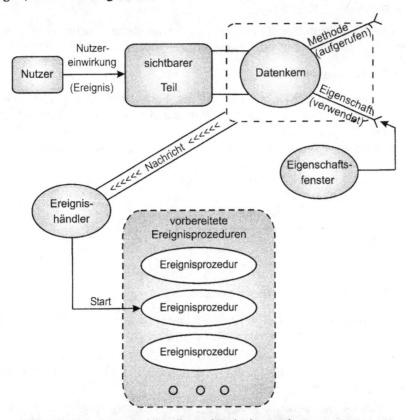

Bild 15.5: Ereignis, Ereignishändler und Ereignisprozeduren

Daraus folgt: Wollen wir, dass eine *Reaktion auf eine bestimmte Nutzerhandlung an dem sichtbaren Teil eines bestimmten visuellen Objekts* eintritt, dann müssen wir dafür sorgen, dass dafür eine *Ereignisprozedur* existiert.

Das bedeutet, dass wir uns nun mit der Frage beschäftigen müssen, wie wir *Ereignisprozeduren herstellen* können.

15.2   Einfache Ereignisprozeduren zum Standard-Ereignis

Jede Ereignisprozedur besteht aus dem *Rahmen* und dem *Inhalt*. Um den *Rahmen* brauchen wir uns bei Visual Basic nicht zu kümmern, der wird uns stets quasi „geschenkt".

Zu jedem visuellen Objekt gibt es *zwei Arten von Ereignissen*: *Das Standard-Ereignis* und viele *andere Ereignisse*. Das sind dann die *Nicht-Standard-Ereignisse*.

Das Standard-Ereignis ist dasjenige, das in der Regel oder am häufigsten der Ausgangspunkt für eine Reaktion sein wird. Beim Bedienelement *Button* wäre es ziemlich verblüffend, wenn nicht der *Klick* mit der linken (Haupt-) *Maustaste* als *Standard-Ereignis* betrachtet würde.

Beginnen wir also. Zuerst werden wir Reaktionen auf die *Standard-Ereignisse* an visuellen Objekten in Ereignisprozeduren programmieren. Den Rahmen für Ereignisprozeduren zum Standard-Ereignis erhalten wir ganz einfach durch *Doppelklick* im Entwurf auf den *sichtbaren Teil* des visuellen Objekts.

Sehen wir uns das im Einzelnen für unsere bisher verwendeten visuellen Objekte an, d. h. für die sechs Bedienelemente und das Formular.

15.2.1   Button-Standardereignis

Auf einem kleinen Formular (es muss beim Start diesmal nicht den ganzen Bildschirm ausfüllen) platzieren wir ein Bedienelement *Button* und ändern mit der Eigenschaft `Caption` die Beschriftung auf START (siehe Bild 15.6). Visual Basic schlägt für dieses Bedienelement den Namen `CommandButton1` vor. Ihn sollten wir beibehalten.

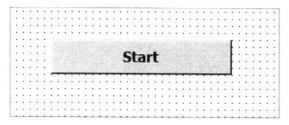

Bild 15.6: Bedienelement Button (Schaltfläche)

Nun dazu die *Aufgabe*: Bei einfachen *Klick auf diesen Button* soll der Nutzer eine Mitteilung mit dem Text „Der Button wurde geklickt" erhalten. Mehr erstmal nicht.

Der *einfache Klick* ist das *Standard-Ereignis für das Bedienelement Button*. Folglich beschaffen wir uns den *Rahmen für die Ereignisprozedur*, indem wir mit der linken Maustaste doppelt auf den Button klicken:

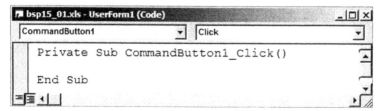

Bild 15.7: Rahmen für die Ereignisprozedur „Klick auf CommandButton1"

Es öffnet sich sofort ein so genanntes *Quelltextfenster* (Bild 15.7), in dem sich bereits zwei Programmzeilen befinden.

Die `Private` `Sub`-Zeile bildet die *Kopfzeile des Rahmens der Ereignisprozedur*. Die Zeile `End` `Sub` bildet die *Fußzeile des Rahmens*.

DOWNLOAD   *Öffnen Sie die Seite http://www.w-g-m.de/basic.htm, wählen Sie dort*

Dateien für Kapitel 15, geben Sie Ihr Ziel ein. Danach erfolgt das Herunterladen der Datei KAP15.ZIP in den von Ihnen angegebenen Ordner. Durch Doppelklick auf den Dateinamen wird diese Datei extrahiert, und Sie erhalten im darunter befindlichen Ordner BEISPIELE *die Dateien* BSP15_01.XLS *usw.*

In der Kopfzeile lesen wir rechts neben dem Punkt die Vokabel `CommandButton1_` `Click` – damit erkennen wir zur Kontrolle, dass wir tatsächlich den *Rahmen der Ereignisprozedur* für das Ereignis *Klick auf den Button* mit dem Namen *CommandButton1* vor uns haben.

Der Zwischenraum zwischen Kopfzeile und Fußzeile ist von uns mit dem *Inhalt der Ereignisprozedur* zu füllen. Hier müssen wir nun *programmieren*, d. h. wir müssen die *passenden Befehle* in der *richtigen Reihenfolge* eintragen, wobei wir uns an die *Regeln der Sprache Basic* halten müssen (download: BSP15_01.XLS):

```
Private Sub CommandButton1_Click()        'Kopfzeile
MsgBox ("Der Button wurde geklickt")      'Inhalt
End Sub                                    'Fußzeile
```

Bevor wir mehr zu den Basic-Regeln erfahren, wollen wir uns das Ergebnis in Bild 15.8 ansehen: Bei *Klick auf den Button* zur Laufzeit erscheint tatsächlich in der Mitte des Bildschirms das von uns verlangte Mitteilungsfenster (`MsgBox`) mit dem programmierten Inhalt.

Bild 15.8: Erfolgreiche Ausführung der Ereignisprozedur

Der von uns programmierte Inhalt der Ereignisprozedur besteht erst einmal nur aus *einem einzigen Befehl* – keine Sorge, das wird sich bald ändern.

Das Hochkomma ' macht den Rest der Zeile *programmtechnisch unwirksam* – dahinter kann man also *Bemerkungen* (Kommentare) eintragen.

Der Befehl `MsgBox` (`"Der Button wurde geklickt"`) stellt in Wirklichkeit den *Aufruf der Prozedur* `MsgBox` dar. Dabei wird der Text, der in dem Mitteilungsfenster erscheinen soll, in *Anführungszeichen* " " gesetzt (auf der Tastatur über der Zwei).

15.2.2   Textfenster-Standardereignis

Rasch wird ein *Textfenster* auf dem Formular platziert (es bekommt von Visual Basic automatisch den Namen `TextBox1`), und mit dem *Eigenschaftsfenster* wird in der Zeile `Text` für den Start-Inhalt eine Zeichenfolge, zum Beispiel *Uenglingen*, vorbereitet (Bild 15.9).

Bild 15.9: Bedienelement Textfenster (Textbox)

Dann wird mit der *linken Maustaste* doppelt auf das Textfenster geklickt. Schon erhalten wir den *Rahmen für die Ereignisprozedur zum Standard-Ereignis beim Textfenster*. Welches Ereignis wird es wohl sein?

Der obersten Zeile des „geschenkten" Rahmens können wir rechts vom Punkt die Vokabel `TextBox1_Change` ablesen.

Das heißt, dass die Programmierer von Visual Basic der Meinung waren, dass eine *ändernde Nutzereinwirkung*, d. h. das Ereignis `Change` (Änderung) bei einem Textfenster wohl am häufigsten der Ausgangspunkt für eine Reaktion sein wird.

Nun brauchen wir nur noch den einen Informations-Befehl für den Inhalt zu schreiben:

```
Private Sub TextBox1_Change()
MsgBox ("Es wurde geändert")              'Inhalt
End Sub
```

Lassen wir ausführen, dann stellen wir tatsächlich fest, dass das einfache *Hineinklicken* in die Textbox noch *nicht* zur Ausführung dieser Ereignisprozedur führt. Das Ereignis „Klick" ist eben ein anderes Ereignis als „Änderung" (download: BSP15_02.XLS).

15.2.3   Checkbox-Standardereignis

Preisfrage: Welche Nutzereinwirkung wird wohl bei dem Bedienelement *Checkbox* am häufigsten auftreten und oft zu einer Reaktion Anlass geben?

```
Private Sub CheckBox1_Click()
MsgBox ("Es wurde geklickt")              'Inhalt
End Sub
```

Natürlich – in der *Kopfzeile* (download: BSP15_03.XLS) ist es ablesbar: Das Standardereignis beim Bedienelement *Checkbox* ist der *einfache Klick*. Wobei dieses Ereignis natürlich sowohl eintritt, wenn der Nutzer den Haken in der Checkbox *setzt*, als auch, wenn er den Haken *wegnimmt*. Klick ist Klick.

15.2.4   Scrollbar-Standardereignis

Für das Bedienelement *Scrollbar* besteht das *Standard-Ereignis* in der *Änderung der Position des Reglers*. Der Doppelklick auf dieses Bedienelement im Entwurfsmodus liefert sofort den Rahmen für eine Ereignisprozedur, mit der man auf diese Nutzereinwirkung reagieren lassen kann (download: BSP15_04.XLS):

```
Private Sub ScrollBar1_Change()
MsgBox ("Es wurde am Regler geschoben")   'Inhalt
End Sub
```

15.2.5 Optionbutton-Standardereignis

Für ein Bedienelement *Optionbutton*, das wohl niemals allein auftreten wird, sondern immer mit anderen zusammen in einer Gruppe (Rahmen), ist ebenfalls der *einfache Klick* das *Standard-Ereignis*.

Das erfährt man (download: BSP15_05.XLS) aus dem zugehörigen *Rahmen der Ereignisprozedur*:

```
Private Sub OptionButton1_Click()
MsgBox ("Es wurde geklickt")             'Inhalt
End Sub
```

15.2.6 Label-Standardereignis

Welche Antwort sollten wir geben, wenn wir nach dem *Standard-Ereignis zum Bedienelement Label* gefragt werden?

Oder anders formuliert: Welche Nutzerhandlung ist an einem *Label* am wahrscheinlichsten und sollte zu einer Reaktion führen?

Ein Label wird eigentlich nur benutzt, um etwas mitzuteilen. Also lautet die spontane Antwort: Keine. Welcher Nutzer klickt schon ein Label an? Warum sollte er das tun?

Trotzdem haben die Entwickler von Visual Basic auch für ein Label ein Standard-Ereignis festgelegt. Lassen wir uns überraschen: Label1_Click steht in der Kopfzeile des Rahmens für die Ereignisprozedur. Das also beschreibt das *Standard-Ereignis am Label*. Nehmen wir es zur Kenntnis (download: BSP15_06.XLS).

Sollten wir einmal aus irgendeinem Grunde für den *Klick* eines Nutzers auf ein *Label* eine Ereignisprozedur zu schreiben haben, dann wissen wir also nun, dass wir damit das *Standard-Ereignis am Label* behandeln.

15.2.7 Formular-Standardereignis

Wenn wir im Entwurf auf das *leere Formular* doppelt klicken, dann erhalten wir sofort folgenden Ereignisprozedur-Rahmen (BSP15_07.XLS):

```
Private Sub UserForm_Click()

End Sub
```

Das bedeutet, dass bei dem grundlegenden visuellen Objekt, dem Formular, der *Klick* als *Standardereignis* angesehen wird.

15.3 Einfache Ereignisprozeduren zu Nicht-Standard-Ereignissen

Wie erfährt man überhaupt, für *welche Ereignisse* man generell *Inhalte von Ereignisprozeduren* programmieren kann? Mit anderen Worten: Für *welche Nutzereinwirkungen* auf ein Bedienelement ist in Visual Basic eine Reaktion *programmierbar*?

Bisher wissen wir doch nur, wie wir eine Reaktion beim jeweiligen *Standard-Ereignis* erzeugen können.

15.3.1   Reaktionen auf Mausbewegungen

Was ist zu tun, wenn wir beispielsweise eine *Reaktion* programmieren wollen, die stattfindet, wenn der Nutzer die *Maus* lediglich *über einen Button* bewegt?

Zwei Fragen müssen dazu beantwortet werden:

• Erste Frage: Gibt es überhaupt die Möglichkeit in Visual Basic, zum Ereignis *Mausbewegung über einem Button* eine Ereignisprozedur schreiben zu können?

• Zweite Frage: Wenn ja, wie erhält man dann den *Rahmen für die Ereignisprozedur*?

Beide Antworten sind nicht schwierig zu erhalten:

Nachdem wir den *Button* auf dem *Formular* platziert haben (z. B. mit der Beschriftung
NORD), notieren wir uns seinen Namen, den ihm das VB-System verliehen hat. Nehmen
wir an, er heißt CommandButton1 (download: BSP15_08.XLS). Wir wählen diesen Button
aus (einfacher Klick) und anschließend wählen wir ANSICHT→CODE. Es erscheint das
Fenster für die Texte der Ereignisprozeduren, und der Rahmen für die Ereignisprozedur
für das Standard-Ereignis ist auch schon vorbereitet (Bild 15.10).

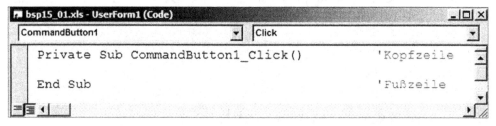

Bild 15.10: Textfenster für die Ereignisprozeduren

Links oben erkennen wir den Namen des Buttons, und rechts oben aber erkennen wir das
momentan vorgeschlagene Ereignis, den Klick. Wird aber das *rechte obere Fenster* geöffnet, dann sehen wir dort die vollständige Liste *aller* behandelbaren Button-Ereignisse
(Bild 15.11).

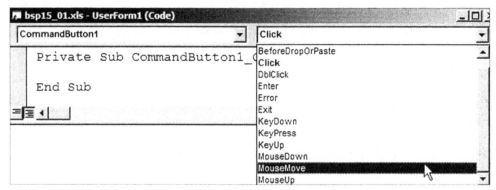

Bild 15.11: Liste aller behandelbaren Button-Ereignisse

Und in diesem Bild können wir erkennen: Dreizehn *Ereignisse am Button* sind behandel-
bar; für sie könnten wir folglich Ereignisprozeduren vorbereiten. Eines davon ist das bekannte Standard-Ereignis *Klick*, das sich natürlich auch in der Liste befindet.

Also gibt es beim visuellen Objekt *Button* ein Dutzend behandelbarer *Nicht-Standard-Ereignisse*.

Unser gesuchtes Ereignis ist das hervorgehobene `MouseMove`: Für die *Mausbewegung* soll eine Reaktion programmiert werden. Doppelklick auf den Ereignisnamen – und schon haben wir den Rahmen für die Ereignisprozedur zum *Nicht-Standard-Ereignis Mausbewegung über den Button* erhalten.

```
Private Sub CommandButton1_MouseMove(ByVal Button As Integer,
                               ByVal Shift As Integer,
                               ByVal X As Single,
                               ByVal Y As Single)

  MsgBox ("Mausbewegung über dem Button")      'Inhalt
  End Sub
```

In der *Kopfzeile des Rahmens der Ereignisprozedur* liest man rechts vom `Sub` die Zeichenfolge `CommandButton1_MouseMove`, es handelt sich also tatsächlich um den Rahmen für die Ereignisprozedur zum Ereignis „Mausbewegung über dem Button".

Für den Inhalt der Ereignisprozedur haben wir vorerst wieder nur eine einfache Mitteilung gewählt.

Dabei ist die *lange Kopfzeile* hier nur aus schreibtechnischen Gründen zerlegt worden; im eigentlichen VB-Quelltextfenster ist das nicht nötig.

Zur Übung könnten nun weitere drei Buttons mit den Beschriftungen *OST*, *WEST* und *SÜD* an den entsprechenden Stellen, etwas entfernt voneinander, auf dem Formular platziert werden. Zu jedem Button wird dann für das Ereignis „Mausbewegung" der *Rahmen der zugehörigen Ereignisprozedur* beschafft, und anschließend wird jeweils die passende Mitteilung programmiert.

Was ist aber, wenn sich der Mauszeiger nicht über einem der Buttons befindet? Dann – logisch – befindet er sich über dem *Formular*. Die Liste der Formular-Ereignisse, zu denen eine Ereignisprozedur geschrieben werden kann, ist lang, sehr lang. Mehr als zwanzig Einträge umfasst sie; natürlich befindet sich auch der Eintrag `MouseMove` in dieser Liste.

Wer jedoch auf die Idee kommt, folglich eine fünfte Ereignisprozedur zum Ereignis „Mausbewegung über dem Formular" zu programmieren, der wird einstweilen viel Ärger bekommen. Warum?

Nun, das *Mitteilungsfenster*, das mit dem Aufruf der Prozedur `MsgBox` angefordert wird, wird von Visual Basic stets in der *Mitte des Bildschirms* geöffnet, also über dem Formular. Wenn man aber diese Mitteilung mit OK bestätigt und das Mitteilungsfenster verschwindet – wo befindet sich dann der Mauszeiger? Natürlich – wieder über dem Formular! Das Mitteilungsfenster erscheint unverzüglich wieder und so weiter.

Man kommt aus dem Teufelskreis nur heraus, wenn das Miteilungsfenster vor dem Schließen vorsichtig ganz an den oberen Rand des Bildschirms gezogen wird. Ein schöner Effekt, aus dem man viel lernen kann (im Download: BSP15_09.XLS)

Für die beiden anderen behandelbaren Mausereignisse mit den Bezeichnungen `Mouse-Down` und `MouseUp` könnten wir ebenso interessante Reaktionen programmieren.

Übersetzen wir die beiden englischen Vokabeln in die deutsche Sprache:

• MouseDown = „Beim Runterdrücken der linken Maustaste, während sich der Mauszeiger über dem Bedienelement oder dem Formular befindet".

• MouseUp = „Beim Loslassen der linken Maustaste, während sich der Mauszeiger über dem Bedienelement oder dem Formular befindet".

15.3.2   Reaktionen auf Tastendruck

Betrachten wir ein Formular mit einem darauf befindlichen *Textfenster* (Textbox), in das der Nutzer selbst etwas eintragen kann – oder in dem er eine vorhandene Eintragung verändern kann. Das Ereignis „Änderung" ist das *Standard-Ereignis* am Bedienelement *Textfenster*, wir haben es im Abschnitt 15.2.2 schon kennen gelernt.

Wir stellen uns nun die Frage: Für wie viele und welche *Nicht-Standard-Ereignisse* am Textfenster könnten wir Reaktionen programmieren? Könnten wir auch eine Reaktion auf einen einfachen Tastendruck programmieren? Bild 15.12 gibt uns die Antwort.

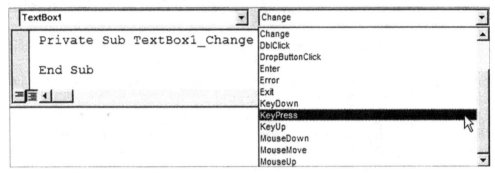

Bild 15.12: Sechzehn behandelbare Ereignisse am Textfenster

Der Inhalt der Ereignisprozedur zum (Nicht-Standard-) Ereignis *Tastendruck* besteht wieder vorerst nur aus dem einfachen Aufruf der Prozedur MsgBox, mit dem der Nutzer über das Eintreten des Ereignisses informiert wird.

```
Private Sub TextBox1_KeyPress(
                  ByVal KeyAscii As MSForms.ReturnInteger)
MsgBox ("Eine Taste wurde gedrückt")
End Sub
```

Wer die Ereignisprozedur testet (im download: BSP15_10.XLS), wird erstaunt feststellen, dass keinesfalls *jeder* Tastendruck die programmierte Reaktion hervorruft. Weder auf die Umschalt-Taste noch auf die Taste $\boxed{\text{Strg}}$ noch auf die Funktionstasten $\boxed{\text{F1}}$ bis $\boxed{\text{F12}}$ gibt es eine Reaktion.

Ist das schlecht? Sicher nicht, denn sonst könnte ja jeder Programmierer mittels einer Ereignisprozedur diese wichtigen Tasten, die für die Arbeit des Betriebssystems unverzichtbar sind, einfach außer Betrieb nehmen oder in ihrer Wirkung verfälschen. Für die beiden anderen Tastatur-Ereignisse

   • KeyDown = „Bei heruntergedrückter Taste"   • KeyUp = „Bei losgelassener Taste"

werden wir später vielleicht interessante Anwendungen finden; ihre Nutzung im Zusammenhang mit der Prozedur MsgBox ist nicht günstig.

16   Weitere Bedienelemente

Navigator: Was bisher zu lesen war, was nun folgt:

 Nachdem das vorige Kapitel an den Rand des Theoretischen kam mit seinen vielen neuen Begriffen, wollen wir eine kurze geistige Ruhepause einlegen. Aber war es denn wirklich so schlimm?

Wenn eine Benutzeroberfläche entworfen und schön gestaltet ist, dann kann doch die nächste Arbeitsetappe nur darin bestehen, dass man *die Benutzeroberfläche mit Leben* erfüllt. Das heißt, dass man sich überlegt, bei *welcher Nutzereinwirkung* an *welchem Bedienelement welche Reaktion* erfolgen soll.

Drei Fragen *Wo – Wobei – Was* sollte man sich deshalb immer stellen:

• *Wo*: Welches *Bedienelement* soll überhaupt *Ausgangspunkt* für eine Reaktion sein? Soll etwas passieren, wenn der Nutzer sich mit dem Button beschäftigt oder wenn er im Textfenster ändert oder wenn er mit dem Mauszeiger am Schieberegler hantiert oder ... oder ... oder ?

• *Wobei*: Welche *Nutzereinwirkung* soll eine Reaktion hervorrufen? Ist es das übliche *Standard-Ereignis*, auf das wir eine Antwort finden sollen, der Klick, die Änderung, oder wollen wir, dass bei *Nicht-Standard-Ereignissen* (z. B. Mausbewegung, Tastenbetätigung) etwas passiert?

• *Was*: Wie soll die Reaktion dann aussehen? Hier sind wir erst am Anfang, bisher können wir als einzige Reaktion nur die `MsgBox`-Prozedur aufrufen. Dem *was* werden wir noch einige Kapitel widmen.

Und weil auch das grundlegende *Formular*, auf dem die Bedienelemente angeordnet werden, selbst zum Ausgangspunkt für Reaktionen werden kann, mussten wir uns vom engen Begriff des Bedienelements lösen und vielmehr vom *sichtbaren Teil eines visuellen Objekts* sprechen.

Weiter erfuhren wir dann, dass die beabsichtigte Reaktion stets durch den *Start einer Ereignisprozedur* erfolgt. Ereignisprozeduren bestehen aus *Rahmen* und *Inhalt*. Den Rahmen – Visual Basic sei Dank – bekommen wir *immer geschenkt*. Da brauchten wir doch nur noch zu erfahren, wie man dieses Geschenk bestellt: Ein *Doppelklick* mit der Maus an der richtigen Stelle reicht. Ehrlich, war das wirklich so schwer?

Nun aber, wie angekündigt, zum geistigen Ausruhen ein handwerklicher Einschub: Wie platziert man *Listen* auf einem Formular und stellt ihre *Starteigenschaften* ein?

16.1   Bedienelement Liste (ListBox)

16.1.1   Liste auf dem Formular platzieren

Wenn wir eine (Auswahl-)Liste (ListBox) auf das Formular bringen wollen, müssen wir in der Werkzeugsammlung die entsprechende Schaltfläche auswählen (Bild 16.1). Damit kann dann das Bedienelement *Liste* auf dem Formular platziert werden; es bekommt von Visual Basic den Namen `ListBox1`.

Wie Bild 16.2 erkennen lässt, lassen sich über das *Eigenschaftsfenster* offenbar sehr viele *Starteigenschaften* für die Liste voreinstellen. Dazu gehören natürlich die Hintergrundfarbe (`BackColor`) und die Schrift (`Font`).

16.1.2   Startbelegung der Liste erzeugen

Doch wie können wir eine *Startbelegung* für die Liste erhalten? Zum Beispiel wollen wir, dass die Liste sofort nach dem Start der Laufzeit die sechzehn deutschen Bundesländer enthält. Wie können wir das erreichen? Geht es überhaupt?

Erst einmal: Auf einfachem Wege geht es nicht. Nicht eine einzige der drei Dutzend Zeilen im *Eigenschaftsfenster der Liste* (Bild 16.2) lässt erkennen, dass mit ihrer Hilfe eine mögliche Startbelegung vorgewählt werden könnte. Schade.

Bild 16.1: Schaltfläche für eine Liste in der Werkzeugsammlung

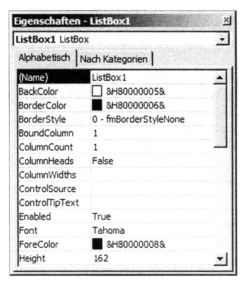

Bild 16.2: Teil des Eigenschaftsfensters für die Liste

Überlegen wir weiter: Was passiert eigentlich, wenn ein Nutzer die Laufzeit durch Klick auf das nach rechts gerichtete Dreieck ▶ startet?

Dann sorgt er doch dafür, dass das Formular hergestellt wird. Er *aktiviert* das *Formular*.

Nun sehen wir im *Textfenster für die Ereignisprozeduren* nach (Bild 16.3): Ist es möglich, für das Ereignis *Aktivierung des Formulars* eine *Ereignisprozedur* schreiben zu können?

Links oben stellen wir den Namen des Formulars (UserForm) ein, und rechts öffnen wir die Liste der *Formular-Ereignisse,* für die wir *eine Reaktion* programmieren können.

Bild 16.3 zeigt, dass es möglich ist: Die *Aktivierung* (engl.: Activate) ist eines der vielen *behandelbaren Ereignisse des Formulars.*

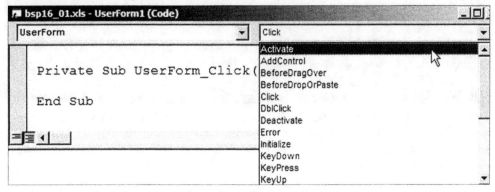

Bild 16.3: Behandelbare Ereignisse am Formular

Schnell doppelt mit der Maus auf den Eintrag Activate geklickt, und schon erhalten wir den *Rahmen für die Ereignisprozedur* zum Ereignis *Aktivierung des Formulars.*

```
Private Sub UserForm_Activate()

End Sub
```

Welcher *Inhalt* ist aber nun zu programmieren? Antwort: Die Liste mit dem Namen Listbox1 soll *sechzehn Einträge* bekommen – nämlich die Namen der sechzehn Bundesländer. Tippen wir also Listbox1 und danach den Punkt ein und warten auf die *Punktliste.*

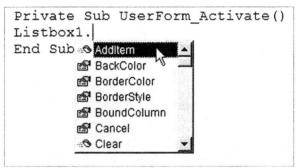

Bild 16.4: Punktliste einer Listbox

Gleich die erste Zeile der erscheinenden Punktliste zeigt uns die Lösung unseres Problems: Alle visuellen Listbox-Objekte besitzen offensichtlich eine *Methode*, mit der ein *Eintrag* (engl.: Item) angefügt werden kann. Dass es sich um eine Methode und nicht um eine Eigenschaft handelt, erkennen wir dabei an dem grünen Symbol ⇶◈.

Nun können wir also den *Inhalt der Ereignisprozedur für das Ereignis Aktivierung des Formulars* schreiben. Er besteht aus sechzehn Aufrufen der Methode AddItem von Listbox1.

```
Private Sub UserForm_Activate()
ListBox1.AddItem ("Schleswig-Holstein")
ListBox1.AddItem ("Hamburg")
. . . . . . . . . . . . . . .
ListBox1.AddItem ("Baden-Württemberg")
ListBox1.AddItem ("Bayern")
End Sub
```

DOWNLOAD   *Öffnen Sie die Seite http://www.w-g-m.de/basic.htm, wählen Sie dort Dateien für Kapitel 16, geben Sie Ihr Ziel ein. Danach erfolgt das Herunterladen der Datei* KAP16.ZIP *in den von Ihnen angegebenen Ordner. Durch Doppelklick auf den Dateinamen wird diese Datei extrahiert, und Sie erhalten im darunter befindlichen Ordner* BEISPIELE *die Dateien* BSP16_01.XLS *usw.*

Bild 16.5 zeigt das Ergebnis: Beim Start der Laufzeit wird tatsächlich die Liste mit den Namen der sechzehn Bundesländer gefüllt.

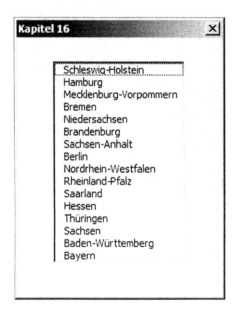

Bild 16.5: Gefüllte Liste nach Start der Laufzeit

Verdeutlichen wir uns mit Bild 16.6 den Ablauf und unsere Vorgehensweise:

• Der Nutzer *startet die Laufzeit* durch Klick auf das nach rechts gerichtete Dreieck. Das Ereignis *Aktivierung des Formular-Objekts* tritt ein.

• Das *Formular-Objekt* mit dem Namen `UnserForm` meldet das Eintreten dieses Ereignisses an den *Ereignishändler*. Der Ereignishändler stellt fest, dass es zu diesem Ereignis eine *zugehörige Ereignisprozedur* gibt. Er *startet* diese Ereignisprozedur, lässt damit die in ihrem Inneren befindlichen *Befehle* abarbeiten.

• Diese sechzehn, von uns programmierten Befehle füllen mit Hilfe der *Methode* `AddItem` den *Datenkern des Listenobjekts* mit dem Namen `ListBox1`.

In diesem Moment, in dem die sechzehn Namen der Bundesländer im Datenkern des Listen-Objekts ankommen, erscheinen sie auch schon im *sichtbaren Teil* des Listenobjekts, das sich als *Bedienelement* auf dem Formular befindet (im download: BSP16_01.XLS).

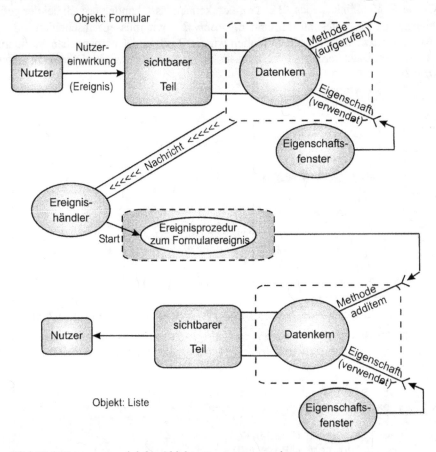

Bild 16.6: Zusammenspiel der Objekte `UserForm` und `Listbox1`

16.1.3 Startmarkierung in der Liste setzen

Lösen wir gleich noch eine zweite Aufgabe: Beim Start der Laufzeit soll *zusätzlich* in der Liste zu den Namen der sechzehn Bundesländer das Land SACHSEN-ANHALT bereits *ausgewählt* sein. Auch hier verweigert uns das *Eigenschaftsfenster der Listen-Objekte* eine Möglichkeit der Voreinstellung. Sehen wir uns deshalb zielgerichtet wieder einen weiteren Teil der Punktliste des Listenobjekts in Bild 16.7 an.

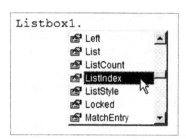

Bild 16.7: Auszug aus der Punktliste des Objektes `Listbox1`

Wie das Symbol links neben `ListIndex` erkennen lässt, handelt es sich bei der gefundenen Zeile `ListIndex` diesmal um eine *Eigenschaft* – wir müssen entscheiden, ob wir diese *passiv* oder *aktiv* nutzen wollen: Wollen wir die Position der vorhandenen Markierung *wissen* (aus dem Datenkern erfahren, herausholen), oder wollen wir im Datenkern eine Position *setzen*?

Bild 16.8: Sachsen-Anhalt (7. Zeile, Position 6) ist beim Start automatisch markiert

Die Antwort ist klar – wir wollen *setzen*, also *aktiv* sein. Das bedeutet, dass wir den Inhalt der Ereignisprozedur zum Ereignis *Aktivierung des Formulars* erweitern um einen Zuweisungsbefehl:

```
Private Sub UserForm_Activate()
ListBox1.AddItem ("Schleswig-Holstein")
...................
ListBox1.AddItem ("Baden-Württemberg")
ListBox1.AddItem ("Bayern")
ListBox1.ListIndex = 6                    'Siebente Zeile markieren
End Sub
```

Wer in Bild 16.8 nachzählt, der stellt fest, dass der Eintrag *Sachsen-Anhalt* in der *siebenten Zeile* der Liste steht.

Das müssen wir leider *lernen*: In Basic-Listen *beginnt die Zählung immer mit der Null*. Also müssten wir die Eigenschaft `ListIndex` auf *Null* setzen, um die *erste Zeile* zu markieren, auf *Eins* für die *zweite Zeile* und auf *Fünfzehn* für die *letzte, sechzehnte Zeile*.

16.1.4   Standard-Ereignis an Listen

Zu jedem visuellen Objekt gibt es *das Standard-Ereignis* und viele andere *Nicht-Standard-Ereignisse*. Als Standard-Ereignis haben die Schöpfer von Visual Basic diejenige Form der Nutzereinwirkung ausgewählt, die am häufigsten zum Ausgangspunkt für eine Reaktion werden wird: *Klick* auf *Button, Checkbox* und *Optionbutton, Änderung* in *Textfenster* und *Scrollbar*.

Welches Ereignis wird wohl für das Bedienelement *Liste* zum *Standard-Ereignis* erhoben worden sein?

Wir wissen, dass der *Doppelklick* auf das entsprechende *Bedienelement* uns sofort den *Rahmen für die Ereignisprozedur zum Standard-Ereignis* liefert.

Klicken wir also im Entwurf doppelt auf die Liste:

```
Private Sub ListBox1_Click()

End Sub
```

Etwas überraschend – nicht die *Änderung der Auswahl* in der Liste, sondern der *Klick auf einen Eintrag* in der Liste wird als *Standard-Ereignis* genannt. Wer aber als Inhalt der Ereignisprozedur eine einfache Mitteilung programmiert (s. Übung/Lösung 16.2), wird beim Testen feststellen können, dass ein *bestätigender Klick* doch keine Reaktion auslöst – sondern nur ein *anders auswählender Klick*.

Insofern ist in der Tat das vernünftigste Ereignis, die Änderung, das Standard-Ereignis in der Liste.

16.2   Bedienelement Kombinationsfeld (ComboBox)

16.2.1   Kombinationsfeld auf dem Formular platzieren

Wenn wir ein *Kombinationsfeld* (ComboBox) auf das Formular bringen wollen, müssen wir in der Werkzeugsammlung die entsprechende Schaltfläche auswählen (Bild 16.9).

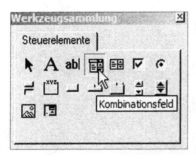

Bild 16.9: Symbol für die ComboBox in der Werkzeugsammlung

Kombinationsfelder, die von Visual Basic die Namen `ComboBox1`, `ComboBox2` usw. erhalten, verbinden die Möglichkeiten von *Textfenster* und *einfacher Liste*.

Im Regelfall sieht man von der ComboBox nur eine Zeile; der *Starteintrag* in dieser Zeile wird durch den Inhalt der Zeile `Text` des Eigenschaftsfensters festgelegt (Bild 16.10).

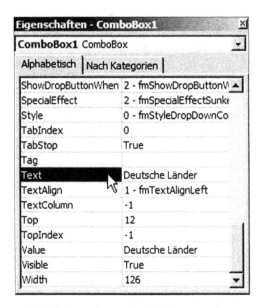

Bild 16.10: Starteintrag des Sichtfensters der Combobox festlegen

Öffnet der Nutzer dagegen die Combobox nach unten und wählt selbst einen Eintrag aus der Liste aus, dann wird dieser angezeigt (Bilder 16.11 und 16.12).

16.2.2   Startbelegung der Combobox erzeugen

Die Eigenschaftsfenster von Kombinationsfeldern ermöglichen zwar die *Startbelegung des Anzeigefensters* in der Zeile Text, aber der Listenteil der Combobox lässt sich, wie schon bei der einfachen Liste, nicht mit Hilfe des Eigenschaftsfensters füllen.

Auch hier bleibt wieder nur der Weg über die *Ereignisprozedur zum Ereignis Aktivierung des Formulars*:

```
Private Sub UserForm_Activate()

ComboBox1.AddItem ("Schleswig-Holstein")

ComboBox1.AddItem ("Hamburg")

. . . . . . . . . . . . . .

ComboBox1.AddItem ("Baden-Württemberg")

ComboBox1.AddItem ("Bayern")

End Sub
```

Wird in dieser Ereignisprozedur zusätzlich mit Hilfe des Zuweisungsbefehls

```
ComboBox1.ListIndex = 6              'Siebente Zeile markieren
```

bereits eine *Startmarkierung* gesetzt, dann wirkt sich das so aus, wie Bild 16.13 zeigt. Die ursprünglich vorgesehene Startbelegung des Sichtfensters wird sofort durch die markierte Zeile ersetzt (download: BSP16_02.XLS).

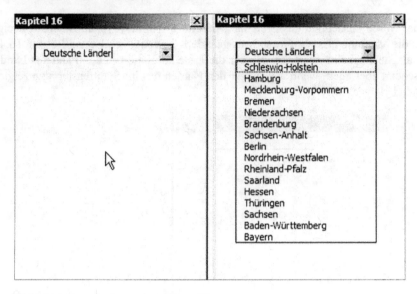

Bild 16.11: Starteintrag und geöffnete Liste

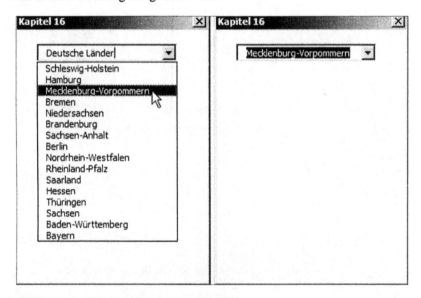

Bild 16.12: Auswahl und angezeigte Auswahl

16.2.3 Standard-Ereignis an Kombinationsfeldern

Lassen wir uns auch hier überraschen, welche *Art der Nutzereinwirkung* die Schöpfer von
Visual Basic hier als *Standard-Ereignis* ansehen. Ein Doppelklick auf das Bedienelement,
und schon sehen wir es:

```
Private Sub ComboBox1_Change()

End Sub
```

Diesmal wurde tatsächlich das Ereignis „Änderung" (Change) zum Standard-Ereignis erhoben; die Meldung „Es wird irgendwas geändert" kommt (vgl. Übung/Lösung 16.4) sogar
zweimal: Sie erscheint, wenn der Nutzer die Liste aufblättert und ein anderes Land wählt;
sie erscheint aber auch, wenn der Nutzer den Namen des im Sichtfenster angezeigten Landes irgendwie verändern will.

Bild 16.13: Vorgesehener Starteintrag wird durch markierte Zeile ersetzt

17 Ereignisprozeduren: Verwendung von Eigenschaften

Navigator: Was bisher zu lesen war, was nun folgt:

 Nun ist die Zeit reif. Langsam wird es langweilig, immer nur als *Inhalt einer Ereignisprozedur* die Zeile `MsgBox("dies oder das ist passiert")` zu programmieren. Ist das überhaupt schon richtiges „Programmieren"?

Oder müssen wir beim richtigen Programmieren mehr denken? Wir werden sehen.

Die Anfangsschwierigkeiten beim Umgang mit Visual Basic haben wir souverän überwunden. Wir können die einfachen Bedienelemente *Button*, *Label*, *Textfenster*, *Checkbox*, *Scrollbar*, *Gruppen mit Optionbuttons* auf dem *Formular* platzieren und im *Eigenschaftsfenster* voreinstellen, welche *Starteigenschaften* sie und das Formular haben sollen.

Wir können nun auch die anspruchsvolleren Bedienelemente *Liste* und *Combobox* in unsere *Benutzeroberfläche* aufnehmen.

Diejenigen Leserinnen und Leser, die sich mit den Unterschieden zwischen der *aktiven und passiven objektorientierten Programmierung* in Kapitel 13 auseinandergesetzt haben, ahnen auch den Mechanismus:

Irgendwo gibt es *visuelle Klassen*, von klugen Leuten programmiert, die unsere *visuellen Objekte* vorbereiten, und wir nutzen sie lediglich, um damit diese visuellen Objekte herzustellen. Die Einzelheiten nimmt uns das Visual-Basic-System ab.

Wer sich nicht damit beschäftigt hat, merkt sich einfach Folgendes: Mit EINFÜGEN →USERFORM bereiten wir das *erste visuelle Objekt* vor, das *Formular*. Wenn wir dann weiter im Entwurf mit der Maus ein Symbol aus der *Werkzeugsammlung* auf das *Formular* ziehen, dann bereiten wir ein weiteres *visuelles Objekt* vor. Damit betreiben wir *passive objektorientierte Programmierung*.

Beim *Start der Laufzeit* werden die von uns vorbereiteten visuellen Objekte dann tatsächlich erzeugt, wir sehen deren sichtbare Teile als Bedienelemente auf dem Bildschirm.

Wir wissen auch schon, wie wir für alles, was ein *Nutzer* am *sichtbaren Teil eines visuellen Objekts* so tun und machen kann, eine *Reaktion* erzeugen können: Der *Rahmen für die passende Ereignisprozedur* ist zu beschaffen, der *Inhalt* ist zu *schreiben*. Fertig.

Doch da sind wir wieder beim *Inhalt der Ereignisprozeduren*. Das wird nun unser Thema werden. Beginnen wir erneut mit den Bildern aus den vergangenen Kapiteln.

17.1 Einfache Mitteilungen

Eine Ereignisprozedur kann im einfachsten Fall lediglich ein *Mitteilungsfenster* auf dem Bildschirm erscheinen lassen. Das haben wir bisher ausführlich erlebt.

Bild 17.1 lässt das auch erkennen: Diese Ereignisprozeduren *holen nichts* aus Datenkernen und *liefern nichts* in Datenkerne. Sie sorgen eben nur für eine *Mitteilung*. Mehr nicht.

17.2 Passiver Zugriff auf Datenkerne

Eine *Eigenschaft* ist ein direkter *Zugriffsmechanismus*, mit dessen Hilfe schnell *aktiv* und *passiv* auf einzelne Bestandteile des Datenkerns zugegriffen werden kann. Sie kann in *Ereignisprozeduren* verwendet werden.

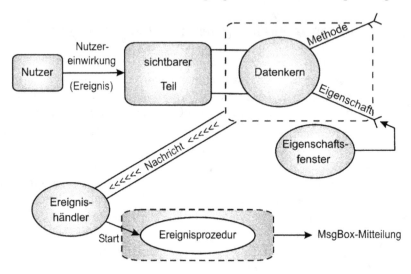

Bild 17.1: Ereignisprozeduren einfachster Art: Mitteilungen

Lernen wir nun zuerst kennen, wie eine Ereignisprozedur *passiv mit dem eigenen Daten-kern* umgehen kann.

17.2.1   Eigener Datenkern

Das Fenster *Eigenschaften* informiert uns durch seine Zeilenbeschriftungen für jedes vi-suelle Objekt über die *Namen der wichtigsten Eigenschaften*.

Beispielsweise wissen wir aus dem Umgang mit dem Fenster *Eigenschaften*, dass der *In-halt eines Textfensters* (Bild 17.2) mit der Eigenschaft Text voreingestellt werden kann.

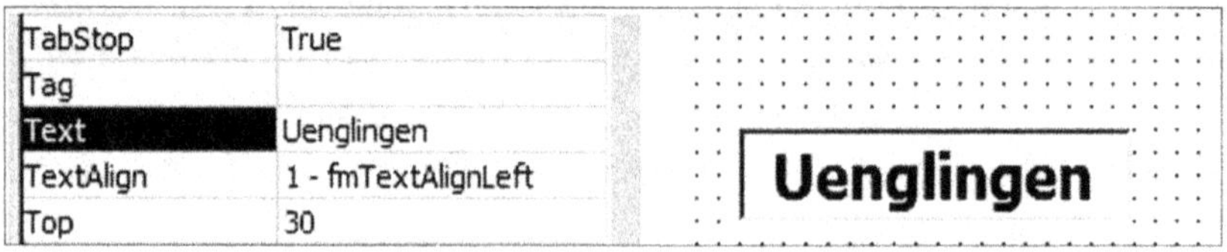

TabStop	True
Tag	
Text	Uenglingen
TextAlign	1 - fmTextAlignLeft
Top	30

Uenglingen

Bild 17.2: Name der Eigenschaft, aus dem Fenster *Eigenschaften* zu erfahren

Der *Inhalt des Textfensters* befindet sich irgendwo im Datenkern.

Aber weil wir wissen, dass eine *Eigenschaft* stets *aktiv* und *passiv* wirken kann, können wir mit Text genau so gut auch den Textfensterinhalt aus dem Datenkern *herausholen* und *verarbeiten*.

Gesagt – getan. Schnell den Rahmen für die meistbehandelte Nutzereinwirkung an dem Textfenster, also für das *Standard-Ereignis*, durch Doppelklick beschafft (siehe Abschnitt 15.2.2).

Nun wird verlangt, aus dem Datenkern des visuellen Objekts mit dem Namen TextBox1 mit Hilfe einer passenden Eigenschaft den aktuellen Inhalt zu erfahren.

Den Namen der gesuchten Eigenschaft haben wir als Text noch aus der Voreinstellung mittels des Eigenschaftsfensters in Erinnerung.

Sehen wir uns an, wie das *Herausholen des Textfenster-Inhalts* aus dem Datenkern in unserer Ereignisprozedur geschrieben wird:

```
Private Sub TextBox1_Change()
MsgBox ("Inhalt aktuell=" + TextBox1.Text)
End Sub
```

Weil das funktioniert, können wir mit Bild 17.3 das Schema von Bild 17.1 ergänzen:

Eine *Verbindung aus dem Datenkern in die Ereignisprozedur* ist hinzugekommen.

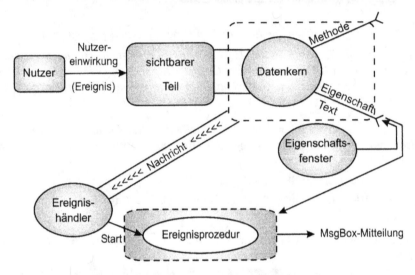

Bild 17.3: Passiver Zugriff auf den eigenen Datenkern

Sehen wir uns die *Wirkung der Ereignisprozedur* an: Bei jeder *Änderung*, die der Nutzer am Inhalt des Textfensters mit dem Namen TextBox1 vornimmt, wird die *Ereignisprozedur* durch den *Ereignishändler* gestartet.

Die Ereignisprozedur *holt* dann aus dem Datenkern mit Hilfe der Eigenschaft Text den aktuellen *Inhalt des Textfensters* und kettet ihn rechts an den statischen Text "Inhalt aktuell=" an (download: BSP17_01.XLS).

Bild 17.4 ist somit entstanden, als der Nutzer gerade den letzten Buchstaben vom Namen diese netten Altmark-Dorfes gelöscht hatte – auch das war ja eine *Änderung*.

Ein zweites Beispiel: Das Eigenschaftsfenster eines Buttons informiert uns, dass diejenige Eigenschaft, mit deren Hilfe auf den Teil „Beschriftung" des Datenkerns eines *Button*-Objekts zugegriffen werden kann, den Namen Caption trägt – denn diese *Zeile des Eigenschaftsfensters* benutzten wir bereits bei den *Voreinstellungen*.

Diese Information ist ausreichend.

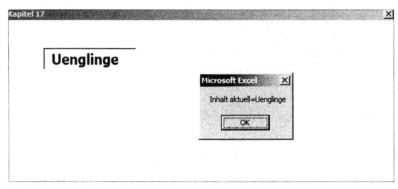

Bild 17.4: Ausführung der Ereignisprozedur

DOWNLOAD   *Öffnen Sie die Seite http://www.w-g-m.de/basic.htm, wählen Sie dort*
Dateien für Kapitel 17, geben Sie Ihr Ziel ein. Danach erfolgt das Herunterladen der Datei
KAP17.ZIP *in den von Ihnen angegebenen Ordner. Durch Doppelklick auf den Dateinamen*
wird diese Datei extrahiert, und Sie erhalten im darunter befindlichen Ordner BEISPIELE
die Dateien BSP17_01.XLS *usw.*

Damit können wir schon dafür sorgen, dass *bei Klick des Nutzers auf den Button* (Standard-Ereignis) über die *Beschriftung des Buttons* informiert wird (im download: BSP17_02.XLS):

```
Private Sub CommandButton1_Click()
MsgBox ("Beschriftung=" + CommandButton1.Caption)
End Sub
```

Überzeugen wir uns in Bild 17.5, dass alles auch so funktioniert, wie wir uns das vorgestellt haben.

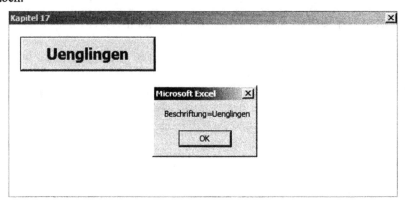

Bild 17.5: Information über die Button-Beschriftung

Kommen wir zum *Basic-Regelwerk*:

• Zuerst müssen wir den *Namen desjenigen visuellen Objekts* angeben, aus dessen Datenkern wir etwas erfahren wollen.

Mit den Möglichkeiten der *Namenswahl der visuellen Objekte* (eigene Wahl oder Akzeptieren des von Visual Basic vorgeschlagenen Namens) hatte sich schon der Abschnitt 14.3.3 beschäftigt. Bisher arbeiteten wir konsequent mit den von Visual Basic vorgeschlagenen Namen. Der vergebene *Name eines visuellen Objekts* ist im *Eigenschaftsfenster* sowohl *fettgedruckt in der Kopfzeile* und zusätzlich noch neben der (Name) abzulesen (Bild 17.6).

Bild 17.6: Name eines visuellen Objekts

• Nach dem Namen kommt immer ein *Punkt*. Das gehört zum Regelwerk.

• *Rechts vom Punkt* kommt dann der Name derjenigen Eigenschaft, die für den *Transportvorgang aus dem Datenkern* zuständig ist.

Den *Namen der zuständigen Eigenschaft* erfuhren wir bisher stets aus dem *Eigenschaftsfenster*, insbesondere wenn wir uns daran erinnerten, wo wie unsere *Starteinstellungen* eingetragen hatten. Aber *nicht alle Eigenschaften*, die in Visual Basic den direkten *aktiven und passiven Zugriff auf den Datenkern* eines Objektes erlauben, sind im Eigenschaftsfenster aufgelistet. Dort stehen nur die *wichtigsten*.

Im Abschnitt 17.7.3 erfahren wir, wie man die *Namen weiterer Eigenschaften* finden kann.

Liefert die Eigenschaft eine *Zeichenfolge* (d. h. einen *Text*), dann kann diese in einer MsgBox-Prozedur sofort verwendet werden, gegebenenfalls in Verbindung mit einem *erläuternden statischen Text* – siehe unsere beiden Beispiele. Als *Verkettungszeichen* dient dabei das bekannte *Pluszeichen*.

17.2.2 Datenkerne fremder Objekte

Wer sagt denn eigentlich, dass eine Ereignisprozedur nicht auch in die *Datenkerne fremder visueller Objekte* hineingreifen darf? Spricht irgend etwas dagegen?

Das Bild 17.8 skizziert uns den Mechanismus, und an einem einfachen Beispiel werden wir uns überzeugen, dass wir dafür absolut nichts hinzulernen müssen.

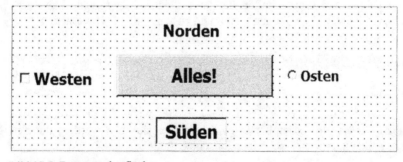

Bild 17.7: Benutzeroberfläche

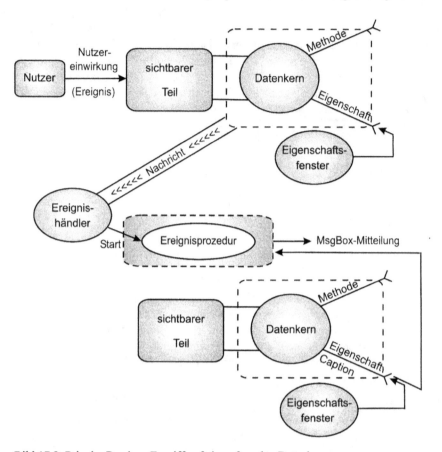

Bild 17.8: Prinzip: Passiver Zugriff auf einen fremden Datenkern

Betrachten wir weiter folgende einfache Aufgabe (im download: BSP17_03.XLS): Auf einem Formular sind rings um einen Button ein *Label*, ein *Textfenster*, eine *Checkbox* und ein *Optionbutton* mit ihren *Inhalten* bzw. *Beschriftungen* angeordnet (Bild 17.7).

Bei *Klick auf den Button* sollen in einer *Mitteilung* die *Beschriftungen* von *Label, Checkbox* und *Optionbutton* sowie der *Inhalt des Textfensters* zusammengefasst werden.

Wie sieht der *Inhalt der Ereignisprozedur* aus? Offenbar müssen in ihr mittels der vier passenden Transport-Eigenschaften die jeweiligen *Beschriftungen* bzw. der *Inhalt* des Textfensters aus den Datenkernen geholt und zusammen gefügt werden:

```
Private Sub CommandButton1_Click()
MsgBox (Label1.Caption + OptionButton1.Caption +
                    TextBox1.Text + CheckBox1.Caption)
End Sub
```

Kontrollieren wir das Ergebnis – in Bild 17.9 sehen wir es (in der Ereignisprozedur muss der Inhalt der MsgBox komplett in *einer Zeile* geschrieben werden; die Zerlegung auf mehrere Zeilen hat hier nur schreibtechnische Gründe).

Die vier Zeichenfolgen, die aus den vier Datenkernen geholt wurden, werden in Bild 17.9 unmittelbar aneinander geschrieben. Logisch – wir haben ja auch nichts Anderes programmiert. Wir sollten deshalb in der Ereignisprozedur drei *statische Texte* ">>" ergänzen:

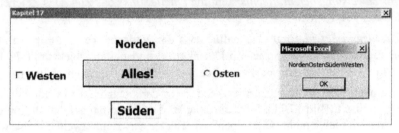

Bild 17.9: Klick auf den Button

```
Private Sub CommandButton1_Click()
MsgBox (Label1.Caption + ">>" + OptionButton1.Caption +
              ">>" + TextBox1.Text + ">>" + CheckBox1.Caption)
End Sub
```

Dann erhalten wir bei Klick auf den Button natürlich eine andere, bessere Ausgabe, wie leicht kontrolliert werden kann (BSP17_04.xls).

Übrigens – wem der *Name* oder zumindest die *Schreibweise* des Namens von dem einen oder anderen visuellen Objekts entfallen sollte: Im *Kopf des Eigenschaftsfensters* befindet sich eine *Combobox* mit allen Namen aller Objekte, die sich derzeit auf dem Formular befinden, einschließlich des Formularnamens (Bild 17.10).

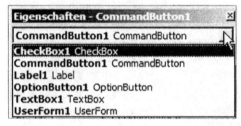

Bild 17.10: Namensübersicht über alle visuellen Objekte

17.3 Aktiver Zugriff auf Datenkerne

17.3.1 Eigener Datenkern

Eine ganz einfache Aufgabenstellung soll uns den Zugang zur Lösung derartiger Probleme öffnen: Auf einem *Formular* befindet sich ein *Button*, anfangs trägt er die *Beschriftung* START. Beim *Klick auf den Button* soll sich seine eigene *Beschriftung* in STOP ändern.

Betrachten wir dazu gleich Rahmen und Inhalt der Ereignisprozedur zum (Standard-) Ereignis *Klick auf den Button* (BSP17_05.XLS):

```
Private Sub CommandButton1_Click()
CommandButton1.Caption = "Stop"
End Sub
```

Der *Inhalt der Ereignisprozedur* besteht nun aus dem neuartigen Befehl

```
CommandButton1.Caption = "Stop"
```

Das ist ein *Zuweisungsbefehl*. *Rechts* steht die *Quelle*, *links* das *Ziel*. Das Zeichen = wird *ergibt sich aus* gesprochen.

Dieser *Zuweisungsbefehl* sorgt also dafür, dass der statische Text "Stop" mittels der Transport-Eigenschaft Caption in den Datenkern des visuellen Objekts mit dem Namen CommandButton1 hinein transportiert wird. Nun wird also die Eigenschaft *aktiv* genutzt.

Kommt der neue Text im Datenkern an, wird sofort der sichtbare Teil verändert – die Beschriftung wechselt (Bild 17.11). Wird anschließend noch einmal auf den Button geklickt, passiert natürlich nichts mehr. Oder doch? Überlegen wir: Beim zweiten Klick wird wiederum der statische Text "Stop" via Datenkern zur Beschriftung des Buttons geschickt. Wir merken das nur nicht, weil sich dann die Beschriftung nicht mehr ändert. Dasselbe beim dritten, vierten, fünften Klick usw. Also passiert doch jedes Mal etwas, wir merken es nur nicht!

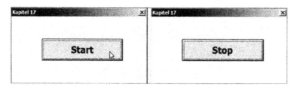

Bild 17.11: Vor und nach dem ersten Klick

17.3.2 Datenkerne fremder Objekte

Jetzt wird es langsam interessant. Eben haben wir erlebt, wie mittels einer Ereignisprozedur eine bestimmte Belegung *in einen Datenkern hinein* gebracht werden kann und folglich am jeweiligen Bedienelement *sichtbare Veränderungen* erzeugen kann. Natürlich funktioniert das auch in *fremden Datenkernen* – wir brauchen uns dazu ja nur noch einmal die Funktionsskizze in Bild 17.8 anzusehen.

Ein paar Beispiele dazu: Ein *Button*, ein *Label* (BSP17_06.XLS). Das *Label* mit irgendeiner Startbeschriftung. Bei *Klick auf den Button* (Standard-Ereignis) soll das *Label* beschriftet werden mit der schönen Zeichenfolge 'Uenglingen'. Die Lösung:

```
Private Sub CommandButton1_Click()
Label1.Caption = "Uenglingen"
End Sub
```

Nächstes Beispiel (BSP17_07.XLS): Ein *Button*, eine *waagerechte Scrollbar*. Starteinstellung der Scrollbar: Maximum=100, Minimum=0, Position=0 (im Eigenschaftsfenster neben den Eigenschaften Max, Min und Value einzutragen). Bei *Klick auf den Button* soll die *Position des Reglers (*wir merken uns: Voreinstellung mit Value) auf die 75 wechseln.

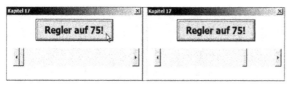

Bild 17.12: Vor und nach dem Klick

Die richtige *Ereignisprozedur* erhält ihren Rahmen natürlich durch *Doppelklick auf den Button* (denn auch hier ist wieder das Standard-Ereignis zu behandeln). Der *Inhalt* besteht aus einer einzigen *Zuweisung*, wobei wegen der aktiven Nutzung der Transporteigenschaft Value auf der linke (Ziel-) Seite der Ausdruck ScrollBar1.Value steht:

```
Private Sub CommandButton1_Click()
ScrollBar1.Value = 75
End Sub
```

Auf der rechten (Quell-) Seite des Zuweisungsbefehls steht nun eine *Zahl*; das ist auch korrekt, weil die *Position des Reglers in der Scrollbar* eben durch einen *Zahlenwert* beschrieben wird.

Im nächsten Beispiel wollen wir die Aufgabe aus Bild 17.7 von Seite 235 umgekehrt lösen: Auf einem *Formular* sind rings um einen *Button* ein *Label*, eine *Checkbox*, ein *Optionbutton* und ein *Textfenster* mit ihren Beschriftungen bzw. Inhalt angeordnet (BSP17_08.xls). Sie tragen die Beschriftungen NORDEN, WESTEN, OSTEN bzw. den Inhalt SÜDEN. Beim *Klick auf den Button* (Standard-Ereignis) sollen sie stattdessen die Beschriftungen NORD, WEST, OST bzw. den Inhalt SÜD erhalten (Bild 17.13).

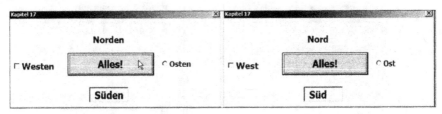

Bild 17.13: Vor und nach dem Klick auf den Button

In der zugehörigen *Ereignisprozedur* (download: BSP17_08.XLS) sehen wir jetzt erstmalig den *Zeilenwechsel* als *Trennzeichen zwischen den Basic-Zuweisungsbefehlen*:

```
Private Sub CommandButton1_Click()
Label1.Caption = "Nord"
OptionButton1.Caption = "Ost"
TextBox1.Text = "Süd"
CheckBox1.Caption = "West"
End Sub
```

Erweitern wir die Aufgabenstellung: Nun soll zusätzlich beim *Klick auf den Button* (d. h. bei demselben Ereignis) die *Checkbox* den *Haken* und der *Optionbutton* die *Markierung* bekommen (Bild 17.14).

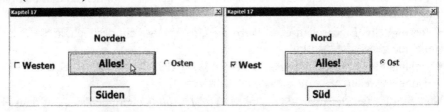

Bild 17.14: Nach dem Klick auf den Button

Welche beiden *Zuweisungsbefehle* müssen wir für diese *erweiterte Aufgabenstellung* zusätzlich in die Ereignisprozedur aufnehmen? Sehen wir uns die Lösung an.

```
Private Sub CommandButton1_Click()
Label1.Caption = "Nord"
OptionButton1.Caption = "Ost"
TextBox1.Text = "Süd"
CheckBox1.Caption = "West"
OptionButton1.Value = True
CheckBox1.Value = True
End Sub
```

Warum mussten wir nun die Vokabel `True` auf die rechten (Quell-) Seiten der beiden hinzugekommenen Zuweisungen schreiben?

Die Antwort darauf finden wir, wieder einmal, im *Eigenschaftsfenster* für *Checkbox* und *Optionbutton*. Dort finden wir zuerst, dass die beiden Eigenschaften, die die Belegungen im Datenkern veranlassen (oder liefern), beide Male auf den Namen `Value` hören (Bild 17.15; vergleiche auch den Abschnitt 14.3.4).

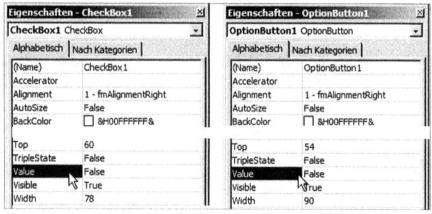

Bild 17.15: Belegungs-Eigenschaften von *Checkbox* und *Optionbutton*

Was ist dort zu erkennen? Die Eigenschaft `Value` muss bei beiden Bedienelementen mit einem der beiden logischen Werte `False` (falsch) oder `True` (wahr) belegt werden.

Fassen wir zusammen:

• Verlangt eine Eigenschaft einen *Text* (eine *Zeichenfolge*), dann muss auf der *rechten (Quell-) Seite der Zuweisung* ein *statischer Text* stehen, kenntlich an den beiden Anführungsstrichen " und ".

• Verlangt eine Eigenschaft eine *ganze Zahl*, dann muss auf der rechten Seite der Zuweisung eine *ganze Zahl* stehen.

• Verlangt eine Eigenschaft einen *Wahrheitswert*, dann muss auf der rechten Seite der Zuweisung entweder `True` oder `False` stehen.

Nun zum letzten Beispiel (BSP17_09.XLS). *Vier Buttons* befinden sich auf dem *Formular* mit den Beschriftungen FLENSBURG, GÖRLITZ, GARMISCH und AACHEN. In der Mitte befindet sich ein Label, das soll anfangs leer sein.

Dazu die Aufgabe: Wird der *Mauszeiger über einem der Buttons bewegt*, dann soll *im La-*
bel der Name des gerade „überflogenen" Ortes erscheinen; wird der Mauszeiger dagegen
über dem Zwischenraum (also dem Formular) bewegt, dann soll „Deutschland" im Label
erscheinen.

Eine ähnliche Aufgabe wurde schon in Abschnitt 15.3.1 auf Seite 218 gelöst, dort jedoch
ging es nur um eine einfache Mitteilung, dass eine Mausbewegung stattfand. Wir erinnern
uns jedoch, dass die Mauszeiger-Bewegung *kein* Standard-Ereignis ist.

Also beschaffen wir uns mit Hilfe der beiden Comboboxen, die sich oben am Textfenster
für die Ereignisprozeduren befinden, die *fünf Rahmen* für die fünf (Nicht-Standard-) Ereignisprozeduren.

Dann erinnern wir uns daran, dass die *Beschriftung eines Labels* mit Hilfe der Eigenschaft
Caption, deren Name wir aus dem Eigenschaftsfenster kennen, verändert werden kann.

Das ist schon alles, und nun können wir uns die fünf Ereignisprozeduren ansehen, wobei
der (für uns ohnehin unwichtige) Inhalt in den Klammern der Kopfzeile hier durch drei
Punkte angedeutet wird.

```
Private Sub CommandButton1_MouseMove(ByVal Button As Integer,
                                     ByVal Shift As Integer,
                                     ByVal X As Single,
                                     ByVal Y As Single)
Label1.Caption = "Flensburg"
End Sub

Private Sub CommandButton2_MouseMove(...)
Label1.Caption = "Görlitz"
End Sub

Private Sub CommandButton3_MouseMove(...)
Label1.Caption = "Garmisch"
End Sub

Private Sub CommandButton4_MouseMove(...)
Label1.Caption = "Aachen"
End Sub

Private Sub UserForm_MouseMove(...)
Label1.Caption = "Deutschland"
End Sub
```

Ist es nicht eine schöne Geste von Visual Basic, dass uns die *Rahmen der Ereignisproze-*
duren immer *geschenkt* werden? Ganze *fünf Zuweisungsbefehle* mussten wir jeweils zwischen Kopf- und Fußzeile schreiben, und schon hat die Benutzeroberfläche genau die
Funktionalität, die durch die Aufgabe vorgegeben war.

Übrigens – was wird denn im Label angezeigt, wenn der Nutzer den Mauszeiger über e-
ben diesem Label bewegen wird? Natürlich: „Deutschland".

17.4   Aktiver und passiver Zugriff auf Datenkerne

Wir haben gelernt, wie man die *Eigenschaften* benutzt, um *aus den Datenkernen* des eigenen oder fremder Objekte etwas *herauszuholen*.

Wir haben gelernt, wie man Eigenschaften benutzt, um *in die Datenkerne* des eigenen oder fremder Objekte etwas *hineinzubringen* – was soll uns nun daran hindern, *beides* zu tun?

Blättern wir noch einmal zurück zu Bild 17.8 auf Seite 236. Eigentlich beschreibt dieses Bild genau die Situation, um die es nun geht.

• In einer Ereignisprozedur kann es *aktive und passive Zugriffe* auf die Datenkerne des eigenen Objekts und fremder Objekte geben!

Fangen wir noch einmal ganz einfach an. Ein *Formular* besitze zwei übereinander liegende *waagerechte Scrollbars*. Wenn der Nutzer in der *oberen Scrollbar* die *Position des Reglers ändert* (Standard-Ereignis), dann soll sich die *Position des Reglers in der unteren Scrollbar* automatisch *anpassen*. Ändert der Nutzer in der unteren Scrollbar, so soll sich die obere automatisch anpassen.

Sehen wir uns gleich die beiden *Ereignisprozeduren* an (im download: BSP17_10.XLS). Zuerst die Ereignisprozedur, falls der Nutzer am im visuellen Objekt mit dem Namen ScrollBar1 das Standard-Ereignis auslöst:

```
Private Sub ScrollBar1_Change()
ScrollBar2.Value = ScrollBar1.Value
End Sub
```

Dann die Ereignisprozedur für die Änderung im unteren Objekt mit dem von Visual Basic vergebenen Namen ScrollBar2:

```
Private Sub ScrollBar2_Change()
ScrollBar1.Value = ScrollBar2.Value
End Sub
```

Bild 17.16 beschreibt jeweils die Situation: Geholt wird in beiden Fällen aus dem eigenen Datenkern, transportiert wird in den fremden Datenkern.

Betrachten wir ein nächstes Beispiel (BSP17_11.XLS): Oben auf der Benutzeroberfläche befinde sich ein *Textfenster* mit dem Namen TextBox1, darunter sei ein *Label* angeordnet, das von Visual Basic den Namen Label1 bekommt.

Bei jeder *Änderung*, die der Nutzer *im Textfenster* vornimmt (Standard-Ereignis), soll automatisch der *aktuelle Inhalt des Textfensters als Beschriftung des Labels* angezeigt werden.

Überlegen wir uns den *Inhalt der Ereignisprozedur* zum Ereignis *Änderung im Textfenster*: Die *Quelle* ist hier der Datenkern des Textfensters TextBox1, (also der eigene Datenkern), das *Ziel* ist der Datenkern von Label1. Nun brauchen wir nur noch die richtigen Eigenschaften auszuwählen:

```
Private Sub TextBox1_Change()
Label1.Caption = TextBox1.Text
End Sub
```

Die im Bild 17.16 geschilderte Situation „aus dem eigenen in den fremden Datenkern" liegt auch bei dem nächsten Beispiel vor, dort sogar zweimal: Links auf der Benutzeroberfläche befindet sich eine Checkbox mit dem Namen CheckBox1, rechts daneben eine andere Checkbox mit dem Namen CheckBox2 (BSP17_12.XLS).

Wird vom Nutzer in der linken Checkbox geklickt (ein oder aus), dann soll automatisch die rechte Checkbox dieselbe Belegung annehmen.

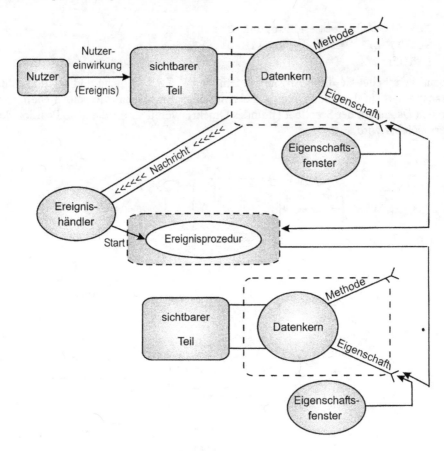

Bild 17.16: Aus dem eigenen in den fremden Datenkern

Beide Ereignisprozeduren können wir sofort schreiben, da wir den Namen der passenden Eigenschaft `Value` aus dem Eigenschaftsfenster der Checkboxen kennen:

```
Private Sub CheckBox1_Click()
CheckBox2.Value = CheckBox1.Value
End Sub
Private Sub CheckBox2_Click()
CheckBox1.Value = CheckBox2.Value
End Sub
```

Ein letztes Beispiel, denn es ist ja wirklich nicht schwer: Ein *Button* mit der Beschriftung WEITER, darunter eine *Scrollbar* mit einer Standard-Starteinstellung: Minimum Null, Maximum 100, Position Null (BSP17_13.XLS).

Bei *jedem Klick auf den Button* soll sich die Position des Reglers um 10 Einheiten nach rechts verschieben.

Das Schema in Bild 17.17 verdeutlicht diesmal das etwas andere Vorgehen: Die Ereignisprozedur zum Klick auf den Button holt mittels der Eigenschaft `Value` zuerst die gewünschte Angabe aus dem Datenkern der Scrollbar (fremdes Objekt).

```
Private Sub CommandButton1_Click()
ScrollBar1.Value = ScrollBar1.Value + 10
End Sub
```

Dann verarbeitet sie diese Angabe, indem sie die *Zahl 10* hinzu addiert, und schließlich transportiert sie den neuen Wert wieder mit einer Eigenschaft desselben Namens zurück in den Datenkern der Scrollbar (fremdes Objekt), womit sofort die neue Position des Reglers sichtbar wird.

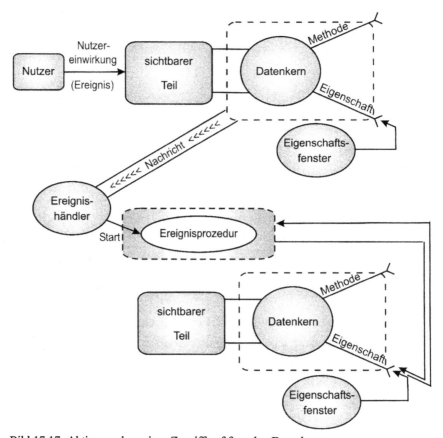

Bild 17.17: Aktiver und passiver Zugriff auf fremden Datenkern

17.5   Aktivierung und Deaktivierung von Bedienelementen

Wir alle kennen es von Windows: Keinesfalls immer ist es sinnvoll, dass der Nutzer jedes Bedienelement, das sich auf einem Formular befindet, auch jederzeit bedienen können sollte. Dazu ein Beispiel: Auf einem Formular befinden sich ein anfangs leeres *Textfenster*, ein *Button* mit der Beschriftung ÜBERNEHMEN und ein anfangs ebenfalls unbeschriftetes *Label*. Bei *Klick auf den Button* soll der Inhalt des Textfensters als Beschriftung des Labels erscheinen. Jetzt soll uns aber nicht vordergründig der Inhalt der Ereignisprozedur für das Standard-Ereignis „Klick auf den Button" beschäftigen – dieser ist ja inzwischen bekannt (siehe Abschnitt 15.2.1).

Nein, vielmehr wollen wir jetzt kennen lernen, wie man dafür sorgt, dass der Nutzer *bei leerem Textfenster* den Button *nicht bedienen* kann.

Dazu gibt es zwei Möglichkeiten: Der Button wird völlig *unsichtbar* gemacht, solange das Textfenster leer ist, oder er wird *inaktiv* geschaltet, solange das Textfenster leer ist. Das letztere bedeutet, dass er zwar *sichtbar* bleibt, aber *keinen Klick* entgegennimmt. Damit wollen wir uns zuerst beschäftigen.

17.5.1 Eigenschaft Enabled

Dazu gibt es im Eigenschaftsfenster die Zeile mit der Eigenschaft Enabled.

Bild 17.18: Eigenschaft Enabled

Wie in Bild 17.18 zu erkennen ist, muss dieser Eigenschaft einer der beiden logischen Werte False oder True zugewiesen werden. Sehen wir uns in Bild 17.19 den Unterschied an:

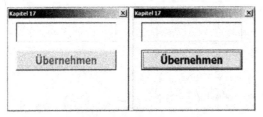

Bild 17.19: Inaktiver und aktiver Button

Wenn zu Beginn der Laufzeit das Textfenster *leer* ist, dann sollte zu Beginn der Laufzeit der Button inaktiv sein, eine Bedienung durch den Nutzer wäre zu diesem Zeitpunkt sinnlos. Im Eigenschaftsfenster wird folglich die Zeile Enabled für den Start der Laufzeit auf False gesetzt (BSP17_14.XLS).

17.5.2 Aktivierung des Bedienelements

Wann aber wird die Bedienung des Button sinnvoll? Antwort: Wenn der Nutzer in das Textfenster etwas eingibt. Das heißt, wir beschaffen uns den Rahmen für die Ereignisprozedur *Änderung im Textfenster* (Standard-Ereignis) und tragen dort den *Zuweisungsbefehl* zur *Aktivierung des Buttons* ein.

Den Namen der passenden Eigenschaft kennen wir aus der entsprechenden Zeile des Eigenschaftsfensters des Buttons, mit deren Hilfe wir die Voreinstellung vornahmen. Sie heißt `Enabled`:

```
Private Sub TextBox1_Change()
CommandButton1.Enabled = True
End Sub
```

Bild 17.20 zeigt uns die Wirkung: Sobald durch den Nutzer die erste Eingabe in das Textfenster erfolgt, wird der Button automatisch aktiv und damit bedienbar.

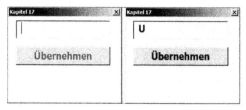

Bild 17.20: Aktivierung des Buttons bei Eingabe in das Textfenster

Natürlich müssten wir noch dafür sorgen, dass der Button wieder inaktiv wird, wenn der Nutzer den Inhalt des Textfensters löscht. Etwas Geduld bitte – dazu kommen wir im Abschnitt 18.2.2.

17.6   Verstecken von Bedienelementen mit der Eigenschaft Visible

Mit der Eigenschaft `Visible` (Bild 17.21), die sich natürlich auch in Ereignisprozeduren verwenden lässt, können visuelle Objekte sogar *sichtbar* und *unsichtbar* gemacht werden.

Bild 17.21: Eigenschaft `Visible`

Wenn wir also dem Nutzer den Button überhaupt erst dann zeigen wollen, wenn er im

Erst beim Eintreten des Ereignisses „Änderung in der Textbox" sorgen wir dann durch entsprechenden Zuweisungsbefehl dafür, dass der Button sichtbar wird:

```
Private Sub TextBox1_Change()
CommandButton1.Visible = True
End Sub
```

Das wechselseitige *Verstecken* und *Anzeigen* mit Hilfe der Eigenschaft Visible wird insgesamt *viel seltener* verwendet als die *Aktivierung bzw. Deaktivierung* von Bedienungselementen. Das ist auch fair gegenüber dem Nutzer: Er soll schließlich wissen, was die Benutzeroberfläche für ihn bereit hält, auch wenn er das inaktive Bedienelement im Moment nicht bedienen darf und kann.

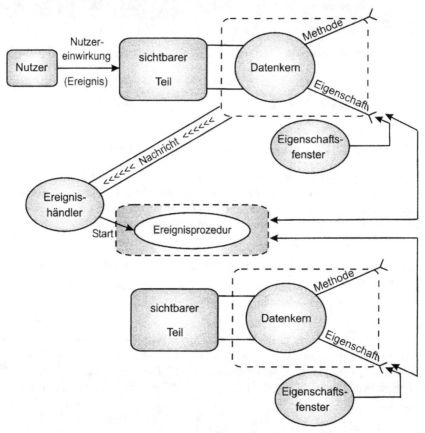

Bild 17.22: Quellen und Ziele von Ereignisprozeduren

17.7 Namensbeschaffung für Eigenschaften

Betrachten wir das Bild 17.22, das uns den bisherigen *Mechanismus* noch einmal erklärt, wie eine Ereignisprozedur *passiv* und/oder *aktiv* mittels einer passenden Eigenschaft auf den *eigenen* oder einen *fremden* Datenkern zugreifen kann.

Dieser Mechanismus funktioniert aber nur, wenn man *genau weiß, wie die entsprechende Eigenschaft heißt*, mit der auf den Datenkern zugegriffen wird.

17.7.1   Namen von Eigenschaften im Eigenschaftsfenster vorhanden

Sehen wir uns das Vorgehen noch einmal an einem Beispiel an. In zwei Rahmen (s. Seite 207) mit den Beschriftungen BUNDESLÄNDER und HAUPTSTÄDTE befinden sich nebeneinander die Namen einiger Bundesländer und deren Hauptstädte (Bild 17.23).

Die Aufgabe ist einfach: Wird links ein Bundesland ausgewählt, so soll automatisch rechts die zugehörige Hauptstadt die Markierung erhalten. Wird dagegen rechts eine Landeshauptstadt durch den Nutzer ausgewählt, so soll das zugehörige Bundesland die Markierung bekommen (BSP17_15.XLS).

Bild 17.23: Beginn der Laufzeit und nach einer Auswahl

Die Rahmen der *acht Ereignisprozeduren* sind durch Doppelklick schnell beschafft, weil es sich in allen Fällen um das jeweilige Standard-Ereignis *Klick auf den Optionbutton* handelt. Für den *Inhalt* ist das Wesentliche auch klar: Wird *Niedersachsen* in der Ländergruppe gewählt, dann muss folgendes programmiert werden:

> Hannover-Markierung ist zu setzen

Wird in *Hannover* der Städte-Gruppe gewählt, dann ist dagegen folgender Zuweisungsbefehl aufzuschreiben:

> Niedersachsen-Markierung ist zu setzen

Doch wie heißt die Eigenschaft, die die *Markierung setzt*? Wir kennen sie bereits aus den Voreinstellungen, die wir mit Hilfe des *Eigenschaftsfensters* vorgenommen haben, sie trägt den Namen Value. Sie hat – wie alle Eigenschaften, mit denen wir bisher arbeiteten – das Privileg, dass sie im *Eigenschaftsfenster der Optionbuttons* zu finden ist. Sehen wir uns beispielhaft die erste und die letzte der acht Ereignisprozeduren zur Lösung unserer Aufgabe an:

```
Private Sub OptionButton1_Click()
OptionButton5.Value = True
End Sub

.....................

Private Sub OptionButton8_Click()
OptionButton4.Value = True
End Sub
```

17.7.2 Eigenschaft fehlt im Eigenschaftsfenster

Betrachten wir jetzt ein scheinbar gleichwertiges Problem: Die Länder und Landeshauptstädte befinden sich nun zwei *Listen*, d. h. in zwei Bedienelementen mit den von Visual Basic vergebenen Namen ListBox1 und ListBox2 (Bild 17.24).

Bild 17.24: Zwei Listen beim Start und nach einer Auswahl

Die Startbelegung der beiden Listen wurde, wie ausführlich auf Seite 222 beschrieben, mit Hilfe der Ereignisprozedur zum Ereignis *Aktivierung des Formulars* erzeugt. Zu Beginn der Laufzeit soll keine Markierung gesetzt sein.

Die Aufgabe lautet nun, dass sich, wie gezeigt, bei Wahl eines Landes in der linken Liste die Markierung in der rechten Liste automatisch anpassen soll – und umgekehrt.

Die *Rahmen der Ereignisprozeduren* bekommen wir sofort durch den Doppelklick, schließlich wollen wir auch hier Reaktionen auf die beiden Visual-Basic-Standard-Ereignisse *Klick in der Liste* (siehe Abschnitt 16.1.4) programmieren.

Für den Inhalt ist auch vom Prinzip her wieder alles klar. Wird in der *Länderliste* gewählt, dann muss folgendes programmiert werden:

Städte-Liste.Position =Länder-Liste.Position

Wird in der *Städteliste* gewählt, dann ist folgender Zuweisungsbefehl aufzuschreiben:

Länder-Liste.Position =Städte-Liste.Position

Doch nun kommt ein Problem, das wir bisher nicht kannten: Wir können das *Eigenschaftsfenster* des visuellen Objekts mit dem Namen ListBox1 immer und immer wieder studieren. Wir können dabei auch alle englischen Vokabeln fleißig ins Deutsche übersetzen, Handbücher zu Hilfe nehmen: Es wird uns nicht gelingen, dort eine Zeile zu finden, mit deren Hilfe die *Position der Markierung in einer Listbox* voreingestellt werden kann. Eine derartige Eigenschaft scheint zu fehlen.

Oder wurde sie nur nicht in das Eigenschaftsfenster einer Liste aufgenommen?

Damit stehen wir vor dem Problem der Suche nach dem Namen der Eigenschaft, die die *Position der Markierung* aus einem Datenkern herausholt und/oder in einen Datenkern hineinbringt. Gibt es sie überhaupt?

Die Lösung lautet: Die gesuchte Eigenschaft gibt es, aber sie muss *an anderer Stelle* gesucht und gefunden werden.

17.7.3   Information durch die Punktliste

Bild 17.25 zeigt es: Wenn man beim Schreiben vom Inhalt der Ereignisprozedur, nach dem Namen des Objekts, beim *Eintippen des Punktes*, knapp eine Sekunde wartet, dann erlebt man das Aufklappen eines besonderen Menüs. Es erscheint eine Anzeige, die wir wegen des Vorgehens zu ihrer Beschaffung wie schon auf Seite 223 die *Punktliste* nennen wollen.

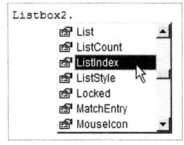

Bild 17.25: Punktliste

In der Punktliste befinden sich sowohl die Eigenschaften, die bereits aus dem Eigenschaftsfenster bekannt sind, als auch viele weitere, bisher unbekannte, zusätzliche Eigenschaften.

Man erkennt alle *Eigenschaften* an dem Symbol 🖻 .

• Alle *Eigenschaften*, d. h. alle Mechanismen zum aktiven und/oder passiven Zugriff auf Datenkerne von visuellen Objekten, erkennt man in der Punktliste daran, dass ihnen das Symbol 🖻 vorangestellt ist.

Wir wollen es nicht verniedlichen: Die Suche in der Punktliste nach der passenden Eigenschaft ist nicht immer einfach; man braucht schon ein wenig Erfahrung und Kenntnis der englischen Sprache, bisweilen auch Mut zum Probieren, um die richtige Eigenschaft zu finden.

Die gezeigte Eigenschaft `ListIndex` jedenfalls ist für unser Anliegen die richtige. Somit können wir die *Rahmen* der beiden Ereignisprozeduren herstellen lassen und die *Inhalte* richtig schreiben (im download: BSP17_16.XLS):

```
Private Sub ListBox1_Click()
ListBox2.ListIndex = ListBox1.ListIndex
End Sub
Private Sub ListBox2_Click()
ListBox1.ListIndex = ListBox2.ListIndex
End Sub
```

Übrigens – wer zum Abschnitt 16.1.3 zurückblättert, der wird sich erinnern, dass wir die soeben wieder gefundene Eigenschaft `ListIndex` schon benutzten, um eine *Startmarkierung* in den Listen setzen zu können.

17.7.4   Passiver und aktiver Zugriff auf Zeilen in einer Liste

Betrachten wir noch ein Beispiel, das uns wieder zwingen wird, in der *Punktliste* nach einer passenden Eigenschaft zu suchen.

Auf der Benutzeroberfläche sollen sich die Liste der Bundesländer und daneben ein Text-fenster befinden (BSP17_17.XLS). Die geforderte *Startbelegung in der Liste* sowie den ge-wünschten *Startinhalt des Textfensters* zeigt Bild 17.26.

Bild 17.26: Start-Belegung der Liste und Startinhalt des Textfensters

Für diese Startsituation brauchen wir 18 Befehle in der Ereignisprozedur zum Standard-Ereignis *Aktivierung des Formulars*:

```
Private Sub UserForm_Activate()
ListBox1.AddItem ("Schleswig-Holstein")
..........
ListBox1.ListIndex = 6
TextBox1.Text = "Sachsen-Anhalt"
End Sub
```

Nächste Aufgabe: Wenn der Nutzer in der Liste mit den Ländernamen eine Auswahl trifft, dann soll automatisch *dieser Ländername* in dem *Textfenster* erscheinen.

Den Rahmen für diese Ereignisprozedur bekommen wir sofort durch Doppelklick auf die Liste, denn zu behandeln ist deren Standard-Ereignis:

```
Private Sub ListBox1_Click()


End Sub
```

Die linke Seite, die *Ziel-Seite* des gesuchten Zuweisungs-Befehls, ist völlig klar: Den Na-men Text der Eigenschaft zum Transport in die Inhalts-Komponente des Datenkerns ei-nes Textfenster-Objekts kennen wir aus dem Eigenschaftsfenster (und aus der soeben vor-genommenen Starteinstellung).

Aber die rechte Seite? Dort muss die *Beschriftung an derjenigen Position* hin, auf die der Nutzer gerade die Markierung gesetzt hat.

Die Position der aktuellen Markierung findet man mit der Eigenschaft ListIndex. Aber wie findet man die *Beschriftung an einer bestimmen Position* der Liste?

Durchsuchen wir die Punktliste (Bild 17.27) nach möglichen Eigenschaften. Wie gesagt, es ist nicht so einfach. Immerhin finden wir dort eine Eigenschaft mit dem Namen List.

Versuchen wir es: Tippen wir `TextBox1.Text:=Listbox1.List` ein. Geht nicht – es gibt eine Fehlermeldung.

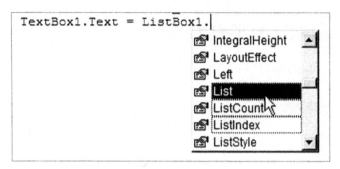

Bild 17.27: Suche nach passender Eigenschaft

Also versuchen wir es weiter – vielleicht liegt es einfach nur daran, dass wir vergessen haben, die Position anzugeben, von der wir den Eintrag der Liste wissen wollen?

Versuchen wir es doch einfach mit der Position der ersten Zeile:

```
Private Sub ListBox1_Click()
TextBox1.Text = ListBox1.List(0)
End Sub
```

Fast sind wir am Ziel: Bei jedem Klick, wohin er auch in der Liste geht, wird uns im Textfenster *Schleswig-Holstein* angezeigt. Das ist auch einstweilen korrekt – nichts anderes haben wir ja programmiert.

Was ist zu ändern? Nun – in den *Klammern* muss die *aktuelle Position der Markierung* stehen:

```
Private Sub ListBox1_Click()
TextBox1.Text = ListBox1.List(ListBox1.ListIndex)
End Sub
```

Nun sind wir am Ziel. Die gefundene Eigenschaft `List` liefert eine Zeichenfolge, sofern sie *in Klammern die betreffende Position* enthält.

Lesen wir die entscheidende Zeile in der Ereignisprozedur von rechts nach links und innen nach außen und betrachten dazu gleich das Schema in Bild 17.28:

• Die Ereignisprozedur holt sich zuerst aus dem eigenen Datenkern die *Position der Markierung* mit Hilfe der Eigenschaft `ListIndex`.

• Danach holt sie aus dem eigenen Datenkern für diese Position mit Hilfe der in der Punktliste gefundenen Eigenschaft `List(...)` den Inhalt (die Beschriftung) der Zeile.

• Anschließend wird diese mit der Eigenschaft `Text` in den Datenkern des Textfensters transportiert.

Zur weiteren Übung wollen wir uns nun vorstellen, dass der Nutzer die Gelegenheit bekommen soll, im Textfenster an dem Ländernamen etwas ändern zu dürfen:

Mit Hilfe eines Buttons mit der Aufschrift <--ÜBERNEHMEN soll er diese Änderung dann auch in die Liste übertragen können (Bild 17.29).

Der Rahmen der Ereignisprozedur zum *Klick auf den Button* ist sofort beschafft, es handelt sich ja um das *Standard-Ereignis*.

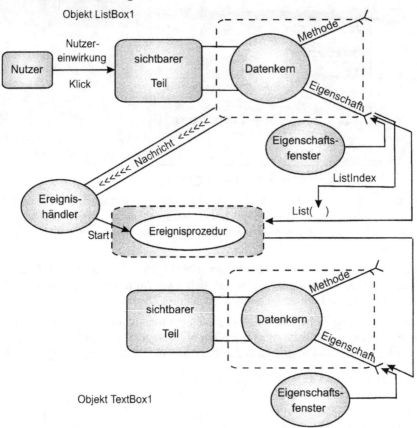

Bild 17.28: Schema: Aus der Liste in das Textfenster

Für den *Inhalt der Ereignisprozedur* (BSP17_18.XLS) ist lediglich wieder ein einziger *Zuweisungsbefehl* zu programmieren. Rechts, auf der *Quellseite*, steht bei dieser Aufgabenstellung der *Inhalt des Textfensters*, mit der Eigenschaft Text aus dem eigenen Datenkern geholt.

Links, auf der *Zielseite* steht dann die – nun aktiv genutzte – Eigenschaft List(...) zur *Veränderung der Zeile* in der Liste; sie verwendet die durch die Eigenschaft ListIndex gelieferte aktuelle *Position der Markierung*.

```
Private Sub CommandButton1_Click()
ListBox1.List(ListBox1.ListIndex) = TextBox1.Text
End Sub
```

Bild 17.29 zeigt eine mögliche Wirkung: Ein Nutzer war der Meinung, dass im kleinsten Bundesland unbedingt die zweite Stadt erwähnt werden sollte. Also setzte er in der Liste die Markierung auf *Bremen*, diese Landeshauptstadt wurde im Textfenster angezeigt.

Der Nutzer ergänzte im Textfenster und schickte den korrigierten Eintrag per Klick auf den Button in die Liste zurück.

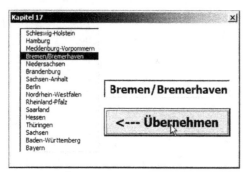

Bild 17.29: Änderungen in die Liste schreiben

Wenden wir nun die neu und nur durch die *Punktliste* kennen gelernten Eigenschaften `List(...)` und `ListIndex` auf ein letztes Beispiel in diesem Kapitel an, mit dem wir uns gleichzeitig einstimmen wollen auf die *Verwaltung von Datenbeständen, die in Listen erfasst* sind.

Unter den drei Listen mit Bundesländern (BSP17_19.XLS), ihren Hauptstädten und den Autokennzeichen der Hauptstädte sollen sich zwei *Buttons* mit den Aufschriften VORI-GER und NÄCHSTER befinden. Darunter noch drei *Labels*.

Zu Beginn der Laufzeit sollen alle drei Listen gefüllt sein und überall die Zeile von *Sachsen-Anhalt* ausgewählt sein; dazu schreiben wir wieder den inzwischen bekannten Inhalt der (Nicht-Standard-) Ereignisprozedur zum Ereignis *Aktivierung des Formulars*.

```
Private Sub UserForm_Activate()
'*********** erste Liste *********************
ListBox1.AddItem ("Schleswig-Holstein")
ListBox1.AddItem ("Hamburg")
............................

ListBox1.AddItem ("Baden-Württemberg")
ListBox1.AddItem ("Bayern")
'*********** zweite Liste ******************
ListBox2.AddItem ("Kiel")
ListBox2.AddItem ("Hamburg")
.............................

ListBox2.AddItem ("Stuttgart")
ListBox2.AddItem ("München")
'*********** dritte Liste ******************
ListBox3.AddItem ("KI")
ListBox3.AddItem ("HH")
.............................

ListBox3.AddItem ("S")
ListBox3.AddItem ("M")
```

```
'*********** Startmarkierungen setzen ********
ListBox1.ListIndex = 6
ListBox2.ListIndex = 6
ListBox3.ListIndex = 6

'*********** Startbeschriftungen setzen ********
Label1.Caption = ListBox1.List(6)
Label2.Caption = ListBox2.List(6)
Label3.Caption = ListBox3.List(6)
End Sub
```

Bei *Klick auf einen der beiden Buttons* soll die Markierung nach oben bzw. unten in der richtigen Weise wandern. Die ausgewählten Zeilen der Liste sollen zusätzlich in den drei Labels (Bild 17.30) angezeigt werden.

Bild 17.30: Verwaltung eines Datenbestandes

Die Ereignisprozeduren zu den (Standard-) Ereignissen *Klick auf den Button* mit der Beschriftung VORIGER sowie *Klick auf den Button* mit der Beschriftung NÄCHSTER unterscheiden sich nur in den drei ersten Zuweisungsbefehlen.

Beim linken Button wird die Position, nachdem sie mittels der Eigenschaft ListIndex aus dem Datenkern geholt wurde, um eins reduziert und zurückgeschickt. Dadurch wandert die Markierung nach oben. Anschließend werden die markierten Listenzeilen mit der bekannten Eigenschaft Caption zur *Beschriftung der Labels* gemacht.

```
Private Sub CommandButton1_Click()
ListBox1.ListIndex = ListBox1.ListIndex - 1
ListBox2.ListIndex = ListBox2.ListIndex - 1
ListBox3.ListIndex = ListBox3.ListIndex - 1
Label1.Caption = ListBox1.List(ListBox1.ListIndex)
Label2.Caption = ListBox2.List(ListBox2.ListIndex)
Label3.Caption = ListBox3.List(ListBox3.ListIndex)
End Sub
```

Beim rechten Button wird die Position, nachdem sie mit Hilfe der Eigenschaft ListIn-dex aus dem Datenkern geholt wurde, um eins erhöht und zurückgeschickt. Dadurch wandert die Markierung nach unten.

Anschließend werden auch hier die markierten Listenzeilen mit der bekannten Eigenschaft Caption zur *Beschriftung der Labels* gemacht.

```
Private Sub CommandButton2_Click()
ListBox1.ListIndex = ListBox1.ListIndex + 1
ListBox2.ListIndex = ListBox2.ListIndex + 1
ListBox3.ListIndex = ListBox3.ListIndex + 1
Label1.Caption = ListBox1.List(ListBox1.ListIndex)
Label2.Caption = ListBox2.List(ListBox2.ListIndex)
Label3.Caption = ListBox3.List(ListBox3.ListIndex)
End Sub
```

18   Einfache Tests und Alternativen

Navigator: Was bisher zu lesen war, was nun folgt:

 Das vorige Kapitel brachte den Durchbruch. Wir lernten in ihm ausführlich kennen, wie wir in *Inhalten von Ereignisprozeduren* mit Hilfe von *Eigenschaften* auf den *Datenkern* des eigenen visuellen Objekts oder fremder visueller Objekte zugreifen lassen können.

Da alle Merkmale des sichtbaren Teils jedes visuellen Objekts in seinem Datenkern gespeichert sind, können wir auf diese Weise unmittelbar auf die *Beschriftung eines Labels* oder den *Inhalt eines Textfensters* zugreifen lassen, auf die *Beschriftung eines Buttons*, auf die *Position des Reglers in einer Scrollbar*, auf *Beschriftungen* und *Belegungseigenschaften* von *Checkboxen* und *Optionbuttons*, auf die *Position der Markierung in einer Liste*. Schließlich wurde auch der Zugriff auf eine *Zeile in einer Liste* möglich.

Dabei ist die Vokabel „zugreifen" jeweils *passiv* oder *aktiv* oder auch in beiderlei Hinsicht möglich: Wir können programmieren, dass eine Ereignisprozedur mit Hilfe einer Eigenschaft nur *etwas erfährt* und geeignet verarbeitet, wir können aber auch programmieren, dass eine Ereignisprozedur *etwas bewirkt* und damit am eigenen oder fremden Objekt Veränderungen vornimmt.

Wir können sogar mit dem interessanten *Zuweisungsbefehl* von Seite 244

```
ScrollBar1.Value=ScrollBar1.Value+10
```

dafür sorgen, dass die Ereignisprozedur zuerst mit Hilfe der Eigenschaft `Value` die *Stellung des Reglers aus dem Datenkern* holt und anschließend, vergrößert um zehn Einheiten, wieder per Eigenschaft `Value` die Stellung des Reglers neu festlegt. Ergebnis: Der Regler springt um 10 Einheiten nach rechts.

Ja, das war schon Programmieren, was da im Kapitel 17 in vielen Beispielen vorgeführt wurde. Und, war es so schlimm?

Drei Voraussetzungen müssen erfüllt sein, damit wir unser Denkvermögen anwerfen und *Inhalte von Ereignisprozeduren* schreiben können:

• Ohne die *Namen der visuellen Objekte* geht nichts. Der Autor schlägt dazu jedem Anfänger vor, stets die von Visual Basic automatisch vergebenen Namen zu verwenden. Einschließlich der Groß- und Kleinschreibung, das macht das Ganze ziemlich übersichtlich.

• Weiter brauchen wir die genauen *Namen der benötigten Eigenschaften*, um programmieren zu können, wenn auf Datenkerne zugegriffen werden soll.

• Für die wichtigsten Eigenschaften finden wir deren *Namen* über die *Zeilen des jeweiligen Eigenschaftsfensters*.

• Wenn uns das Eigenschaftsfenster aber im Stich lässt, weil dort wenige, ausgewählte Eigenschaften präsentiert werden, dann müssen wir nach dem Eintippen des Punktes hinter dem Objektnamen auf die *Punktliste* warten und unter den dann erscheinenden Einträgen gezielt suchen.

• Für den Fall, dass mittels einer Eigenschaft ein bestimmter Wert oder eine feste Belegung in einen Datenkern gebracht werden soll, müssen wir schließlich noch wissen, *was die Eigenschaft verarbeitet* – eine *Zahl*, einen der beiden *Wahrheitswerte* `True` oder `False`, einen *Text*?

Was kommt nun? Nun wollen wir uns weiter mit der *Programmierung von Inhalten von Ereignisprozeduren* beschäftigen.

Wir werden nun den Fall behandeln, dass *ein Befehl* oder eine *Menge von Befehlen* nicht *immer*, sondern *nur manchmal* ausgeführt werden soll. Wie bisher, werden wir uns der Sache mit vielen Beispielen nähern.

18.1 Einfacher Test

18.1.1 Bedingtes Aktivieren/Deaktivieren von Buttons

Wir wollen gleich ein Beispiel des vorigen Kapitels fortsetzen (Bild 18.1): In einem visuellen Objekt *Listbox* mit dem Namen ListBox1 ist ein *Datenbestand* gespeichert – bei uns sind es wieder die Namen der Bundesländer.

Bild 18.1: Verwaltung eines Datenbestandes

Die Listbox wird später unsichtbar gemacht (aber erst, wenn alles funktioniert). Es ist nämlich grundsätzlich nicht üblich, Datenbestände öffentlich zu präsentieren.

DOWNLOAD   *Öffnen Sie die Seite http://www.w-g-m.de/basic.htm, wählen Sie dort Dateien für Kapitel 18, geben Sie Ihr Ziel ein. Danach erfolgt das Herunterladen der Datei* KAP18.ZIP *in den von Ihnen angegebenen Ordner. Durch Doppelklick auf den Dateinamen wird diese Datei extrahiert, und Sie erhalten im darunter befindlichen Ordner* BEISPIELE *die Dateien* BSP18_01.XLS *usw.*

Die Starteinstellung „Sachsen-Anhalt", wird über die Ereignisprozedur zum Ereignis *Aktivierung des Formulars* veranlasst. Zur Verwaltung des Datenbestandes soll es *vier Buttons* geben, deren Bedeutung aus den Beschriftungen hervorgeht. Sehen wir uns an, was für die *Inhalte der vier Ereignisprozeduren* zum *Button-Klick* jeweils zu programmieren ist:

Klick auf den Button mit der Beschriftung ERSTER:

```
Private Sub CommandButton1_Click()
ListBox1.ListIndex = 0
Label1.Caption = ListBox1.List(ListBox1.ListIndex)
End Sub
```

Klick auf den Button mit der Beschriftung VORIGER:

```
Private Sub CommandButton2_Click()
ListBox1.ListIndex = ListBox1.ListIndex - 1
Label1.Caption = ListBox1.List(ListBox1.ListIndex)
End Sub
```

Klick auf den Button mit der Beschriftung NÄCHSTER:

```
Private Sub CommandButton3_Click()
ListBox1.ListIndex = ListBox1.ListIndex + 1
Label1.Caption = ListBox1.List(ListBox1.ListIndex)
End Sub
```

Klick auf den Button mit der Beschriftung LETZTER:

```
Private Sub CommandButton4_Click()
ListBox1.ListIndex = 15
Label1.Caption = ListBox1.List(ListBox1.ListIndex)
End Sub
```

Wo liegt das Problem? Wählt der Nutzer durch Klick auf LETZTER den letzten Eintrag im Datenbestand aus und klickt danach, unkonzentriert, auf den Button NÄCHSTER, dann gibt es eine geharnischte *Fehlermeldung*. Klar.

Bild 18.2: Deaktivieren der rechten Buttons

Also müssen wir, wie in Bild 18.2 schon zu sehen, verhindern, dass ein Nutzer, wenn der *letzte Eintrag* des Datenbestands erreicht wird, die *beiden rechten Buttons* noch einmal drücken darf. Wie das geht?

Nun, wir erweitern die Ereignisprozedur zum *Klick auf* LETZTER so, dass die Eigenschaft Enabled der beiden rechten Buttons auf False gesetzt wird - und deaktivieren damit die beiden rechten Buttons.

```
ListBox1.ListIndex = 15
Label1.Caption = ListBox1.List(ListBox1.ListIndex)
CommandButton3.Enabled = False
CommandButton4.Enabled = False
```

Genauso ist vorzugehen, wenn der *erste Eintrag* im Datenbestand erreicht wird. Dann müssen die *beiden linken Buttons* deaktiviert werden. Also wird die Ereignisprozedur zum Klick auf ERSTER ebenfalls um zwei Deaktivierungs-Befehle erweitert:

```
ListBox1.ListIndex = 0
Label1.Caption = ListBox1.List(ListBox1.ListIndex)
CommandButton1.Enabled = False
CommandButton2.Enabled = False
```

Nun aber zum Button mit der Aufschrift VORIGER. Wenn der Nutzer ihn drückt, dann ist eines klar: Die beiden rechten Buttons sind dann immer sinnvoll, müssen aktiviert werden:

```
CommandButton3.Enabled = True
CommandButton4.Enabled = True
```

Aber die beiden linken Buttons? Für sie müssen wir etwas Neues programmieren, einen *einfachen Test*: Nur dann, wenn die oberste Zeile die Markierung bekommen hat (wenn die Eigenschaft `ListIndex` also die *Null* liefert) – *dann* sind die beiden linken Buttons zu deaktivieren. Wie schreibt man das gemäß den Basic-Regeln?

```
If ListBox1.ListIndex = 0 Then
    CommandButton1.Enabled = False
    CommandButton2.Enabled = False
    End If
```

In gleicher Weise müssen wir vorgehen, wenn wir das Ereignis *Klick auf den Button mit der Aufschrift* NÄCHSTER behandeln:

```
If ListBox1.ListIndex = 15 Then
    CommandButton3.Enabled = False
    CommandButton4.Enabled = False
    End If
```

Sehen wir uns zum Schluss (im download: BSP18_01.XLS) die beiden Ereignisprozeduren komplett an, wobei jetzt klar werden sollte, wie wichtig eine *gute und strukturierte Schreibweise* für das Verständnis von Ereignisprozeduren ist.

```
Private Sub CommandButton2_Click()
ListBox1.ListIndex = ListBox1.ListIndex - 1
Label1.Caption = ListBox1.List(ListBox1.ListIndex)
CommandButton3.Enabled = True
CommandButton4.Enabled = True
If ListBox1.ListIndex = 0 Then
    CommandButton1.Enabled = False
    CommandButton2.Enabled = False
    End If
End Sub
```

```
Private Sub CommandButton3_Click()
ListBox1.ListIndex = ListBox1.ListIndex + 1
Label1.Caption = ListBox1.List(ListBox1.ListIndex)
CommandButton1.Enabled = True
CommandButton2.Enabled = True
If ListBox1.ListIndex = 15 Then
    CommandButton3.Enabled = False
    CommandButton4.Enabled = False
    End If
End Sub
```

Zusatzfrage: Bei sechzehn Bundesländern hat die letzte Zeile der Liste die Position 15. Das ist sicher, das ist bekannt.

Aber was machen wir, wenn wir nicht genau wissen, wie viele Einträge sich überhaupt im Datenbestand befinden? Kann uns die Listbox nicht selber mittels einer passenden Eigenschaft sagen, wie viele Zeilen sie besitzt?

Das *Eigenschaftsfenster der Liste* hüllt sich wieder in Schweigen – aber die Suche in der *Punktliste* führt zum Erfolg. Dort werden wir fündig (Bild 18.3).

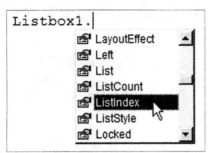

Bild 18.3: Eigenschaft `ListCount`

Im Text der Ereignisprozedur zum Klick auf den Button LETZTER kann also jetzt die vorhin *fest einprogrammierte Zahl* 15 ersetzt werden durch *Anzahl aller Einträge minus 1*:

```
Private Sub CommandButton4_Click()
ListBox1.ListIndex = ListBox1.ListCount - 1
Label1.Caption = ListBox1.List(ListBox1.ListIndex)
CommandButton1.Enabled = True
CommandButton2.Enabled = True
CommandButton3.Enabled = False
CommandButton4.Enabled = False
End Sub
```

Wichtig: Die Eigenschaft `ListCount` liefert die *Anzahl der Zeilen* in der Liste – die *letzte Position* erhält man durch *Abzug von Eins* (weil die *erste Zeile* immer die *Position 0* hat).

In der Ereignisprozedur zum Klick auf den Button NÄCHSTER braucht anschließend nur einmal die Zahl 15 durch `Listbox1.ListCount-1` ersetzt zu werden.

18.1.2   Einklick oder Ausklick?

Wenn ein Nutzer eine *Checkbox* anklickt, dann kann dieser Klick entweder ein „Einklick" oder ein „Ausklick" sein (Bild 18.4), je nachdem, ob der Haken durch die Nutzereinwirkung *gesetzt* oder *beseitigt* wurde. Wie sieht die Ereignisprozedur zum Ereignis „Klick auf die Checkbox" aus, die uns diese *differenzierte Information* liefert?

Den *Rahmen* erhalten wir ganz einfach, schließlich behandeln wir das Standard-Ereignis. Für den *Inhalt* nutzen wir unsere gerade erworbenen Kenntnisse, indem wir *zwei einfache Tests* programmieren.

```
Private Sub CheckBox1_Click()
If CheckBox1.Value = True Then
    MsgBox ("Einklick")
    End If
If CheckBox1.Value = False Then
    MsgBox ("Ausklick")
    End If
End Sub
```

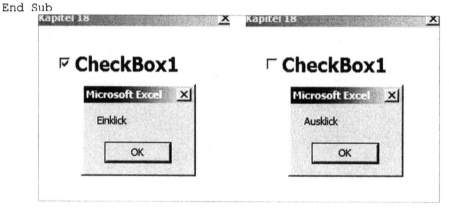

Bild 18.4: Einklick oder Ausklick

Wiederholen wir noch einmal die *Basic-Ausnahmeregel* von Seite 76:

• Ist bei erfülltem Test nur *ein einziger Befehl* auszuführen, dann kann dieser *eine Befehl* auf der gleichen Zeile unmittelbar hinter `Then` geschrieben werden, und das `End If` entfällt.

Diese *Ausnahmeregel* ist bei uns natürlich anwendbar und reduziert den Schreibaufwand erheblich (download: BSP18_02.XLS):

```
Private Sub CheckBox1_Click()
If CheckBox1.Value = True Then MsgBox ("Einklick")
If CheckBox1.Value = False Then MsgBox ("Ausklick")
End Sub
```

18.1.3   Links-rechts-Steuerung

Ein *Rahmen* (Frame), darauf links ein *Optionbutton* mit der Beschriftung NACH LINKS, in der Mitte eine *Scrollbar* und rechts ein zweiter *Optionbutton* mit der Beschriftung NACH RECHTS (Bild 18.5). Starteinstellung des Reglers in der Mitte, Minimum Null, Maximum 100; anfangs soll der *linke Optionbutton* ausgewählt sein. All dies lässt sich mit dem Eigenschaftsfenster voreinstellen.

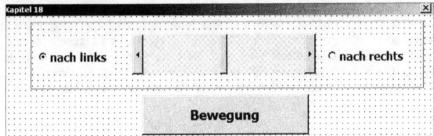

Bild 18.5: Rahmen mit Optionbuttons, Scrollbar und Button

Zusätzlich soll der Button mit der Beschriftung BEWEGUNG existieren; wird er geklickt, dann soll sich der *Regler* zehn Einheiten nach links oder nach rechts bewegen – je nach Belegung der Optionbuttons.

Das ist die Ereignisprozedur, die Ausnahmeregel wurde angewendet (BSP18_ 03.XLS):

```
Private Sub CommandButton1_Click()
If OptionButton1.Value=True Then
                    ScrollBar1.Value=ScrollBar1.Value-10
If OptionButton2.Value=True Then
                    ScrollBar1.Value=ScrollBar1.Value+10
End Sub
```

Alles funktioniert, aber es gibt eine Fehlermeldung, wenn der Regler rechts „anstößt". Warum sorgen wir also nicht selbst dafür, dass die *Bewegungsrichtung* sich dann selbst umkehrt? Das ist nämlich ziemlich einfach, wir brauchen nur den *Inhalt der Ereignisprozedur* am Anfang durch folgenden beiden Zeilen zu ergänzen.

```
If ScrollBar1.Value = 0   Then OptionButton2.Value = True
If ScrollBar1.Value = 100 Then OptionButton1.Value = True
```

18.1.4   Tasten wegfangen

Es ist wichtig. Sehr wichtig. In dieses Textfenster darf der Nutzer nur Ziffern eintippen. Sonst bricht ein Programm zusammen, oder die Welt erstirbt, das Universum implodiert.

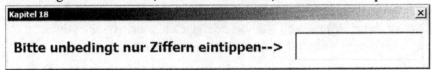

Bild 18.6: Vergebliche Aufforderung

Nun gut, so schlimm wird's schon nicht werden, obwohl es schon Programmfehler gegeben hat, die Milliarden kosteten.

Was meinen Sie aber nun, liebe Leserin, lieber Leser: Wird uns diese nett geschriebene Aufforderung davor bewahren, dass ein unkonzentrierter Nutzer sich vertippt oder ein bösartiger Nutzer versucht, doch ein X oder ein Minus oder ein Prozentzeichen einzugeben?

Sie haben Recht: *Nutzer sind unberechenbar. Wir* müssen absichern, dass *unerlaubte Nutzereingaben vermieden* werden. Wir, die Programmierer.

Dafür gibt es zwei Methoden:

• Wir lassen den Nutzer eingeben, was er will, analysieren *anschließend* seine Eingabe, und wenn sie unkorrekt ist, dann wird er darüber informiert und aufgefordert, seine Eingabe zu wiederholen. Wenn er dann wieder unkonzentriert arbeitet, findet dasselbe noch einmal statt usw. – solange, bis er endlich wach wird. Oder, man kennt das von den Geldautomaten, man lässt nur wiederholen, bis eine erlaubte Anzahl von Versuchen erschöpft ist. Dreimal die falsche PIN, und die Karte ist weg. Das ist Variante eins der Problemlösung.

Doch nun die zweite Methode:

• Wenn der Nutzer *eine Taste drückt*, analysieren wir in einer *passenden Ereignisprozedur*, ob diese Taste überhaupt erlaubt ist. Wenn nicht, *annullieren* wir den Tastendruck.

Diese Methode werden wir jetzt schnell umsetzen. Wir brauchen zuerst den Rahmen der Ereignisprozedur für das Ereignis *Tastendruck am Textfenster* `Textbox1`.

Es ist *nicht* das Standard-Ereignis, also beschaffen wir uns den Rahmen der Ereignisprozedur (s. Abschnitt 15.3.2) mit Hilfe der beiden Comboboxen oben am Fenster für die Texte der Ereignisprozeduren, wobei uns nicht beunruhigen sollte, dass unaufgefordert ein leerer Rahmen für das Standard-Ereignis erscheint. Er kann gelöscht werden.

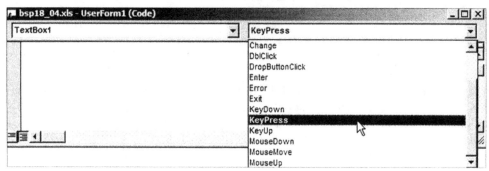

Bild 18.7: Beschaffung des Rahmens der Ereignisprozedur zum Tastendruck

Nun ist alles recht einfach: Der Rahmen dieser Ereignisprozedur sorgt bereits dafür, dass uns unter der Bezeichnung `KeyAscii` der Codewert des Zeichens übergeben wird, das der Nutzer gerade auf der Tastatur gedrückt hat.

Lassen wir also testen, ob die gedrückte Taste falsch ist. Sie ist falsch, wenn ihr *Codewert* sich *nicht im Bereich von 48 bis 57* befindet (für Einzelheiten siehe Abschnitt 6.2.1):

```
Private Sub TextBox1_KeyPress(ByVal KeyAscii
                               As MSForms.ReturnInteger)
  If (KeyAscii < 48) Or (KeyAscii > 57) Then KeyAscii = 0
End Sub
```

Testen wir und genießen den Erfolg (download: BSP18_04.XLS): Es werden tatsächlich *alle unerlaubten Zeichen* ignoriert. Die Aufgabe ist gelöst.

Zum Schluss wollen wir noch das neu Gelernte zusammenfassen:

• *Einfache Tests* dürfen in Basic mit den Schlüsselwörtern Or (für „oder") und And (für „und") verknüpft werden. Dabei sollten die einzelnen Tests in runde Klammern gesetzt werden und müssen jeweils stets *vollständig* sein. Streng verboten ist zum Beispiel solch ein Unsinn: If (KeyAscii < 48 Or > 57) Then...

• Verknüpfung zweier Tests mit „und":

```
If (...test1...) And (...test2...) Then
    ...
    End If
```

• Verknüpfung zweier Tests mit „oder":

```
If (...test1...) Or (...test2...) Then
    ...
    End If
```

• Ist ausnahmsweise bei erfülltem Test *nur ein einziger Befehl* auszuführen, kann die *Ausnahmeregel* benutzt werden:

```
If (...test1...) And (...test2...) Then ...genau ein Befehl...
If (...test1...) Or (...test2...) Then ...genau ein Befehl...
```

18.2   Alternative

Einfache Tests bewirken nur, dass bei ihrer *Erfüllung* etwas passiert. Ist der Test *nicht er-füllt*, passiert eben *nichts*. Damit kann man schon viele Programmieraufgaben lösen. Aber nicht alle – und das wollen wir uns nun an einem typischen Beispiel ansehen.

18.2.1   Ein Nachttischlampen-Schalter

Das soll es immer noch geben: Ein Druck auf den Schalter, die Lampe geht an, wieder derselbe Druck auf den Schalter, die Lampe geht aus. Und so weiter.

Betrachten wir dafür einen Button mit der Start-Beschriftung EIN. Wird er geklickt, dann soll die Beschriftung wechseln in AUS.

Wird er wieder geklickt, soll wieder EIN auf dem Button stehen usw. (Bild 18.8).

Bild 18.8: Start, nach erstem Klick, nach zweitem Klick (Wunsch)

Kein Problem, denkt sich der wissende Programmierer, besorgt sich den *Rahmen für die Ereignisprozedur* und schreibt einen auf den ersten Blick tollen und scheinbar richtigen In-halt:

```
Private Sub CommandButton1_Click()
If CommandButton1.Caption = "Ein" Then
    CommandButton1.Caption = "Aus"
    End If
```

```
If CommandButton1.Caption = "Aus" Then
    CommandButton1.Caption = "Ein"
    End If
End Sub
```

Probieren wir es aus: Wir können klicken, wie und so oft wir wollen – wir bekommen *niemals* die Beschriftung AUS zu sehen. *Was haben wir falsch gemacht?*

Denken wir gemeinsam nach. Die Laufzeit beginnt, auf dem Button steht EIN. Erster Klick, erster Test. Der ist erfüllt, Beschriftung wechselt zu AUS. Doch die Ereignisprozedur ist *gerade erst zur Hälfte abgearbeitet*!

Eine Millionstel-Sekunde später kommt nämlich der zweite, folgende Test. Dort aber wird gefragt, ob nun AUS auf dem Button steht. Das ist der Fall – also wird die Beschriftung wieder auf EIN gestellt. Ein toller Denkfehler führt hier zu einem absolut *falschen Inhalt der Ereignisprozedur*.

Hier brauchen wir eine *andere Testkonstruktion*. Sie muss so aussehen:

• Wenn auf dem Button EIN steht, dann schreibe AUS, *andernfalls* schreibe EIN.

Solch eine *Wenn–dann–andernfalls–*Konstruktion nennt man *Alternative*.

Die Basic-Regeln für ihre Umsetzung können wir entweder auf Seite 78 nachschlagen, oder wir sehen sie in der *richtigen Ereignisprozedur* (download: BSP18_05.XLS):

```
Private Sub CommandButton1_Click()
If CommandButton1.Caption = "Ein" Then
    CommandButton1.Caption = "Aus"                    'JA-Zweig
                            Else
    CommandButton1.Caption = "Ein"                    'NEIN-Zweig
                            End If
End Sub
```

Die englische Vokabel else gehört zu den diversen *false friends* (falschen Freunden), die diese Sprache für uns Deutsche bereit hält:

• else heißt nicht *also*, sondern *andernfalls*.

Wer sich das merkt, programmiert richtig.

Alternativen besitzen also einen Ja- und einen Nein-Zweig.

• Bei *erfülltem Test* wird der *Ja-Zweig* ausgeführt, bei *nicht erfülltem Test* der *Nein-Zweig*.

18.2.2   Zu- und Abschalten von Buttons

Wir wollen noch einmal zu einer Aufgabe ähnlich wie im Abschnitt 18.1.1 zurückkehren, wo es um die *Aktivierung* und *Deaktivierung* eines Buttons ging.

Zwei *leere Textfenster* sind auf dem *Formular* anzuordnen (BSP18_06.XLS), darunter ein *Button* mit der Aufschrift FÜGE ZUSAMMEN, darunter ein *leeres Label*.

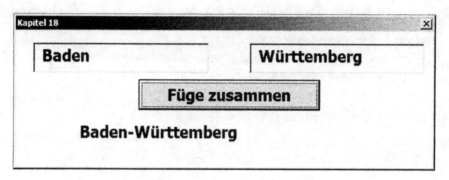

Bild 18.9: Verkettung mit Bindestrich

Die Aufgabe ist klar: Wenn der Nutzer in die beiden Textfenster etwas eingetragen hat, dann sollen beim Klick auf den Button die beiden Inhalte mit einem Bindestrich zusammengefügt und im Label angezeigt werden.

Über die Ereignisprozedur zum *Klick auf den Button* brauchen wir gar nicht mehr zu reden, so einfach ist sie:

```
Private Sub CommandButton1_Click()
Label1.Caption = TextBox1.Text + "-" + TextBox2.Text
End Sub
```

Doch welche Situation liegt eigentlich vor, wenn eines der beiden Textfenster oder sogar alle beide *leer* sind? Dann wäre doch eine Bedienung des Buttons sinnlos.

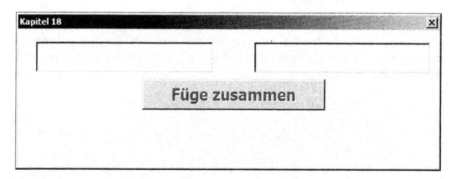

Bild 18.10: Leere Textfenster, inaktiver Button

Also muss dann die Eigenschaft Enabled des Buttons auf jeden Fall für den *Start der Laufzeit* auf False gesetzt werden (Bild 18.10).

Nun kommt der interessante Teil der Aufgabe:

Bei *jeder Änderung* in einem der Textfenster muss also geprüft werden, ob *beide Textfenster* nicht leer sind.

Wenn ja, wird der Button zugeschaltet. *Andernfalls* muss der Button deaktiviert werden.

```
Private Sub TextBox1_Change()
If (TextBox1.Text <> "") And (TextBox2.Text <> "") Then
    CommandButton1.Enabled = True
                                                    Else
    CommandButton1.Enabled = False
                                                    End If
End Sub


Private Sub TextBox2_Change()
If (TextBox1.Text <> "") And (TextBox2.Text <> "") Then
    CommandButton1.Enabled = True
                                                    Else
    CommandButton1.Enabled = False
                                                    End If
End Sub
```

Der Test zeigt es: Erst wenn *beide Textfenster* einen Inhalt haben, wird der Button aktiv.

Wird dann aber auch nur ein Inhalt gelöscht, wird der Button sofort wieder inaktiv. Somit ist eine *gelungene Benutzeroberfläche* entstanden, deren Bedienungselemente nur dann aktiv (also bedienbar) sind, wenn eine Nutzereinwirkung auf sie überhaupt sinnvoll ist.

Was haben wir außerdem gelernt?

• In Basic besitzt die Zeichenkombination <> die Bedeutung „ungleich".

• Ein *Test auf einen vorhandenen Inhalt* wird so formuliert, dass gefragt wird, ob der Inhalt *nicht leer* ist: In Basic wird dieses *leer* mit zwei nebeneinander stehenden Anführungsstrichen "" beschrieben.

19 Ganze Zahlen

Navigator: Was bisher zu lesen war, was nun folgt:

 Langsam fällt es auf: Wir haben uns bisher vor den Zahlen regelrecht gedrückt. Sicher, wir haben schon mit den Eigenschaften `Value` (bei *Scrollbar*-Objekten) oder `ListIndex` (bei Listen) echte Zahlenwerte, ganze Zahlen, aus Datenkernen herausholen können.

Aber was programmierten wir anschließend? Wir steckten die Zahlenwerte sofort wieder mit Hilfe derselben oder anderer Eigenschaften, die Zahlen verarbeiten, in Datenkerne vom selben oder von anderen Objekten hinein. Oder wir verarbeiteten sie nur in Tests oder Alternativen.

Niemals bisher haben wir aber einen Zahlenwert *zu sehen bekommen*, genauso wenig wie wir bisher Aufgaben gelöst haben, bei denen *der Nutzer Zahlen eintippen* sollte, die dann weiter verarbeitet wurden. Woran liegt es?

Ab jetzt wird uns der folgende Merksatz stets und ständig begleiten:

Auch wenn der *Inhalt eines Textfensters*, die *Beschriftung eines Label*, die *Beschriftung einer Zeile in einer Liste* oder *Combobox* aussehen sollte *wie eine Zahl* – es ist trotzdem nur *Text*. Es ist zwar Text, der sich *zu einer Zahl machen* lassen kann. Aber es bleibt Text.

Folglich lässt sich der Inhalt dieser Bedienelemente *prinzipiell nur als Text* verarbeiten. Kann dieser Text im Spezialfall aber zu einer Zahl gemacht werden, dann muss der Programmierer selbst für die Umwandlung von Text in Zahl sorgen. Diesen Vorgang bezeichnet man als *Konvertierung*.

Umgekehrt kann eine Zahl nicht unmittelbar in ein Textfenster oder als Beschriftung in ein Label gebracht oder für eine Zeile in einer Liste verwendet werden. Hier muss vor dem Transport für die umgekehrte Konvertierung von Zahl zu Text gesorgt werden.

Während die *Konvertierung Zahl zu Text* immer möglich ist, ist die *Konvertierung Text zu Zahl* natürlich nur dann möglich, wenn der *Text aussieht wie eine Zahl*. Deswegen werden wir zuerst die *Ausgabe von Zahlen* kennen lernen.

19.1 Die Konvertierungsfunktionen `Val` und `Str`

Dieses Kapitel handelt nur von *ganzen Zahlen*. Jedes Mal, wenn irgendwie von *Zahl* oder *Zahlen* gesprochen wird, sind also in diesem Kapitel nur *ganze Zahlen* gemeint.

19.1.1 Ganzzahlige Werte ausgeben

Eine erste, kleine Aufgabe: Auf dem Formular werden eine waagerechte *Scrollbar* und daneben ein *Label* platziert. Die Scrollbar soll anfangs Minimum Null, Maximum 255 und Position 0 haben (Bild 19.1). Das *Label* beginnt mit der *Startbeschriftung* 0.

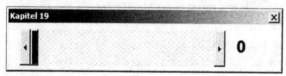

Bild 19.1: Scrollbar und Label

Wenn der Nutzer den *Regler der Scrollbar* bewegt (Standard-Ereignis), dann soll, wie in
Bild 19.2 zu sehen ist, der aktuelle Wert des Reglers im *Label* angezeigt werden (im download: BSP19_01.XLS).

Bild 19.2: Im Label wird die Position des Reglers angezeigt

DOWNLOAD   *Öffnen Sie die Seite http://www.w-g-m.de/basic.htm, wählen Sie dort*
Dateien für Kapitel 19, geben Sie Ihr Ziel ein. Danach erfolgt das Herunterladen der Datei
KAP19.ZIP *in den von Ihnen angegebenen Ordner. Durch Doppelklick auf den Dateinamen*
wird diese Datei extrahiert, und Sie erhalten im darunter befindlichen Ordner BEISPIELE
die Dateien BSP19_01.XLS *usw.*

Die *Ereignisprozedur* zeigt uns, wie wir für die *Zahlenausgabe in das Label* die *Konvertierungsfunktion* Str verwenden müssen:

```
Private Sub ScrollBar1_Change()
Label1.Caption = Str(ScrollBar1.Value)
End Sub
```

Lesen wir von rechts nach links, von innen nach außen: Der *Wert der Position*, das ist eine *Zahl*, wird an die *Konvertierungsfunktion* Str übergeben, diese Funktion erzeugt den
Text, der so aussieht wie die Zahl, dieser *Text* kommt als *Beschriftung* in das *Label*.

Noch ein zweites Beispiel (BSP19_02.XLS): In zwei *Labels* neben einer *Liste* soll jedes
Mal, wenn der Nutzer in der Liste eine Auswahl trifft (Standard-Ereignis), die *Zeilennummer* sowie die *aktuelle Position* der Markierung zu lesen sein (Bild 19.3). Wir müssen uns daran gewöhnen: Die *Position* fängt immer bei *Null* an zu zählen.

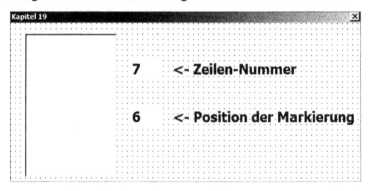

Bild 19.3: Anzeige von Zeile und Position der Markierung

```
Private Sub ListBox1_Click()
Label1.Caption = Str(ListBox1.ListIndex + 1)
Label2.Caption = Str(ListBox1.ListIndex)
End Sub
```

19.1.2 Ganzzahlige Werte erfassen

Gehen wir erst einmal – obwohl es sehr unwahrscheinlich ist – von einem *hochkonzentrierten Nutzer* aus, der in zwei Textfenster tatsächlich *zwei Zeichenfolgen* eingibt, die sich *als ganze Zahlen lesen* lassen, zum Beispiel die Zeichenfolgen „Eins→Zwei" und „Eins→Drei" (Bild 19.4).

Beim *Klick auf den Button* soll die Summe der beiden, als Zahlen „zwölf" und „dreizehn" lesbaren Zeichenfolgen, ermittelt und als *Beschriftung des Labels* angezeigt werden.

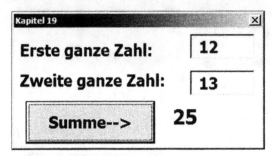

Bild 19.4: Sinnvolle Eingaben

Wie sieht die richtige Ereignisprozedur aus?

```
Private Sub CommandButton1_Click()
Label1.Caption = Str(Val(TextBox1.Text) + Val(TextBox2.Text))
End Sub
```

Es ist *ganz logisch*: Die beiden *Text-Inhalte* von `TextBox1` und `TextBox2` werden mit der Konvertierungsfunktion `Val` jeweils zu *Zahlen* gemacht, diese *Zahlen* werden klassisch addiert, die *Ergebnis-Zahl* 25 muss dann ihrerseits mit der anderen Konvertierungsfunktion `Str` zur *Zeichenfolge* „Zwei→Fünf" gemacht werden, die schließlich mit der Eigenschaft `Caption` problemlos in den Datenkern des Label-Objekts `Label1` gebracht werden kann.

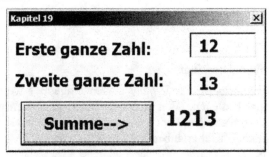

Bild 19.5: Weglassen der Konvertierungsfunktionen

Wer denkt, dass es einfacher geht, der probiere es aus:

```
Private Sub CommandButton1_Click()
Label1.Caption = TextBox1.Text + TextBox2.Text
End Sub
```

Bild 19.5 zeigt, was dann im Label angezeigt wird: Es ist die verkettete Zeichenfolge „Eins→ Zwei→Eins→Drei".

Nun sollten wir uns aber endlich von dem unerreichbaren Ideal des extrem aufmerksamen, munteren, gutwilligen, hochkonzentrierten Nutzers lösen – den gibt es sowieso nicht.

Was passiert aber, wenn ein Nutzer sich vertippt, zum Beispiel anstelle der Null den Buchstaben „o" eingibt (Bild 19.6 – inzwischen haben wir die Konvertierungsfunktionen wieder eingefügt).

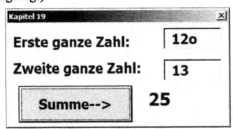

Bild 19.6: Tippfehler des Nutzers

Dann schlägt Basic wahrhaft zu – es entwickelt nämlich eine sehr unangenehme *Fantasie*. Basic beginnt von links, die Zeichen für Zeichen zu analysieren. In dem Moment, wo ein Zeichen kommt, das nicht mehr brauchbar ist, erfolgt – nein, nicht etwa eine zuverlässige Fehlermeldung, sondern der *Abbruch des Konvertierungsvorgangs*. Alles, was bis dahin konvertiert wurde, wird verwendet. So entstehen also diese sehr unangenehmen *Basic-Fantasieprodukte*.

Das sollte ausreichen, um uns hochgradig zu motivieren, *Fehlbedienungen des Nutzers* programmtechnisch *abzufangen* oder sogar *von vornherein zu verhindern*.

• Als Erstes sorgen wir dafür, dass der Inhalt der Ereignisprozedur überhaupt nur dann ausgeführt wird, wenn *beide Textfenster nicht leer* sind:

```
Private Sub CommandButton1_Click()
If (TextBox1.Text <> "") And (TextBox2.Text <> "") Then
    Label1.Caption=Str(Val(TextBox1.Text)+Val(TextBox2.Text))
    End If
End Sub
```

So, diese Fehlerquelle ist schon einmal beseitigt.

Wie verhindern wir aber *Falscheingaben*? *Nur Ziffern* dürfen eingetippt werden. Das wollen wir zumindest jetzt erstmal festlegen. (Wer hier einwendet, dass auch minus 12 eine ganze Zahl ist, der hat natürlich recht. Bitte noch ein wenig warten, dann können wir auch das Minuszeichen vor der ersten Ziffer erlauben.)

Bleiben wir vorerst bei vorzeichenlosen, also positiven ganzen Zahlen, d. h. *reinen Ziffernfolgen*. Das hatten wir doch schon einmal?

Richtig, im Abschnitt 18.1.4 wurde es ausführlich erklärt: Wir können mit Hilfe von zwei weiteren *Ereignisprozeduren* zu den Ereignissen *Tastendruck in* `TextBox1` *und Tastendruck in* `TextBox2` falsche Tasten „wegfangen". Der Nutzer drückt sie zwar, aber sie werden nicht weitergeleitet. Ihr Tasten-Code-Wert wird durch die Null ersetzt:

• Also erzeugen wir als Zweites mit Hilfe der beiden Comboboxen oben am Fenster für die Ereignisprozeduren die beiden *Rahmen für die beiden Ereignisprozeduren zu den (Nicht-Standard-) Ereignissen* KeyPress bei beiden Textfenstern und tragen als Inhalt jeweils die Annullierung aller Nicht-Ziffern-Tasten ein (download: BSP19_03.XLS):

```
Private Sub TextBox1_KeyPress(ByVal KeyAscii
                                As MSForms.ReturnInteger)
    If (KeyAscii < 48) Or (KeyAscii > 57) Then KeyAscii = 0
    End Sub

Private Sub TextBox2_KeyPress(ByVal KeyAscii
                                As MSForms.ReturnInteger)
    If (KeyAscii < 48) Or (KeyAscii > 57) Then KeyAscii = 0
    End Sub
```

Ein anderer Weg, wir werden ihn später andeuten, könnte darin bestehen, dass der Button „Summe berechnen" nur dann aktiviert wird, wenn *vernünftige Inhalte* in den beiden Textfenstern vorliegen.

19.1.3   Anwendung: Farbeinstellung

Bild 19.7 zeigt die herzustellende *Benutzeroberfläche*: Drei anfangs *leere Textfenster* mit links daneben stehenden, erklärenden *Labels*, ein *Button* (im download: BSP19_04.XLS).

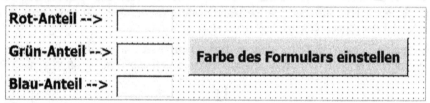

Bild 19.7: Bedienelemente auf dem Formular

Die Beschriftung des Buttons erklärt die Aufgabe: Beim *Klick* sind die *Farbanteilswerte* aus den *Textfenstern* zu holen und so zu verarbeiten, so dass der *Hintergrund der Benutzeroberfläche* entsprechend eingefärbt wird.

Wie gehen wir vor? Wir wissen bereits, dass die Hintergrundfarbe mit der Eigenschaft BackColor im Eigenschaftsfenster des Formulars eingestellt wird (Bild 19.8).

Eigenschaften - UserForm1		⊠
UserForm1 UserForm		▾
Alphabetisch	Nach Kategorien	
(Name)	UserForm1	
BackColor	☐ &H00C0FFFF&	▾
BorderColor	■ &H80000012&	
BorderStyle	0 - fmBorderStyleNone	
Caption	Kapitel 19	
Cycle	0 - fmCycleAllForms	
DrawBuffer	32000	
Enabled	True	

Bild 19.8: Teil des Eigenschaftsfensters des Formulars

Damit ist das Ziel klar: Auf der linken (Ziel-) Seite des Zuweisungsbefehls im Inneren der Button-Klick-Ereignisprozedur muss stehen `UserForm1.BackColor`. Doch was muss rechts stehen?

Rechts muss die Farbmischfunktion RGB (für Rot-Grün-Blau) stehen; sie verlangt die drei *Farbanteilswerte* für den *Rot-Anteil*, den *Grün-Anteil* und den *Blau-Anteil* und mischt daraus die aktuelle *Hintergrundfarbe* zusammen. Alle Farbanteile müssen als *ganze Zahlen zwischen Null und 255* angegeben werden: 255,0,0 bedeutet also volles Rot, 0,255,0 bedeutet volles Grün, 255,255,0 bedeutet volles Rot *und* volles Grün – also Gelb.

Damit löst die folgende Ereignisprozedur die Aufgabe:

```
Private Sub CommandButton1_Click()
     UserForm1.BackColor=RGB(Val(TextBox1.Text),
                             Val(TextBox2.Text),
                             Val(TextBox3.Text))
End Sub
```

Das Untereinanderschreiben der drei Farbanteile erfolgt hier wegen des Platzes, im Basic-Programm muss alles *in einer Zeile* stehen:
```
UserForm1.BackColor=RGB( ... , ... , ... )
```

Auch bei diesem Beispiel mussten wir erst einmal die Zeichenfolgen aus den Textfeldern zu Zahlen machen, die dann als Farbanteilswerte Verwendung fanden. Groß ist auch hier das Risiko der Falscheingabe durch den Nutzer.

Wie geht es besser? Viel zu selten wird das Bedienelement *Scrollbar* für derartige Aufgaben genutzt! Gestalten wir doch unsere Benutzeroberfläche (BSP19_05.XLS) nach Bild 19.9:

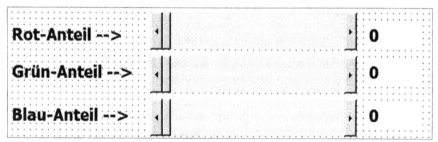

Bild 19.9: Scrollbars und Labels reichen aus

Wenn wir nun unsere Scrollbars so einrichten, dass sie gerade den Zahlenbereich von Null bis 255 überstreichen – was soll ein Nutzer dann noch falsch machen können?

Und mit drei Ereignisprozeduren zu den Standard-Ereignissen *Änderung am Regler* lösen wir die Aufgabe:

```
Private Sub ScrollBar1_Change()
Label1.Caption = Str(ScrollBar1.Value)
Label2.Caption = Str(ScrollBar2.Value)
Label3.Caption = Str(ScrollBar3.Value)
UserForm1.BackColor = RGB(ScrollBar1.Value,
                         ScrollBar2.Value, ScrollBar3.Value)
End Sub
```

```
Private Sub ScrollBar2_Change()
Label1.Caption = Str(ScrollBar1.Value)
Label2.Caption = Str(ScrollBar2.Value)
Label3.Caption = Str(ScrollBar3.Value)
UserForm1.BackColor = RGB(ScrollBar1.Value,
                     ScrollBar2.Value, ScrollBar3.Value)
End Sub

Private Sub ScrollBar3_Change()
Label1.Caption = Str(ScrollBar1.Value)
Label2.Caption = Str(ScrollBar2.Value)
Label3.Caption = Str(ScrollBar3.Value)
UserForm1.BackColor = RGB(ScrollBar1.Value,
                     ScrollBar2.Value, ScrollBar3.Value)
End Sub
```

Dabei sind sechs Zuweisungen auch noch *überflüssig*: In der ersten Ereignisprozedur handelt es sich dabei um

```
Label2.Caption = Str(ScrollBar2.Value)
Label3.Caption = Str(ScrollBar3.Value)
```

Denn bei *Änderung in der ersten Scrollbar* wird ja stets nur der Inhalt des *obersten Labels* verändert. Ebenso könnten auch die Zuweisungen

```
Label1.Caption = Str(ScrollBar1.Value)
Label3.Caption = Str(ScrollBar3.Value)
```

in der zweiten Ereignisprozedur, und schließlich

```
Label1.Caption = Str(ScrollBar1.Value)
Label2.Caption = Str(ScrollBar2.Value)
```

in der dritten Ereignisprozedur wegfallen. Aber sie sind nicht falsch, höchstens überflüssig.

Auffällig ist hier, dass im Inneren der RGB-Funktion nun *keine Konvertierung* mehr stattfinden muss – denn die *Scrollbar-Reglerpositionen* sind ja bereits *ganze Zahlen*. Bild 19.10 zeigt, dass nun jeder Nutzer seine Hintergrund-Farbe durch Einstellung der einzelnen Farbanteilswerte selbst einregeln kann; infolge der Anzeige in den Labels kann er sich die Zusammensetzung notieren und später wieder damit arbeiten.

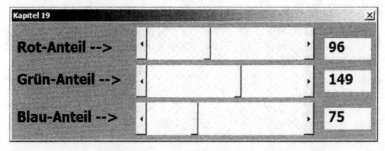

Bild 19.10: Farbe eingestellt, Anteilswerte werden mitgeteilt

19.2   Speicherplätze für ganze Zahlen

19.2.1   Motivation

Bild 19.11 zeigt, in welcher Form vier visuelle *Checkbox*-Objekte und ein visuelles *Button*-Objekt auf dem *Formular* angeordnet werden sollen (BSP19_06.XLS). Alle Checkboxen haben anfangs keinen Haken (Eigenschaft Value im Eigenschaftsfenster auf False voreingestellt).

Aus einem bestimmten Grund, der später erläutert wird, sollen die Checkboxen von rechts nach links auf dem Formular angeordnet sein, d. h. CheckBox1 mit der Beschriftung 1, CheckBox2 mit der Beschriftung 2, CheckBox3 mit der Beschriftung 4 und CheckBox4 mit der Beschriftung 8.

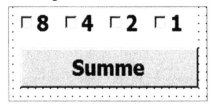

Bild 19.11: Benutzeroberfläche

Nun kann ein Nutzer in einigen oder allen Checkboxen den Haken setzen oder auch wieder wegnehmen. Hat ein Nutzer in einigen oder allen Checkboxen den Haken gesetzt, dann soll bei nachfolgendem *Klick auf den Button*, so wie in Bild 19.12 gezeigt, die *entstehende Summe* berechnet und angezeigt werden. Beginnen wir, diese Ereignisprozedur muss sich doch programmieren lassen:

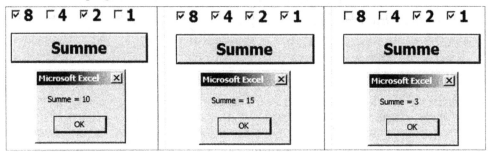

Bild 19.12: Ergebnisanzeige

```
Private Sub CommandButton1_Click()
   If (CheckBox1.Value=False) And (CheckBox2.Value=False) And
      (CheckBox3.Value=False) And (CheckBox4.Value=False)
      Then MsgBox("Summe=0")
   If (CheckBox1.Value=True)  And (CheckBox2.Value=False) And
      (CheckBox3.Value=False) And (CheckBox4.Value=False)
      Then MsgBox("Summe=1")

   . . . . . . . . . . . . . . . . . .
End Sub
```

Halt und Hilfe! Hilfe und Halt! Das wären doch – kurzes Überlegen – allen Ernstes sechzehn solche Testkombinationen mit jeweils drei And und jeweils acht runden Klammern;
unsere *Ereignisprozedur* für diese Kleinigkeit von Aufgabe hätte also einen ungeheuer
aufwendigen Inhalt. Geht es nicht einfacher?

19.2.2 Verwendung eines Speicherplatzes

Wir haben die *Grenzen der einfachen Arbeit mit Eigenschaften* erreicht. Wir brauchen etwas Neues, wir brauchen Dinge, neuartige Sprachelemente vielleicht, mit dem wir auch solche Aufgaben rationell lösen können (für die Einsteiger ab Kapitel 14 kommt etwas Neues,
wer dieses Buch von Anfang an durchgelesen hat, findet jetzt viel Bekanntes wieder).

Was wir nun nutzen, das ist schon Dutzende Jahre alt, es ist viel, viel älter als *Benutzeroberflächen, visuelle Objekte* und *Ereignisprozeduren*.

Wir werden nämlich nun mit *Speicherplätzen* arbeiten. Mit Hilfe eines einzigen Speicherplatzes, den wir zweckmäßig sum nennen sollten, schreibt sich unsere Ereignisprozedur
ganz kurz, ganz elegant, und vor allem leicht lesbar:

```
Private Sub CommandButton1_Click()
Dim sum As Integer
sum = 0
If CheckBox1.Value = True Then sum = sum + 1
If CheckBox2.Value = True Then sum = sum + 2
If CheckBox3.Value = True Then sum = sum + 4
If CheckBox4.Value = True Then sum = sum + 8
MsgBox ("Summe =" + Str(sum))
End Sub
```

Betrachten wir zuerst denjenigen Teil der Ereignisprozedur, der unterhalb der Dim-Zeile
beginnt und vor dem End Sub endet, und den wir ab jetzt als *Ausführungsteil der Ereignisprozedur* bezeichnen werden.

In ihm wird *gearbeitet*: Zuerst erhält der Speicherplatz sum durch den *Zuweisungsbefehl*
sum=0 den Inhalt Null. *Rechts die Quelle, links das Ziel* – dieser fundamentale Leitsatz
wird natürlich bei der Verwendung eines Speicherplatzes nicht außer Kraft gesetzt.

Anschließend wird in einfachen Tests geprüft, ob eine der Checkboxen den Haken hat.
Wenn ja, wird zum *alten Inhalt* des Speicherplatzes sum eine entsprechende konkrete
ganze *Zahl* addiert, das *Ergebnis* geht dann wieder in den Speicherplatz sum.

• Wir machen uns das *Denken* und damit das *Programmieren* leicht, wenn wir uns dafür
die passende Sprachregelung angewöhnen, nämlich sum *ergibt sich aus* sum *plus eins*.

Eigentlich hätten wir schreiben müssen

```
If CheckBox1.Value = True Then
    sum = sum + 1
    End If
```

Da der *Inhalt jedes einfachen Tests* aber nur aus *einem einzigen Befehl* besteht, haben wir uns wieder die *Ausnahmeregelung* zu Nutze gemacht: Wir schreiben den *einen Befehl* sofort hinter das `Then` und lassen dann das `End If` weg.

Dann folgen also die drei weiteren einfachen Tests mit Ausnahmeregelung. Schließlich sorgt die Zeile `MsgBox("Summe ="+Str(sum))` zuerst für die Ausgabe des statischen Textes `"Summe ="`. An diesen Text wird der Inhalt des Zahlen-Speicherplatzes `sum` rechts angekettet, nachdem dieser mittels der `Str`-Funktion zu einer *Zeichenfolge* gemacht wurde.

Der Befehl `MsgBox("Summe ="+sum)` führt, wie wir sofort nachprüfen können, zu einer Fehlermeldung.

• Ebenso wenig, wie man Feuer und Wasser vereinen kann, kann man *Text und Zahl* zusammenfügen!

Wenn in einer Ereignisprozedur einer oder mehrere Speicherplätze verwendet werden, dann bekommt die Ereignisprozedur drei Bestandteile:

• die *Kopfzeile*: Sie beginnt mit dem Schlüsselwort `Private Sub` und beschreibt dahinter behandeltes Objekt und behandeltes Ereignis

• den *Vereinbarungsteil*: Er enthält die `Dim`- Zeilen

• den *Ausführungsteil*: Er beginnt unter der ersten `Dim`-Zeile und endet vor `End Sub`

Im Vereinbarungsteil werden alle Speicherplätze aufgelistet, die später im Ausführungsteil verwendet werden. Wird ein vereinbarter Speicherplatz *nicht verwendet*, so gibt es bei Basic *nur dann* eine Fehlermeldung, wenn man sich mit einer *Zusatzeinstellung* `Option Explicit` über der Kopfzeile derartige *Fehlermeldungen* anfordert (Bild 19.13). Das allerdings sollte man als Anfänger immer tun.

```
Option Explicit

Private Sub CommandButton1_Click()
Dim sum As Integer
..............
End Sub
```

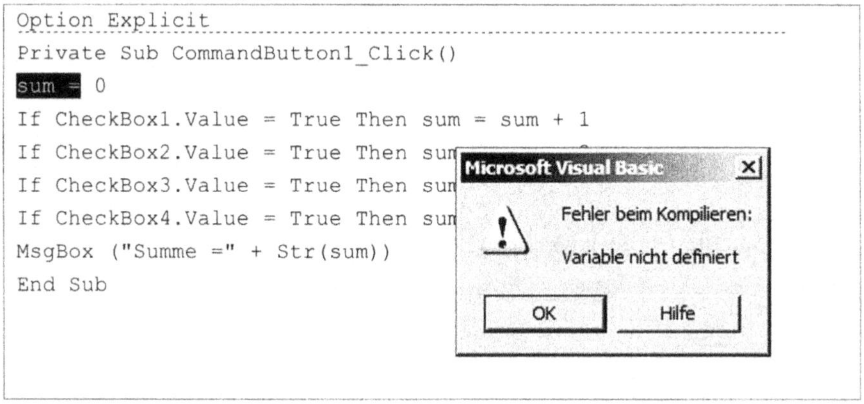

Bild 19.13: `Option Explicit` gesetzt, Speicherplatz nicht vereinbart

19.3   Vereinbarungen von ganzzahligen Speicherplätzen, Bit und Byte

Kehren wir zu unserem Beispiel zurück. Bild 19.12 zeigt uns, dass wir mit vier Checkboxen alle ganzen Zahlen von Null bis 15 darstellen können.

Erweitern wir unsere Benutzeroberfläche um *weitere vier Checkboxen* und die Ereignisprozedur entsprechend, so können wir uns überlegen, dass wir mit *acht Checkboxen*, wenn sie die Beschriftungen von 128 über 64 bis 1 tragen, alle ganzen Zahlen von Null bis 255 darstellbar sind.

Eine kleine Fleißaufgabe ist es schon – aber nicht unlösbar: Mit *16 Checkboxen* und der weiteren Beschriftung 256, 512, 1024 usw. kann man in der Tat *alle ganzen Zahlen von Null bis 65.535* darstellen.

Mit 24 Checkboxen geht es von Null bis 16.777.215, und mit 32 Checkboxen können wir den riesigen Zahlenbereich der ganzen Zahlen von Null bis sage und schreibe 4.294.967.295 überstreichen!

So, und nun ersetzen wir die Vokabel *Checkbox* durch die Vokabel *Bit*. Dann sind wir nämlich im *Inneren jedes Computers*, wo die Zahlen eben in genau der Art gespeichert werden, wie es unsere Checkboxen vormachen. *Ein Bit* ist die *kleinste Speichereinheit im Rechner*, und sie kann nur die Werte 0 (leer) und 1 (belegt) annehmen.

Wenn wir also wissen, dass in einem Speicherplatz mit Sicherheit nur Zahlen zwischen Null und 255 abzuspeichern sind, dann würde es ausreichen, diesen Speicherplatz als 8-Bit-Speicherplatz anzufordern. Wissen wir, dass die abzuspeichernden Zahlen größer werden, zwischen Null und 65.535 liegen werden, dann müssen wir schon einen 16-Bit-Speicherplatz anfordern.

Werden die Zahlen nur zwischen Null und 15 liegen, würden wir mit einem 4-Bit-Speicherplatz auskommen. Den gibt es aber in Basic nicht.

• Für ganze Zahlen gibt es in unserem Basic 16-Bit- und 32-Bit-Speicherplätze.

Und weil *8 Bit gleich 1 Byte* ist, gibt es also in

• Es gibt in unserem Basic für ganze Zahlen 2-Byte und 4-Byte-Speicherplätze.

Navigator: Was bisher zu lesen war, was nun folgt:

An dieser Stelle sollten wir aus Platzgründen die Beschäftigung mit den Arten von Speicherplätzen, ihrem Fassungsvermögen und ihrer jeweiligen Vereinbarung abbrechen – denn dazu gibt es die sehr ausführlichen Darlegungen in den Kapiteln 4, 6 und 8 dieses Buches.

Dort ist alles Wissenswerte zu den *Zahlenspeicherplätzen*, sowohl für ganze als auch für gebrochene Zahlen, ebenso dargelegt wie die Erklärungen zu den String-*Speicherplätzen für Text* und einzelne Zeichen. Selbst Boolean-Speicherplätze für Wahrheitswerte werden ausführlich dargestellt.

Wir werden uns vielmehr auf zwei Anwendungen konzentrieren, damit wir uns im nächsten Kapitel den Grundaufgaben der Arbeit an Listen verständnisvoll widmen können.

19.4   Anwendungen von ganzzahligen Speicherplätzen

19.4.1   Grundsätze, Namensgebung

Werden in einer Ereignisprozedur Speicherplätze verwendet, kann sich die Übersichtlichkeit und Verständlichkeit der Ereignisprozedur um ein Vielfaches erhöhen. Dazu trägt die *Namensgebung der Speicherplätze* viel bei:

• Ein Speicherplatz sollte stets einen *sprechenden Namen* haben. Das heißt, der *Name eines Speicherplatzes* sollte auf die *Bedeutung des Inhalts* hinweisen.

Für die Namensgebung gibt es strenge Vorschriften: Ein Name eines Speicherplatzes darf nur mit einem Buchstaben oder dem tiefen Strich beginnen. Anschließend können Buchstaben und/oder Ziffern folgen. Verboten sind Leerzeichen und Sonderzeichen. Namen sollten nicht zu lang sein.

19.4.2   Erhöhung der Übersichtlichkeit

Kommen wir wieder einmal zu einem *Datenbestand*, der sich in einer *Liste* befindet (Bild 19.14). Eigentlich soll die Liste unsichtbar sein – bis die Aufgabe gelöst ist, lassen wir sie aber sichtbar (im download: BSP19_07.XLS).

Zum Start der Laufzeit soll die siebente Zeile (Position: sechs) der Liste die Markierung besitzen, gleichzeitig soll sie im Label zu sehen sein. Diese Aufgabe lösen wir ebenso wie die *Startbelegung* wieder mit der Ereignisprozedur zum Ereignis *Aktivierung des Formulars*

Die nächste Aufgabe ergibt sich aus der *Beschriftung des Navigations-Buttons*. Wird er geklickt, dann soll die Markierung in der Liste um eine Zeile nach unten wandern, bei gleichzeitiger Anzeige im Label. Ist die unterste Zeile erreicht, so soll mit der ersten Zeile wieder begonnen werden, es ist ein „Rundumlauf" zu programmieren.

Sehen wir uns an, wie übersichtlich man das programmieren kann, wenn zwei Speicherplätze mit den Namen pos (für Pos*ition*) und lepos (für le*tzte* Pos*ition*) verwendet werden:

```
Option Explicit                         'Wunsch nach Fehlermeldung
Private Sub CommandButton1_Click()
Dim pos As Integer, lepos As Integer
lepos = ListBox1.ListCount - 1          'Speicherplätze belegen
pos = ListBox1.ListIndex
If pos < lepos Then 'mit Speicherplätzen übersichtlich arbeiten
    pos = pos + 1
            Else
    pos = 0
            End If
ListBox1.ListIndex = pos    'zum Schluss: Ergebnisse --> Objekte
Label1.Caption = ListBox1.List(pos)
End Sub
```

Im Vereinbarungsteil werden die beiden Speicherplätze auf die Namen pos (für Position) und lepos (für letzte Position) getauft. Damit erkennt man stets die Bedeutung ihres Inhalts.

Bild 19.14: Datenbestand, Anzeige-Label und Navigations-Button

So sieht unsere neue Programmierungsstrategie nun aus:

• Im Ausführungsteil werden zuerst die interessanten Daten aus den Bedienelementen „herausgeholt" und in die *Speicherplätze* gebracht.

• Anschließend wird *nur und ausschließlich* mit den Speicherplätzen gearbeitet.

• Am Ende des Ausführungsteils werden die erhaltenen Ergebnisse schließlich aus den *Speicherplätzen* an die *Bedienelemente* zurück „übergeben".

Diese Vorgehensweise werden wir ab jetzt grundsätzlich praktizieren. Wir *entlasten* damit die Inhalte unserer Ereignisprozeduren von diesen langen Ausdrücken auf Quell- und Zielseite der Befehle, die sich zusammensetzen aus *Objektnamen* und *Eigenschaft*.

19.4.3   Teilbarkeit

Acht ist eine gerade Zahl, weil sie durch zwei teilbar ist. Achtzehn ist durch drei teilbar, das wissen wir. Neunzehn ist nur durch sich und durch eins teilbar – also ist es eine *Primzahl*. Das wissen wir auch, das haben wir gelernt. Wenn's auch lange her sein sollte. Wie ist es aber im Rechner? Weiß der das auch?

Wenn wir beispielsweise auf einer Benutzeroberfläche mit zwei *Textfenstern* und einem *Button* (Bild 19.15) die Frage nach der Teilbarkeit formulieren – wie muss der *Inhalt der Ereignisprozedur* zum *Klick auf den Button* programmiert werden, damit wir richtige Antworten bekommen (im download: BSP19_08.XLS)?

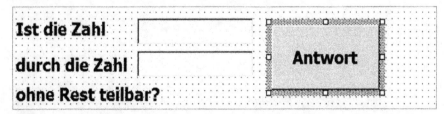

Bild 19.15: Frage nach der Teilbarkeit

Und nun kommt die Ereignisprozedur zum Ereignis *Klick auf den Button*:

```
Option Explicit
Private Sub CommandButton1_Click()
Dim gross_zahl As Integer, klein_zahl As Integer
gross_zahl = Val(TextBox1.Text)
klein_zahl = Val(TextBox2.Text)
If (gross_zahl Mod klein_zahl = 0) Then    'Mod für Teilungsrest
     MsgBox ("Ja")
                                   Else
     MsgBox ("Nein")
                                   End If
End Sub
```

Wie erkennt der Rechner nun die *Teilbarkeit*? Ganz einfach, er rechnet wie wir:

13 durch 4 ist 3, Rest 1. Der *Rest* ist *nicht Null*, also *keine Teilbarkeit*,

12 durch 4 ist 3, Rest 0. Der *Rest* ist *Null*, also *Teilbarkeit*.

Die Berechnung des Rests erfolgt mittels Mod: If(gross_zahl Mod klein_zahl=0) Then... So einfach ist das.

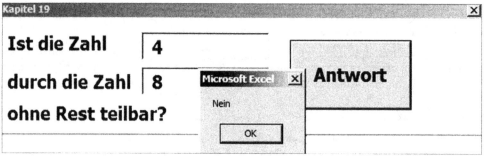

Bild 19.16: Sinnlose Eingabe

Und wie reagiert das Programm, wenn oben 4 und unten 8 steht? Bild 19.16 zeigt es, und es ist richtig: 4 ist eben nicht durch 8 teilbar.

Die Übungen zu diesem Kapitel ab Seite 374 werden Anregungen geben, was alles getan werden kann, um Fehleingaben des Nutzers abzufangen oder zu verhindern.

20 Listenarbeit und Zählschleifen

Navigator: Was bisher zu lesen war, was nun folgt:

Mit den verschiedenen *Speicherplätzen* zur Aufnahme *ganzer Zahlen*, die wir im vorigen Kapitel kennen gelernt haben, bieten sich uns nun völlig neue Möglichkeiten, mit denen wir anspruchsvollere Aufgaben lösen können.

Von diesen wollen wir nun die ersten drei Aufgaben kennen lernen, die immer dann auftreten, wenn *Datenbestände in Listen* verwaltet werden.

Zuerst treten dort die vielfältigen *Abzählaufgaben* auf. Dann kommen die *Minimax-Aufgaben*. Falls die Listen speziell nur Einträge enthalten, die sich als Zahlen lesen lassen, können noch die *Summationsaufgaben* dazu kommen.

20.1 Abzählen in Listen

Wir gehen aus von einem umfangreichen *Datenbestand*, der sich in *fünf Listen* befindet (Bild 20.1). Damit wir unsere Ergebnisse auch kontrollieren können, nehmen wir dafür als Beispiel die sechzehn Bundesländer mit ihren Namen, ihrer Hauptstadt, dem Autokennzeichen der Hauptstadt, der Fläche in Quadratkilometern sowie der Einwohnerzahl.

Kapitel 20				☒
Bundesland	**Hauptstadt**	**KFZ**	**Fläche**	**Einwohner**
Berlin	Berlin	B	892	3388000
Nordrhein-Westfalen	Düsseldorf	D	34082	18052000
Sachsen	Dresden	DD	18413	4384000
Thüringen	Erfurt	EF	16172	2411000
Niedersachsen	Hannover	H	47616	7956000
Bremen	Bremen	HB	404	660000
Hamburg	Hamburg	HH	755	1726000
Schleswig-Holstein	Kiel	KI	15761	2804000
Bayern	München	M	70550	12330000
Sachsen-Anhalt	Magdeburg	MD	20447	2581000
Rheinland-Pfalz	Mainz	MZ	19847	4049000
Brandenburg	Potsdam	P	29476	2593000
Baden-Württemberg	Stuttgart	S	35752	10601000
Saarland	Saarbrücken	SB	2568	1066000
Mecklenburg-Vorpommern	Schwerin	SN	23173	1760000
Hessen	Wiesbaden	WI	21114	6078000

Wieviele Länder haben mehr als 5 Mio. Einwohner?

Bild 20.1: Datenbestand und Aufgabenstellung

Zuerst fällt auf, dass in allen Listen linksbündig eingetragen ist, d. h., alle Zeilen beginnen am linken Listenrand. Für echte Texte (Länder- und Hauptstadtnamen) ist das auch in Ordnung. Für die Flächen- und Einwohnerzahl ist das unüblich, aber leicht zu erklären: Auch wenn die Einträge dort aussehen wie Zahlen, es sind keine. Visual Basic betrachtet jeden Eintrag in einer Liste als Text – folglich wird jeder Eintrag grundsätzlich linksbündig angeordnet.

Unsere Aufgabe ist auf dem *Button* zu lesen: Zu schreiben ist eine Ereignisprozedur zum Ereignis *Klick auf den Button*, in der abgezählt wird, wie viele Einträge im Datenbestand es gibt, bei denen in der letzten Liste mehr als 5 Millionen stehen. Fangen wir an, entwerfen wir unsere Ereignisprozedur:

```
Option Explicit
Private Sub CommandButton1_Click()
Dim anzahl As Integer
Dim wert As Long, vergleich As Long        'Millionen als Inhalte
anzahl = 0                                 'Zählwerk auf Null setzen
vergleich = 5000000                              'Vergleichswert
zuweisen
wert = Val(ListBox5.List([0]))                 'Untersuchung 1.Zeile
If wert > vergleich Then anzahl = anzahl + 1
wert = Val(ListBox5.List([1]))                 'Untersuchung 2.Zeile
If wert > vergleich Then anzahl = anzahl + 1
wert = Val(ListBox5.List([2]))                 'Untersuchung 3.Zeile
If wert > vergleich Then anzahl = anzahl + 1
' ...                                         ' und so weiter
wert = Val(ListBox5.List([15]))                'Untersuchung 16.Zeile
If wert > vergleich Then anzahl = anzahl + 1
MsgBox ("Es sind " + Str(anzahl) + " Länder")
End Sub
```

Als erstes wird der Zählwerksspeicherplatz `anzahl` vereinbart; mit einem größten Wert von höchstens 16 reicht der Typ `Integer` völlig aus. Dann brauchen wir aber noch einen Speicherplatz, in dem wir den Zahlenwert aus der jeweiligen Zeile ablegen müssen. Dort treten Millionen auf – also Typ `Long`.

Der Zählwerksspeicherplatz `anzahl` wird anfangs auf Null gesetzt. Dann beginnt die Untersuchung. Der *(Text-)Inhalt* dieser Zeile wird mit Hilfe der Funktion `Val` zu einem *Zahlenwert* gemacht und in den Speicherplatz `wert` gebracht. Kommt dort eine Zahl größer als 5 Millionen an, wird mittels des Befehls `anzahl=anzahl+1` das Zählwerk geschaltet. So geht es weiter. Für den denkenden Menschen ist alles klar, und er kann die drei Punkte problemlos interpretieren: und so weiter ... bis. *Der Computer kann das nicht.* Er kann nicht denken! Schade. So, wie er bis jetzt dasteht, ist der Inhalt der Ereignisprozedur nicht verarbeitbar.

Müssen wir also alle sechzehn Tests einzeln hinschreiben? Das kann nicht sein, denn bei Listen mit zehntausend Zeilen hätten wir dann zehntausend Tests zu programmieren.

Die Lösung heißt *Zählschleife.* Lernen wir die sechs Schritte auf dem Weg zur Zählschleife kennen.

• *Schritt 1*: Der Befehl oder die Befehlsfolge, die sich wiederholt, ist aufzuschreiben:

```
wert = Val(ListBox5.List([0]))                 'Untersuchung 1.Zeile
If wert > vergleich Then anzahl = anzahl + 1
```

• *Schritt 2*: Der Zahlenwert, der sich von Mal zu Mal ändert, ist durch den *Namen eines Speicherplatzes* zu ersetzen, üblich ist hier `i`. `i` heißt dann *Laufvariable*:

```
wert = Val(ListBox5.List([i]))                 'Untersuchung i+te.Zeile
If wert > vergleich Then anzahl = anzahl + 1
```

- *Schritt 3*: Darüber wird eine `For i= ...To` -Zeile geschrieben, darunter `Next i`:

```
For i = ... To ...
    wert = Val(ListBox5.List(i))        'Untersuchung i+te.Zeile
    If wert > vergleich Then anzahl = anzahl + 1
    Next i
```

- *Schritt 4*: Der *Startwert* für die Laufvariable wird eingetragen:

```
For i = 0 To ...
    wert = Val(ListBox5.List(i))        'Untersuchung i+te.Zeile
    If wert > vergleich Then anzahl = anzahl + 1
    Next i
```

- *Schritt 5*: Der *Endwert* für die Laufvariable wird eingetragen:

```
For i = 0 To 15
    wert = Val(ListBox5.List(i))        'Untersuchung i+te.Zeile
    If wert > vergleich Then anzahl = anzahl + 1
    Next i
```

- *Schritt 6*: Die Laufvariable wird *passend vereinbart*. Bei uns reicht `Integer`.

Jetzt ist die Ereignisprozedur fertig (im download: BSP20_01.XLS), bei *Klick auf den Button* erfahren wir, dass gerade fünf deutsche Bundesländer mehr als 5 Millionen Einwohner haben.

```
Option Explicit
Private Sub CommandButton1_Click()
Dim anzahl As Integer, i As Integer
Dim wert As Long, vergleich As Long
anzahl = 0                              'Zählwerk auf Null setzen
vergleich = 5000000                     'Vergleichswert zuweisen
For i = 0 To 15
    wert = Val(ListBox5.List(i))            'Untersuchung i-teZeile
    If wert>vergleich Then anzahl=anzahl+1    'Zählwerk schalten
    Next i
MsgBox ("Es sind " + Str(anzahl) + " Länder")
End Sub
```

Zur Übung sollte jetzt die Frage WIE VIELE LÄNDER HABEN EINE FLÄCHE VON WENIGER ALS 1000 QUADRATKILOMETERN? mit entsprechender Ereignisprozedur beantwortet werden.

Später kann ein Textfenster ergänzt werden, in das der Nutzer seinen (Vergleichs-) Wert einträgt (falsche Tasten dabei wegfangen); dann könnte der Inhalt des Speicherplatzes `vergleich` mit Hilfe der `Val`-Funktion aus dem Textfenster geholt werden.

DOWNLOAD   *Öffnen Sie die Seite http://www.w-g-m.de/basic.htm, wählen Sie dort*

Dateien für Kapitel 20, geben Sie Ihr Ziel ein. Danach erfolgt das Herunterladen der Datei KAP20.ZIP in den von Ihnen angegebenen Ordner. Durch Doppelklick auf den Dateinamen wird diese Datei extrahiert, und Sie erhalten im darunter befindlichen Ordner BEISPIELE *die Dateien* BSP20_01.XLS *usw.*

20.2 Minimax-Aufgaben

20.2.1 Größten und kleinsten Wert bestimmen

Auf dem Button soll nun die Frage WIE GROß IST DIE MAXIMALE EINWOHNERZAHL EINES LANDES? stehen, und die *Klick-Ereignisprozedur* muss uns dazu die Zahl 18052000 liefern. Wir suchen also den *größten (Zahlen-)Wert* aus der *letzten Liste*.

Wie gehen wir dabei vor? Sehen wir uns die *Ereignisprozedur* an. Zuerst wird ein Speicherplatz, nennen wir ihn zutreffend max, mit dem Wert der ersten Zeile belegt:

```
wert = Val(ListBox5.List(0))
max = wert                          'Kandidat aus erster Zeile
```

Damit haben wir schon mal einen *Kandidaten*. Wenn sich kein „Besserer" findet, dann haben wir auch bereits das Ergebnis.

Gehen wir auf die Suche nach einem „Besseren". Vielleicht findet er sich schon in der *zweiten Zeile*?

```
wert = Val(ListBox5.List(1))        'Untersuchung 2-teZeile
If wert > max Then max = wert
```

Oder in der *dritten Zeile*?

```
wert = Val(ListBox5.List(2))        'Untersuchung 3-teZeile
If wert > max Then max = wert
```

Oder ... und so weiter ... oder in der *letzten Zeile*?

```
wert = Val(ListBox5.List(15))       'Untersuchung 16-teZeile
If wert > max Then max = wert
```

Ziehen wir Bilanz, dann erkennen wir, dass die soeben aufgeschriebenen Zeilen sich in einer *Zählschleife* zusammenfassen lassen – denn es wir haben uns *Befehlsfolgen* überlegt, die sich voneinander *nur in einem einzigen Zahlenwert* unterscheiden, der sich *systematisch ändert*.

Zusammengefasst nach den Regeln der Schritte 1 bis 6 ergibt sich folgende Ereignisprozedur (download: BSP20_02.XLS):

```
Option Explicit
Private Sub CommandButton1_Click()
Dim max As Long, i As Integer
Dim wert As Long
```

```
wert = Val(ListBox5.List(0))
max = wert                              'Erste Zeile=Kandidat
For i = 1 To 15
    wert = Val(ListBox5.List(i))        'Untersuchung i-teZeile
    If wert>max Then max=wert          'Besserer wird neuer Kandidat
    Next i
MsgBox ("Maximum= " + Str(max))
End Sub
```

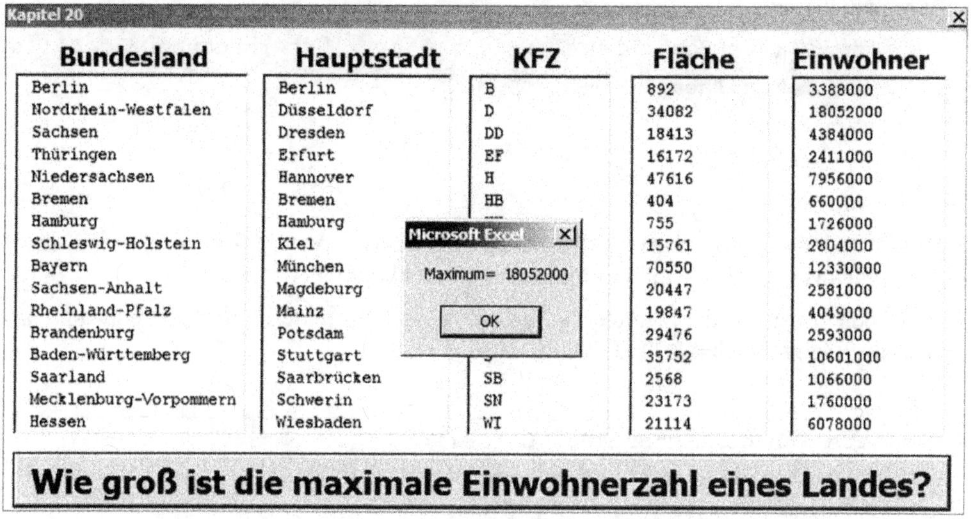

Bundesland	Hauptstadt	KFZ	Fläche	Einwohner
Berlin	Berlin	B	892	3388000
Nordrhein-Westfalen	Düsseldorf	D	34082	18052000
Sachsen	Dresden	DD	18413	4384000
Thüringen	Erfurt	EF	16172	2411000
Niedersachsen	Hannover	H	47616	7956000
Bremen	Bremen	HB	404	660000
Hamburg	Hamburg		755	1726000
Schleswig-Holstein	Kiel		15761	2804000
Bayern	München		70550	12330000
Sachsen-Anhalt	Magdeburg		20447	2581000
Rheinland-Pfalz	Mainz		19847	4049000
Brandenburg	Potsdam		29476	2593000
Baden-Württemberg	Stuttgart		35752	10601000
Saarland	Saarbrücken	SB	2568	1066000
Mecklenburg-Vorpommern	Schwerin	SN	23173	1760000
Hessen	Wiesbaden	WI	21114	6078000

Microsoft Excel

Maximum= 18052000

OK

Wie groß ist die maximale Einwohnerzahl eines Landes?

Bild 20.2: Ergebnis der Maximum-Suche

Eine ganz kleine Änderung braucht man nur, um den *kleinsten Wert* zu finden:

```
If wert<max Then max=wert       'Besserer wird neuer Kandidat
```

Allerdings wäre es bei *Minimum-Aufgaben* zweckmäßig, den Kandidaten-Speicherplatz min zu nennen. Sonst verwirrt man sich selbst.

20.2.2 Position des größten und/oder kleinsten Wertes bestimmen

Auf dem Button steht nun die Frage WELCHES LAND HAT DIE GERINGSTE EINWOHNERZAHL? Um diese Frage zu beantworten, müssen wir jetzt *drei Aufgaben* lösen.

• Wir müssen *zusätzlich zum Minimum* auch noch die *Position des Minimums* finden, mit dieser *Position* können wir dann aus der ersten Liste den *Ländernamen* holen.

Demnach brauchen wir *zwei Kandidaten-Speicherplätze*, für das *Minimum* und für die *Minimum-Position*. Beide werden zuerst auf den *ersten Listeneintrag* festgelegt:

```
wert = Val(ListBox5.List(0))
min = wert                              'Erste Zeile=Kandidat
minpos = 0
```

Nun wird min mit der zweiten Zeile verglichen, gegebenenfalls werden min und minpos
aktualisiert:

```
wert = Val(ListBox5.List(1))              'Untersuchung 2-teZeile
If wert < min Then
    min = wert
    minpos = 1
    End If
```

Nun wird min mit der dritten Zeile verglichen, gegebenenfalls werden min und minpos
wieder aktualisiert:

```
wert = Val(ListBox5.List(2))              'Untersuchung 3-teZeile
If wert < min Then
    min = wert
    minpos = 2
    End If
```

Hier gibt es nun, deutlich hervorgehoben, an *zwei Stellen* „von Mal zu Mal" *Änderungen
eines Zahlenwertes*. Das heißt, das i muss *zweimal* eingetragen werden.

Damit können wir uns die gesamte, fertige und logisch korrekte Ereignisprozedur im Ganzen ansehen (download: BSP20_03.XLS):

```
Option Explicit
Private Sub CommandButton1_Click()
Dim min As Long, wert As Long
Dim minpos As Integer, i As Integer
wert = Val(ListBox5.List(0))
min = wert                                'Erste Zeile=Kandidat
minpos = 0
For i = 1 To 15
    wert = Val(ListBox5.List(i))          'Untersuchung i-teZeile
    If wert < min Then
    min = wert                         'Aktualisierung des Kandidaten
    minpos = i                          'Aktualisierung der Position
    End If
    Next i
MsgBox ("Bevölkerungsärmstes Land: " + ListBox1.List(minpos))
End Sub
```

Zum Schluss befindet sich im Speicherplatz min die *kleinste Einwohnerzahl* und im Speicherplatz minpos die zugehörige *Position*. Damit kann, wie in Bild 20.3 erfolgt, der Name des bevölkerungsärmsten Bundeslandes aus der ersten Liste ausgegeben werden.

Bild 20.3: Bundesland mit der geringsten Bevölkerungszahl

20.3 Summen über Listen

Die Einträge der beiden Listen *Fläche* und *Einwohner*, obwohl sie zweifelsfrei, wie alle Listeneinträge, *Texte* sind, *sehen aus wie Zahlen* und lassen sich demzufolge *in Zahlen umwandeln*. Demnach ist auch die Aufgabenstellung, wie sie nun auf dem Button in Bild 20.4 steht, sinnvoll.

Denn der Button ist beschriftet mit FINDE DIE GESAMTFLÄCHE DEUTSCHLANDS: Es ist die *Summe aller Einträge in der vierten Liste* zu ermitteln und auszugeben. Sehen wir uns diesmal gleich die gesamte Ereignisprozedur an (download: BSP20_04.XLS):

```
Option Explicit
Private Sub CommandButton1_Click()
Dim sum As Long, zuwachs As Long
Dim i As Integer
sum = 0                          'Summenspeicher auf Null setzen
For i = 0 To 15
    zuwachs = Val(ListBox4.List(i))     'Zuwachs aus i-ter Zeile
    sum = sum + zuwachs
    Next i
MsgBox ("Fläche Deutschlands: "+Str(sum)+" Quadratkilometer")
End Sub
```

Wie immer, wenn eine *Summe* zu ermitteln ist, verwenden wir einen *Summen-Speicherplatz*, den wir natürlich sum nennen. Er wird anfangs natürlich *initialisiert*, d. h. auf Null gesetzt.

Anschließend wird *nacheinander aus jeder Zeile* der vierten Liste die Beschriftung (Text!) herausgeholt und mittels der Funktion `Val` zur ganzen Zahl konvertiert, sie wird in den Zahlen-Hilfs-Speicherplatz `zuwachs` gebracht. Dieser Zuwachs erhöht dann jeweils den *Inhalt des Summenspeichers*. Bild 20.4 liefert uns das Ergebnis.

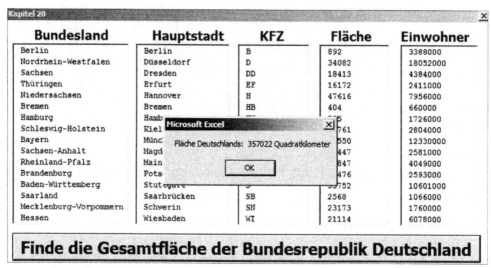

Bild 20.4: Gesamtfläche Deutschlands

Mit *einer einzigen Änderung* in der Ereignisprozedur kann nun die vollständige *Einwohnerzahl Deutschlands* aus allen Einträgen in der letzten Liste ermittelt werden.

Lösung: Deutschland hat insgesamt 82.439.000 Einwohner (Stand vom Jahr 2002).

Eine Frage ist noch unbeantwortet: Wie finden wir bei einer langen, sehr langen Liste den letzten Wert für die Laufvariable? Muss man mühevoll abzählen?

Natürlich nicht. Mit der Eigenschaft `ListCount` können wir uns die *Länge jeder Liste* sagen lassen. Die *letzte Position*, für die wir einen Speicherplatz mit dem Namen `lepos` verwenden sollten, ergibt sich dann aus *Listenlänge minus eins*:

```
lepos=ListBox4.ListCount-1          'letzte Position in der Liste
```

Also lässt sich die *Kopfzeile jeder Zählschleife* unter Verwendung eines solchen letzte-Position-Speicherplatzes stets sehr allgemein auf irgendeine Listenlänge beziehen:

```
For i = 0 To lepos
    zuwachs = Val(ListBox4.List(i))     'Zuwachs aus i-ter Zeile
    sum = sum + zuwachs
    Next i
```

21 Arbeit mit Visual Basic 6.0 aus dem Visual Studio 6.0

Navigator: Was bisher zu lesen war, was nun folgt:

 Ein herzliches Willkommen allen denjenigen Leserinnen und Lesern, die das Buch an dieser Stelle aufgeschlagen haben – weil sie nämlich offensichtlich über das leistungsfähige und derzeit wohl noch am weitesten verbreitete Programmiersystem *Visual Basic 6.0* aus dem *Visual Studio 6.0* verfügen.

Oder weil sie sich speziell für die Programmentwicklung mit diesem System interessieren.

Wir werden zuerst die Grundlagen des Umgangs mit Visual Basic 6.0 kennen lernen, wir werden lernen (oder wiederholen), wie attraktive *Benutzeroberflächen* vorbereitet und über *Ereignisprozeduren* mit Leben erfüllt werden.

Grundsätzlich Neues wird es hier für alle diejenigen, die bisher ihre Benutzeroberflächen mit Excel-Visual-Basic (oder Word-Visual-Basic oder PowerPoint-Visual-Basic) herstellten, nicht geben. Die vom System vergebenen *Namen* für die visuellen Objekte werden kürzer und handlicher sein, und es wird mit dem *Timer* und den *Menüs* weitere, zusätzliche Bedienungselemente geben.

Aber in einem, ganz wesentlichen Punkt, wird es eine Änderung geben: Das erzeugte Projekt, die Lösung der Aufgabe, die Benutzeroberfläche mit ihrer Funktionalität – das alles lässt sich nun nach endgültiger Fertigstellung durch Visual Basic 6.0 in Form einer *exe-Datei* abspeichern und so *nicht veränderbar* weitergeben.

Das bedeutet, dass später jeder Nutzer, der lediglich über ein passendes Windows-Betriebssystem verfügt, nur mit Hilfe des Betriebssystems die Benutzeroberfläche starten kann. Zur *Nutzung der Ergebnisse der Programmierarbeit* ist das *Vorhandensein des Studios* dann nicht mehr nötig.

Das ist der entscheidende Gegensatz: Bisher da musste ein Nutzer über *Excel* verfügen, wollte er ein von uns hergestelltes *Excel-VB-Projekt* nutzen, ohne eigenes *Word* ließ sich kein *Word-VB-Projekt* nutzen und so weiter.

21.1 Das Formular

21.1.1 Startbild von Visual Basic 6.0

Häufig befindet sich (insbesondere in den Computer-Pools der Hochschulen) bereits ein *spezielles Sinnbild für Visual Basic 6.0 aus dem Visual Studio 6.0* auf dem Windows-Startbildschirm (dem *Desktop*). Wir wollen vereinbaren, dass zukünftig anstelle des langen Ausdrucks *Visual Basic 6.0 aus dem Visual Studio 6.0* abkürzend nur *VB 6.0* gesagt wird.

Ist es vorhanden, dann braucht das VB-6.0-Symbol nur angeklickt zu werden. Ansonsten kommt man über START→PROGRAMME→MICROSOFT VISUAL STUDIO 6.0→MICROSOFT VISUAL BASIC 6.0 zum Startbild des visuellen Entwicklungssystems (Bild 21.1).

Wie gesagt, es handelt sich hier um ein professionelles, leistungsfähiges Entwicklungssystem, mit dem sehr viele verschiedene Anwendungen hergestellt werden können – wir werden nur eine einzige dieser Möglichkeiten kennen lernen, für die wir im Eröffnungsfenster STANDARD-EXE auswählen müssen (Bild 21.2).

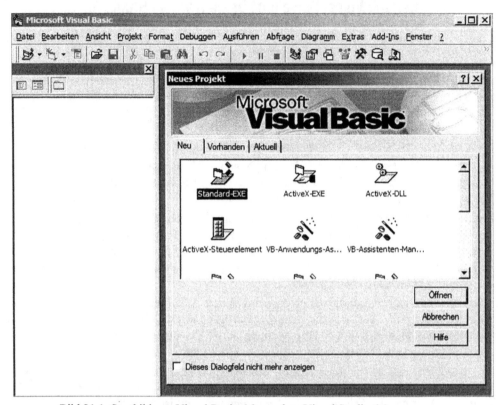

Bild 21.1: Startbild von Visual Basic 6.0 aus dem Visual Studio 6.0

Bild 21.2: Auswahl von Standard-EXE

Nach Doppelklick auf das Symbol STANDARD-EXE erhalten wir sofort im großen Arbeitsfenster den grau gerasterten *Entwurf des Formulars*, also des späteren *Hintergrundes der Benutzeroberfläche,* die Arbeitsfläche mit der einstweiligen *Beschriftung* FORM1 (Bild 21.3), links am Bildschirmrand befindet sich das *Eigenschaftsfenster des Formulars* (Bild 21.4) mit einem halben Hundert Zeilen, mit denen wir spezifische Einstellungen für die *Erscheinungsform des Formulars beim Start* vorwählen könnten.

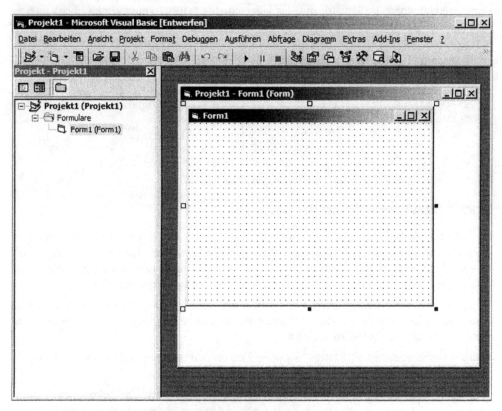

Bild 21.3: Arbeitsfläche mit dem Entwurf des Formulars

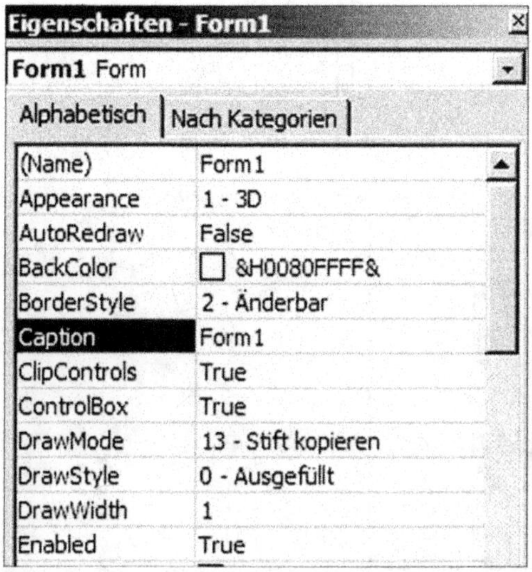

Bild 21.4: Eigenschaftsfenster des Formulars (Auszug)

Der *Projektexplorer* im Fenster mit der Überschrift PROJEKT (meist links oben) interessiert uns nur insofern, als wir dort aktiv werden müssen, wenn wir die Arbeitsfläche nicht sehen – dann müssen alle *Pluszeichen* (Bild 21.5) angeklickt und damit beseitigt werden.

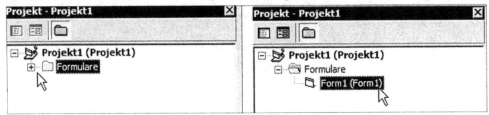

Bild 21.5: Projektexplorer mit und ohne Pluszeichen

21.1.2 Starteigenschaften des Formulars wählen

Im Entwurf können wir bereits eine Menge an *Eigenschaften des Formulars* vorbereiten. Zuerst läßt sich natürlich mit der *Maus* das Formular an der rechten unteren Ecke auf die gewünschte *Größe* ziehen. Weiter sollten wir, wenn es nicht ohnehin schon sichtbar ist, mit der *rechten Maustaste* das *Eigenschaftsfenster des Formulars* anfordern.

Dieses Eigenschaftsfenster trägt die Überschrift EIGENSCHAFTEN FORM1 und enthält (siehe Bild 21.4) in jeder der ca. 50 Zeilen eine *bestimmte Eigenschaft des Formulars*, die wir im Entwurf vor-einstellen könnten.

Konzentrieren wir uns auf wenige, wichtige Fragen und die entsprechenden *Zeilen im Eigenschaftsfenster*:

1. Welche *Überschrift*, d. h. welche *Beschriftung* soll das Formular bekommen? Unsere Entscheidung tragen wir dann in der Zeile *Caption* des Eigenschaftsfensters (Bild 21.6) ein.

BackColor	☐ &H00C0FFFF&
BorderStyle	2 - Änderbar
Caption	Kapitel 21
ClipControls	True
ControlBox	True

Bild 21.6: Wahl der Formular-Überschrift in der Zeile Caption

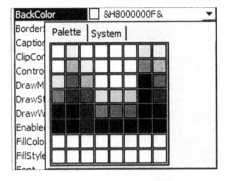

Bild 21.7: Wahl der Hintergrundfarbe

2. Welche *Farbe* soll die Arbeitsfläche bekommen, d. h. wie soll der spätere Hintergrund unserer Benutzeroberfläche farblich gestaltet sein? Die Farbe stellen wir mit Hilfe der Eigenschaft `BackColor` (Bild 21.7) ein, wobei wir bei Auswahl des Registerblattes PALETTE ein *Angebot an Grundfarben* bekommen.

3. Soll die Benutzeroberfläche beim Start Bildschirm-füllend sein oder soll sie es nicht sein. Unsere Entscheidung wählen wir in der Zeile `WindowState` aus (Bild 21.8).

Bild 21.8: Vorauswahl maximaler Bildschirmgröße

21.1.3 Speichern

Leistungsfähige Entwicklungssysteme legen im Regelfall nicht nur eine, sondern mehrere Dateien an. Zur Sicherung der Arbeit mit VB 6.0 müssen wir *zuerst das Formular* speichern, dann das ganze *Projekt* (Bild 21.9).

Bild 21.9: Zuerst das Formular, dann das Projekt speichern

Beide Dateien können *denselben Namen* haben, da sie durch VB 6.0 verschiedene Erweiterungen erhalten. Außerdem legt VB 6.0 unter demselben Namen dann noch weitere Dateien selbsttätig an (Bild 21.10).

Name ▲	Größe	Typ
bsp21_01.frm	1 KB	Visual Basic Form File
bsp21_01.vbp	1 KB	Visual Basic Project
bsp21_01.vbw	1 KB	Visual Basic Project Workspace

Bild 21.10: Dateien des Projektes

Die entscheidende Datei des Projekts ist die *Projektdatei* mit der Endung VBP (*Visual Basic Projekt*). Wenn dieser Dateiname angeklickt wird, wird dadurch im Regelfall indirekt das System VB 6.0 gestartet und das Projekt geöffnet. Andernfalls muss man auswählen DATEI→PROJEKT ÖFFNEN.

21.1.4   Test des Formulars

Die meisten Start-Eigenschaften des Formulars, die wir mit Hilfe seines *Eigenschaftsfensters* einstellen, werden uns, wie in einer *Vorschau*, sichtbar (vor-) angezeigt.

Die endgültige *Kontrolle* aber, wie sich das Formular schließlich dem Nutzer darstellen wird, liefert die tatsächliche *Herstellung des Formulars*, indem die so genannte *Laufzeit* gestartet wird – man sagt auch, *es wird ausgeführt* oder *die Ausführung wird gestartet*.

Dazu wird entweder mit der *linken Maustaste* auf das nach rechts gerichtete Dreieck geklickt, oder es wird die Taste $\boxed{F5}$ betätigt.

Auch mit Hilfe von AUSFÜHREN→STARTEN kann der Beginn der Laufzeit veranlaßt werden.

Das Formular erscheint dann, und wenn es nicht durch `Maximiert` in der Zeile `Window-State` bildschirm-füllend voreingestellt war, dann sieht man neben dem Formular noch Teile anderer Programme auf dem Bildschirm, z. B. sind das bei uns gegenwärtig sicher Teile des in diesem Moment in Wartestellung befindlichen Entwicklungssystems VB 6.0.

Bild 21.11: Alles speichern

Für die Rückkehr zum *Entwurfsmodus* (auch als *Entwurfsphase* oder kurz als *Entwurf* bezeichnet) muss die *Laufzeit* beendet werden – das heißt, dass wir zum System VB 6.0 zurückkehren müssen. Die Laufzeit lässt sich beenden, indem am Formular das *Schließkreuz* rechts oben angeklickt wird oder die Tastenkombination $\boxed{Alt}$ + $\boxed{F4}$ gewählt wird.

Im Entwurf kann dann weiter an der *Vorbereitung des Formulars* gearbeitet werden; Erscheinungsmerkmale, die nicht gefallen haben, können korrigiert werden, und es sollte vor allem immer wieder durch Speicherung (schneller Klick auf das Diskettensymbol, Bild 21.11) der bisherige Bearbeitungsstand in allen Dateien gesichert werden.

21.1.5   exe-Datei herstellen lassen

Bereits jetzt wollen wir die *wichtige Besonderheit von VB 6.0* (gegenüber Excel- oder Word- oder PowerPoint-VB) kennen lernen:

Nun können wir als Ergebnis unserer Entwicklungsarbeit eine *ausführbare .exe-Datei* herstellen lassen, die an *alle Nutzer weitergabefähig* ist, die lediglich über ein *Windows-Betriebssystem* verfügen. Ohne das teure Visual-Studio kann mit unserer Benutzeroberfläche gearbeitet werden.

Im Menü DATEI wird die angebotene Leistung BSP21_01.EXE ERSTELLEN ausgewählt, dazu wird ein Ordner angegeben. Der von VB angebotene Dateiname *bsp21_01.exe* entsteht dabei aus dem bereits vorhandenen Projektnamen und der Endung *.exe*.

Bild 21.13 zeigt, wie diese ausführbare .exe-Datei in den angegebenen Ordner aufgenommen wurde. In Bild 21.14 sieht man den Desktop von Windows im Hintergrund – hier wird das Formular also in der Tat als *fertiges Anwendungsprogramm* ausgeführt.

Bild 21.12: Ausführbare Datei herstellen lassen

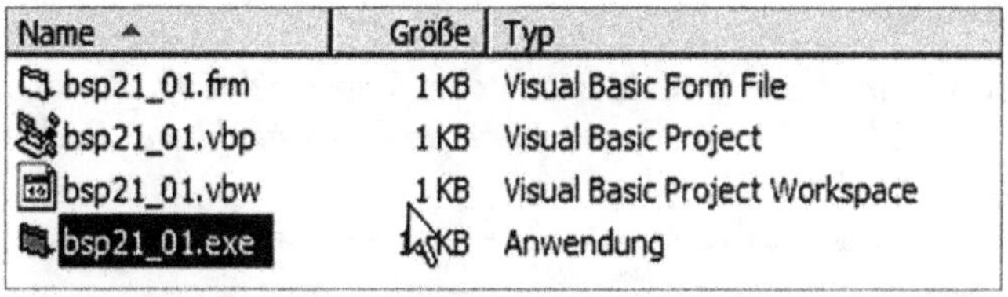

Name ▲	Größe	Typ
bsp21_01.frm	1 KB	Visual Basic Form File
bsp21_01.vbp	1 KB	Visual Basic Project
bsp21_01.vbw	1 KB	Visual Basic Project Workspace
bsp21_01.exe	16 KB	Anwendung

Bild 21.13: Die exe-Datei wird als Anwendung vom Betriebssystem erkannt

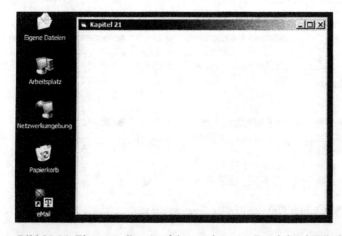

Bild 21.14: Eigenständige Ausführung der exe-Datei durch Windows

21.2   Bedienelemente für das Formular

Wie bekommt man zum Beispiel einen *Button* (Schaltfläche), eine *Scrollbar* (Schieberegler), ein *Textfenster* oder all die anderen *Bedienelemente*, an die wir inzwischen von Windows und anderen grafischen Betriebssystemen gewöhnt sind und mit denen wir eine *attraktive Benutzeroberfläche* gestalten wollen, im Entwurf auf das Formular?

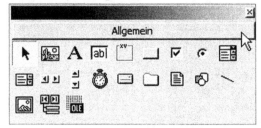

Bild 21.15: Fenster der Werkzeugsammlung in VB 6.0

21.2.1   Auswahl aus der Werkzeugsammlung

Wenn wir mit einem *Visual-Basic-System* arbeiten, dann benötigen wir hierzu stets die
Werkzeugsammlung, die uns verschiedene *Bedienelemente* zur Verfügung stellt. Das
Fenster mit der Werkzeugsammlung hat in VB 6.0 keine eigene Überschrift (Bild 21.15),
es kann mit ANSICHT→WERKZEUGSAMMLUNG oder mit Klick auf das Sinnbild ⚒ angefordert werden.

21.2.2   Von Button bis Liste

Im Bild 21.16 sind die wichtigsten Sinnbilder aus dem Fenster der *Werkzeugsammlung*
hervorgehoben. Mit ihrer Hilfe können wir *wichtige und gebräuchliche Bedienungselemente* auswählen und auf dem *Formular* platzieren.

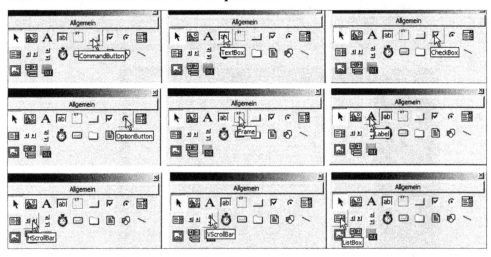

Bild 21.16: Sinnbilder für wichtige Bedienelemente

Dabei handelt es sich um Symbole für *Button* (CommandButton, Befehlsschaltfläche), *Textfenster* (TextBox, Textfeld, Eingabefenster), *Checkbox* (Kontrollkästchen, Ja-Nein-Option), *Optionbutton* (Optionsfeld, exklusive Ja-Nein-Option, Radiobutton), *Rahmen* (Frame), *Label* (Textanzeige, Bezeichnungsfeld), horizontale *Scrollbar* (HScrollBar, waagerechter Schieberegler, waagerechte Bildlaufleiste), vertikale Schieberegler (VScrollBar, senkrechter Schieberegler, senkrechte Bildlaufleiste) sowie *Liste* (ListBox, Auswahlliste).

DOWNLOAD			*Öffnen Sie die Seite http://www.w-g-m.de/basic.htm, wählen Sie dort* Dateien für Kapitel 21, *geben Sie Ihr Ziel ein. Danach erfolgt das Herunterladen der Datei* KAP21.ZIP *in den von Ihnen angegebenen Ordner. Durch Doppelklick auf den Dateinamen wird diese Datei extrahiert, und Sie erhalten im darunter befindlichen Ordner* BEISPIELE *die Dateien der Projekte dieses Kapitels, beginnend mit* BSP21_01.VBP.

Bild 21.17 zeigt diese Elemente auf dem Formular platziert (im download: BSP21_02.VBP), bisher noch ohne vorgenommene Voreinstellungen.

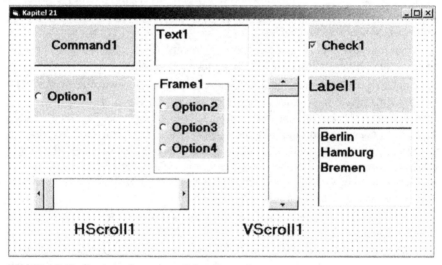

Bild 21.17: Bedienungselemente auf dem Formular

Die *Platzierung eines Bedienelementes auf dem Formular* ist denkbar einfach: Mit der Maus wird das Symbol aus dem Fenster der *Werkzeugsammlung* an die gewünschte Stelle des Formulars gezogen, die Größe wird eingerichtet, fertig.

Im selben Moment erscheint auch bereits das Eigenschaftsfenster für das soeben platzierte Bedienungselement, teilt dessen vorgeschlagenen Namen mit und bietet in seinen Zeilen den Katalog aller Eigenschaften an, die für die spätere Laufzeit voreingestellt werden können.

Für den weiteren *Sprachgebrauch* folgen wir dem Trend: Nur für das *Textfenster* werden wir weiterhin die deutsche Bezeichnung verwenden (manchmal wird sich auch *Textbox* einschleichen). Ansonsten sprechen wir von einem *Button*, einer *Checkbox*, einem *Optionbutton*, einem *Label,* einer waagrechten oder senkrechten *Scrollbar* und von einer *Liste.*

21.2.3   Name und Beschriftung

In dem Augenblick, in dem wir im Entwurf ein Bedienelement auf dem Formular platzieren, muss es einen *Namen* bekommen. Dieser *Name* ist Bestandteil der internen Organisation des gesamten Visual-Basic-Projekts.

Das System VB 6.0 schlägt uns für jedes Bedienelement sofort einen Namen vor.

Für die *Buttons* wird `Command1`, `Command2` usw. vorgeschlagen, für die *Textfenster* lesen wir `Text1`, `Text2` usw. Für *Checkboxen* wird uns `Check1`, `Check2` usw. vorgeschlagen, für *Optionbuttons* lautet der Namensvorschlag `Option1`, `Option2` usw. Jede waagerechte (horizontale) *Scrollbar* wird erst einmal mit dem Namen `HScroll1`, `HScroll2` usw. versehen, für jede senkrechte Scrollbar erhalten wir den Namensvorschlag `VScroll1`, `VScroll2` usw. Die Listen erhalten `List1`, `List2` usw. Den *VB-Namensvorschlag* können wir sowohl fettgedruckt in der *Kopfzeile des zugehörigen Eigenschaftsfensters* als auch in der Zeile `(Name)` lesen. Natürlich muss der VB-Namensvorschlag nicht akzeptiert werden; wir könnten unverzüglich im Eigenschaftsfenster die Zeile (Name) anders, individuell belegen. VB 6.0 würde auch den von uns vergebenen Namen akzeptieren – sofern sein Aufbau gewissen Regeln genügt.

• In diesem Buch wird grundsätzlich empfohlen, die *Namensvorschläge des VB 6.0-Systems zu akzeptieren* und mit den VB-Namen zu arbeiten.

Auf eine *Besonderheit* muss jedoch unbedingt hingewiesen werden: Wenn VB einen Namen für ein Bedienungselement vorschlägt und in die Zeile `(Name)` einträgt, dann trägt VB 6.0 diesen *Namen* automatisch auch als *Beschriftung* von Formular, Button, Checkbox, Label oder Optionbutton in die Zeile `Caption` des jeweils zugehörigen *Eigenschaftsfensters* ein, so dass man den vorgeschlagenen *Namen* auch als vorgeschlagene *Startbeschriftung* bzw. als vorgeschlagenen Start*inhalt* (beim *Textfenster* und in der *Liste*) sieht. Das führt bei Anfängern gern dazu, dass sie die Aufgabe *Ändere die Start-Beschriftung* falsch dadurch lösen, dass sie den *Namen* ändern.

Diejenigen Leserinnen und Leser, die sich auch schon mit der Vorbereitung von Benutzeroberflächen mit Hilfe von *Excel-VB* beschäftigt haben und mit den entsprechenden Ausführungen in Kapitel 14 (ab Seite 199) vergleichen, werden feststellen, dass *zwischen Excel-VB und VB 6.0* Unterschiede in der *Vergabe der Namensvorschläge* bestehen; Excel-VB differenzierte auch nicht zwischen *horizontaler* und *vertikaler* Scrollbar.

Auch die Bezeichnungen, die in den gelben Hilfsfenstern für die Sinnbilder angezeigt werden (vergleiche die Bilder 14.8 auf Seite 203 und 21.16 auf Seite 298), sind unterschiedlich. Den Anfänger mag das leider ein wenig verwirren, die grundsätzliche Vorgehensweise wird davon aber überhaupt nicht beeinflußt.

21.2.4   Voreinstellungen

Das jeweilige *Eigenschaftsfenster eines Bedienelements* bietet in seinen Zeilen all das an, was in der *Entwurfsphase* – entsprechend dem für später gewünschten *Erscheinungsbild beim Start* – (vor-) eingestellt werden kann. Die meistgebrauchten Voreinstellungen betreffen dabei bei allen Bedienelementen *Hintergrundfarbe* (Zeile `BackColor`) sowie *Schriftart, -stil* und *–größe* (Zeile `Font`).

Die *Startbeschriftung für Formulare, Buttons, Checkboxen, Rahmen, Optionbuttons* und *Labels* wird generell in der Zeile `Caption` der Eigenschaftsfenster eingetragen.

Für den *Anfangsinhalt eines Textfensters* ist dagegen die Zeile Text zu verwenden.

Im *Eigenschaftsfenster einer Checkbox* ist weiter besonders die Möglichkeit zu erwähnen, dass die Checkbox *mit oder ohne gesetzten Haken* (Zeile Value) auf der Benutzeroberfläche beim Start der Laufzeit erscheinen kann. Mehr noch: Im Gegensatz zu Excel-VB können wir nun aus *drei Start-Zuständen* wählen: kein Haken, voller Haken, *Zwischenzustand* (Bilder 21.18 und 21.19).

Der Checkbox-Zwischenzustand ist uns von Windows her bekannt, wenn wir uns beispielsweise über rechte Maustaste→Eigenschaften→Allgemein nach dem Schreibschutz der Dateien in einem Ordner fragen, in dem einige Dateien geschützt, andere dagegen nicht geschützt sind. Dann bekommen wir diesen Zwischenzustand mit blassem Haken angezeigt.

Bild 21.18: Drei Starteinstellungen für die Haken-Eigenschaft Value der Checkbox

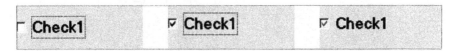

Bild 21.19: Checkbox-Zustände: 0=nicht aktiviert, 1=aktiviert, 2=Zwischenzustand

Ein *Label* ist ein reines Ausgabemedium; es wird zuerst einmal dafür benutzt, um *Informations-Texte* auf das Formular zu schreiben. Deshalb kann über die Zeile BackStyle zusätzlich eingestellt werden, ob das Label durchscheinend (transparent) ist oder einen eigenen Hintergrund haben soll. Weiterhin wird – im Gegensatz zum *Textfenster* – ein *Label* immer dann benutzt, wenn ein Nutzer ein Ergebnis *ohne Änderungsmöglichkeit* zur Kenntnis nehmen soll. In diesem Fall kann über die Zeile AutoSize im Eigenschaftsfenster eingestellt werden, ob sich das Label dem auszugebenden Inhalt in der Größe anpassen soll (Einstellung True) oder immer dieselbe, im Entwurf voreingestellte Größe (Einstellung False) besitzen soll.

Die beiden Schieberegler, allgemein und auch bei uns als horizontale oder waagerechte Scrollbar bezeichnet, manchmal von Kennern auch Potentiometer genannt, sind außerordentlich wirksame Bedienungselemente. Denn mit ihrer Hilfe kann man ein Mittel auf dem Formular platzieren, bei dem eine Fehlbedienung durch den Nutzer absolut ausgeschlossen ist.

In den *Eigenschaftsfenstern der Scrollbar* sind wieder die wichtigsten Möglichkeiten der Voreinstellung enthalten: *Minimum*, *Maximum* und *Startposition des Reglers* werden in den Zeilen Min, Max bzw. Value eingetragen.

Ein Optionbutton allein ist eigentlich sinnlos. Denn der Nutzer kann ihn zwar „einschalten" (falls er nicht sogar schon diese Starteigenschaft in der Zeile Value (Eintrag True) bekommen hatte), aber er kann ihn nie wieder „ausschalten".

Aus Windows ist es uns allgemein bekannt: *Optionbuttons* treten eigentlich immer in *Gruppen* auf. *Innerhalb jeder Gruppe* kann der Nutzer dann *umschalten*.

Um solche *Gruppen von Optionbuttons* auf dem Formular zu platzieren, benötigt man zuerst einen *Rahmen* (Symbol *Frame* im Werkzeugfenster. siehe Bild 21.16, Mitte). An einem solchen *Rahmen*, der von VB 6.0 mit dem Namensvorschlag Frame1 usw. versehen wird, kann natürlich auch über sein *Eigenschaftsfenster* die *Beschriftung* mit Caption und Font sowie die *Hintergrundfarbe* mit BackColor voreingestellt werden.

Anschließend werden dann die *Optionbuttons* in den/die Rahmen hineingezogen. Umgekehrt geht es nicht.

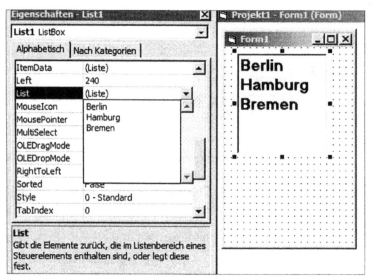

Bild 21.20: Startbelegung einer Liste

Die *Eigenschaftsfenster von Listen* geben (im Gegensatz zum weniger leistungsfähigen Excel-VB) mit der Zeile List die Möglichkeit, den *Anfangsinhalt der Liste* einzutragen. Nach jedem Öffnen des Fensters neben List kann eine weitere Zeile hinzu gefügt werden (Bild 21.20). Allerdings – das *Setzen einer Start-Markierung* in einer *Liste* ist mit dem Eigenschaftsfenster *nicht möglich*. Leider.

Ausnahmslos alle Bedienelemente können mit dem Eintrag False in der Zeile Enabled ihrer Eigenschaftsfenster anfangs auf *inaktiv* gestellt werden – sie sind dann sichtbar, aber nicht durch den Nutzer bedienbar.

Bedienelemente können mit dem Eintrag False in der Zeile Visible ihrer Eigenschaftsfenster anfangs sogar *unsichtbar* gemacht werden.

21.3 Formular und Bedienelemente als visuelle Objekte

Navigator: Was bisher zu lesen war, was nun folgt:

 Wir haben im ersten Abschnitt dieses Kapitels gelernt, wie wir VB 6.0 starten, wie wir zum *Formular* kommen, wie wir die *Starteigenschaften des Formulars* einstellen. Wie wir durch *Start der Laufzeit* testen, wie wir *speichern* und sogar schon, wie wir eine *ausführbare exe-Datei* herstellen lassen können.

Weiter haben wir im zweiten Abschnitt gelernt, wie wir die gebräuchlichsten *Bedienelemente* von Button bis Liste im *Fenster der Werkzeugsammlung* finden und auf dem Formular anordnen können. Zu jedem *Bedienelement* gibt es ein zugehöriges *Eigenschaftsfenster*, dem wir zuallererst den *Namen* entnehmen können, den VB 6.0 vorschlägt und den wir vorerst auch verwenden sollten.

In *jedem Eigenschaftsfenster* können darüber hinaus in den *Zeilen* Einträge vorgenommen oder geändert werden – damit nehmen wir Einfluss auf die *Erscheinungsform jedes Bedienelements* zu *Beginn der Laufzeit*.

So weit, so gut. Doch was nützt uns das? Mit dem *Formular* und den darauf befindlichen *Bedienelementen* präsentieren wir dem Nutzer eine mehr oder weniger attraktive *Benutzeroberfläche*, er kann auch sofort vielfältig darauf einwirken, hier klicken, auswählen, eintragen – aber *es passiert nichts.* Es gibt noch keine *Reaktionen auf Nutzereinwirkungen*.

Weil wir sie noch nicht vorgesehen haben. Wir haben noch nicht eine einzige *Ereignisprozedur* programmiert.

Und jetzt kommt der Konflikt, in dem sich der Autor dieses Buches sich befindet. Einerseits behauptet er, dass VB-6.0-Interessenten das Buch auf Seite 291 aufschlagen können und ab dort alles Wissenswerte zur *Visual-Basic-Programmierung mit VB 6.0* erfahren. Andererseits können, schon aus Platzgründen, natürlich nicht alle, ausführlich in den Kapiteln 15, bis 19 dargelegten Begriffe und Zusammenhänge noch einmal erklärt werden. Was tun?

Können wir so verbleiben? Dieses Kapitel präsentiert in Kurzfassung noch einmal die wichtigsten Begriffe, bietet eine Anleitung zum Handeln. Wer sich in Ruhe und ausführlich mit den Hintergründen beschäftigen möchte, der wird gebeten, doch bisweilen zurückzublättern auf die jeweils angegebenen Seiten.

21.3.1 Visuelle Objekte beim Start der Laufzeit

Auf den Seiten 209 bis 213 ist es ausführlich dargelegt: Sowohl das Formular als auch jedes Bedienelement kann angesehen werden als ein *visuelles Objekt*. Ein *visuelles Objekt* besteht zuerst aus einem *Datenkern* mit *gekapselten Daten*, die keinem Nutzer direkt zugängig sind.

Weiter besitzt jedes visuelle Objekt einen *sichtbaren Teil* – das ist das, was wir auf dem Bildschirm sehen. Der sichtbare Teil ist unmittelbar verbunden mit dem *Datenkern* – wird am sichtbaren Teil geändert (z. B. durch den Nutzer ein Haken in einer Checkbox gesetzt), dann wird die zuständige Komponente des Datenkerns sofort entsprechend aktualisiert. Anders herum – wird im Datenkern verändert, dann macht sich diese Veränderung, sofern sie den sichtbaren Teil betrifft, sofort optisch bemerkbar. Da kein Nutzer unmittelbaren Zugriff auf Datenkerne bekommt, gehören zu jedem visuellen Objekt noch zwei Arten von *Mechanismen zum Umgang mit dem Datenkern*.

Das sind zum Einen die *Methoden*: Methoden werden aufgerufen und üben dann eine bestimmte *Wirkung* aus.

Zum Anderen sind es die *Eigenschaften*. Eigenschaften wirken *aktiv* und *passiv* in den Datenkern *hinein* und aus ihm *heraus*; sie dienen zum Transport einzelner Angaben. Und das ist besonders wichtig: Die *Namen der wichtigsten Eigenschaften* finden wir leicht – das sind nämlich genau die *Zeilen im Eigenschaftsfenster*.

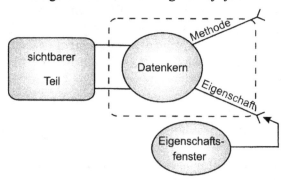

Bild 21.21: Visuelles Objekt: Gespeicherte Eigenschaften werden geladen

Nun können wir auch das Schema von Bild 21.21 verstehen: Beim *Start der Laufzeit* holt jedes visuelle Objekt über seine *Eigenschafts-Transportwege* die *Voreinstellungen*, die im *Eigenschaftsfenster* gespeichert sind, in seinen *Datenkern* hinein; kaum sind sie dort angekommen, werden sie schon sichtbar – und wir *sehen*, was wir voreingestellt hatten.

Bild 21.22 erklärt, wie es dazu kommt, dass die voreingestellten Eigenschaften nicht dauerhaft sein brauchen: Der Nutzer kann ja auf den sichtbaren Teil jedes visuellen Objekts einwirken:

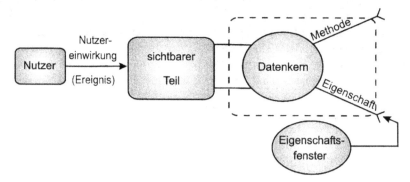

Bild 21.22: Nutzereinwirkung verändert am sichtbaren Teil und im Datenkern

Viele Nutzereinwirkungen *verändern* (z. B. der Eintrag in ein Textfenster), andere aber *verändern nichts* (z. B. Klick auf einen Button). Deshalb müssen wir die Nutzereinwirkung allgemeiner bezeichnen – jede Nutzereinwirkung ist ein *Ereignis*.

Bild 21.23 schließlich erklärt, wie es dazu kommen kann, dass bei einem *Ereignis* eine *Reaktion* eintritt:

• Wenn wir ein *Bedienelement* in der *Entwurfsphase* auf das Formular ziehen, bereiten wir damit ein *visuelles Objekt* vor. Das Formular selbst wird dabei auch ein visuelles Objekt.

• Gleichzeitig wird jedes vorbereitete visuelle Objekt durch das VB-System beim *Ereignishändler* angemeldet – wir müssen das nicht tun und merken auch nichts davon. Die Anmeldung erfolgt automatisch.

• Mit Beginn der *Laufzeit,* wenn also die visuellen Objekte existieren und damit die *Benutzeroberfläche* (d. h. das Formular mit darauf befindlichen Bedienelementen) tatsächlich hergestellt ist, *wartet der Ereignishändler* auf *Nachrichten von den visuellen Objekten.*

• Löst ein Nutzer durch eine *Bedienhandlung* ein *Ereignis* an einem visuellen Objekt aus, dann erhält der Ereignishändler eine entsprechende *Nachricht.*

• Der Ereignishändler prüft nun, ob es *zu diesem Ereignis an diesem visuellen Objekt* eine vorbereitete *Ereignisprozedur* gibt.

• *Wenn* es eine vorbereitete Ereignisprozedur für dieses bestimmte Ereignis an diesem Objekt *gibt,* dann wird sie gestartet. Dann erfolgt eine *Reaktion auf das Ereignis.*

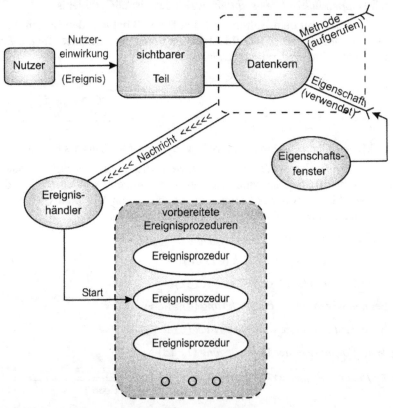

Bild 21.23: Ereignis, Ereignishändler und Ereignisprozeduren

Daraus folgt: Wollen wir, dass eine *Reaktion auf eine bestimmte Nutzerhandlung an dem sichtbaren Teil eines bestimmten visuellen Objekts* eintritt, dann müssen wir dafür sorgen, dass dafür eine *Ereignisprozedur* existiert.

Das bedeutet, dass wir uns nun mit der Frage beschäftigen müssen, wie wir *Ereignisprozeduren herstellen* können.

21.3.2   Rahmen von Ereignisprozeduren

Jede Ereignisprozedur besteht aus dem *Rahmen* und dem *Inhalt*. Um den *Rahmen* brauchen wir uns auch bei VB 6.0 nicht zu kümmern, der wird uns auch hier stets „geschenkt".

Zu jedem visuellen Objekt gibt es *zwei Arten von Ereignissen: Das Standard-Ereignis* und viele *andere Ereignisse*. Das sind dann die *Nicht-Standard-Ereignisse*.

Das *Standard-Ereignis* ist dasjenige, das in der Regel oder am häufigsten der *Ausgangspunkt für eine Reaktion* sein wird. Beim Bedienelement *Button* wäre es ziemlich verblüffend, wenn nicht der *Klick* mit der linken (Haupt-) *Maustaste* als *Standard-Ereignis* betrachtet würde.

Beginnen wir also. Zuerst werden wir Reaktionen auf die *Standard-Ereignisse* an visuellen Objekten in Ereignisprozeduren programmieren.

Den *Rahmen für Ereignisprozeduren zum Standard-Ereignis* erhalten wir ganz einfach im Entwurf durch *Doppelklick auf den sichtbaren Teil* des visuellen Objekts.

Fangen wir beispielhaft mit dem Button an: Nach Doppelklick auf den Button öffnet sich ein Textfenster, in ihm eingetragen (Bild 21.24) ist bereits der *Rahmen für die Ereignisprozedur* zum Button-Standardereignis *Klick*.

```
Private Sub Command1_Click()



End Sub
```

Bild 21.24: Rahmen für Ereignisprozedur zum Standardereignis des Button

Sehen wir uns in den Bildern 21.25 bis 21.30 jeweils die Rahmen für die Standardereignisse an den einzelnen Bedienelementen an – aus der Kopfzeile können wir in jedem einzelnen Fall genau ablesen, welches Ereignis die Schöpfer von VB 6.0 als wichtigstes, jeweils am häufigsten zu behandelndes Ereignis angesehen haben:

- bei einem *Textfenster* – die *Änderung* (Change)
- bei der *Checkbox* – der *Klick* (Click)
- beim *Optionbutton* – der *Klick* (Click)
- bei einer *Scrollbar* – die *Änderung* (Change)
- bei einer *Liste* – der wählende *Klick* (Click)
- beim *Formular* – der *Ladevorgang* (Load)

```
Private Sub Text1_Change()                Text1



End Sub
```

Bild 21.25: Rahmen für Ereignisprozedur zum Standardereignis des Textfensters

```
Private Sub Check1_Click()



End Sub
```

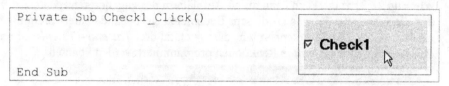

Bild 21.26: Rahmen für Ereignisprozedur zum Standardereignis der Checkbox

```
Private Sub Option1_Click()



End Sub
```

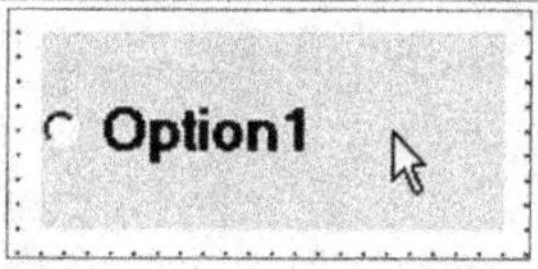

Bild 21.27: Rahmen für Ereignisprozedur zum Standardereignis des Optionbutton

```
Private Sub HScroll1_Change()



End Sub
```

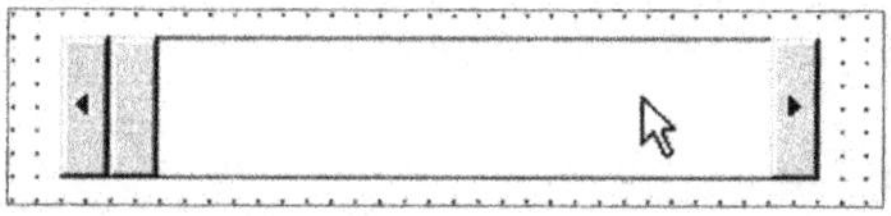

Bild 21.28: Rahmen für Ereignisprozedur zum Standardereignis der Scrollbar

```
Private Sub List1_Click()



End Sub
```

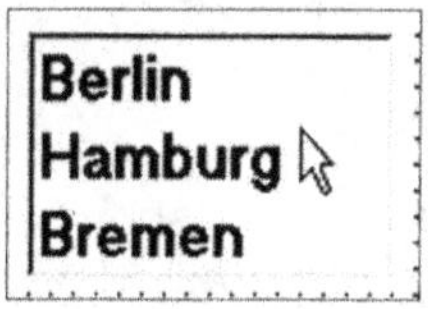

Berlin
Hamburg
Bremen

Bild 21.29: Rahmen für Ereignisprozedur zum Standardereignis der Liste

```
Private Sub Form_Load()



End Sub
```

Bild 21.30: Rahmen für Ereignisprozedur zum Standardereignis des Formulars

Links oben im *Textfenster für die Texte der Ereignisprozeduren* erkennen wir jeweils den Namen des visuellen Objekts (Bedienelementes).

Wie Bild 21.31 zeigt, kann dann durch Aufblättern des zugehörigen *rechten oberen Fensters* die Liste *aller* jeweils zu diesem Bedienelement behandelbaren Ereignisse erhalten werden; im Bild 21.31 erkennen wir, dass auch zu drei *Tastatur-Ereignissen* und zu drei *Maus-Ereignissen am Button* Reaktionen programmiert werden könnten.

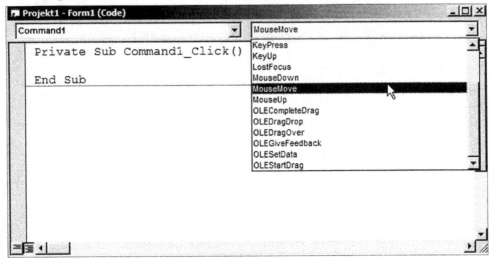

Bild 21.31: Liste aller behandelbaren Ereignisse am Button

Der Doppelklick auf ein angezeigtes Ereignis dieser Ereignisliste liefert uns dann auch zu diesem *Nicht-Standard-Ereignis* den *Rahmen der Ereignisprozedur*:

```
Private Sub Command1_Click()


End Su
---------------------------------------------------------------------------
Private Sub Command1_MouseMove(Button As Integer, Shift As Inte-
ger, X As Single, Y As Single)


End Sub
```

Bild 21.32: Rahmen zum Ereignis Mausbewegung am Button

Dass dabei (siehe Bild 21.32) der *Rahmen für die Ereignisprozedur zum Standard-Ereignis* zusätzlich unaufgefordert auch zu sehen ist, soll uns nicht beunruhigen: Leere Ereignisprozeduren sind nicht schädlich, sie bewirken nichts: Wo *kein Inhalt vorhanden* ist, wird natürlich auch *kein Inhalt abgearbeitet*.

21.3.2   Inhalt von Ereignisprozeduren

Der einfachste Inhalt einer Ereignisprozedur besteht in einem Aufruf der *Mitteilungsprozedur* MsgBox:

```
Private Sub Command1_Click()
MsgBox ("Der Button wurde geklickt")
End Sub
```

Die Wirkung: Beim Eintreten des Ereignisses erscheint dann ein kleines *Mitteilungsfens-ter* mit dem vorher programmierten Mitteilungs-Text (Bild 21.33).

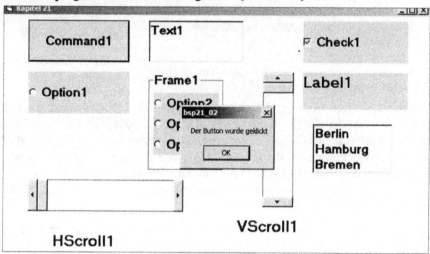

Bild 21.33: Einfache Mitteilung beim Eintreten des Ereignisses

Im download-Projekt, das sich in der Projektdatei BSP21_03.VBP sowie in weiteren Da-teien befindet, ist für jedes Standardereignis an einem Bedienelement eine entsprechende Mitteilung programmiert.

Wesentlich interessanter als diese *einfachen Mitteilungen* beim *Eintritt von Standard-* o-der *Nicht-Standard-Ereignissen* sind aber die anspruchsvolleren *Inhalte von Ereignis-prozeduren,* die *aktiven und passiven Zugriff* auf *eigene und fremde Datenkerne* enthalten und damit vielfältige, sichtbare *Wirkungen auf der Benutzeroberfläche* auslösen können.

Erinnern wir uns – der aktive/passive Zugriff auf den *sichtbaren Teil* eines visuellen Ob-jekts ist möglich über die aktive/passive Nutzung der *passenden Eigenschaft,* mit der auf den *Datenkern* zugegriffen wird. Denn der Datenkern ist ja mit dem sichtbaren Teil direkt verbunden.

Den benötigten *Namen der passenden Eigenschaft* erfahren wir, indem wir uns erinnern, mit welcher *Zeile des Eigenschaftsfensters* wir die *Start-Einstellung* vorgenommen haben.

Sehen wir uns ein kleines *Beispiel* dazu an: Auf der Benutzeroberfläche befinden sich eine horizontale und eine vertikale Scrollbar. Beide sollen anfangs das Minimum 0, das Maxi-mum 100 und die Reglerposition 50 haben. Also wird im *Eigenschaftsfenster* in der Zeile Min jeweils die Null eingetragen, in der Zeile Max die 100, und in der Zeile Value die 50.

Folgende *Aufgabe* ist zu lösen: Ändert der Nutzer die Position des Reglers in der horizon-talen Scrollbar, dann soll sich der Regler in der vertikalen Scrollbar automatisch an-passen. Wird in der vertikalen Scrollbar geändert, dann soll sich der Regler in der hori-zontalen Scrollbar automatisch auf denselben Wert einstellen.

Zwei Ereignisprozeduren sind zu schreiben, beide Male handelt es sich um das Standard-Ereignis. Damit haben wir sofort den Rahmen der Ereignisprozeduren. Für den *Inhalt* brauchen wir nur noch die *passende Eigenschaft* für das Holen und Bringen der Regler-stellung. Wir kennen sie aus der *Vorbereitung der Startsituation*: Sie heißt Value.

Damit müssen wir den folgenden Inhalt der beiden Ereignisprozeduren (BSP21_04.VBP) programmieren:

```
Private Sub HScroll1_Change()
VScroll1.Value = HScroll1.Value
End Sub

Private Sub VScroll1_Change()
HScroll1.Value = VScroll1.Value
End Sub
```

Wichtig ist hier noch das Erwähnen der goldenen Regel jeder Programmierung: *Rechts die Quelle, links das Ziel*. Deshalb muss das Gleichheitszeichen = auch gesprochen werden als *ergibt sich aus*: Wenn in der horizontalen Scrollbar HScroll1 geändert wird, dann ist die Quelle (rechts) die Reglerstellung von HScroll1, das Ziel (links) ist dann die Reglerstellung von VScroll1. Wenn in der vertikalen Scrollbar VScroll1 geändert wird, dann ist die Quelle (rechts) die Reglerstellung von VScroll1, das Ziel (links) ist dann die Reglerstellung von HScroll1.

 An dieser Stelle muss doch leider wieder ein Verweis auf die vielen Seiten des Kapitels 17 erfolgen, in denen wir uns ganz ausführlich und mit sehr vielen Beispielen dem *passiven und aktiven Zugriff auf die Datenkerne* verschiedenster Bedienelemente beschäftigten, erfolgen.

Interessierte Leserinnen und Leser werden doch gebeten, dort weitere Einzelheiten zu erfahren.

Bild 21.34 wiederholt die Vorgehensweise aus Bild 17.22 von Seite 247 und illustriert noch einmal, wie im *Inhalt von Ereignisprozeduren* mit Hilfe der *passenden Eigenschaften* auf *Datenkerne* zugegriffen werden kann.

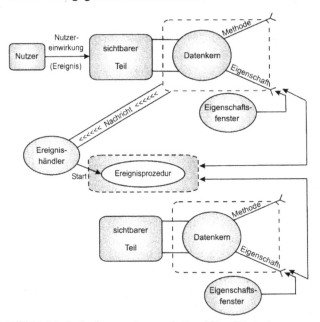

Bild 21.34: Ereignisprozeduren mit Zugriff auf Datenkerne

21.4   Bedienelement Menü, Menü-Editor

Denken wir einfach an das gute alte *Windows*: Eine ordentliche Benutzeroberfläche kommt heutzutage ohne ein *Menü* nicht mehr aus. Die Nutzer sind daran gewöhnt.

Gehen wir diesmal vom Ziel aus: Wir möchten gern unsere *Benutzeroberfläche* durch eine *Menüleiste* mit so genannten *DropDown-Menüs* attraktiver gestalten (siehe Bild 21.35).

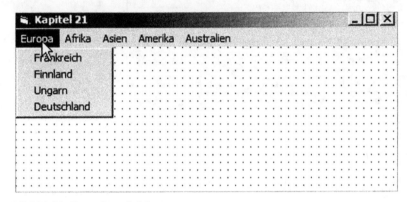

Bild 21.35: Formular mit Menü

VB 6.0 (leistungsfähiger als das einfache Excel-VB) bietet uns natürlich auch die Möglichkeit, ein derartiges Menü entwickeln zu können. Allerdings gibt es für die Menü-Herstellung *kein* Sinnbild im Fenster der *Werkzeugsammlung*, sondern wir müssen unter EX-TRAS den *Menü-Editor* anfordern (Bild 21.36).

Bild 21.36: Anfordern des Menü-Editors unter Extras

Das Fenster des Menü-Editors (Bild 21.37) überrascht uns dann allerdings doch mit einer beachtlichen Neuigkeit: Mit jeder *Menü-Zeile* bereiten wir wieder ein *visuelles Objekt* vor. Aber – während bisher durch jedes VB-System stets ein *Namensvorschlag* für das künftige Objekt unterbreitet wurde, trifft das nun ausnahmsweise *nicht* zu.

Wir müssen also zu jeder Menü-Zeile *zwei Dinge* eintragen: zuerst ist die künftige *Beschriftung,* die der Nutzer also sieht, in der Zeile Caption einzutragen, und dann müssen wir *jeder Menüzeile* einen *Namen* geben, der in der Zeile Name einzutragen ist.

Der Name ist wichtig für spätere *Ereignisprozeduren*; er darf den üblichen Basic-Regeln entsprechend *keine Umlaute, Leerzeichen, Sonderzeichen* enthalten.

In Bild 21.37 sind mit voller Absicht ganz unterschiedliche Einträge gewählt worden: in der Zeile Caption steht EUROPA, das ist die erste *Beschriftung*, und in der Zeile Name steht menu_1, das ist der erste *Objekt-Name*.

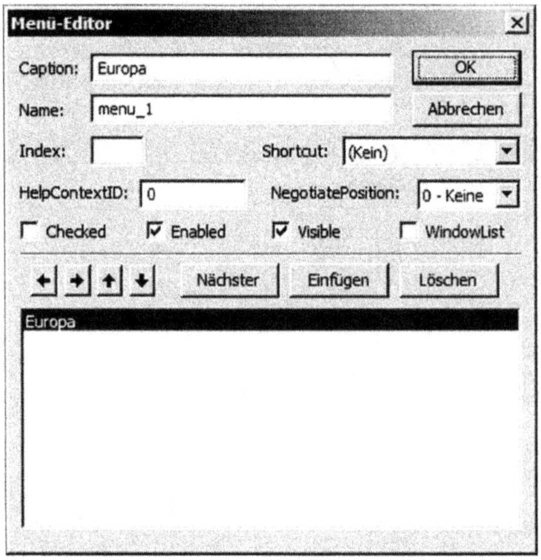

Bild 21.37: Beschriftung und Name für die erste Zeile des Hauptmenüs

Kommen wir nun zum *Aufbau des Untermenüs* unter EUROPA: Dazu wird zuerst die Schaltfläche Nächster angeklickt, anschließend wird zusätzlich das Einrücken mit dem Pfeil nach rechts → veranlasst (Bild 21.38). Danach kann oben bei Caption die *Beschriftung* FRANKREICH und bei Name der *Objektname* menu_11 eingetragen werden.

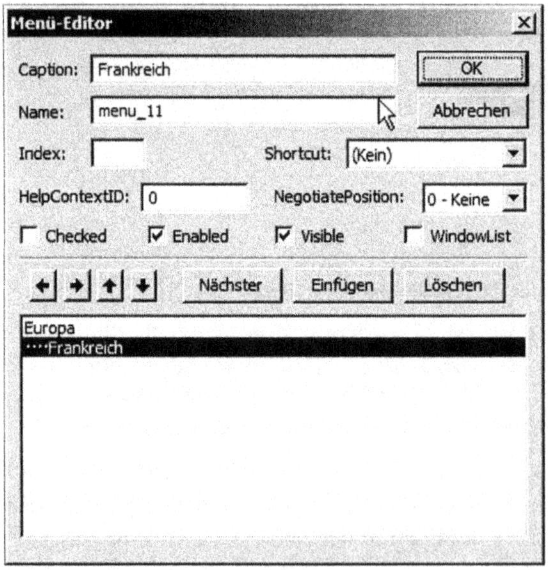

Bild 21.38: Erste Zeile unter EUROPA wird vorbereitet

Mit $\boxed{\text{Nächster}}$ und beibehaltener Einrückposition kommt dann FINNLAND und menu_12 usw.; erst für die nächste *Beschriftung* der Hauptzeile AFRIKA wird die Einrückposition mit der Pfeiltaste nach links zurückgenommen (Bild 21.39).

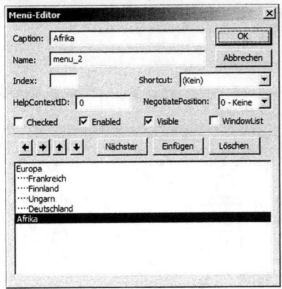

Bild 21.39: Nächste Beschriftung für die Kopfzeile ohne Einrückposition

Die Arbeit mit dem Menü-Editor ist recht einfach, sofern wir uns den wesentlichen Unterschied zwischen *Beschriftung* und *Name* klargemacht haben.

Was fehlt noch? Natürlich – die *Schnellwahlbuchstaben* fehlen. Wir sind es von Windows gewöhnt, dass bestimmte Buchstaben unterstrichen sind, so dass wir mit der Kombination aus der Taste $\boxed{\text{Alt}}$ und diesem Buchstaben sofort das entsprechende Menü aufblättern können, so wird z. B. in Bild 21.40 das Menü *Europa* mit $\boxed{\text{Alt}}$ + $\boxed{\text{E}}$ geöffnet.

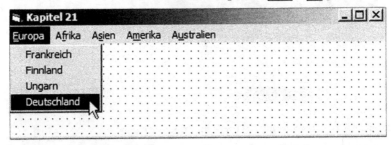

Bild 21.40: Schnellwahlbuchstaben

Die Festlegung dieser Schnellwahlbuchstaben erfolgt im Menü-Editor einfach dadurch, dass das Zeichen & (über der 6 auf der Tastatur) vor den entsprechenden Buchstaben geschrieben wird: Europa→&Europa, Afrika→A&frika, Asien→A&sien usw.

Für welche *Nutzereinwirkung* sollten wir nun *Reaktionen* programmieren? Ersichtlich ist, dass ein Nutzerklick auf EUROPA, AFRIKA usw. lediglich das *Aufblättern des jeweiligen Menüs* zur Folge haben muss – das aber erledigt VB 6.0 schon für uns.

Wenn wir überhaupt *Ereignisprozeduren* herstellen müssen, dann für den *Klick auf einen der aufgeblätterten Einträge* in einem DropDown-Menü. Dieser Nutzerklick wird wohl mit Sicherheit als *Standard-Ereignis* eingestellt sein.

Probieren wir es aus, klicken wir im Entwurf doppelt auf FRANKREICH. Schon bekommen wir den Rahmen für die zugehörige Ereignisprozedur geschenkt:

```
Private Sub menu_11_Click()

End Sub
```

Hier erscheint natürlich der von uns vergebene *Name* menu_11 für das visuelle Objekt *Menüzeile mit der Beschriftung* FRANKREICH.

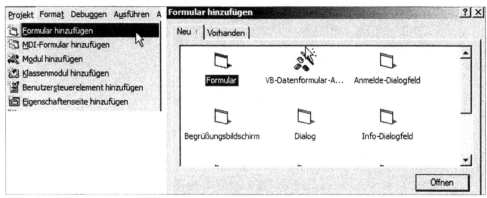

Bild 21.41: Anfordern eines weiteren Formulars

Welcher Inhalt ist denkbar? Nun, wir könnten beispielsweise über PROJEKT→FORMULAR HINZUFÜGEN (Bild 21.41) ein weiteres, neues Formular anfordern, dafür vergibt VB 6.0 automatisch den Namensvorschlag Form2 und nimmt dieses Formular in den *Projektexplorer* auf (Bild 21.42).

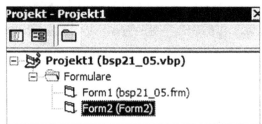

Bild 21.42: Neues Formular Form2 im Projektexplorer

Dieses Formular kann nun z. B. als *Informationsformular über Frankreich* gestaltet werden, und wenn als Inhalt der *Ereignisprozedur* zum Ereignis *Klick auf die Menüzeile mit der Beschriftung* FRANKREICH der folgende Befehl programmiert wird

```
Private Sub menu_11_Click()
Form2.Show
End Sub
```

dann erscheint tatsächlich dieses Länderfenster. Man probiere es aus (BSP21_05.VBP).

22 Timer-Programmierung mit Visual Basic 6.0

Navigator: Was bisher zu lesen war, was nun folgt:

 Was können wir bisher? Viel. Wir können – entweder mit Excel-VB oder mit dem leistungsfähigeren Visual Basic B 6.0 des Visual Studio 6.0 ein *Formular* herstellen, auf dem *Bedienelemente* angeordnet sind.

Wir können sowohl für das Formular als auch für die Bedienelemente die *Start-Gestaltung* für eine Vielzahl von Merkmalen mit Hilfe des *Eigenschaftsfensters* voreinstellen.

Beim *Beginn der Laufzeit* werden diese Voreinstellungen dann mittels der *Eigenschaften* in die *Datenkerne* der entstehenden visuellen Objekte transportiert. Da die Datenkerne visueller Objekte unmittelbar mit deren *sichtbaren Teilen* verbunden sind, *sehen* wir also zum Beginn der Laufzeit das, was wir *vorher eingestellt* haben.

Sollte ein Merkmal sich ausnahmsweise *nicht über das Eigenschaftsfenster* voreinstellen lassen, da die entsprechende Eigenschaft dort fehlt (z. B. die Startmarkierung in einer Liste), dann lässt sich dem abhelfen mit Hilfe der speziellen Ereignisprozedur zum Ereignis *Aktivierung des Formulars* (in Excel-VB) bzw. *Laden des Formulars* (in VB 6.0) und unter Verwendung geeigneter weiterer Eigenschaften, die dann in der *Punktliste* zu suchen sind (s. Abschnitt 17.7.3).

Weitere Ereignisprozeduren werden außerdem vorbereitet, damit bei bestimmten *Nutzerhandlungen* an den sichtbaren Teilen gewisser visueller Objekte die gewünschten *Reaktionen* eintreten. *Was wo* und *wobei* „passieren" soll, das muss man aus der Aufgabenstellung entnehmen. Das haben wir an vielen Beispielen schon trainiert und werden es weiter trainieren. Die als *Inhalte der Ereignisprozeduren* programmierten Reaktionen können im einfachsten Fall nur *Mitteilungen* sein, sie können aber auch in *Änderungen* am *sichtbaren Teil* des eigenen oder anderer visueller Objekte bestehen.

Möglich wird das alles durch die Verwendung von *Eigenschaften*, mit deren Hilfe wir den *Zugriff auf Datenkerne* visueller Objekte *passiv* und *aktiv* programmieren können.

22.1 Ohne Nutzer passiert bisher nichts

Alles prima. Doch ein Teil eines Satzes soll hier noch einmal hervorgehoben werden:

• ... damit *bei bestimmten Nutzerhandlungen* an den sichtbaren Teilen gewisser visueller Objekte die gewünschten Reaktionen eintreten

Das heißt doch im Klartext genau das, was in der Unterschrift von Bild 22.1 steht: *Ohne Nutzer passiert nichts.*

Doch auch dann, wenn ein Nutzer vorhanden ist und sich begeistert den hübsch gestalteten Bildschirm ansieht, passiert nichts. Also müssen wir genauer formulieren:

• Ohne *eine Bedienhandlung eines Nutzers* wird bisher nicht eine einzige Ereignisprozedur gestartet und abgearbeitet.

Na und, könnte man da einwenden? Schließlich wird doch eine Benutzeroberfläche gerade dafür gemacht, dass ein *Nutzer* mit ihr umgeht. Doch es gibt ja auch noch andere Arten von Aufgabenstellungen.

So haben wir die vielen *Spiele*, die geradezu davon leben, dass *ohne Nutzereinwirkung* auf der Benutzeroberfläche etwas passiert, worauf der Nutzer erst danach reagieren soll.

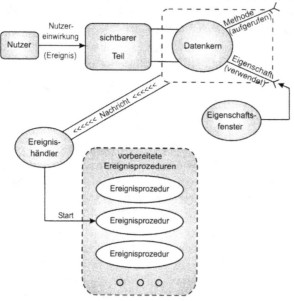

Bild 22.1: Bisherige Situation: Ohne Nutzer passiert nichts

Auch der Begriff der *Simulation* wird uns noch beschäftigen: Ohne Einwirkung von außen sollen Prozesse im Zeitrhythmus ablaufen, die man dann beobachten kann – beispielsweise die Steuerung einer Ampel an einer Kreuzung.

Oder denken wir an *Präsentations- und Informationsprogramme*. Wenn der Inhaber eines Reisebüros am Samstagmittag einen PC-Bildschirm in sein Schaufenster stellt und mit dem *Beginn der Laufzeit* eine Benutzeroberfläche herstellt, dann soll natürlich *ohne Zutun der Betrachter* eine Präsentation automatisch mit verschiedenen Bildern ablaufen.

Schließlich sollten wir auch an einen *Bildschirmschoner* denken, der ohne jeglichen *Anstoß durch eine Nutzereinwirkung* plötzlich startet und pausenlos verschiedenartigste Bilder produziert.

22.2   Timer

Ein *Timer* ist ein *Zeitgeber*, der – sofern er aktiv ist – in bestimmten Abständen ein *Ereignis* auslöst, das *Timer-Ereignis*. Zum Timer-Ereignis können in der zugehörigen *Ereignisprozedur* vielfältige Reaktionen programmiert werden (siehe Bild 22.2).

Ein *Timer* ist ein *Objekt*, das in seinem gekapselten *Datenkern* die Merkmale verwaltet. Im Eigenschaftsfenster jedes Timers sind die *Eigenschaften* aufgelistet, mit deren Hilfe die Situation des Timers beim *Start der Laufzeit* voreingestellt werden kann.

Mit Hilfe bestimmter *Eigenschaften* (bekannt aus dem *Eigenschaftsfenster des Timers*) kann durch *Inhalte von Ereignisprozeduren* auch auf den *Datenkern jedes Timers* zugegriffen werden.

Möglichkeiten der *unmittelbaren Nutzereinwirkung* auf einen Timer gibt es allerdings nicht.

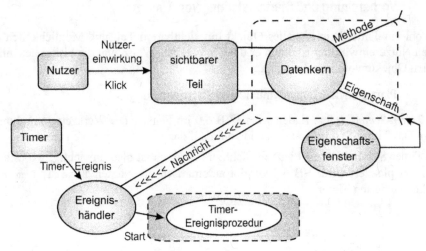

Bild 22.2: Timer und Timer-Ereignis

Visual Basic 6.0 bietet die Möglichkeit, *mehrere Timer* zu verwenden (Bild 22.3). Für *jeden einzelnen Timer* kann ein bestimmtes Intervall eingestellt werden.

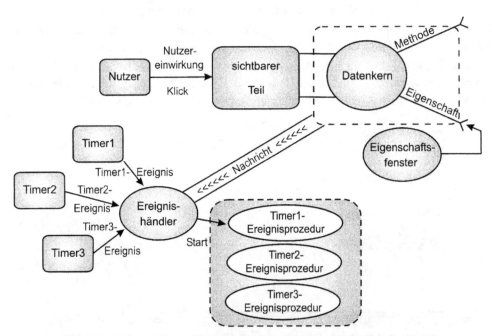

Bild 22.3: Mehrere Timer, Timer-Ereignisse und Timer-Ereignisprozeduren

Die bisher bekannte Menge der *Ereignisprozeduren*, mit denen auf *Nutzereinwirkungen* reagiert wird, die wir sowohl mit Excel-VB als auch mit VB 6.0 erzeugten, kann nun in VB 6.0 ergänzt werden durch vielfältige *Ereignisprozeduren zu den Timer-Ereignissen*.

22.3   Vorbereitung und Starteinstellung von Timern

Obwohl ein Timer kein visuelles Objekt mit sichtbarem Teil und Möglichkeiten der direkten Nutzereinwirkung ist, kann er doch in gleicher Weise wie die bisher bekannten visuellen Objekte vorbereitet werden.

22.3.1   Platzieren des Timer-Symbols und Starteinstellungen

Das *Timer-Symbol* (Uhr) finden wir in VB 6.0 im Fenster der Werkzeugsammlung (Bild 22.4). Das Timer-Symbol kann irgendwohin auf das Formular gezogen werden.

Das Timer-Symbol ist zur Laufzeit nicht zu sehen; es ist also unwichtig, wo es auf dem Formular platziert wird. VB 6.0 vergibt automatisch die Namen `Timer1`, `Timer2` usw. für die platzierten Timer.

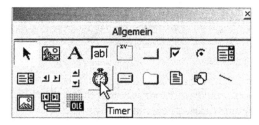

Bild 22.4: Timer-Symbol im Fenster der Werkzeugsammlung

Das Eigenschaftsfenster eines Timers gibt dann – wie immer – die Möglichkeit voreinzustellen, wie der jeweilige Timer *zu Beginn der Laufzeit* eingerichtet sein soll.

Damit sind gleichzeitig auch die *Namen wichtiger Eigenschaften* bekannt, mit denen in anderen Ereignisprozeduren auf den *Datenkern eines Timers* zugegriffen werden kann. Die wichtigsten Eigenschaften, enthalten im Eigenschaftsfenster, haben die Namen `Enabled` und `Interval`.

Eigenschaften - Timer1	✕
Timer1 Timer	▾

Alphabetisch	Nach Kategorien
(Name)	Timer1
Enabled	True
Index	
Interval	**1000**
Left	240
Tag	
Top	360

Interval
Gibt die Anzahl der Millisekunden zwischen Aufrufen an das Timer-Ereignis eines Zeitgeber-Steuerelements zurück oder legt diese fest.

Bild 22.5: Eigenschaftsfenster eines anfangs aktiven Timers

Ist die Eigenschaft `Enabled` auf `True` gesetzt, so *läuft der Timer*, d. h. *das Timer-Ereignis tritt im eingestellten Intervall* auf. Steht `Enabled` auf `False`, so wird der Timer angehalten, ohne dass das Intervall verändert wird. Wird in einer Ereignisprozedur dann der Befehl `Timer1.Enabled=True` geschrieben, dann startet der Timer wieder.

Mit der Eigenschaft `Interval` (Achtung – nur ein „l") wird die *Pause zwischen zwei Timer-Ereignissen in Millisekunden* festgelegt.

In Bild 22.5 ist also derjenige Timer, der von VB 6.0 den Namen `Timer1` bekommen hat, so eingestellt, dass sein *Timer-Ereignis* einmal pro Sekunde, d. h. im Abstand von 1000 Millisekunden, eintritt.

• Die *Frequenz von Timern* ist im allgemeinen begrenzt: Es ist sinnlos, einen Timer auf ein extrem kleines Intervall zu setzen; im Einzelnen hängt dieses Minimalintervall von verschiedenen Faktoren, z. B. dem Betriebssystem, ab.

22.3.2 Einfache Ereignisprozeduren

Zur Demonstration wollen wir *drei Timer* untereinander auf dem *Formular* platzieren und daneben jeweils eine *horizontale Scrollbar* setzen (Bild 22.6). Alle *Scrollbars* besitzen dieselbe Standard-Starteinstellung: *Minimum* Null, *Maximum* 100, *Position* Null.

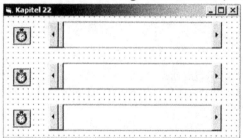

Bild 22.6: Drei Timer, drei horizontale Scrollbars

DOWNLOAD *Öffnen Sie die Seite http://www.w-g-m.de/basic.htm, wählen Sie dort Dateien für Kapitel 22, geben Sie Ihr Ziel ein. Danach erfolgt das Herunterladen der Datei KAP22.ZIP in den von Ihnen angegebenen Ordner. Durch Doppelklick auf den Dateinamen wird diese Datei extrahiert, und Sie erhalten im darunter befindlichen Ordner BEISPIELE die Dateien der Projekte dieses Kapitels, beginnend mit BSP22_01.VBP.*

Alle drei Timer werden aktiv voreingestellt, aber mit verschiedenen Intervallen (Bild 22.7): `Timer1` kommt *jede Sekunde*, `Timer2` *aller 2 Sekunden*, und `Timer3` lässt sich am meisten Zeit: Er löst nur *aller vier Sekunden* sein Timer-Ereignis aus.

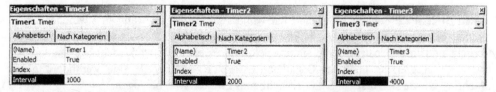

Bild 22.7: Starteinstellungen der drei Timer: 1, 2 und 4 Sekunden

Bei den bisher behandelten visuellen Objekten gab es durchweg das *Standard-Ereignis* und *viele andere Nicht-Standard-Ereignisse*. Wir mussten jeweils genau überlegen, für welches Ereignis der Rahmen der Ereignisprozedur beschafft werden sollte.

Beim Timer gibt es nur *ein einziges Ereignis*, für das eine Reaktion programmiert werden kann – die diesbezügliche Liste rechts oben im Textfenster für die Ereignisprozeduren (Bild 22.8) schrumpft also auf einen einzigen Eintrag zusammen.

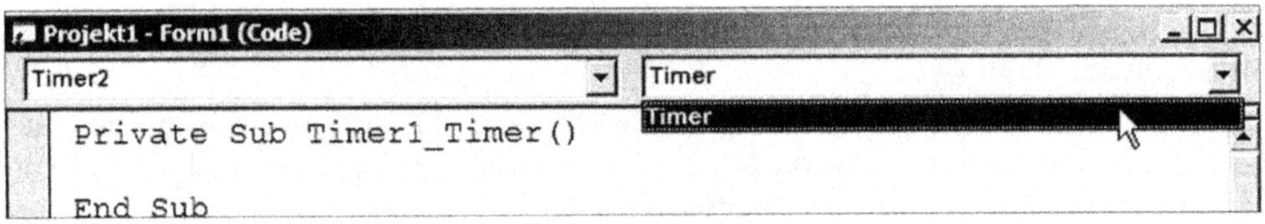

```
Projekt1 - Form1 (Code)                                        _ □ X
Timer2                           ▼    Timer                        ▼
                                      Timer
     Private Sub Timer1_Timer()
                                                              ▲

     End Sub
```

Bild 22.8: Liste der möglichen Ereignisse bei Timer-Objekten

Wenn es nur *ein* behandelbares Ereignis gibt, muss dieses natürlich *das Standard-Ereignis* sein: Ein *Doppelklick auf das Timer-Symbol* auf dem Formular liefert uns dann sofort den *Rahmen für die Ereignisprozedur* zum Ereignis *Timer kommt* (Timer-Ereignis):

```
Private Sub Timer1_Timer()

.............                          'Inhalt der Ereignisprozedur

End Sub
```

Kehren wir zu unserem Beispiel zurück: Wenn das jeweilige Timer-Ereignis eintritt, soll sich die *Position des Reglers in der zugehörigen Scrollbar* um zehn Einheiten nach rechts verschieben (download: BSP22_01.VBP).

```
Private Sub Timer1_Timer()
HScroll1.Value = HScroll1.Value + 10
End Sub


Private Sub Timer2_Timer()
HScroll2.Value = HScroll2.Value + 10
End Sub


Private Sub Timer3_Timer()
HScroll3.Value = HScroll3.Value + 10
End Sub
```

In den Bildern 22.9 bis 22.12 können wir wunderbar verfolgen, wann sich welcher Timer meldet: Während der Regler der obersten ScrollBar HScroll1 nach jeder Sekunde weiterrückt und in den betrachteten sieben Sekunden siebenmal nach rechts gewandert ist, hat es der Regler der untersten ScrollBar HScroll3 auf gerade eine Veränderung gebracht; er würde sich erst bei Sekunde acht zum zweiten Mal bewegen.

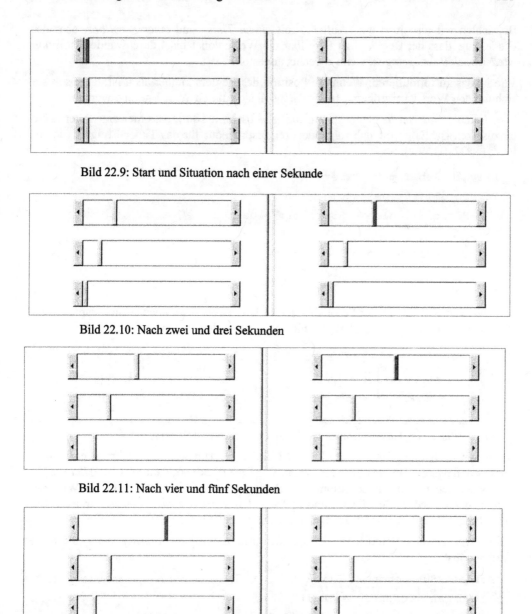

Bild 22.9: Start und Situation nach einer Sekunde

Bild 22.10: Nach zwei und drei Sekunden

Bild 22.11: Nach vier und fünf Sekunden

Bild 22.12: Nach sechs und sieben Sekunden

22.3.2   Permanente Bewegung der Scrollbar

Wer das vorige Beispiel im download verfolgt oder selbst nachvollzogen hat, der hat selbstverständlich bemerkt, dass beim Anstoßen des Reglers der ersten Scrollbar am rechten Rand eine Fehlermeldung kommt. Verständlich.

Betrachten wir also jetzt eine Aufgabe mit *einem Timer* und *einer Scrollbar*, aber der Festlegung, dass der Regler einer Scrollbar die Werte von 1 bis 4 durchwandern soll *und wieder nach links springen*, wenn er rechts angestoßen ist.

Wie ist das zu formulieren: Wenn die Position des Reglers kleiner als 4 ist, dann soll sie sich um den Wert 1 vergrößern. *Andernfalls* soll sie auf den Wert 1 gesetzt werden.

Die Vokabel *andernfalls* deutet darauf hin (s. Abschnitt 18.2), dass hier eine Alternative einzusetzen ist. Es ergibt sich folgende Ereignisprozedur für das Timer-Ereignis (download: BSP22_02.VBP):

```
Private Sub Timer1_Timer()
If HScroll1.Value < 4 Then
    HScroll1.Value = HScroll1.Value + 1
                Else
    HScroll1.Value = 1
                End If
End Sub
```

Nun wandert der Regler der Scrollbar unverdrossen von links nach rechts, dann wieder von links nach rechts usw. und es gibt niemals eine Fehlermeldung.

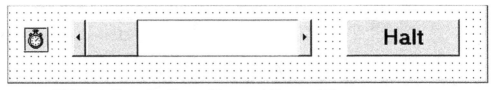

Bild 22.13: Timer, Scrollbar und Button mit HALT und WEITER

Wenn wir noch einen Button hinzufügen (Bild 22.13), dann können wir ihn so einrichten, dass er anfangs die Beschriftung HALT hat. Wird er angeklickt, dann soll *der Timer angehalten* werden und die Beschriftung des Buttons soll auf WEITER wechseln. Wird der Button dann wieder angeklickt, dann soll der Timer *wieder aktiv werden* und die Beschriftung des Buttons zurück auf HALT wechseln usw.

Sehen wir uns die Ereignisprozedur mit der programmierten *Alternative* an, die diese Aufgabe löst:

```
Private Sub Command1_Click()
If Command1.Caption = "Halt" Then
    Command1.Caption = "Weiter"
    Timer1.Enabled = False
                Else
    Command1.Caption = "Halt"
    Timer1.Enabled = True
                End If
End Sub
```

22.4   Simulation einer Verkehrsampel

Zuerst zeigt die Ampel *gelb* – Frühaufsteher wissen das. Dann kommt *Rot*, dann *Rot plus Gelb*, dann *Grün*, dann wieder *Gelb*. Das ist der Zyklus, den wir nun auf einer Benutzer-oberfläche nachbilden wollen.

Der Zyklus besteht aus vier Phasen, die sich wiederholen. Kurzes Nachdenken – das hatten wir doch eben schon einmal, da waren es die *vier Stellungen des Reglers*, die immer wiederkehrten. Da haben wir doch die richtige Idee: Wir verknüpfen die Stellungen des Reglers mit entsprechender Ampelanzeige:

Stellung 1: *Gelb*   Stellung 2: *Rot*   Stellung 3: *Rot plus Gelb*   Stellung 4: *Grün*

Setzen wir die Idee um. Zuerst brauchen wir eine *Ampel*. Die drei Lampen müssen auf einer Grundplatte befestigt werden. Dafür bietet sich ein Rahmen (Frame) ohne Beschriftung an. Für die drei runden Ampelaugen finden wir im Fenster der Werkzeugsammlung (Bild 22.14) das Symbol *Form* (Shape).

Bild 22.14: Frame und Shape für die Ampel

Der Rahmen wird auf das Formular gezogen, seine Beschriftung wird entfernt, die Farbe können wir wie vorgeschlagen grau lassen. Dann bereiten wir das erste Shape-Objekt vor. Zuerst ist es enttäuschend, da erscheint nämlich nur ein transparentes Rechteck auf dem Rahmen.

Eigenschaften - Shape1	
Shape1 Shape	
Alphabetisch	Nach Kategorien
(Name)	Shape1
BackColor	&H000000FF&
BackStyle	1 - Undurchsichtig
BorderColor	&H80000008&
BorderStyle	1 - Ausgefüllt
BorderWidth	1
DrawMode	13 - Stift kopieren
FillColor	&H00000000&
FillStyle	1 - Transparent
Height	1215
Index	
Left	120
Shape	3 - Kreis
Tag	
Top	240
Visible	True
Width	1935

Bild 22.15: Einstellung der Form Shape1 für das runde rote Ampelauge

Aber wenn wir in den Zeilen `BackColor`, `BackStyle` und `Shape` entsprechend Bild 22.15 einstellen, erhalten wir tatsächlich das rote Ampelauge.

Darunter wird in gleicher Weise das gelbe und das grüne Ampelauge auf den Rahmen gebracht. Was ist dann noch zu tun?

Nun, dann müssen wir erstens durch Eintrag von `False` in der Zeile `Visible` des roten Ampelauges `Shape1` und des grünen Ampelauges `Shape3` dafür sorgen, dass zu Beginn der Laufzeit, wenn sich der Regler der Scrollbar auf dem Wert 1 befindet, nur das gelbe Licht zu sehen ist.

Und anschließend müssen wir die *Ereignisprozedur zum Timer-Ereignis ergänzen*: Steht der Regler auf 2, dann muss *rot* zu sehen sein, steht der Regler auf 3, dann rot und gelb, hat der Regler die Vier erreicht, dann muss grün gezeigt werden, ist er danach wieder auf die Eins am linken Rand gesprungen, dann muss wieder gelb gezeigt werden (siehe im download: BSP22_03.VBP):

```
Private Sub Timer1_Timer()
If HScroll1.Value < 4 Then                 'Steuerung der Scrollbar
    HScroll1.Value = HScroll1.Value + 1
                      Else
    HScroll1.Value = 1
                  End If
If HScroll1.Value = 2 Then                      'Rot sichtbar
    Shape1.Visible = True
    Shape2.Visible = False
    Shape3.Visible = False
    End If
If HScroll1.Value = 3 Then           'Rot und Gelb sichtbar
    Shape1.Visible = True
    Shape2.Visible = True
    Shape3.Visible = False
    End If
If HScroll1.Value = 4 Then                  'Grün sichtbar
    Shape1.Visible = False
    Shape2.Visible = False
    Shape3.Visible = True
    End If
If HScroll1.Value = 1 Then                  'Gelb sichtbar
    Shape1.Visible = False
    Shape2.Visible = True
    Shape3.Visible = False
    End If
End Sub
```

23   Visual Basic for Applications: Excel-VBA

Navigator: Was bisher zu lesen war, was nun folgt:

 In den Kapiteln 14 bis 20 haben wir gelernt, wie – ausgehend von einem *Microsoft Office-Programm* (bei uns war es beispielhaft Excel, genauso gut hätten wir auch Word oder PowerPoint verwenden können) – eine *Benutzeroberfläche* vorbereitet und mit *Bedienelementen* versehen werden kann.

Durch Beschaffung der Rahmen und Programmierung von Inhalten von Ereignisprozeduren können wir anschließend dafür sorgen, dass bei bestimmten Nutzerhandlungen an bestimmten Bedienelementen bestimmte Reaktionen erfolgen.

Welche Ereignisse jeweils zu behandeln sind, ergibt sich aus der gestellten Programmieraufgabe. Haben wir die Aufgabe gelöst, dann liegt ihre Lösung (d. h. die vorbereitete Benutzeroberfläche) im Inneren einer Excel- (Word- oder PowerPoint-) Datei vor. So ist das Ergebnis unserer Arbeit weitergabefähig.

Wer mit unserer Benutzeroberfläche später arbeiten will, muss folglich unbedingt über das *von uns für die Programmentwicklung benutzte Office-Programm* verfügen und im *ersten Schritt* dieses Office-Programm starten.

Im *zweiten Schritt* muss der Nutzer die übergebene Excel- (Word- oder PowerPoint-) Datei öffnen. Im *dritten Schritt* muss er mit Hilfe der Tastenkombination $\boxed{\text{Alt}}$ + $\boxed{\text{F11}}$ den *Übergang zum angehängten VB-System* veranlassen.

Und erst im *vierten Schritt*, nach $\boxed{\text{F5}}$ (oder dem Klick auf das bekannte Dreieck) kann der Nutzer die *Benutzeroberfläche* tatsächlich *herstellen* lassen und dann mit ihr *arbeiten*.

Ziemlich umständlich, das alles. So scheint es. Vor allem im rückblickenden Vergleich, nachdem wir in den Kapiteln 21 und 22 das „reine" *Visual-Basic-Entwicklungssystem* aus dem *Visual Studio* kennen gelernt haben, das nicht nur eine wesentlich umfangreichere Palette an Bedienelementen anbietet, sondern das Ergebnis unserer Arbeit in Form einer *sofort ausführbaren* `exe`-Datei herstellt, die dann weitergegeben (oder sogar verkauft) werden kann. Der Nutzer braucht dann außer einem passenden *Betriebssystem* überhaupt kein weiteres Office-Programm mehr; die ausführbare Datei wird *in einem einzigen Schritt* unmittelbar gestartet, sofort ist die *Benutzeroberfläche* da, mit ihr kann gearbeitet werden.

Vier Nutzungsschritte im ersten Fall, *ein* einziger Nutzungsschritt im zweiten Fall.

Dazu im ersten Fall weiter der Zwang zum Vorhandensein des passenden Office-Programms beim Nutzer. Außerdem gibt es die *weitaus umfangreicheren Möglichkeiten* bei der Programmentwicklung mit Hilfe des *Visual Basic* des *Visual Studios* – wir lernten davon nur den *Timer* und die Menüs kennen.

Da sollten doch folgende *Fragen* gestattet sein: Warum hat Microsoft denn dann überhaupt dieses vergleichsweise leistungsschwache *Visual-Basic-System* an die drei Office-Programme angehängt?

Und warum haben wir uns solange damit aufgehalten, warum haben wir nicht gleich das bessere *Visual Basic* aus dem *Visual Studio* verwendet?

Beantworten wir die zweite Frage zuerst: Das hat ganz einfache ökonomische Gründe. Denn während *Microsoft Office* preiswert zu haben ist und wohl auf jedem privaten PC eines Studenten und in jedem Computer-Pool einer Hochschule vorhanden ist, ist das *Visual Studio* teuer und keinesfalls überall verfügbar. Zum Erlernen der Grundlagen aber reicht ein Office-VB-System völlig aus.

Microsoft aber hat unter dem Namen VBA (Visual Basic for Applications) das
VB-System an Excel, Word und PowerPoint angehängt, weil damit die Arbeit mit
diesen Office-Programmen *vereinfacht* und *komfortabler gestaltet* werden kann.
Das wollen wir jetzt kennen lernen.

23.1   Tabellen als visuelle Objekte

Wir wissen aus Abschnitt 15.1.2, worin sich ein *visuelles Objekt* von einem einfachen *Datenobjekt* unterscheidet: Der *Datenkern* ist verbunden mit einem *sichtbaren Teil*. Bisher
kannten wir als solche sichtbaren Teile nur das *Formular* (Hintergrund der Benutzeroberfläche) sowie die darauf platzierten *Bedienelemente*. Nun ergänzen wir: Auch *jede Tabelle
einer Excel-Arbeitsmappe* ist ein *sichtbarer Teil eines visuellen Objekts*. Folglich sollte es
möglich sein, Ereignisprozeduren auch für gewisse *Tabellenereignisse* schreiben zu können.

23.1.1   Ereignisprozeduren zu Tabellenereignissen

Wenn wir Excel starten, dann sehen wir eine *Arbeitsmappe* mit mehreren *Tabellen*. Jede
Tabelle besitzt an ihrem linken unteren Rand eine *Beschriftung*, anfangs steht dort immer
`Tabelle1`, `Tabelle2` usw.; wir können die Beschriftung jeder Tabelle durch Doppelklick ändern: Bild 23.1 zeigt eine Arbeitsmappe mit drei Tabellen (im download:
BSP23_01.XLS), deren Beschriftungen in ERSTE, ZWEITE und DRITTE verändert worden
sind.

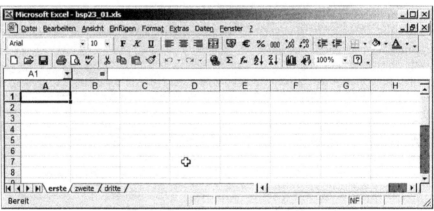

Bild 23.1: Excel-Arbeitsmappe mit drei Tabellen, veränderter Beschriftung

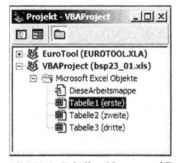

Bild 23.2: Tabellen-Namen und Beschriftungen im Projektexplorer

Wechseln wir nun mit $\boxed{\text{Alt}}$ + $\boxed{\text{F11}}$ zum Visual-Basic-System VBA, so sehen wir im Fenster des *Projektexplorers* (ggf. über ANSICHT→PROJEKT-EXPLORER beschaffen) die *Tabellen-Namen* Tabelle1, Tabelle2 usw., dahinter in Klammern die zugehörigen *Beschriftungen* (Bild 23.2).

DOWNLOAD   *Öffnen Sie die Seite http://www.w-g-m.de/basic.htm, wählen Sie dort*
Dateien für Kapitel 23, geben Sie Ihr Ziel ein. Danach erfolgt das Herunterladen der Datei
KAP23.ZIP *in den von Ihnen angegebenen Ordner. Durch Doppelklick auf den Dateinamen*
wird diese Datei extrahiert, und Sie erhalten im darunter befindlichen Ordner BEISPIELE
die Dateien BSP23_01.XLS *usw.*

Der *Doppelklick auf einen Tabellen-Namen* erzeugt ein Quelltext-Fenster für alle *Ereignisprozeduren zu Tabellen-Ereignissen* dieser Tabelle ; Bild 23.3 zeigt die drei (bisher leeren) Quelltext-Fenster für die Ereignisprozeduren zu den drei Tabellen; in ihren Fensterüberschriften enthalten sie die jeweiligen Tabellen-Namen.

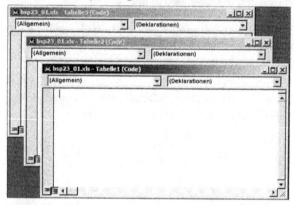

Bild 23.3: Leere Quelltextfenster für die Tabellen-Ereignisprozeduren

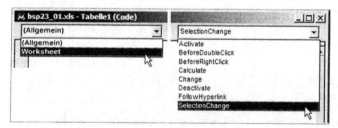

Bild 23.4: Tabellen-Ereignisse

Wird nun links oben das Fenster mit (Allgemein) geöffnet und dort Worksheet ausgewählt, dann kann rechts oben die *Liste der behandelbaren Tabellen-Ereignisse* geöffnet werden (Bild 23.4); bei Excel 2000 könnten also Ereignisprozeduren für *acht verschiedene Tabellen-Ereignisse* hergestellt werden, standardmäßig ist anfangs das Ereignis SelectionChange (Änderung der Selektion durch den Nutzer) eingestellt. Für die Ereignisprozedur zu diesem Ereignis gibt es auch schon (unaufgefordert) den Rahmen – mit leerem Inhalt. Den *Rahmen für eine Ereignisprozedur* zu einem der anderen sieben möglichen Ereignisse erhalten wir durch *Doppelklick* auf das jeweilige Ereignis.

23.1.2 Zwangsspeicherung bei Deaktivierung der Tabelle

Betrachten wir zuerst als Beispiel eine Ereignisprozedur zum Ereignis *Deaktivierung der Tabelle* – dieses Ereignis tritt immer dann ein, wenn der Excel-Nutzer eine andere Tabelle auswählt. Was soll dann passieren? Nun, dann soll beispielsweise automatisch und ohne Zutun des Nutzers stets die gesamte Arbeitsmappe gespeichert werden:

Der Doppelklick auf die Zeile `Deactivate` liefert uns den Rahmen, und der angegebene *Inhalt der Ereignisprozedur* veranlasst tatsächlich die *Zwangs-Speicherung* der gesamten Arbeitsmappe *bei jedem Verlassen der Tabelle*:

```
Private Sub Worksheet_Deactivate()
ActiveWorkbook.Save                    'Zwangsspeicherung
End Sub
```

23.1.3 Reaktionen auf Veränderung der Selektion in der Tabelle

Was macht ein Nutzer, wenn er mit einer Excel-Tabelle arbeitet? Er wählt aus (selektiert) – entweder nur eine einzelne Zelle, oder einen Bereich, oder eine ganze Spalte oder Zcile, oder das ganze Tabellenblatt.

Da wir zu dem Ereignis *Änderung der Selektion* (`SelectionChange`) ebenfalls eine Ereignisprozedur herstellen können, wäre es auch möglich, die *Zwangsspeicherung* sogar schon nach jeder *Bewegung* des Nutzers *in der Tabelle* zu erzwingen:

```
Private Sub Worksheet_SelectionChange(
                         ByVal Target As Range)
ActiveWorkbook.Save                    'Zwangsspeicherung
End Sub
```

Jede Selektion durch den Nutzer führt, jeder Excel-Kundige weiß das, stets zu einem markierten Tabellen-Bereich. Dieser Bereich selbst ist wieder sichtbarer Teil eines visuellen Objekts; wir können uns beispielsweise mit dem folgenden Inhalt der Ereignisprozedur zum Ereignis *Änderung der Selektion* anzeigen lassen, was der Nutzer selektiert hat:

```
Private Sub Worksheet_SelectionChange(
                         ByVal Target As Range)
MsgBox ("Ausgewählt ist der Bereich"+ Selection.Address)
End Sub
```

Bild 23.5 zeigt die Mitteilung, wenn ein Rechteckbereich selektiert wurde.

Wollen wir beispielsweise dafür sorgen, dass der vom Nutzer selektierte Bereich automatisch rot eingefärbt wird, dann können wir dies mit folgendem Inhalt der Ereignisprozedur zum Ereignis *Änderung der Selektion in Tabelle1* erreichen:

```
Private Sub Worksheet_SelectionChange(
                         ByVal Target As Range)
Selection.Interior.ColorIndex = 3
End Sub
```

Wer sich jetzt verzweifelt fragt, woher man eigentlich erfährt, welcher Basic-Befehl für welche Tabellenwirkung einzutragen ist – eine absolut verständliche Frage – der möge schon einmal in dem Abschnitt 23.3.6 (Makro als Textlieferant) auf Seite 336 nachschlagen.

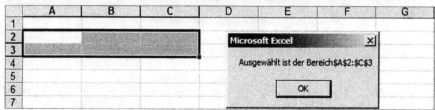

Bild 23.5: Mitteilungen über die Art der Selektion durch den Nutzer

23.1.4 Benutzeroberfläche vor einer Tabelle

Wer Ahnung hat und gute Augen, der kann natürlich vieles, was er so möchte, mit Hilfe seiner Excel-Kenntnisse durch *Eintragen von Daten und Formeln* in die *Zellen der Tabelle* erreichen. Klar.

Aber müssen wir jede Hilfskraft zu einem teuren Excel-Lehrgang schicken, bloß um ein paar Daten zu erfassen und auszuwerten? Für sie können wir nämlich mit Hilfe von VBA eine einfache, ihren Fähigkeiten angepasste *Benutzeroberfläche* vor die Tabelle legen.

Zum Beispiel dadurch, dass wir nach Übergang zum Visual-Basic-System mit $\boxed{\text{Alt}} + \boxed{\text{F11}}$ zuerst mittels EINFÜGEN→ USERFORM eine Benutzeroberfläche vorbereiten, die dann mit Hilfe ihres Eigenschaftsfensters eingerichtet wird und auf der dann ggf. die notwendigen Bedienelemente platziert werden. Der Projekt-Explorer informiert uns dann über den Namen der Benutzeroberfläche: USERFORM1.

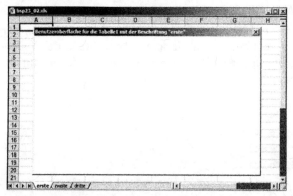

Bild 23.6: Benutzeroberfläche vor der Tabelle

Die folgende Ereignisprozedur zum Tabellen-Ereignis *Aktivierung von Tabelle1* sorgt dann dafür, dass jedes Mal, wenn der Nutzer die Tabelle auswählt, automatisch die vorbereitete Benutzeroberfläche vor die Tabelle gelegt wird (Bild 23.6, im download: BSP23_02.XLS):

```
Private Sub Worksheet_Activate()
UserForm1.Show
End Sub
```

23.1.5   Datentransport von der Benutzeroberfläche in die Tabelle

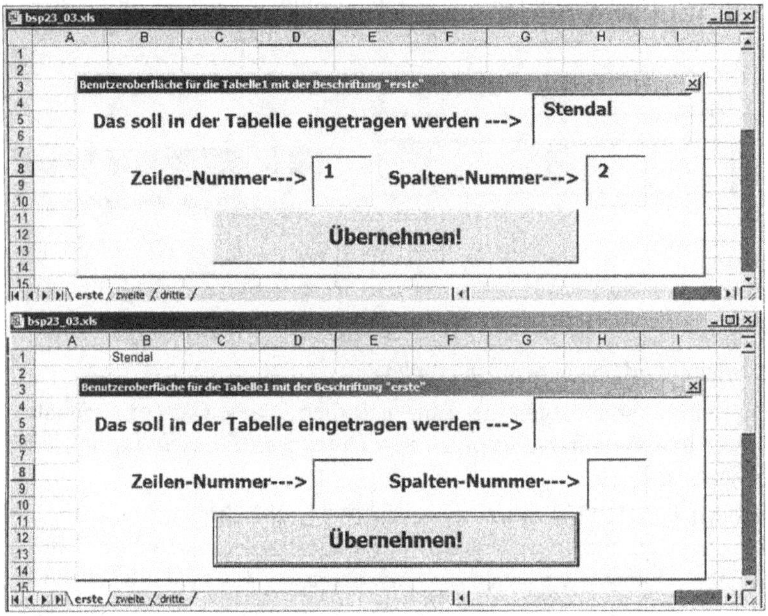

Bild 23.7: Von der Benutzeroberfläche in die Tabelle

Unsere Benutzeroberfläche (download: BSP23_03.XLS) enthalte nun *drei Textfenster* zur *Eingabe* des Wertes, der in die Tabelle übertragen werden soll, sowie für die Nummern von *Zeile* und *Spalte* der Ziel-Zelle in der Tabelle (hier ist also nicht der Spalten-*Buchstabe*, sondern die Spalten-*Nummer* anzugeben).

Die nun angegebene Ereignisprozedur zum Ereignis *Klick auf den Button* sorgt dafür, dass der Inhalt des obersten Textfensters an die angegebene Stelle der Tabelle kommt (siehe Bild 23.7) und anschließend die drei Textfenster geleert (d. h. mit dem leeren String überschrieben) werden:

```
Option Explicit
Private Sub CommandButton1_Click()
Dim znr As Integer, snr As Integer
znr = Val(TextBox2.Text)
snr = Val(TextBox3.Text)
Sheets("erste").Cells(znr,snr).Value =TextBox1.Text
TextBox1.Text = ""
TextBox2.Text = ""
TextBox3.Text = ""
End Sub
```

Die sechste Zeile enthält den interessanten *Transportbefehl*. Auf seiner linken, der Zielseite muss hinter Sheets zuerst in Anführungszeichen die *Beschriftung* der Ziel-Tabelle angegeben, und hinter Cells müssen dann *Zeilen- und Spalten-Nummer der Zielzelle* eingetragen werden, durch Komma getrennt.

23.1.6   Datentransport von der Tabelle in die Benutzeroberfläche

Dazu müssen im *Transportbefehl* lediglich Quelle und Ziel vertauscht werden:

```
TextBox1.Text = Sheets("erste").Cells(znr, snr).Value
```

Im Beispiel (download: BSP23_04.XLS) sind einige Zellen der Tabelle bereits belegt, nach Eingabe von Zeilen- und Spaltennummer erscheint dann bei Klick auf den Button im Textfenster der Zelleninhalt (Bild 23.8).

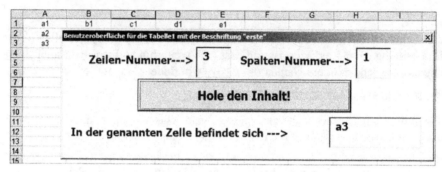

Bild 23.8: Transport aus der Tabelle in die Benutzeroberfläche

23.2   Arbeitsmappe als visuelles Objekt

23.2.1   Rahmen von Ereignisprozeduren für Mappen-Ereignisse

Auch die *gesamte Excel-Arbeitsmappe* ist der sichtbare Teil eines visuellen Objekts: Der Doppelklick im Projektexplorer auf DIESE ARBEITSMAPPE öffnet das *Quelltextfenster für alle Ereignisprozeduren zu Mappen-Ereignissen.*

Wird dort links Workbook eingestellt, kann rechts oben die Liste aller behandelbaren *Mappen-Ereignisse* geöffnet werden (Bild 23.9). Excel 2000 bietet immerhin schon die Möglichkeit, Reaktionen auf *zwanzig verschiedene Mappen-Ereignisse* programmieren zu können.

Unaufgefordert wird standardmäßig sofort ein leerer Rahmen für die Ereignisprozedur zum Ereignis *Mappe wird geöffnet* (Open) bereitgestellt.

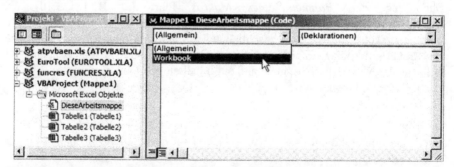

Bild 23.9: Der Weg zu Rahmen für Mappen-Ereignisprozeduren

23.2.2   Anwendung: Starteinstellungen

Mit Hilfe der Ereignisprozedur zum Ereignis *Mappe wird geöffnet* kann eine *automatische Starteinstellung* erzeugt werden. So sorgen die beiden Befehle im Inneren der Ereignisprozedur

```
Private Sub Workbook_Open()
Sheets("erste").Activate
UserForm1.Show
End Sub
```

dafür, dass beim Öffnen der Datei (im download: BSP23_05.XLS) stets die Tabelle mit der Beschriftung erste aktiviert ist und dass sich weiterhin sofort *vor* dieser Tabelle die Benutzeroberfläche mit dem Namen UserForm1 befindet.

23.2.3   Anwendung: Schutz der Tabellendaten

Wenn die Benutzeroberfläche groß genug eingerichtet ist, dann kann auf diese Weise der *direkte Zugriff eines Nutzers auf die Daten der Tabelle* verhindert werden.

Perfektioniert wird das dann noch, wenn weiter bei jedem unerlaubten Versuch des Nutzers, die schützende Benutzeroberfläche zu schließen, um an die Daten heranzukommen, in einer *Ereignisprozedur* zum Formularereignis *Beenden* ein *Zwangsspeichern* und *Zwangsschließen der Datei* programmiert wird:

```
Private Sub UserForm_Terminate()
ActiveWorkbook.Save
ActiveWorkbook.Close
End Sub
```

23.3   Makros

Ein *Makro* hat, genauso wie die bisher betrachteten Ereignisprozeduren, einen *Rahmen* und einen *Inhalt*. Der Rahmen wird technologisch erzeugt, die Befehle im Inhalt können geschrieben werden.

23.3.1   Rahmen beschaffen, Inhalt schreiben

Der Weg zum *Rahmen eines Makros* führt (s. Bild 23.10) über EXTRAS→MAKRO→MAKROS zum Fenster mit der Überschrift MAKRO; dort muss der *Makroname* eingetragen werden, anschließend ist auf den Button mit der Beschriftung ERSTELLEN zu klicken. Es öffnet sich das Quelltextfenster mit eingetragener Kopf- und Fußzeile des Makrorahmens, nun kann ein Inhalt eingetragen werden:

```
Sub Erstes_Makro()
MsgBox ("Hallo")
End Sub
```

Ein anderer Inhalt könnte beispielsweise schon aus dem *Befehl zur Speicherung* bestehen:

```
ActiveWorkbook.Save
```

Denken wir hier wieder an einen Nutzer, der nicht viel Ahnung von Excel hat. Er braucht nun gar nicht mehr zu wissen, wie man in Excel das Speichern veranlasst, sondern er muss lediglich das von uns für ihn vorbereitete Makro *ausführen lassen*. Was muss er dafür tun?

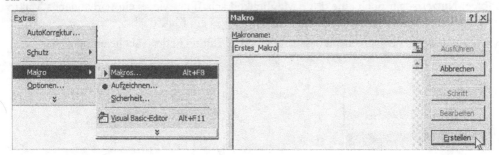

Bild 23.10: Beschaffung des Makro-Rahmens

23.3.2 Ausführung eines Makros

Ein Makro bringt man mittels EXTRAS→MAKRO→MAKROS und anschließendem *Doppelklick auf den Makronamen* zur Ausführung, man *startet* damit das Makro, die Befehle im Inneren des Makros werden nacheinander abgearbeitet. Zugegeben, das ist ziemlich umständlich, und noch ist die *Vereinfachung der Bedienbarkeit von Excel mit Hilfe von Makros* keinesfalls überzeugend dargelegt. Es gibt Besseres.

23.3.3 Makrostart mittels Tastenkombination

Stellt man nach EXTRAS→MAKRO→MAKROS den Namen des Makros ein und klickt auf Optionen, dann kann, wie in Bild 23.11 zu erkennen ist, eine *Tastenkombination* festgelegt werden, mit deren Hilfe dann ein *Schnellstart des Makros* erfolgen kann. Üblich sind Großbuchstaben. Im Beispiel (download: BSP23_06.XLS) ist das große U gewählt worden, so dass das Makro also nun auf zwei Arten gestartet werden kann: Ziemlich umständlich mittels EXTRAS→MAKRO→MAKROS und anschließendem Doppelklick auf den Makronamen oder *bequemer* durch die *Tastenkombination* (Strg + Umschalt)+ u .

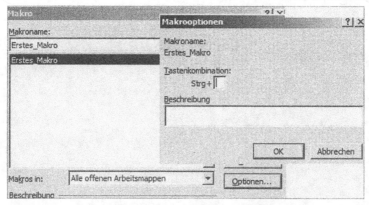

Bild 23.11: Tastenkombination für Makrostart festlegen

23.3.4   Makrostart durch Button in der Tabelle

Wenn der Excel-Nutzer die *Tastenkombinationen zum Start der vorhandenen Makros* alle auswendig weiß, dann könnten wir das Kapitel hier abschließen. Aber – wir können dem Excel-Nutzer sogar noch eine dritte Möglichkeit schaffen, wie er ein vorhandenes Makro starten kann, ohne überhaupt wissen zu müssen, was ein Makro ist.

Wir können einen entsprechend beschrifteten Start-Button in der Tabelle einrichten.

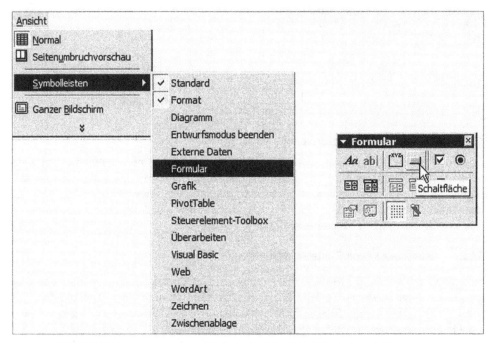

Bild 23.12: Formularfenster anfordern, Button (Schaltfläche) auswählen

Bild 23.13: Makro zuweisen

Dazu wählen wir zuerst diejenige Tabelle der Arbeitsmappe aus, in die der Button einge-bettet werden soll.

Anschließend beschaffen wir uns über ANSICHT→SYMBOLLEISTEN→FORMULAR das *Formular-Fenster*, in dem wir dann das Symbol für den *Button* (Schaltfläche) anklicken können (Bild 23.12).

In dem Moment, indem wir den Button (er trägt anfangs die Beschriftung SCHALT-FLÄCHE 1) in der Tabelle aufziehen, erscheint das Fenster mit der Überschrift MAKRO ZUWEISEN (Bild 23.13); es enthält die Namen aller bisher vorhandenen Makros.

Haben wir zum Button das *passende Makro* ausgewählt, anschließend über rechte Maustas-te→TEXT BEARBEITEN und rechte Maustaste→BEDIENELEMENT FORMATIEREN Beschrif-tung und Gestaltung des Buttons den Kenntnissen und Fähigkeiten des Excel-Nutzers ange-passt – dann erfolgt beim *Klick auf den Button* die *Ausführung des Makros* (im download: BSP23_07.XLS).

23.3.5   Aufzeichnung eines Makros

Kundige Leserinnen und Leser, deren Excel-Kenntnisse über die elementare Tabellenarbeit hinausreichen, werden die vorigen vier Abschnitte 23.3.1 bis 23.3.4 möglicherweise mit Verwunderung gelesen haben – sie haben unter der Überschrift *Makro* vielleicht etwas ganz Anderes kennen gelernt.

Das wollen wir jetzt natürlich nachholen: Ein *Makro* kann *geschrieben* (programmiert) werden, es kann aber auch entstehen durch *Aufzeichnung einer Folge von Bedienhandlun-gen*. Wird ein solches *Aufzeichnungs-Makro* ausgeführt (gestartet), dann wird automatisch die dort gespeicherte Folge von Bedienhandlungen wiederholt. So können wir einem Excel-Nutzer die Arbeit sehr erleichtern – für oft zu wiederholende Routine-Bedienhandlungs-Folgen stellen wir ihm ein Makro zur Verfügung.

Als Beispiel wollen wir uns vorstellen, dass ein Nutzer oft die Folge der Bedienhandlun-gen *Selektion der ganzen Tabelle →alles löschen→Zelle A1 auswählen* vorzunehmen hät-te. Drei Bedienhandlungen, würde sie der Nutzer einzeln vornehmen, braucht er dies-bezügliche Kenntnisse und immer wieder wertvolle Zeit.

Sorgen wir also dafür, dass ihm das Leben leichter gemacht wird – bereiten wir ihm dafür ein *Makro* vor: Zuerst müssen *die aufzuzeichnenden Bedienhandlungen trainiert werden*: Mausklick auf die Schaltfläche über der 1 und links neben A (damit ist die ganze Tabelle selektiert), dann BEARBEITEN→LÖSCHEN→INHALTE, Mausklick auf A1. Dann wählen wir EXTRAS→MAKRO→AUFZEICHNEN. In dem Fenster MAKRO AUFZEICHNEN, das dann er-scheint (Bild 23.14), sollten wir den vorgeschlagenen Namen `Makro1` in einen sinnvollen Namen ändern, hier würde sich `Loesche_alles` anbieten.

Dann beginnt die *Aufzeichnung*, und wir führen langsam und konzentriert die vorher gut trainierte Folge von Bedienhandlungen aus.

Mit EXTRAS →MAKRO →AUFZEICHNUNG BEENDEN schließen wir die Aufzeichnung ab. Zur Kontrolle, ob das aufgezeichnete Makro tatsächlich die gewünschte Wirkung hat, las-sen wir das Makro mittels EXTRAS→MAKRO→ MAKROS und anschließendem *Doppel-klick auf den Makronamen* ausführen.

Arbeitet das Makro *korrekt*, dann kann es schließlich mit einem *Button in der Tabelle* verbunden werden (siehe Abschnitt 23.3.4, download: BSP23_08.XLS). Arbeitet das Makro *nicht korrekt*, dann sollte es über EXTRAS→ MAKRO → MAKROS→Makroname auswählen→LÖSCHEN gelöscht und noch einmal konzentriert aufgezeichnet werden.

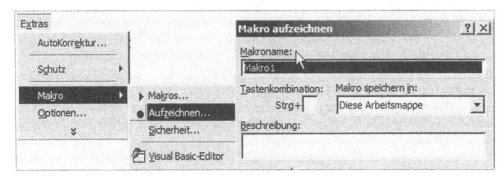

Bild 23.14: Vorbereitung zur Aufzeichnung eines Makros

23.3.6 Makro als Quelltextlieferant

Der *Basic-Text jedes Makros* kann *angesehen* (und damit *be- und verarbeitet*) werden: Mit EXTRAS→MAKRO→MAKROS→Makroname auswählen→BEARBEITEN erhalten wir den *Quelltext des Makros*. Sehen wir uns den Quelltext des soeben aufgezeichnete Makros an:

```
Sub Loesche_alles()
'
' Loesche_alles Makro
'
    Cells.Select
    Selection.ClearContents
    Range("A1").Select
End Sub
```

Nicht eine einzige der acht Zeilen brauchten wir selbst zu schreiben. Der *Rahmen* (Kopf- und Fußzeile) entstand automatisch aus unserem vorgegebenen Makro-Namen. Ebenso die Kommentarzeilen. Interessant sind eigentlich nur die drei Zeilen

```
    Cells.Select
    Selection.ClearContents
    Range("A1").Select
```

Denn sie informieren uns der Reihe nach, wie die VBA-Befehle lauten, mit denen die gesamte Tabelle selektiert wird, der Inhalt einer Selektion gelöscht wird, und schließlich die Zelle A1 ausgewählt wird.

Damit aber haben wir die Frage grundsätzlich beantwortet, die am Ende des Abschnitts 23.1.3 auf Seite 328 gestellt wurde: Woher erfahren wir, welchen *Befehl* wir in ein selbst geschriebenes Makro eintragen müssen, um eine bestimmte *Tabellenwirkung* zu erzielen? Die Antwort lautet also: Wir müssen die entsprechende(n) Bedienhandlung(en) erst *trainieren* und dann *in einem Makro aufzeichnen*. Dem Quelltext des aufgezeichneten Makros können wir dann die gesuchten VBA-Befehle entnehmen.

24 Visual Basic for Applications: Word-VBA

Navigator: Was bisher zu lesen war, was nun folgt:

 Im vorigen Kapitel haben wir erfahren, warum Microsoft an sein Office-Programm Excel ein *Visual-Basic-System* anfügte – das wurde nicht etwa getan, um Anfängern eine preiswerte Entwicklungsumgebung für ihre Basic- und Visual-Basic-Grundausbildung zu geben.

Wenn wir es zuerst trotzdem auch dafür nutzten. Wie wir in den Abschnitten des vorigen Kapitels lernten, können wir nämlich mit Hilfe von *Ereignisprozeduren zu Tabellen- und Mappen-Ereignissen*, mit geschriebenen oder aufgezeichneten *Makros* und vor allem mit geeigneten *Benutzeroberflächen* die Arbeit mit Daten in Excel-Tabellen so vereinfachen, daß sie dann durchaus für Nutzer ohne Excel-Spezialkenntnisse möglich wird.

Gleiches gilt auch für Word. Natürlich, Word-Spezialisten haben es nicht nötig, aber auch hier gilt: Es ist einfacher (und billiger), die Möglichkeiten des Word-VBA zu nutzen, als jede Hilfskraft zu einem Word-Lehrgang zu schicken. Zwei Beispiele sollen das illustrieren.

24.1 Rationalisierung im Schreibbüro

Stellen wir uns ein Schreibbüro vor: Hier sind offenbar in kurzer Zeit verschiedenartigste Dokumente herzustellen, nehmen wir als Beispiel nur eine *Einladung zu einer Besprechung*, einen *Aushang*, einen *Privatbrief*. Die Einladung im Hochformat, mit Zeit und Ort und Tagesordnung, der Aushang im Querformat, mit großen Buchstaben, zentriert, der Privatbrief mit kleiner Schrift, kursiv.

Natürlich, jede Schreibkraft, sofern sie Word beherrscht, kann das gewünschte Dokument zuerst im Rohtext schreiben, dann durch entsprechende *Bedienhandlungen* gestalten. Doch das braucht seine Zeit. Üblich ist es, stattdessen rationeller mit *Vorlagen* zu arbeiten.

24.1.1 Vorlagen und ihre Herstellung

Eine *Word-Vorlage* wird in einer DOT-Datei abgespeichert. Sie enthält bereits die wesentlichen Gestaltungs-Eigenschaften des späteren Dokuments – Ränder, Format, Layout, Schriftart und –größe usw. Zur *Herstellung einer Vorlage* wird Word gestartet, dann wird DATEI→NEU gewählt. Anschließend ist ein- oder zweimal (je nach Word-Version) einzustellen, dass eine *neue Vorlage* angefertigt werden soll. Bild 24.1 zeigt Word 2002.

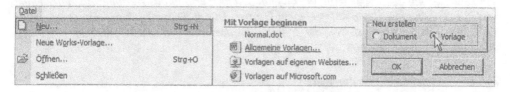

Bild 24.1: Vorbereitungen zur Herstellung einer Vorlage

Danach erscheint das übliche leere, weiße Word-Blatt- nur trägt das Fenster nun anstelle der üblichen Überschrift Dokument1 - Microsoft Word jetzt die Überschrift Vorlage1 - Microsoft Word. Daran erkennen wir, dass wir tatsächlich eine *Vorlage* vorbereiten.

Nun wird die Vorlage geschrieben und gestaltet; Bild 24.2 zeigt eine mögliche *Vorlage für einen Aushang.*

Wenn wir mit Datei→Speichern unter das Sichern der Vorlage unter einem von uns gewählten Namen veranlassen wollen, bietet uns Word im Regelfall ein spezielles, tief liegendes Verzeichnis C:\...\...\...\Microsoft\Vorlagen an, in dem sich bereits andere Vorlagen (von Word mitgeliefert) befinden. Es spricht nichts dagegen, unsere Vorlage dort abzulegen – für Übungszwecke allerdings sollten wir einen leichter zu findenden Ordner wählen.

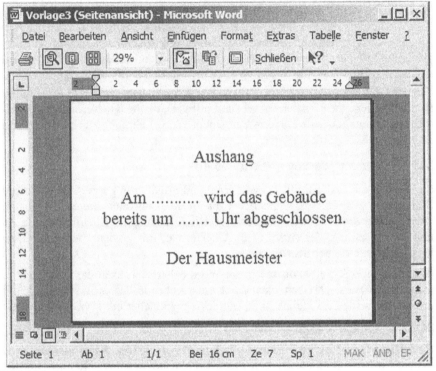

Bild 24.2: Vorlage für einen Aushang

DOWNLOAD   *Öffnen Sie die Seite http://www.w-g-m.de/basic.htm, wählen Sie dort Dateien für Kapitel 24, geben Sie Ihr Ziel ein. Danach erfolgt das Herunterladen der Datei* KAP24.ZIP *in den von Ihnen angegebenen Ordner. Durch Doppelklick auf den Dateinamen wird diese Datei extrahiert, und Sie erhalten im darunter befindlichen Ordner* BEISPIELE *die Dateien* EINLADUNG.DOT, AUSHANG.DOT *usw.*

24.1.2   Verwendung von Vorlagen

Bild 24.3 zeigt die drei DOT-Dateien (im download verfügbar), die entsprechende Vorlagen enthalten. Doch nun kommt wieder die Stelle, wo viel Wissen (diesmal über das Betriebssystem) verlangt wird: Durch *Doppelklick auf den Dateinamen* wird eine *Kopie der Vorlage* zur weiteren Bearbeitung angefordert.

Bild 24.4 zeigt, woran man erkennen kann, dass es sich um eine *Kopie der Vorlage* handelt – das Word-Fenster trägt nun die Überschrift DOKUMENT1 – MICROSOFT WORD.

Die *Kopie der Vorlage*, die bereits die wesentlichen Eigenschaften des herzustellenden Dokuments besitzt, kann nun vervollständigt werden, dann wird sie als DOC-Datei abgespeichert und gedruckt.

Ist am nächsten Tag im Schreibbüro wieder ein Aushang anzufertigen, reicht ein erneuter *Doppelklick auf den Dateinamen* der Datei AUSHANG.DOT aus, eine *neue Kopie* der darin enthaltenen Vorlage erscheint und kann bearbeitet werden.

Name ▲	Größe	Typ
📄 Einladung.dot	24 KB	Microsoft Word-Vorlage
📄 Aushang.dot	24 KB	Microsoft Word-Vorlage
📄 Privat.dot	24 KB	Microsoft Word-Vorlage

Bild 24.3: Drei Vorlagen-Dateien im Ordner

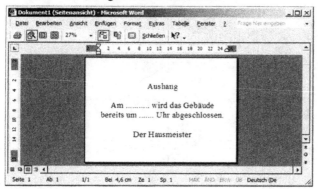

Bild 24.4: Eine Kopie der Vorlage steht zur Verwendung bereit

Nur – es erhebt sich die Frage, ob jede Schreibkraft in einem Schreibbüro wissen muss, wie man sich in einem Windows-Betriebssystem durch die Ordner-Hierarchien bewegen muss, um an den *passenden Dateinamen* der DOT-Datei mit der Vorlage heranzukommen. Das sollten wir ihm oder ihr abnehmen, dazu gibt es schließlich das *Word-VBA*.

Wir wollen nun kennen lernen, wie wir mit Hilfe einer Benutzeroberfläche das *Anfordern der jeweiligen Kopie* extrem vereinfachen können.

24.1.3 Benutzeroberfläche herstellen

Mit Alt + F11 wechseln wir zum Word-VBA-System, anschließend achten wir darauf, dass im Projektexplorer die Zeile `This Document` unter `Normal` ausgewählt ist (Bild 24.5). Danach können wir wie üblich über EINFÜGEN→USERFORM unser Formular als Hintergrund der Benutzeroberfläche anfordern und mit dem Eigenschaftsfenster gestalten.

Bild 24.6 zeigt unsere Benutzeroberfläche mit drei Buttons, deren Beschriftungen auf das jeweils anzufertigende Dokument hindeutet.

Zwei Aufgaben sind zu lösen: Zuerst sind die drei Ereignisprozeduren für die Ereignisse *Klick auf den Button* zu schreiben und zu testen.

Hier ist die erste Ereignisprozedur, die dafür sorgt, dass beim Klick auf den obersten Button eine Kopie der Vorlage aus der Datei AUSHANG.DOT zur weiteren Bearbeitung bereitgestellt wird:

```
Private Sub CommandButton1_Click()
Application.Documents.Add Template:="C:\...\aushang.dot"
Unload Me
End Sub
```

Hier sind das Leerzeichen hinter Add und das bisher nicht erlebte Zeichen := hinter Template zu beachten. Anstelle der drei Punkte ... muss natürlich der *richtige Pfad* zur DOT-Datei eingetragen werden – damit übernehmen wir mit unserer Programmierung der Ereignisprozedur das, was die Word-Schreibkraft ursprünglich machen sollte. Sie wird uns dankbar sein. Und wenn man weiß, dass die englische Vokabel Template nichts anderes als Vorlage bedeutet, dann kann man den VBA-Befehl auch problemlos verstehen.

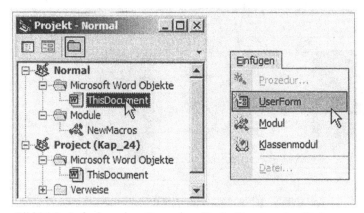

Bild 24.5: Anfordern eines Formulars für die Benutzeroberfläche

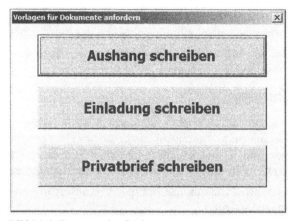

Bild 24.6: Benutzeroberfläche

Die beiden anderen Ereignisprozeduren unterscheiden sich nur im Namen der verwendeten DOT-Datei. Mit $\boxed{\text{F5}}$ kann nun getestet werden, ob tatsächlich beim Klick auf den Button eine Kopie der richtigen Vorlage zur weiteren Bearbeitung erscheint. Die häufigste Fehlerquelle ist hierbei die Pfad-Angabe.

24.1.4 Benutzeroberfläche mittels Makro anfordern

Ist die Benutzeroberfläche auf dem Bildschirm sichtbar, dann sind keinerlei Word-Spezialkenntnisse mehr nötig, der Klick auf den passend beschrifteten Button erledigt alles. Doch wie können wir dafür sorgen, dass die Benutzeroberfläche sichtbar wird?

Wir können dafür ein *Makro* schreiben: Mit EXTRAS→MAKRO→MAKROS→Name eintragen→ ERSTELLEN erhalten wir den *Rahmen des Makros*, und als Inhalt tragen wir nur den bekannten VBA-Befehl ein, dass die Benutzeroberfläche gezeigt werden soll:

```
Sub Benutzeroberflaeche_anfordern()
UserForm1.Show
End Sub
```

Doch nützt uns das wirklich etwas? Nun muss die Schreibkraft wieder wissen, *wie ein Makro gestartet* wird. Das können wir nicht voraussetzen. Also müssen wir weitermachen. Zum Beispiel, indem wir für das Anfordern eine der Benutzeroberfläche eine *Tastenkombination* in folgender Weise festlegen: EXTRAS→ANPASSEN→TASTATUR→im Fenster KATEGORIE die zeile MAKROS auswählen→im Fenster MAKROS den Makronamen einstellen→Tastaturkombination eintragen.

24.1.5 Benutzeroberfläche automatisch starten

Wenn wir über EXTRAS→MAKRO→MAKROS→Name autoexec eintragen→ ERSTELLEN den Rahmen eines Makros mit dem speziellen Namen autoexec erzeugen lassen, und dort als Inhalt wieder den VBA-Befehl zur Anforderung der Benutzeroberfläche eintragen,

```
Sub autoexec()
UserForm1.Show
End Sub
```

dann bewirkt dieses Makro, dass *bei jedem Start von Word* sofort automatisch unsere Benutzeroberfläche erscheint. Was wollen wir mehr?

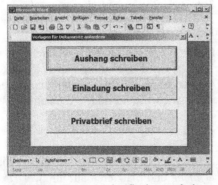

Bild 24.7: Benutzeroberfläche erscheint automatisch bei Word-Start

24.2   Angebotsbriefe

Der Kunde sitzt dem Autohändler gegenüber. Man klärt die Details, während des Gesprächs bedient der Händler nebenbei eine *Benutzeroberfläche*, stellt ein, wählt aus, tippt vielleicht auch etwas ein. Aber nur wenig.

Am Ende der Verhandlung klickt der Autohändler auf einen *Button*, und aus dem Drucker quillt ein formvollendeter *Angebotsbrief*, dieser wird dem Kunden überreicht. Er enthält alles, was im Gespräch festgelegt worden war.

Nicht nur beim Autohändler erleben wir so etwas, auch Handwerker erstellen so ihre Angebote, schreiben also die kompletten Angebots-Briefe keinesfalls selbst, sondern nutzen (unbewusst) dafür Word-VBA. Wir wollen nun kennen lernen, wie aus dem *Inhalt einer Benutzeroberfläche* solch ein Brief werden kann. Es ist nicht schwer.

Dazu müssen wir allerdings zuerst den Begriff der *Vorlage mit Textmarken* kennen lernen.

24.2.1   Vorlagen mit Textmarken

Eine Textmarke wird in einer Vorlage an der Stelle eingefügt, an der später eine bestimmte Angabe erscheinen soll. Wir beginnen also, wie in Abschnitt 24.1.1 auf Seite 337 beschrieben wurde, mit der *Herstellung einer Vorlage*, die später als DOT-Datei mit dem Namen MARKEN.DOT gespeichert werden soll (im download: MARKEN.DOT). Sie soll, wie Bild 24.8 zeigt, *vier Textmarken* mit den Namen t1 bis t4 enthalten.

Bild 24.8: Vorlage mit vier Textmarken

Leider werden die Namen der Textmarken nicht gezeigt, immerhin können wir aber bei Extras→Optionen einstellen, dass wir die Stellen der Textmarken angezeigt bekommen. Bild 24.9 zeigt das Vorgehen, wie eine Textmarke mit einem bestimmten Namen in die Vorlage eingefügt werden kann. Anschließend wird die Vorlage gespeichert, Word geschlossen.

24.2.2   Transport an eine Textmarke

Starten wir Word wieder, wechseln mit $\boxed{\text{Alt}}$ + $\boxed{\text{F11}}$ zum Word-VBA, erzeugen wie in Abschnitt 24.1.3 beschrieben eine *Benutzeroberfläche* und platzieren auf ihr *zwei Textfenster*, einen *Rahmen mit zwei Optionsbuttons* und eine *Liste* sowie einen *Button* (Bild 24.10).

Die Liste wird dabei wieder über eine Ereignisprozedur zum Ereignis *Aktivierung des Formulars* (siehe Abschnitt 16.1.2 auf Seite 222) mit dem angegebenen Inhalt versehen.

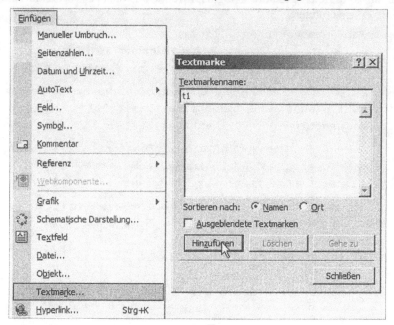

Bild 24.9: Einfügen einer Textmarke in eine Vorlage

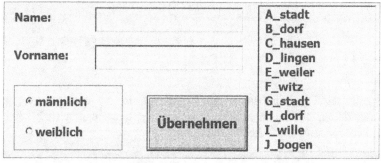

Bild 24.10: Benutzeroberfläche

Um die Benutzeroberfläche anzufordern, schreiben wir am besten wieder ein Makro und legen für dessen Start eine *Tastenkombination* fest.

Nun wird es interessant: Die Ereignisprozedur zum Ereignis *Klick auf den Button* mit der Beschriftung *Übernehmen* soll fünf Aufgaben lösen:

• Es soll eine *Kopie* der *Vorlage mit den Textmarken* angefordert werden.

• Der Inhalt des *ersten Textfensters* soll bei der *ersten Textmarke* erscheinen.

• Der Inhalt des *zweiten Textfensters* soll bei der *zweiten Textmarke* erscheinen.

• Je nach Belegung der Optionsbuttons soll an die Stelle der *dritten Textmarke* „Herr" oder „Frau" geschrieben werden.

• Die markierte *Zeile der Liste* soll an die *vierte Textmarke* geschrieben werden.

Sehen wir uns die gleich gesamte Ereignisprozedur an; die VBA-Befehle sind jeweils durch Kommentare erläutert.

```
Private Sub CommandButton1_Click()
                                'Anforderung der Kopie der Vorlage
Application.Documents.Add Template:="C:\...\marken.dot"

                    'Transport oberes Textfenster -> Textmarke t1
Selection.GoTo What:=wdGoToBookmark, Name:="t1"
Selection.InsertAfter Text:=TextBox1.Text

                    'Transport unteres Textfenster -> Textmarke t2
Selection.GoTo What:=wdGoToBookmark, Name:="t2"
Selection.InsertAfter Text:=TextBox2.Text

                            'Belegung der dritten Textmarke
Selection.GoTo What:=wdGoToBookmark, Name:="t3"
If OptionButton1.Value = True Then
     Selection.InsertAfter Text:="Herr"
                          Else
     Selection.InsertAfter Text:="Frau"
                        End If

                        'Listenzeile --> vierte Textmarke
Selection.GoTo What:=wdGoToBookmark, Name:="t4"
Selection.InsertAfter Text:=ListBox1.List(ListBox1.ListIndex)

                        'Benutzeroberfläche wird gelöscht
Unload Me
End Sub
```

Bild 24.11 zeigt das Ergebnis: Es werden tatsächlich die gewünschten Angaben an die passenden Positionen übernommen. Damit haben wir einen ersten Einblick in das Geheimnis der *rechnergestützten Angebotserstellung* erhalten.

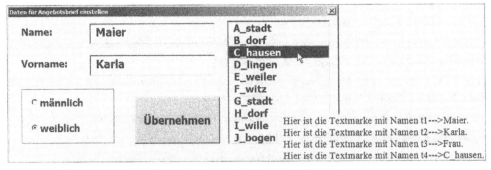

Bild 24.11: Eingestellte Einträge und erhaltenes Dokument

A   Anhang A: Übungen

A.2   Übungen zu Kapitel 2

DOWNLOAD   *Öffnen Sie die Seite http://www.w-g-m.de/basic.htm, wählen Sie dort Dateien für Kapitel 2, geben Sie Ihr Ziel ein. Danach erfolgt das Herunterladen der Datei KAP02.ZIP in den von Ihnen angegebenen Ordner. Durch Doppelklick auf den Dateinamen wird diese Datei extrahiert, und Sie erhalten im darunter befindlichen Ordner* UEBUNGEN *die Dateien* UEB02_01.XLS *usw. Mit* Alt *+* F11 *kommen Sie zum Excel-VB-System und sehen mit* ANSICHT→CODE *den bereits eingetragenen Programmtext.*

A.2.1   Übung 2.1

Wenn Sie die download-Möglichkeit genutzt haben, dann starten Sie Excel, öffnen die Datei UEB02_01.XLS und wechseln mit Alt + F11 zum VB-System. Sie sehen dann bereits den unten angegebenen Programmtext.

Falls Sie selbst üben möchten, dann erzeugen Sie in den Schritten von Seite 32 bis 35 einen Programm-Rahmen, speichern alles unter dem Namen UEB02_01.XLS. Ergänzen Sie zuerst den Programm-Rahmen mit Option Explicit (siehe Seite 36).

Tragen Sie dann den folgenden Text ein:

```
'******** Vereinbarungsteil ********************************
Dim zuwachs As Integer, summe As Integer
'******** Ausführungsteil **********************************
summe = 0
zuwachs = Val(InputBox("Ganze Zahl eingeben:"))
summe = summe + zuwachs
zuwachs = Val(InputBox("Ganze Zahl eingeben:"))
summe = summe + zuwachs
MsgBox ("Summe=" + Str(summe))
```

Beantworten Sie, ausgehend vom Programmtext und den von Ihnen durchgeführten Programm-Tests, die Frage: Was leistet das Programm? Wie viele Zahlen verlangt es vom Nutzer?

Erweitern Sie dann das Programm so, dass *vier ganze Zahlen* erfasst und summiert werden. Wie viele Zeilen hätte das Programm, wenn 100 Zahlen zu addieren sind?

Die Lösung finden Sie in der Datei LOESG02_01.XLS oder auf Seite 383.

A.2.2   Übung 2.2

Kopieren Sie die Datei UEB02_01.XLS als UEB02_02.XLS und löschen Sie alle Befehle des Ausführungsteils – oder öffnen Sie die herunter geladene Datei UEB02_02.XLS.

Verändern Sie den Inhalt des Vereinbarungsteils:

```
'******** Vereinbarungsteil *********************************
Dim zuwachs As Integer, produkt As Integer
```

Schreiben Sie den Ausführungsteil: Das Programm soll *drei ganze Zahlen* vom Nutzer verlangen und anschließend deren *Produkt* ausgeben. Welche *Startbelegung* muss der Speicherplatz produkt bekommen? Beachten Sie, dass in Basic immer der Stern * als Mal-Zeichen geschrieben werden muss (Beispiel: z=a*b . Würde man schreiben z=ab, dann wäre das nur ein Transportbefehl vom Speicherplatz ab in den Speicherplatz z).

Die Lösung finden Sie in der Datei LOESG02_02.XLS oder auf Seite 383.

A.2.3   Übung 2.3

Kopieren Sie die Datei UEB02_02.XLS unter den Namen UEB02_03.XLS und löschen Sie alle Befehle des Ausführungsteils – oder öffnen Sie die Datei UEB02_03.XLS.

Verändern Sie den Inhalt des Vereinbarungsteils:

```
'******** Vereinbarungsteil *********************************
Dim tagmin As Integer, stunde As Integer, min As Integer
```

Ein Tag hat 1440 Minuten. Um 0 Uhr und 0 Minuten beginnt die *erste Tagesminute*. Um 23 Uhr 59 beginnt die *letzte*, also die *1440-te Tagesminute*. Um 12.00 Uhr beginnt also die 721-te Tagesminute.

Schreiben Sie zuerst die Befehle, die vom Nutzer die Uhrzeit (Stunde, Minute) erfassen und danach dann diejenige Tagesminute berechnen und ausgeben, die gerade beginnt.

Die Lösung finden Sie in der Datei LOESG02_03.XLS oder auf Seite 383.

A.2.4   Übung 2.4

Kopieren Sie die Datei UEB02_03.XLS unter den Namen UEB02_04.XLS und löschen Sie den Vereinbarungs- und alle Befehle des Ausführungsteils – oder öffnen Sie die herunter geladene Datei UEB02_04.XLS.

Der große Radrennfahrer XXX kann nur sagen, wann er gestartet ist (Stunde, Minute) und wann er am selben Tag ankam (Stunde, Minute).

Helfen Sie ihm, programmieren Sie: Wie viele Minuten war er insgesamt unterwegs?

Die Lösung finden Sie in der Datei LOESG02_04.XLS oder auf Seite 384.

A.4 Übungen zu Kapitel 4

Öffnen Sie die Seite http://www.w-g-m.de/basic.htm, wählen Sie dort Dateien für Kapitel 4, geben Sie Ihr Ziel ein. Danach erfolgt das Herunterladen der Datei KAP04.ZIP *in den von Ihnen angegebenen Ordner. Durch Doppelklick auf den Dateinamen wird diese Datei extrahiert, und Sie erhalten im darunter befindlichen Ordner* UEBUNGEN *die Dateien* UEB04_01.XLS *usw. Mit* Alt + F11 *kommen Sie zum Excel-VB-System und sehen mit* ANSICHT→CODE *den bereits eingetragenen Programmtext.*

A.4.1 Übung 4.1

Wenn Sie die download-Möglichkeit genutzt haben, dann starten Sie Excel, öffnen die Datei UEB04_01.XLS und wechseln mit Alt + F11 zum VB-System. Sie sehen dann bereits den unten angegebenen Programmtext.

Falls Sie selbst üben möchten, dann erzeugen Sie in den Schritten von Seite 32 bis 35 einen Programm-Rahmen, speichern alles unter dem Namen UEB04_01.XLS. Ergänzen Sie zuerst den Programm-Rahmen mit Option Explicit und tragen Sie dann den folgenden Text ein:

```
'******** Vereinbarungsteil ********************************
Dim x As Double, y As Double, stellen As Integer
'******** Ausführungsteil **********************************
x = Val(InputBox("Zahl m. Punkt u. vielen Stellen eingeben"))
stellen = Val(InputBox("Rundung auf wieviel Stellen ?"))

MsgBox ("Rundungsergebnis=" + Str(y))
```

Formulieren Sie den fehlenden Basic-Befehl, der dafür sorgt, dass die eingegebene Zahl in gerundeter Form mit der gewünschten Stellenzahl ausgegeben wird.

Die Lösung der Aufgabe finden Sie auf Seite 384.

A.4.2 Übung 4.2

Arbeiten Sie mit der Datei UEB04_02.XLS oder geben Sie selbst in einen Programm-Rahmen ein:

```
'******** Vereinbarungsteil ********************************
Dim netto As Double, brutto As Double, mws As Single
'******** Ausführungsteil **********************************
brutto = Val(InputBox("Bruttopreis mit Pkt. eingeben"))
mws = Val(InputBox("MWS in % eingeben"))
```

Nun ist für *gegebenen Bruttopreis und Mehrwertsteuersatz* der *resultierende Nettopreis* zu ermitteln und auf zwei Stellen gerundet auszugeben.

Beispiel zur Kontrolle: Bei einem Bruttopreis von 214 EUR und einem Mehrwertsteuersatz von 7 Prozent beträgt der Nettopreis 200 EUR. Überlegen Sie die richtige Formel,
testen Sie.

Die Lösung der Aufgabe finden Sie auf Seite 384.

A.4.3   Übung 4.3

Arbeiten Sie mit der die Datei UEB04_03.XLS oder geben Sie selbst in einen Programm-
Rahmen ein:

```
'******* Vereinbarungsteil ********************************
Dim netto As Double, brutto As Double, mws As Single
Dim mws_betrag As Double
'******* Ausführungsteil ********************************
brutto = Val(InputBox("Bruttopreis mit Pkt. eingeben"))
mws = Val(InputBox("MWS in % eingeben"))
```

Nun ist *für gegebenen Bruttopreis und Mehrwertsteuersatz* der *resultierende Mehr-
wertsteuerbetrag* zu ermitteln und gerundet auszugeben (Beispiel zur Kontrolle: Bei einem
Bruttopreis von 214 EUR und einem Mehrwertsteuersatz von 7 Prozent beträgt der Nettopreis 200 EUR, folglich beträgt die Mehrwertsteuer 14 EUR). Überlegen Sie die richtige
Formel, testen Sie.

Die Lösung der Aufgabe finden Sie auf Seite 385.

A.4.4   Übung 4.4

Arbeiten Sie mit der die Datei UEB04_04.XLS oder geben Sie selbst in einen Programm-
Rahmen ein:

```
'******* Vereinbarungsteil ********************************
Dim meter As Double, sek As Double, geschw As Double
'******* Ausführungsteil ********************************
```

Ergänzen Sie das Programm, so dass *nach Metern und Sekunden* gefragt wird und dann
auf zwei Stellen gerundet ausgegeben wird, *wie schnell* (in km/h) gefahren wird (zur
Kontrolle: 100 m in 10 Sekunden führen zu 36 km/h). Überlegen Sie die richtige Formel,
testen Sie.

Die Lösung der Aufgabe finden Sie auf Seite 385.

A.5 Übungen zu Kapitel 5

DOWNLOAD *Öffnen Sie die Seite http://www.w-g-m.de/basic.htm, wählen Sie dort Dateien für Kapitel 5, geben Sie Ihr Ziel ein. Danach erfolgt das Herunterladen der Datei* KAP05.ZIP *in den von Ihnen angegebenen Ordner. Durch Doppelklick auf den Dateinamen wird diese Datei extrahiert, und Sie erhalten im darunter befindlichen Ordner* UEBUNGEN *die Dateien* UEB05_01.XLS *usw. Mit* $\boxed{Alt}$ + $\boxed{F11}$ *kommen Sie zum Excel-VB-System und sehen mit* ANSICHT→CODE *den bereits eingetragenen Programmtext.*

A.5.1 Übung 5.1

Wenn Sie die download-Möglichkeit genutzt haben, dann starten Sie Excel, öffnen die Datei UEB05_01.XLS und wechseln mit $\boxed{Alt}$ + $\boxed{F11}$ zum VB-System. Sie sehen dann bereits den unten angegebenen Programmtext.

Oder – Sie erzeugen sich einen eigenen, neuen Programm-Rahmen, speichern alles unter dem Namen UEB05_01.XLS.

Ergänzen Sie dann unbedingt zuerst Ihren Programm-Rahmen mit `Option Explicit`.

Betrachten Sie links stehende Struktogramm auf der nächsten Seite: Es enthält die Vorgehensweise zum Kürzen eines gemeinen Bruches, wobei in Zähler und Nenner ganze Zahlen stehen.

Beim *Kürzen* werden *Zähler und Nenner durch dieselbe ganze Zahl* geteilt. Vorher muss dafür der *größte gemeinsame Teiler* gefunden werden. Wie wird das hier gemacht?

Welche der bisher vorgestellten fünf Strukturelemente werden verwendet?

Setzen Sie das Struktogramm in Basic-Text um.

Testen Sie! Kontrollieren Sie, ob das Programm für alle interessanten Fälle (9/6 , 6/9 , 9/7 , 7/9 12/6 , 6/12 , 12/12) die richtigen Werte liefert.

Die Lösung der Aufgabe finden Sie auf Seite 385.

A.5.2 Übung 5.2

Arbeiten Sie mit der die Datei UEB05_02.XLS oder kopieren Sie die Datei UEB05_01.XLS unter diesen Namen. Ersetzen Sie im Basic-Text die kopfgesteuerte Schleife durch eine fußgesteuerte Schleife (Nichtabweisschleife, siehe das rechts stehende Struktogramm-Stück).

Erklären Sie, warum jetzt der Befehl

```
teiler = minimum
```

logisch falsch ist (indem Sie zum Beispiel den Ablauf bei Eingabe von 12 (für Zähler) und 3 (für Nenner) im Detail analysieren). Muss stattdessen `teiler = minimum-1` oder `teiler = minimum+1` stehen?

Setzen Sie dann das logisch richtige Struktogramm in einen Basic-Text um. Lassen Sie ausführen. Kontrollieren Sie alle Fälle (9/6 , 6/9 , 9/7 , 7/9 , 12/6 , 6/12 , 12/12) ! Sichern Sie.

Die Lösung der Aufgabe finden Sie auf Seite 386.

```
|\ oben                                        |
|/_____|
|\ unten                                       |
|/_____|
|\                                          / |
| \            oben < unten               /  |
|_j_____/n_|
|                        |                     |
| minimum=oben           | minimum=unten       |
|_____|_____|
|   teiler = minimum                           |
|_____|
|SOLANGE oben MOD teiler ungleich 0 ||  |   teiler = teiler - 1            |
|                  oder             ||  |_____|
|         unten MOD teiler ungleich 0 ||SOLANGE oben MOD teiler ungleich 0|
|_____||          oder                    |
|   | teiler = teiler-1             ||       unten MOD teiler ungleich 0|
|___|_____||_____|
|   oben = oben / teiler                       |
|_____|
|   unten = unten / teiler                     |
|_____|
|   oben, unten                             \|
|_____/|
```

A.5.3   Übung 5.3

Arbeiten Sie mit der die Datei UEB05_03.XLS oder geben Sie selbst in einen Programm-Rahmen ein.

Entwerfen Sie ein Struktogramm zu folgender Aufgabe: Ein Nutzer soll gezwungen werden, eine gerade ganze Zahl (durch 2 teilbar) einzugeben. Gibt er falsch ein, so soll er eine Information erhalten und zur Wiederholung der Eingabe aufgefordert werden.

Die Lösung der Aufgabe finden Sie auf Seite 386.

A.6   Übungen zu Kapitel 6

DOWNLOAD   *Öffnen Sie die Seite http://www.w-g-m.de/basic.htm, wählen Sie dort*
Dateien für Kapitel 6, geben Sie Ihr Ziel ein. Danach erfolgt das Herunterladen der Datei
KAP06.ZIP in den von Ihnen angegebenen Ordner. Durch Doppelklick auf den Dateinamen
wird diese Datei extrahiert, und Sie erhalten im darunter befindlichen Ordner UEBUNGEN
die Dateien UEB06_01.XLS *usw. Mit* $\boxed{Alt}$ + $\boxed{F11}$ *kommen Sie zum Excel-VB-System und*
sehen mit ANSICHT→CODE *den bereits eingetragenen Programmtext.*

A.6.1   Übung 6.1

Wenn Sie die download-Möglichkeit genutzt haben, dann starten Sie Excel, öffnen die
Datei UEB06_01.XLS und wechseln mit $\boxed{Alt}$ + $\boxed{F11}$ zum VB-System. Sie sehen dann bereits den unten angegebenen Programmtext.

Falls Sie selbst üben möchten, dann erzeugen Sie in den Schritten von Seite 32 bis 35 einen
Programm-Rahmen, speichern alles unter dem Namen UEB06_01.XLS. Ergänzen Sie zuerst
den Programm-Rahmen mit `Option Explicit` und tragen Sie dann den folgenden Text
ein:

```
'******** Ausführungsteil ***********************************
tx = ""
anz = 0
fenster = InputBox("Zeichen eingeben")
Do While fenster <> "#"
    anz = anz + 1
    tx = tx + fenster
    fenster = InputBox("Zeichen eingeben, Ende mit ...")
    Loop
MsgBox ("Erzeugt wurde" + tx)
```

Schreiben Sie dazu den Vereinbarungsteil. Finden Sie weiter heraus, was das Programm
leistet, indem Sie das *Struktogramm* dazu zeichnen. Was muss anstelle der drei Punkte
eingesetzt werden, damit der Nutzer weiß, wann Schluss ist?

Die Lösung der Aufgabe finden Sie auf Seite 387.

A.6.2   Übung 6.2

Arbeiten Sie mit der die Datei UEB06_02.XLS oder kopieren Sie Ihre Datei UEB06_01.XLS
nach UEB06_02.XLS. Offensichtlich lässt das Programm es noch zu, dass ein Nutzer bei
einer Eingabe *mehrere Zeichen* eingibt (obwohl er es nicht soll). Erzwingen Sie, dass der
Nutzer bei Fehleingaben (keines oder mehrere Zeichen) seine Eingabe wiederholen muss.
Verwenden Sie dafür zwei fußgesteuerte Schleifen.

Die Lösung der Aufgabe finden Sie auf Seite 387.

A.6.3   Übung 6.3

Arbeiten Sie mit der Datei UEB06_03.XLS, oder kopieren Sie Ihre Datei UEB06_02.XLS nachdem Sie mit der Lösung verglichen und ggf. korrigiert haben, nach UEB06_03.XLS.

Das Programm hat noch einen großen Mangel: Der Nutzer wird nicht informiert, wenn er etwas falsch gemacht und zur Korrektur aufgefordert wird.

Ergänzen Sie an beiden notwendigen Stellen diese Nutzer-Fehlerinfo.

Die Lösung der Aufgabe finden Sie auf Seite 388.

A.6.4   Übung 6.4

Arbeiten Sie mit der die Datei UEB06_04.XLS oder geben Sie selbst in einen Programm-Rahmen ein:

```
'******** Vereinbarungsteil *******************************
Dim zeichen As String, wert As Integer
'******** Ausführungsteil *********************************
zeichen = InputBox("Zeichen eingeben")
wert = Asc(zeichen)
```

Vervollständigen Sie zuerst das Programm, so dass Zeichen und zugehöriger ASCII-Wert gemeinsam ausgegeben werden. Erzwingen Sie weiter wieder, dass nur *genau ein einzelnes Zeichen* eingegeben werden kann.

Die Lösung der Aufgabe finden Sie auf Seite 388.

A.6.5   Übung 6.5

Arbeiten Sie mit der die Datei UEB06_05.XLS oder geben Sie selbst in einen Programm-Rahmen ein:

```
'******** Vereinbarungsteil *******************************
Dim zeichen As String, wert As Integer
'******** Ausführungsteil *********************************
wert = Val(InputBox("ASCII-Wert eingeben"))
zeichen = Chr(wert)
MsgBox ("Zum ASCII-Wert " + Str(wert) + " gehört " + zeichen)
```

Sorgen Sie dafür, dass der Nutzer *nur Werte von 32 bis 127* eingeben kann, damit nur die *darstellbaren internationalen Zeichen* angefordert werden können. Vergessen Sie nicht, dass der Nutzer informiert werden muss, wenn er eine diesbezügliche Fehleingabe vorgenommen hat und zur Wiederholung und Korrektur aufgefordert wird.

Die Lösung der Aufgabe finden Sie auf Seite 388.

A.7 Übungen zu Kapitel 7

DOWNLOAD *Öffnen Sie die Seite http://www.w-g-m.de/basic.htm, wählen Sie dort Dateien für Kapitel 7, geben Sie Ihr Ziel ein. Danach erfolgt das Herunterladen der Datei KAP07.ZIP in den von Ihnen angegebenen Ordner. Durch Doppelklick auf den Dateinamen wird diese Datei extrahiert, und Sie erhalten im darunter befindlichen Ordner UEBUNGEN die Dateien UEB07_01.XLS usw. Mit Alt + F11 kommen Sie zum Excel-VB-System und sehen mit ANSICHT→CODE den bereits eingetragenen Programmtext.*

A.7.1 Übung 7.1

Wenn Sie die download-Möglichkeit genutzt haben, dann starten Sie Excel, öffnen die Datei UEB07_01.XLS und wechseln mit Alt + F11 zum VB-System. Sie sehen dann bereits den unten angegebenen Programmtext.

Falls Sie selbst üben möchten, dann erzeugen Sie in den Schritten von Seite 32 bis 35 einen Programm-Rahmen, speichern alles unter dem Namen UEB07_01.XLS. Ergänzen Sie zuerst den Programm-Rahmen mit Option Explicit und tragen Sie dann den folgenden Text ein:

```
'******** Ausführungsteil ***********************************
tx = InputBox("Tippen Sie den langen String ein ")
z = InputBox("Welches Zeichen soll gezählt werden?")
lepos = Len(tx)
anz = 0
For i = 1 To lepos
    If Mid(tx, i, 1) = z Then anz = anz + 1
    Next i
```

Ergänzen Sie zuerst den *Vereinbarungsteil*. Sorgen Sie dann durch Ausgabe über eine MsgBox dafür, dass sowohl der lange String als auch das Zeichen als auch dessen Anzahl angezeigt wird.

Erzwingen Sie anschließend durch eine geeignete fußgesteuerte Schleife, dass der Nutzer stets *nur ein einzelnes Zeichen* eingeben kann. Bei Falscheingaben soll er informiert und zur Wiederholung aufgefordert werden.

Die Lösung der Aufgabe finden Sie auf Seite 389.

A.7.2 Übung 7.2

Arbeiten Sie mit der die Datei UEB07_02.XLS oder geben Sie selbst den Programmtext zur Musterzählung aus Abschnitt 7.1.2 von Seite 95 in einen Programm-Rahmen ein. Erzwingen Sie anschließend, dass der Nutzer stets nur ein Muster eingeben kann, das *nicht länger als der lange* String ist. Bei Falscheingaben soll er informiert und zur Wiederholung aufgefordert werden.

Die Lösung der Aufgabe finden Sie auf Seite 389.

A.7.3 Übung 7.3

Arbeiten Sie mit dem Programm-Rahmen in der Datei UEB07_03.XLS oder geben Sie in einen selbst erzeugten Programm-Rahmen den Basic-Text für das Ersetzen von Zeichen (Struktogramm aus Abschnitt 7.3 auf Seite 97) ein.

Die Lösung der Aufgabe finden Sie auf Seite 390.

A.7.4 Übung 7.4

Arbeiten Sie mit der die Datei UEB07_04.XLS oder kopieren Sie das Ergebnis der vorigen Aufgabe in eine Datei mit diesem Namen.

Sorgen Sie dafür, dass ein Nutzer mit Sicherheit nur *genau ein Zeichen* angeben kann, das auszuwechseln ist, und *genau ein Zeichen*, das dafür stehen soll.

Die Lösung der Aufgabe finden Sie auf Seite 390.

A.7.5 Übung 7.5

Arbeiten Sie mit der die Datei UEB07_05.XLS oder erzeugen Sie einen eigenen Programm-Rahmen in einer Datei dieses Namens.

Unser Leben ist voller „Nummern". Eine der bekanntesten ist die EAN, die Europäische Artikel-Nummer.

Sie findet man auf jedem Erzeugnis im Supermarkt unter dem Strichcode, und wenn das Lesegerät an der Kasse nicht richtig funktioniert, dann muss die arme Kassiererin die dreizehn Ziffern mit der Hand eintragen. Was ihr, wenn sie nicht sehr konzentriert war, bisweilen auch die Meldung des Kassencomputers einbringt: „Diese Nummer kann nicht stimmen!"

Woran merkt er es?

Die gewichtete Quersumme jeder EAN muss durch 10 teilbar sein. Nehmen wir ein Beispiel: 9783519004240 – das ist die EAN eines Buches über „Statistik mit Excel".

Gewichtete Quersumme bedeutet bei der EAN: Die Ziffern werden abwechselnd mit 1 und 3 multipliziert:

$$1*\underline{9}+3*\underline{7}+1*\underline{8}+3*\underline{3}+1*\underline{5}+3*\underline{1}+1*\underline{9}+3*\underline{0}+1*\underline{0}+3*\underline{4}+1*\underline{2}+3*\underline{4}+1*\underline{0} = 90$$

Eine EAN ist mit Sicherheit falsch, wenn ihre gewichtete Quersumme nicht durch 10 teilbar ist. Andernfalls kann sie korrekt sein. Das Beispiel kann also tatsächlich eine EAN darstellen.

Verändern Sie das Struktogramm aus Abschnitt 7.5 auf Seite 99 so, dass im Innern der Zählschleife eine *Alternative* eingebaut wird: Ist die Laufvariable i nicht durch 2 teilbar, dann wird normal addiert. Andernfalls wird das Dreifache addiert. Vergessen Sie nicht den Stern als Multiplikationszeichen.

Setzen Sie dann das Struktogramm in Basic-Text um.

Die Lösung der Aufgabe finden Sie auf Seite 390.

A.8   Übungen zu Kapitel 8

DOWNLOAD   *Öffnen Sie die Seite http://www.w-g-m.de/basic.htm, wählen Sie dort Dateien für Kapitel 8, geben Sie Ihr Ziel ein. Danach erfolgt das Herunterladen der Datei* KAP08.ZIP *in den von Ihnen angegebenen Ordner. Durch Doppelklick auf den Dateinamen wird diese Datei extrahiert, und Sie erhalten im darunter befindlichen Ordner* UEBUNGEN *die Dateien* UEB08_01.XLS *usw. Mit* $\boxed{Alt}$ + $\boxed{F11}$ *kommen Sie zum Excel-VB-System und sehen mit* ANSICHT→CODE *den bereits eingetragenen Programmtext.*

A.8.1   Übung 8.1

Wenn Sie die download-Möglichkeit genutzt haben, dann starten Sie Excel, öffnen die Datei UEB08_01.XLS und wechseln mit $\boxed{Alt}$ + $\boxed{F11}$ zum VB-System. Sie sehen dann bereits den unten angegebenen Programmtext.

Falls Sie selbst üben möchten, dann erzeugen Sie in den Schritten von Seite 32 bis 35 einen Programm-Rahmen, speichern alles unter dem Namen UEB08_01.XLS. Ergänzen Sie zuerst den Programm-Rahmen mit Option Explicit.

Überlegen Sie sich nun, wie mit Hilfe eines *logischen Speicherplatzes*, einer *geeigneten Unschuldsvermutung* sowie von *Zählschleife* und *einfachem Test* festgestellt werden kann, ob ein einzelnes Zeichen in einem String vorkommt; dabei ist es unerheblich, ob dieses Zeichen ein- oder mehrmals auftritt.

Beginnen Sie Ihre Überlegungen mit einer sinnvollen Namensgebung für den logischen Speicherplatz.

Zeichnen Sie zuerst das Struktogramm.

Setzen Sie das Struktogramm dann in Basic-Text um, den Sie in Ihren herunter geladenen oder selbst erzeugten Programm-Rahmen eintragen.

Die Lösung der Aufgabe finden Sie auf Seite 391.

A.8.2   Übung 8.2

Arbeiten Sie mit der die Datei UEB08_02.XLS oder geben Sie selbst in einen Programm-Rahmen die Lösung der vorigen Übung von Seite 391 ein.

Verändern Sie den Basic-Text nun so, dass festgestellt und mitgeteilt werden soll, ob ein bestimmtes, vom Nutzer eingegebenes *Textmuster* in dem String tx ein- oder mehrmals vorhanden ist.

Ein Textmuster enthält ein oder mehrere Zeichen. Offensichtlich müssen Sie nun die *Länge des Musters* verwenden. Vergleichen Sie mit dem Vorgehen in Abschnitt 7.1.2 (Seite 95).

Die Lösung der Aufgabe finden Sie auf Seite 392.

A.8.3   Übung 8.3

Arbeiten Sie mit der die Datei UEB08_03.XLS oder geben Sie selbst in einen Programm-Rahmen das Programm aus Abschnitt 8.2 auf Seite 108 ein.

Offensichtlich wird der Nutzer zwar richtig zur Wiederholung seiner Eingabe aufgefordert, wenn er in seine Eingabe Nicht-Ziffern einfließen lässt.

Aber wenn er überhaupt nichts eingibt, also *ohne Eintrag in der Eingabezeile* sofort auf OK oder auch auf Abbrechen klickt, kommt kein Protest.

Das muss sich ändern:

Erweitern Sie das Programm so, dass bei leerem Eingabestring sofort die Unschuldsvermutung abgestellt wird. Andernfalls soll dann die Untersuchung der einzelnen Zeichen beginnen.

Die Lösung der Aufgabe finden Sie auf Seite 392.

A.8.4   Übung 8.4

Arbeiten Sie mit der die Datei UEB08_04.XLS oder sorgen Sie dafür, dass in einem Programm-Rahmen noch einmal das Programm zur Feststellung falscher Zeichen in einer Ziffernfolge von Seite 108 steht.

Ergänzen Sie im Vereinbarungsteil einen Integer-Speicherplatz mit dem Namen pos und erweitern Sie dann das Programm in folgender Weise: Wird ein falsches Zeichen gefunden, dann soll dessen Position dem Nutzer mitgeteilt werden:

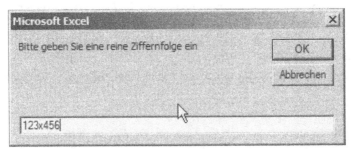

Bild A8.1: Falsches Zeichen an vierter Stelle

Bild A8.2: So soll der Nutzer informiert werden

Sie können sich dem Programm nähern, wenn Sie sich überlegen, in welchem Speicherplatz sich die *Position des gerade untersuchten Zeichens* befindet.

Und zum Schluss: Was wird eigentlich ausgegeben, wenn der Nutzer an mehreren Stellen falsche Zeichen eintippt? Die erste Position? Die letzte Position? Alle Positionen? Eine Fehlermeldung? Testen Sie es aus, überlegen Sie, begründen Sie den beobachteten Effekt.

Die Lösung der Aufgabe finden Sie auf Seite 393.

A.9   Übungen zu Kapitel 9

DOWNLOAD   *Öffnen Sie die Seite http://www.w-g-m.de/basic.htm, wählen Sie dort Dateien für Kapitel 9, geben Sie Ihr Ziel ein. Danach erfolgt das Herunterladen der Datei* KAP09.ZIP *in den von Ihnen angegebenen Ordner. Durch Doppelklick auf den Dateinamen wird diese Datei extrahiert, und Sie erhalten im darunter befindlichen Ordner* UEBUNGEN *die Dateien* UEB09_01.XLS *usw. Mit* $\boxed{Alt}$ + $\boxed{F11}$ *kommen Sie zum Excel-VB-System und sehen mit* ANSICHT→CODE *den bereits eingetragenen Programmtext.*

A.9.1   Übung 9.1

Wenn Sie die download-Möglichkeit genutzt haben, dann starten Sie Excel, öffnen die Datei UEB09_01.XLS und wechseln mit $\boxed{Alt}$ + $\boxed{F11}$ zum VB-System. Sie sehen dann bereits den unten angegebenen Programmtext. Falls Sie selbst üben möchten, dann erzeugen Sie in den Schritten von Seite 32 bis 35 einen Programm-Rahmen, speichern alles unter dem Namen UEB09_01.XLS. Ergänzen Sie zuerst den Programm-Rahmen mit Option Explicit und füllen Sie den Programm-Rahmen dann mit dem Basic-Text des Beispiels aus Abschnitt 9.2.1 von Seite 111 ein.

Sorgen Sie mit Hilfe einer *fußgesteuerten Schleife* dafür, dass der Nutzer *bei fehlerhafter Index-Eingabe* (über 100) zur Wiederholung aufgefordert wird, solange, bis er sinnvoll eingibt.

Die Lösung der Aufgabe finden Sie auf Seite 393.

A.9.2   Übung 9.2

Arbeiten Sie mit dem Programm-Rahmen aus der Datei UEB09_02.XLS oder verwenden Sie einen eigenen Programm-Rahmen. Setzen Sie das Struktogramm aus Abschnitt 9.2.4 (Seite 114) zur Belegung eines String-Feldes nach der *Fenstertechnik* in Basic-Text um.

Die Lösung der Aufgabe finden Sie auf Seite 393.

A.9.3   Übung 9.3

Arbeiten Sie mit der Datei UEB09_03.XLS oder geben Sie selbst in einen Programm-Rahmen zuerst den Ausführungsteil eines Programms zur *Zensurenerfassung und Durchschnittsberechnung* ein:

```
n = 0
fenster = Val(InputBox("Zensur eingeben"))
Do While fenster <> 0
    n = n + 1
    x(n) = fenster
    fenster = Val(InputBox("Zensur eingeben, Ende mit Null"))
    Loop
MsgBox ("Es wurden " + Str(n) + " Zensuren erfasst")
sum = 0
```

```
For i = 1 To n
    sum = sum + x(i)
    Next i
d = sum / n
MsgBox ("Durchschnitt= " + Str(d))
```

Vereinbaren Sie dann das *Feld* zur Aufnahme der Zensuren (höchstens 1000) und die anderen Speicherplätze. Denken Sie daran, dass ein Zensurendurchschnitt wohl nur ganz selten ein ganzzahliger Wert sein wird.

Da die Werte *aller erfassten Zensuren* nun im Feld gespeichert sind, können Sie das Programm durch *drei Analysen* ergänzen: Wie viele der gespeicherten Zensuren sind besser als der Durchschnitt, wie viele liegen genau im Durchschnitt, wie viele sind schlechter?

Die Lösung der Aufgabe finden Sie auf Seite 394.

A.9.4   Übung 9.4

Arbeiten Sie mit der die Datei UEB09_04.XLS oder einem eigenen Programm-Rahmen. Entwerfen Sie unter Verwendung der Fenstertechnik ein Programm, das *einzelne Zeichen verlangt* und nacheinander in den String-Feldelementen tx(1), tx(2) usw. abspeichert. Gibt der Nutzer kein oder mehrere Zeichen ein, soll die Erfassung sofort enden. Anschließend sind mit einer Zählschleife die abgespeicherten Zeichen *zu einem Text (Zeichenfolge)* zusammenzufügen und auszugeben.

Die Lösung der Aufgabe finden Sie auf Seite 394.

A.9.5   Übung 9.5

Arbeiten Sie mit der die Datei UEB09_05.XLS oder geben Sie selbst in einen Programm-Rahmen die Umsetzung des Struktogramms von Seite 116 zum Abzählen in einem Integer-Feld ein; belegen Sie die ersten vier Feldelemente direkt.

Die Lösung der Aufgabe finden Sie auf Seite 395.

A.9.6   Übung 9.6

Arbeiten Sie mit der die Datei UEB09_06.XLS oder geben Sie selbst in einen Programm-Rahmen den Basic-Text zur Maximumsuche in einem Integer-Feld ein. Was müssen Sie ändern, damit das *Minimum* gefunden wird?

Die Lösung der Aufgabe finden Sie auf Seite 395.

A.9.7   Übung 9.7

Arbeiten Sie mit der die Datei UEB09_07.XLS oder geben Sie selbst in einen Programm-Rahmen den Programmtext des Struktogramms zur Suche nach der Position des besten Elements (Maximum) von Seite 120 ein (Lösung auf S. 395)

A.10 Übungen zu Kapitel 10

DOWNLOAD *Öffnen Sie die Seite http://www.w-g-m.de/basic.htm, wählen Sie dort Dateien für Kapitel 10, geben Sie Ihr Ziel ein. Danach erfolgt das Herunterladen der Datei* KAP10.ZIP *in den von Ihnen angegebenen Ordner. Durch Doppelklick auf den Dateinamen wird diese Datei extrahiert, und Sie erhalten im darunter befindlichen Ordner* UEBUNGEN *die Dateien* UEB10_01.XLS *usw. Mit* Alt *+* F11 *kommen Sie zum Excel-VB-System und sehen mit* ANSICHT→CODE *den bereits eingetragenen Programmtext.*

A.10.1 Übung 10.1

Wenn Sie die download-Möglichkeit genutzt haben, dann starten Sie Excel, öffnen die Datei UEB10_01.XLS und wechseln mit Alt + F11 zum VB-System. Sie sehen dann bereits den unten angegebenen Programmtext. Falls Sie selbst üben möchten, dann erzeugen Sie in den Schritten von Seite 32 bis 35 einen Programm-Rahmen, speichern alles unter dem Namen UEB10_01.XLS. Ergänzen Sie zuerst den Programm-Rahmen mit Option Explicit und geben Sie dann den Basic-Text aus Abschnitt 10.2.2 von Seite 136 ein.

Offensichtlich ist es für den deutschen Nutzer lästig, bei der Eingabe von Abiturnoten den Dezimal*punkt* verwenden zu müssen. Lassen Sie also die *Eingabe mit Komma* zu, lenken Sie aber diese Eingabe zuerst in einen String transit1. Erzeugen Sie dann gemäß Abschnitt 7.4 (Seite 97) einen zweiten String transit2, in dem *das Komma durch den Punkt* ersetzt ist. Der *Wert dieses* Strings wird dann dem Speicherplatz s(...).abinote zugewiesen.

Die Lösung der Aufgabe finden Sie auf Seite 396.

A.10.2 Übung 10.2

Arbeiten Sie mit dem Programm-Rahmen aus der Datei UEB10_02.XLS oder verwenden Sie einen eigenen Programm-Rahmen. Setzen Sie das Struktogramm für die *Fenstertechnik* aus Abschnitt 10.2.4 von Seite 137 in Basic-Text um und testen Sie.

Die Lösung der Aufgabe finden Sie auf Seite 396.

A.10.3 Übung 10.3

Sorgen Sie zuerst dafür, dass sich die fünf Text-Dateien LAENDER.TXT, METROPO-LEN.TXT, KFZ.TXT, FLAECHEN.TXT und BEWOHNER.TXT mit den Angaben zu den 16 Bundesländern (Tabelle auf Seite 148) sich im Ordner C:\BASIC Ihres PC befinden – entweder durch download oder durch eigene Herstellung mit einem *Editor*.

Arbeiten Sie dann mit der Datei UEB10_03.XLS oder stellen Sie selbst in einem Programm-Rahmen den Ausführungsteil zusammen: Laden aus den fünf Textdateien und Belegung des Instanzenfeldes land (Seite 149).

Ergänzen Sie durch das zweite Programm aus Abschnitt 10.4.1 (Seite 151) ein – dieses Programm sucht Ihnen den Namen des Bundeslandes, dessen Hauptstadt das PKW-Kennzeichen „EF" hat (Thüringen).

Verändern Sie das Programm: Es soll *vom Nutzer* ein Autokennzeichen erfragt werden, und dazu soll entweder das Bundesland oder eine Negativ-Mitteilung ausgegeben werden. Testen Sie.

Die Lösung der Aufgabe finden Sie auf Seite 397.

A.10.4   Übung 10.4

Überprüfen Sie, ob sich die fünf Text-Dateien LAENDER.TXT, METROPOLEN.TXT, KFZ.TXT, FLAECHEN.TXT und BEWOHNER.TXT mit den Angaben zu den 16 Bundesländern (Tabelle auf Seite 148) sich im Ordner C:\BASIC Ihres PC befinden – entweder durch download oder durch eigene Herstellung mit einem Editor.

Arbeiten Sie dann mit der Datei UEB10_04.XLS oder stellen Sie selbst in einem Programm-Rahmen den Ausführungsteil zusammen: Laden aus den fünf Textdateien und Belegung des Instanzenfeldes land (Seite 149).

Lösen Sie dann durch eigenes Programmieren die folgende Abzählaufgabe: Vom Nutzer soll eine bestimmte Bevölkerungszahl erfragt werden, Ihr Programm soll dazu ermitteln, wie viele Bundesländer mit ihrer Bevölkerung unterhalb bzw. nicht unterhalb dieser vorgegebenen Grenze liegen. Die Lösung der Aufgabe finden Sie auf Seite 397.

A.10.5   Übung 10.5

Überprüfen Sie, ob sich die fünf Text-Dateien LAENDER.TXT, METROPOLEN.TXT, KFZ.TXT, FLAECHEN.TXT und BEWOHNER.TXT mit den Angaben zu den 16 Bundesländern (Tabelle auf Seite 148) sich im Ordner C:\BASIC Ihres PC befinden – entweder durch download oder durch eigene Herstellung mit einem Editor.

Arbeiten Sie dann mit der Datei UEB10_05.XLS oder stellen Sie selbst in einem Programm-Rahmen den Ausführungsteil zusammen: Laden aus den fünf Textdateien und Belegung des Instanzenfeldes land (Seite 149).

In der nun formulierten Aufgabe geht es um die Bevölkerungsdichte der deutschen Bundesländer. Für jedes Land ist die Bevölkerungsdichte definiert als Quotient aus Bevölkerungszahl und Fläche, sie wird also angegeben in Einwohnern pro Quadratkilometer.

Ermitteln Sie, welches der 16 Bundesländer die größte Bevölkerungsdichte hat.

Offensichtlich handelt es sich hier um eine Maximumsuche mit Positionsangabe (ohne die Position wäre später sonst der Name des Bundeslandes nicht angebbar).

Sie benötigen also wieder (s. Abschnitt 10.4.4 auf Seite 152) *zwei Kandidaten-Speicherplätze*, max und maxpos. Belegen Sie max anfangs mit der *Bevölkerungsdichte aus der ersten Instanz* und maxpos mit der 1. Offensichtlich müssen Sie deshalb max als Single- oder Double-Speicherplatz vereinbaren. Für unsere Zwecke reicht Single.

Vergleichen Sie dann in einer Zählschleife nacheinander den Inhalt von max mit den Bevölkerungsdichten, die sich aus den anderen Instanzen errechnen lassen. Wenn ein besserer Wert gefunden wird, dann belegen Sie max und maxpos neu. Lassen Sie zum Schluss den Namen des gefundenen Bundeslandes sowie seine Bevölkerungsdichte ausgeben. Zur Kontrolle: Berlin hat 3798,21 Einwohner pro Quadratkilometer.

Die Lösung der Aufgabe finden Sie auf Seite 398.

A.11 Übungen zu Kapitel 11

DOWNLOAD *Öffnen Sie die Seite http://www.w-g-m.de/basic.htm, wählen Sie dort Dateien für Kapitel 11, geben Sie Ihr Ziel ein. Danach erfolgt das Herunterladen der Datei KAP11.ZIP in den von Ihnen angegebenen Ordner. Durch Doppelklick auf den Dateinamen wird diese Datei extrahiert, und Sie erhalten im darunter befindlichen Ordner UEBUNGEN die Dateien UEB11_01.XLS usw. Mit* $\boxed{Alt}$ + $\boxed{F11}$ *kommen Sie zum Excel-VB-System und sehen mit* ANSICHT→CODE *den bereits eingetragenen Programmtext.*

A.11.1 Übung 11.1

Wenn Sie die download-Möglichkeit genutzt haben, dann starten Sie Excel, öffnen die Datei UEB11_01.XLS und wechseln mit $\boxed{Alt}$ + $\boxed{F11}$ zum VB-System. Sie sehen dann bereits den unten angegebenen Programm-Rahmen. Falls Sie selbst üben möchten, dann erzeugen Sie in den Schritten von Seite 32 bis 35 einen Programm-Rahmen, speichern alles unter dem Namen UEB11_01.XLS. Ergänzen Sie den Programm-Rahmen mit Option Explicit und tippen Sie zuerst den Text des folgenden Zinseszins-Unterprogramms ein (Kopfzeile nicht trennen):

```
Private Sub zinseszins(start As Double, kap As Double,
                        zins As Double, jahr As Integer)
Dim i As Integer
kap = start
For i = 1 To jahr
    kap = kap * (1 + zins / 100)
    Next i
End Sub
```

Analysieren Sie den *Inhalt des Unterprogramms* und ergänzen Sie es durch die *Dokumentation*. Die Lösung der Aufgabe finden Sie auf Seite 399.

A.11.2 Übung 11.2

Arbeiten Sie mit dem Programm-Rahmen aus der Datei UEB11_02.XLS oder kopieren Sie Ihr Ergebnis der vorigen Aufgabe in die Datei UEB11_02.XLS. Schreiben Sie nun ein *Testprogramm*. Welches Endkapital ergibt sich bei einem Grundkapital von 1000 Euro, 3% Zinsen p. a. und einer Laufzeit von 20 Jahren?

Die Lösung der Aufgabe finden Sie auf Seite 399.

A.11.3 Übung 11.3

Arbeiten Sie mit der Datei UEB11_03.XLS oder kopieren Sie Ihr Ergebnis der vorigen Aufgabe in die Datei UEB11_03.XLS: Verändern Sie nun das Unterprogramm: Das Endkapital soll nun als Ergebniswert eines Function-Unterprogramms mit dem Namen zinseszinsfunc zurückgegeben werden.

Die Lösung der Aufgabe finden Sie auf Seite 399.

A.11.4   Übung 11.4

Arbeiten Sie mit der Datei UEB11_04.XLS oder kopieren Sie Ihr Ergebnis der vorigen Aufgabe (oder die Lösung der vorigen Aufgabe) in die Datei UEB11_04.XLS.

Schreiben Sie nun ein kleines Testprogramm für diese Funktion.

Die Lösung der Aufgabe finden Sie auf Seite 400.

A.11.5   Übung 11.5

Arbeiten Sie mit der Datei UEB11_05.XLS oder tragen Sie zuerst unterhalb des Programm-Rahmens die folgende Schnittstellenbeschreibung eines Sub-Unterprogramms ein (Kopfzeile nicht trennen):

```
Private Sub feldex(x() As Double, n As Integer, erg As Double,
                                             minmax As Boolean)
'*************************************************************
'*   FORMAL INPUT: x Name des zu untersuchenden Feldes      *
'*             .   n muss Anzahl der Elemente enthalten     *
'*                 minmax: True für größtes Element          *
'*                         False für kleinstes Element       *
'*   FORMAL OUTPUT: erg liefert den größten Wert            *
'*************************************************************
```

Verwenden Sie die Subroutine feldmax aus dem Abschnitt 11.2.7 (Seite 169), um den Inhalt der Subroutine zu schreiben, so dass *wahlweise Minimum oder Maximum* des Double-Feldes geliefert werden.

Ergänzen Sie dann durch ein Testprogramm.

Die Lösung der Aufgabe finden Sie auf Seite 400.

A.11.6   Übung 11.6

Arbeiten Sie mit der Datei UEB11_06.XLS oder tragen Sie zuerst unterhalb Ihres neuen Programm-Rahmens die folgende Schnittstellenbeschreibung eines Sub-Unterprogramms ein (Kopfzeile nicht trennen):

```
Private Sub mws_auskunft(brutto As Double, mws As Single,
                            netto As Double, mw As Double)
'*************************************************************
'*   FORMAL INPUT: brutto muss Bruttobetrag enthalten       *
'*                 mws muss Mehrwertsteuersatz in % enthalten*
'*   FORMAL OUTPUT: netto bekommt den Nettobetrag           *
'*                : mw bekommt die abgeführte Mehrwertsteuer *
'*************************************************************
```

Programmieren Sie den Inhalt der Subroutine, vergessen Sie das End Sub nicht. Schreiben Sie dazu ein eigenes kleines Testprogramm (oder testen Sie mit dem Programm aus Abschnitt 11.3.1). Die Lösung der Aufgabe finden Sie auf Seite 400.

A.13   Übungen zu Kapitel 13

DOWNLOAD   *Öffnen Sie die Seite http://www.w-g-m.de/basic.htm, wählen Sie dort Dateien für Kapitel 13, geben Sie Ihr Ziel ein. Danach erfolgt das Herunterladen der Datei* KAP13.ZIP *in den von Ihnen angegebenen Ordner. Durch Doppelklick auf den Dateinamen wird diese Datei extrahiert, und Sie erhalten im darunter befindlichen Ordner* UEBUNGEN *die Dateien* UEB13_01.XLS *usw. Mit* Alt *+* F11 *kommen Sie zum Excel-VB-System und sehen mit* ANSICHT→CODE *den bereits eingetragenen Programmtext.*

A.13.1   Übung 13.1

Wenn Sie die download-Möglichkeit genutzt haben, dann starten Sie Excel, öffnen die Datei UEB13_01.XLS und wechseln mit Alt + F11 zum VB-System. Falls Sie selbst üben möchten, dann erzeugen Sie in den Schritten von Seite 32 bis 35 einen Programm-Rahmen, speichern alles unter dem Namen UEB13_01.XLS. Ergänzen Sie zuerst den Programm-Rahmen mit Option Explicit. Speichern Sie.

Fordern Sie dann über EINFÜGEN→KLASSENMODUL das Textfenster für eine Klasse mit dem Namen Klasse1 an. Speichern Sie. Beschreiben Sie dann den Datenkern künftiger Konten-Objekte: Kontonummer (String), Name (String), Saldo (Single). Speichern Sie.

Klicken Sie dann im *Projektexplorer* unter *Formulare* auf USERFORM1 und dann doppelt auf den Button START. Schreiben Sie im Vereinbarungsteil die *Objektvereinbarungen* für zwei Objekte mit den Namen konto1 und konto2. Testen Sie – es darf keine Fehlermeldung geben.

Versuchen Sie nun, direkt auf die Kontonummern-Komponente des ersten Objekts zuzugreifen und überzeugen Sie sich, dass nun eine Fehlermeldung wie in Bild 13.12 auf Seite 189 erscheint. Machen Sie diese Komponente öffentlich, wiederholen Sie den Versuch. Speichern Sie unter dem Namen UEB13_02.XLS. Die Lösung der Aufgabe finden Sie auf Seite 401.

A.13.2   Übung 13.2

Arbeiten Sie mit Programm und Klasse aus der vorigen Aufgabe oder öffnen Sie die Datei UEB13_02.XLS. Ergänzen Sie die Klasse durch zwei Total-Methoden erfassung und info, mit denen ein Datenkern belegt bzw. komplett angezeigt werden kann. Testen Sie. Speichern Sie unter dem Namen UEB13_03.XLS.

Die Lösung der Aufgabe finden Sie auf Seite 401.

A.13.3   Übung 13.3

Arbeiten Sie mit der Datei aus der vorigen Aufgabe oder öffnen Sie UEB13_03.XLS. Ergänzen Sie in der Klasse den Datenkern durch einen weiteren Single-Bestandteil m_dispo. Ergänzen Sie weiter die beiden Methoden. Überzeugen Sie sich, dass trotz der veränderten Klasse im nutzenden Hauptprogramm keinerlei Änderungen notwendig sind (update-Prinzip). Testen Sie.

Die Lösung der Aufgabe finden Sie auf Seite 402.

A.13.4   Übung 13.4

Arbeiten Sie mit der Datei aus der Aufgabe 13.2 oder öffnen Sie UEB13_03.XLS. Ergänzen Sie die *Klasse* zuerst durch die *Eigenschaft* kontonr mit Hilfe der folgenden Let-Get-Kombination

```
Public Property Let kontonr(tx As String)
m_knr = tx
End Property
Public Property Get kontonr() As String
kontonr = m_knr
End Property
```

Verwenden Sie dann im Hauptprogramm diese Eigenschaft aktiv und passiv in folgender Weise:

```
'********** Ausführungsteil ***************
konto1.kontonr = "123456789"
MsgBox (konto1.kontonr)
```

Ergänzen Sie in der Klasse weitere zwei Eigenschaften (Let-Get-Kombinationen) für den direkten aktiven und passiven Zugang zu den restlichen Komponenten des Datenkerns. Testen Sie durch entsprechende aktive und passive Nutzung im Hauptprogramm. .

Die Lösung der Aufgabe finden Sie auf Seite 402.

A.13.5   Übung 13.5

Öffnen Sie die Datei UEB13_05.XLS.

Oder erzeugen Sie selbst einen Programm-Rahmen und ein Fenster für den Text der Klasse, tragen Sie in die Klasse die Angaben zum Datenkern aus Abschnitt 13.2.2 sowie die schon vorhandene *Eigenschaft* aus Abschnitt 13.5.5 (Seite 195) ein. Erzeugen Sie im Hauptprogramm zwei Objekte und nutzen Sie wie im Abschnitt 13.5.6 (Seite 196) beschrieben diese Eigenschaft aktiv und passiv.

Ergänzen Sie die Klasse durch die *drei weiteren Eigenschaften* typ, ps und preis mittels der passenden Let-Get-Kombinationen und testen Sie durch entsprechende aktive und passive Verwendung im Hauptprogramm.

Die Lösung der Aufgabe finden Sie auf Seite 403.

A.14   Übungen zu Kapitel 14

DOWNLOAD   *Öffnen Sie die Seite http://www.w-g-m.de/basic.htm, wählen Sie dort Dateien für Kapitel 14, geben Sie Ihr Ziel ein. Danach erfolgt das Herunterladen der Datei* KAP14.ZIP *in den von Ihnen angegebenen Ordner. Durch Doppelklick auf den Dateinamen wird diese Datei extrahiert, und Sie erhalten im darunter befindlichen Ordner* UEBUNGEN *die Dateien* UEB14_01.XLS *usw. Mit* $\boxed{Alt}$ + $\boxed{F11}$ *kommen Sie zum Excel-VB-System.*

A.14.1   Übung 14.1

Wenn Sie die download-Möglichkeit genutzt haben, dann starten Sie Excel, öffnen Sie die Datei UEB14_01.XLS und wechseln mit $\boxed{Alt}$ + $\boxed{F11}$ zum VB-System. Sie sehen dann das bereits vorbereitete, gelbe Formular.

Falls Sie selbst üben möchten, dann starten Sie Excel und wechseln mit $\boxed{Alt}$ + $\boxed{F11}$ zum VB-System. Fügen Sie das Formular ein, geben Sie seinem Hintergrund durch Auswahl in der richtigen *Zeile des Eigenschaftsfensters* vom Formular eine gelbe Färbung.

Sorgen Sie dann für die Beschriftung des Formulars ÜBUNGEN ZU KAPITEL 14. Platzieren Sie anschließend die sechs Bedienelemente wie angegeben auf dem Formular. Sorgen Sie für den angegebenen *Startinhalt des Textfensters*. Testen Sie.

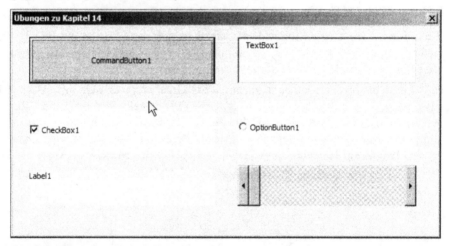

Die Lösung der Aufgabe finden Sie auf Seite 404.

A.14.2   Übung 14.2

Wenn Sie die download-Möglichkeit genutzt haben, dann starten Sie Excel, öffnen Sie die Datei UEB14_02.XLS und wechseln mit $\boxed{Alt}$ + $\boxed{F11}$ zum VB-System. Sie sehen dann das bereits vorbereitete, gelbe Formular.

Falls Sie selbst üben möchten, dann starten Sie Excel und wechseln mit $\boxed{Alt}$ + $\boxed{F11}$ zum VB-System. Fügen Sie das Formular ein, geben Sie seinem Hintergrund durch Auswahl in der richtigen Zeile des Eigenschaftsfensters vom Formular eine gelbe Färbung.

Platzieren Sie dann auf der Benutzeroberfläche drei Labels und acht Optionsbuttons in folgender Weise:

Übungen zu Kapitel 14			x
Geschlecht	**Altersgruppe**	**Gewichtsklasse**	
⌐ männlich	⌐ unter 18	⌐ unter 60 kg	
⌐ weiblich	⌐ 18 bis 65	⌐ 60 bis 100 kg	
	⌐ über 65	⌐ über 100 kg	

Lassen Sie ausführen – stellen Sie das Formular her. Überzeugen Sie sich, dass stets *nur ein einziger Optionsbutton* die Markierung erhalten kann. Warum?

Vergrößern Sie dann das Formular, fügen Sie zuerst drei *Rahmen* mit den Beschriftungen GESCHLECHT, ALTERSGRUPPE, GEWICHTSKLASSE ein. Platzieren Sie dann in den Rahmen zwei bzw. drei weitere Optionsbuttons mit den passenden Beschriftungen. Überzeugen Sie sich, dass nun *innerhalb der Rahmen umgeschaltet* wird.

Die Lösung der Aufgabe finden Sie auf Seite 404.

A.14.3 Übung 14.3

Wenn Sie die download-Möglichkeit genutzt haben, dann starten Sie Excel, öffnen Sie die Datei UEB14_03.XLS und wechseln mit [Alt] + [F11] zum VB-System. Sie sehen dann das bereits vorbereitete Formular mit den vier Labels.

Falls Sie selbst üben möchten, dann starten Sie Excel und wechseln mit [Alt] + [F11] zum VB-System. Fügen Sie das Formular ein, färben Sie es gelb. Fügen Sie die Labels mit den entsprechenden Beschriftungen ein. Platzieren Sie dann *vier Scrollbars*, zwei senkrechte und zwei waagerechte, in folgender Weise auf dem Formular, stellen Sie alle Minima auf 0, alle Maxima auf 100, alle Werte (Zeile Value) auf den Mittelwert 50:

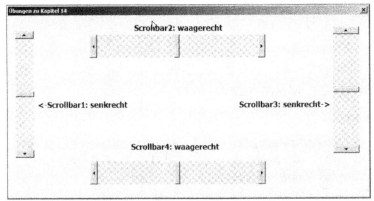

Stellen Sie dann die Regler in die Nähe von Minimum bzw. Maximum und finden Sie damit heraus, wo sich bei den *waagerechten* und bei den *senkrechten Scrollbars* kleinster und größter Wert befinden. Die Lösung der Aufgabe finden Sie auf Seite 404.

A.15   Übungen zu Kapitel 15

DOWNLOAD   *Öffnen Sie die Seite http://www.w-g-m.de/basic.htm, wählen Sie dort Dateien für Kapitel 15, geben Sie Ihr Ziel ein. Danach erfolgt das Herunterladen der Datei* KAP15.ZIP *in den von Ihnen angegebenen Ordner. Durch Doppelklick auf den Dateinamen wird diese Datei extrahiert, und Sie erhalten im darunter befindlichen Ordner* UEBUNGEN *die Dateien* UEB15_01.XLS *usw. Mit* Alt *+* F11 *kommen Sie zum Excel-VB-System.*

Wenn Sie die download-Möglichkeit genutzt haben, dann starten Sie Excel, öffnen die Datei UEB15_01.XLS und wechseln mit Alt + F11 zum VB-System. Sie sehen dann bereits das vorbereitete Formular mit darauf befindlichen Bedienelementen. Wie viele sind es?

Wenn Sie selbst üben möchten, dann starten Sie Excel, wechseln mit Alt + F11 zum VB-System und fügen zuerst ein Formular ein. Platzieren Sie anschließend die folgenden Bedienelemente auf dem Formular:

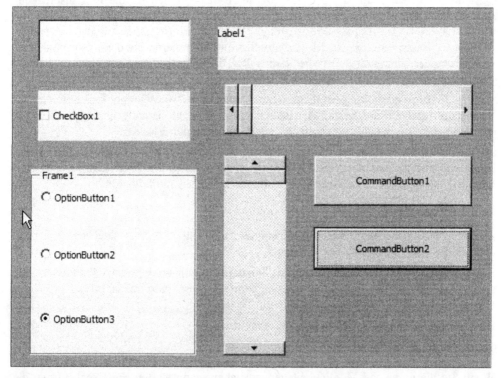

Sorgen Sie dann dafür, dass jeweils beim *Standard-Ereignis* an *jedem Bedienelement* eine entsprechende Mitteilung erscheint.

Die Lösung der Aufgabe finden Sie auf Seite 405.

A.16 Übungen zu Kapitel 16

DOWNLOAD *Öffnen Sie die Seite http://www.w-g-m.de/basic.htm, wählen Sie dort Dateien für Kapitel 16, geben Sie Ihr Ziel ein. Danach erfolgt das Herunterladen der Datei* KAP16.ZIP *in den von Ihnen angegebenen Ordner. Durch Doppelklick auf den Dateinamen wird diese Datei extrahiert, und Sie erhalten im darunter befindlichen Ordner* UEBUNGEN *die Dateien* UEB16_01.XLS *usw. Mit* $\boxed{Alt}$ + $\boxed{F11}$ *kommen Sie zum Excel-VB-System.*

A.16.1 Übung 16.1

Wenn Sie die download-Möglichkeit genutzt haben, dann starten Sie Excel, öffnen die Datei UEB16_01.XLS und wechseln mit $\boxed{Alt}$ + $\boxed{F11}$ zum VB-System. Sie sehen dann bereits eine leere Liste, sowie bei ANSICHT→CODE die schon vorhandene Ereignisprozedur für das Ereignis *Aktivierung des Formulars*.

Falls Sie selbst üben möchten, dann platzieren Sie zuerst aus der *Werkzeugsammlung* eine *Liste* auf dem Formular, lassen sich dann mittels ANSICHT→CODE und entsprechender Einstellung im Fenster für die Ereignisprozeduren den Rahmen für die Ereignisprozedur zum Ereignis *Aktivierung des Formulars* liefern. Beachten Sie dabei, dass Sie unaufgefordert auch den Rahmen für das Standardereignis *Klick auf das Formular* erhalten – den müssen Sie leer lassen oder am besten ganz löschen. Programmieren Sie dann den Inhalt: Bei Aktivierung des Formulars sollen die Namen der 16 Bundesländer in der Liste erscheinen. (Seite 223).

Sorgen Sie für eine zweite leere Liste. Diese Liste soll bei Aktivierung des Formulars die Namen der zugehörigen Landeshauptstädte erhalten. Müssen Sie dafür eine neue Ereignisprozedur schreiben oder die vorhandene Ereignisprozedur nur erweitern?

Schließlich soll beim Start der Laufzeit sowohl das Land Sachsen-Anhalt als auch dessen Landeshauptstadt Magdeburg die Markierung erhalten. Testen Sie. Speichern Sie unter dem Namen UEB16_02.XLS. Die Lösung der Aufgabe finden Sie auf Seite 406.

A.16.2 Übung 16.2

Arbeiten Sie mit der von Ihnen eben erzeugten Datei UEB16_02.XLS oder verwenden Sie die gleichnamige Datei aus dem download.

Beschaffen Sie sich den Rahmen für das Standard-Ereignis an der ersten (Länder-) Liste, sorgen Sie dafür, dass eine Mitteilung bei Eintreten des *Standardereignisses* erscheint. Dasselbe ist auch für die zweite Liste zu tun. Testen Sie.

Die Lösung der Aufgabe finden Sie auf Seite 406.

A.16.3 Übung 16.3

Wenn Sie die download-Möglichkeit genutzt haben, dann starten Sie Excel, öffnen die Datei UEB16_03.XLS und wechseln mit $\boxed{Alt}$ + $\boxed{F11}$ zum VB-System. Sie sehen dann bereits die leere Liste sowie bei ANSICHT→CODE die schon vorhandene Ereignisprozedur für das Ereignis *Aktivierung des Formulars*.

Falls Sie selbst üben möchten, dann platzieren Sie zuerst aus der *Werkzeugsammlung* eine *Combobox* auf dem Formular, lassen sich dann mittels ANSICHT→CODE und entsprechender Einstellung im Fenster für die Ereignisprozeduren den Rahmen für die Ereignisprozedur zum Ereignis *Aktivierung des Formulars* liefern.

Beachten Sie dabei wieder, dass Sie unaufgefordert auch den Rahmen für das Standardereignis *Klick auf das Formular* erhalten – den müssen Sie leer lassen oder am besten ganz löschen. Programmieren Sie dann den Inhalt: Bei Aktivierung des Formulars sollen die 16 Namen der Bundesländer im Inneren der Combobox eingetragen sein (s. S. 228). Testen Sie.

Sorgen Sie für eine zweite Combobox und dafür, dass diese Combobox bei Aktivierung des Formulars im Sichtfenster den Text *Landeshauptstädte* und im Innern die Namen der zugehörigen Landeshauptstädte erhält. Müssen Sie dafür eine neue Ereignisprozedur schreiben oder die vorhandene Ereignisprozedur nur erweitern? Testen Sie. Speichern Sie unter dem Namen UEB16_04.XLS.

Die Lösung der Aufgabe finden Sie auf Seite 407.

A.16.4   Übung 16.4

Arbeiten Sie mit der von Ihnen eben erzeugten Datei UEB16_04.XLS oder verwenden Sie die gleichnamige Datei aus dem download.

Beschaffen Sie sich den Rahmen für das Standard-Ereignis an der ersten (Länder-) Combobox, sorgen Sie dafür, dass eine Mitteilung bei Eintreten des Standardereignisses erscheint. Dasselbe ist auch für die zweite Combobox zu tun. Testen Sie.

Die Lösung der Aufgabe finden Sie auf Seite 407.

A.17   Übungen zu Kapitel 17

DOWNLOAD   *Öffnen Sie die Seite http://www.w-g-m.de/basic.htm, wählen Sie dort Dateien für Kapitel 17, geben Sie Ihr Ziel ein. Danach erfolgt das Herunterladen der Datei* KAP17.ZIP *in den von Ihnen angegebenen Ordner. Durch Doppelklick auf den Dateinamen wird diese Datei extrahiert, und Sie erhalten im darunter befindlichen Ordner* UEBUNGEN *die Dateien* UEB17_01.XLS *usw. Mit* Alt + F11 *kommen Sie zum Excel-VB-System.*

A.17.1   Übung 17.1

Wenn Sie die download-Möglichkeit genutzt haben, dann starten Sie Excel, öffnen die Datei UEB17_01.XLS und wechseln mit Alt + F11 zum VB-System. Sie sehen dann, notfalls nach ANSICHT→OBJEKT die vorbereitete Benutzeroberfläche.

Falls Sie selbst üben möchten, dann platzieren Sie zuerst aus der *Werkzeugsammlung* eine *waagerechte Scrollbar* auf dem Formular und darunter drei Buttons mit den Beschriftungen NACH LINKS, IN DIE MITTE und NACH RECHTS.

Stellen Sie die *Starteigenschaften* der Scrollbar ein: Minimum 0, Maximum 100, Startposition des Reglers 30. Merken Sie sich die Zeilen im Eigenschaftsfenster – das sind die später benötigten *Eigenschaften*.

Sorgen Sie dann für die drei *Rahmen für die Ereignisprozeduren* für die Ereignisse *Klick auf jeden Button*. Bei Klick auf den linken Button soll der Regler an den linken Rand springen, bei Klick auf den rechten Button nach rechts. Bei Klick auf den mittleren Button soll der Regler genau in die Mitte springen. Testen Sie.

Die Lösung der Aufgabe finden Sie auf Seite 407.

A.17.2   Übung 17.2

Wenn Sie die download-Möglichkeit genutzt haben, dann starten Sie Excel, öffnen die Datei UEB17_02.XLS und wechseln mit Alt + F11 zum VB-System. Sie sehen dann, notfalls nach ANSICHT→OBJEKT die schon vorbereitete Benutzeroberfläche.

Falls Sie selbst üben möchten, dann platzieren Sie zuerst aus der *Werkzeugsammlung* eine *Checkbox* mit der Beschriftung STATUS: auf dem Formular und darunter zwei Buttons mit den Beschriftungen EINSCHALTEN und AUSSCHALTEN.

Sorgen Sie nun dafür, dass bei Klick auf den linken Button zwei Befehle ausgeführt werden: Die Checkbox erhält den Haken, und ihre Beschriftung ändert sich auf STATUS: EIN. Bei Klick auf den rechten Button soll der Haken verschwinden und die Beschriftung sich auf STATUS: AUS ändern.

Die Lösung der Aufgabe finden Sie auf Seite 408.

A.17.3   Übung 17.3

Wenn Sie die download-Möglichkeit genutzt haben, dann starten Sie Excel, öffnen die Datei UEB17_03.XLS und wechseln mit $\boxed{\text{Alt}}$ + $\boxed{\text{F11}}$ zum VB-System. Sie sehen dann, notfalls nach ANSICHT→OBJEKT die schon vorbereitete Benutzeroberfläche.

Falls Sie selbst üben möchten, dann platzieren Sie zuerst aus der *Werkzeugsammlung* zwei waagerechte Scrollbars auf dem Formular.

Stellen Sie die Starteigenschaften ein: Beide Male Minimum 0, Maximum 100, aber oben soll der Regler anfangs am linken Rand stehen, während unten der Regler anfangs rechts stehen soll.

Sorgen Sie nun dafür, dass dann, wenn der *Regler in der oberen Scrollbar* von links nach rechts bewegt wird, sich der Regler unten in gleicher Geschwindigkeit automatisch von rechts nach links bewegt wird. Entsprechend soll bei Bewegung des *unteren Reglers* eine gegenläufige Bewegung oben erreicht werden. Testen Sie.

Die Lösung der Aufgabe finden Sie auf Seite 408.

A.17.4   Übung 17.4

Wenn Sie die download-Möglichkeit genutzt haben, dann starten Sie Excel, öffnen die Datei UEB17_04.XLS und wechseln mit $\boxed{\text{Alt}}$ + $\boxed{\text{F11}}$ zum VB-System. Sie sehen dann, notfalls nach ANSICHT→OBJEKT die schon vorbereitete Benutzeroberfläche.

Falls Sie selbst üben möchten, dann platzieren Sie zuerst aus der *Werkzeugsammlung* in der Mitte des Formulars einen *Button* mit der Beschriftung ...., um den Button herum im Uhrzeigersinn *vier Labels* mit den Startbeschriftungen BERLIN, HAMBURG, BREMEN und MÜNCHEN. Außerdem soll unten in der Mitte ein fünftes, anfangs leeres Label platziert werden.

Überlegen Sie dann, welche Wirkung die folgende Ereignisprozedur haben wird:

```
Private Sub CommandButton1_Click()
Label5.Caption = Label1.Caption
Label1.Caption = Label2.Caption
Label2.Caption = Label3.Caption
Label3.Caption = Label4.Caption
Label4.Caption = Label5.Caption
End Sub
```

Testen Sie, ob Sie richtig vermutet haben. Machen Sie dann zusätzlich das fünfte Label Label5 unsichtbar. Welche Beschriftung wäre dann für den Button zutreffend?

Die Lösung der Aufgabe finden Sie auf Seite 408.

A.18   Übungen zu Kapitel 18

DOWNLOAD   *Öffnen Sie die Seite http://www.w-g-m.de/basic.htm, wählen Sie dort
Dateien für Kapitel 18, geben Sie Ihr Ziel ein. Danach erfolgt das Herunterladen der Datei
KAP18.ZIP in den von Ihnen angegebenen Ordner. Durch Doppelklick auf den Dateinamen
wird diese Datei extrahiert, und Sie erhalten im darunter befindlichen Ordner UEBUNGEN
die Dateien UEB18_01.XLS usw. Mit* $\boxed{Alt}$ + $\boxed{F11}$ *kommen Sie zum Excel-VB-System und
sehen mit ANSICHT→CODE den bereits eingetragenen Programmtext.*

A.18.1   Übung 18.1

Wenn Sie die download-Möglichkeit genutzt haben, dann starten Sie Excel, öffnen die
Datei UEB18_01.XLS und wechseln mit $\boxed{Alt}$ + $\boxed{F11}$ zum VB-System. Sie sehen dann,
notfalls nach ANSICHT→OBJEKT die vorbereitete Benutzeroberfläche.

Falls Sie selbst üben möchten, dann platzieren Sie zuerst aus der *Werkzeugsammlung* eine
*Liste a*uf dem Formular und daneben links und rechts je einen Button mit den Beschriftungen NACH UNTEN und NACH OBEN.

Sorgen Sie mit Hilfe der Ereignisprozedur zum Ereignis *Aktivierung des Formulars* dafür, dass die Liste dann mit den Namen der 16 Bundesländer gefüllt wird (s. Seite 223).

Besorgen Sie sich den *Rahmen* und schreiben Sie dann den *Inhalt der Ereignisprozedur*
zum *Klick auf den linken Button* mit der Beschriftung NACH UNTEN: Steht die Markierung
auf der Position 15, dann soll sie auf die Position Null springen, andernfalls soll sich die
Markierung um eine Zeile nach unten verschieben. Testen Sie – nun muss es einen
„Rundumlauf" geben – die Markierung geht bei jedem Klick von oben nach unten, beginnt dann wieder von oben usw.

Sorgen Sie dann dafür, dass die Wirkung des rechten Buttons entsprechend ist – kommt
die Markierung oben an, beginnt sie automatisch wieder in der untersten Zeile der Liste.
Testen Sie.

Die Lösung der Aufgabe finden Sie auf Seite 409.

A.18.2   Übung 18.2

Wenn Sie die download-Möglichkeit genutzt haben, dann starten Sie Excel, öffnen die
Datei UEB18_02.XLS und wechseln mit $\boxed{Alt}$ + $\boxed{F11}$ zum VB-System. Sie sehen dann,
notfalls nach ANSICHT→OBJEKT die vorbereitete Benutzeroberfläche.

Falls Sie selbst üben möchten, dann platzieren Sie zuerst aus der *Werkzeugsammlung* eine
*Scrollbar a*uf dem Formular und darunter nebeneinander je einen Button mit den Beschriftungen LINKS HERUM und RECHTS HERUM.

Stellen Sie die Starteigenschaften der Scrollbar ein: Minimum 0, Maximum 5, die Position der Markierung (Zeile `Value` im Eigenschaftsfenster) soll anfangs gleich 3 sein.

Besorgen Sie sich den *Rahmen* und schreiben Sie dann den *Inhalt der Ereignisprozedur*
zum *Klick auf den linken Button* mit der Beschriftung LINKS HERUM: Steht der Regler auf
einer Position größer als Null, so soll sich die Position um Eins nach links verschieben.
Andernfalls soll sie auf die Position Fünf (rechter Rand) springen.

Testen Sie – nun muss es einen „Rundumlauf" nach links geben – die Markierung geht bei jedem Klick nach links, beginnt dann wieder am rechten Rand usw.

Sorgen Sie dann dafür, dass die Wirkung des rechten Buttons entsprechend ist – kommt der Regler rechts an, beginnt er beim nächsten Klick automatisch wieder am linken Rand usw. Testen Sie.

Die Lösung der Aufgabe finden Sie auf Seite 409.

A.18.3   Übung 18.3

Wenn Sie die download-Möglichkeit genutzt haben, dann starten Sie Excel, öffnen die Datei UEB18_03.XLS und wechseln mit $\boxed{\text{Alt}}$ + $\boxed{\text{F11}}$ zum VB-System. Sie sehen dann, notfalls nach ANSICHT→OBJEKT die vorbereitete Benutzeroberfläche.

Falls Sie selbst üben möchten, dann platzieren Sie zuerst aus der *Werkzeugsammlung* eine *Scrollbar* auf dem Formular, Darunter einen *Button* mit der Beschriftung *Im Uhrzeigersinn durch Deutschland.*

Zusätzlich sind vier Labels mit folgenden Beschriftungen nacheinander auf dem Formular anzuordnen: Oben FLENSBURG, rechts GÖRLITZ, unten GARMISCH, links AACHEN.

Folgende *Starteinstellungen* sind mit Hilfe der *Eigenschaftsfenster* vorzubereiten: Minimum der Scrollbar 1, Maximum 4, Reglerstellung 1. Label FLENSBURG sichtbar, die anderen drei Label unsichtbar. Merken Sie sich die Zeile für die Sichtbarkeit (Visible).

Besorgen Sie sich den *Rahmen* und schreiben Sie dann den *Inhalt der Ereignisprozedur* zum *Klick auf den Button* mit der Beschriftung IM UHRZEIGERSINN DURCH DEUTSCHLAND: Steht der Regler links von der Vier, dann soll er um eine Position nach rechts gehen. Andernfalls soll er auf die Eins an den linken Rand springen.

Anschließend sollen in derselben Ereignisprozedur alle Labels unsichtbar gemacht werden. Schließlich soll das Label, das der Reglerposition entspricht, sichtbar werden.

Testen Sie: Nun muss bei Klick auf den Button im Uhrzeigersinnn nacheinander jeweils eine der deutschen Grenzstädte sichtbar werden, die anderen sind dann unsichtbar.

Die Lösung der Aufgabe finden Sie auf Seite 410.

Überlegen Sie sich zusätzlich, ob man mit einfachem *Test der Sichtbarkeit der Label* die Aufgabe auch hätte lösen können: Ist Label1 sichtbar, soll Label2 sichtbar werden. Ist Label2 sichtbar, so soll Label3 sichtbar werden. Geht das so? Wenn nein, warum nicht?

A.19   Übungen zu Kapitel 19

DOWNLOAD   *Öffnen Sie die Seite http://www.w-g-m.de/basic.htm, wählen Sie dort*
Dateien für Kapitel 19, geben Sie Ihr Ziel ein. Danach erfolgt das Herunterladen der Datei
KAP19.ZIP *in den von Ihnen angegebenen Ordner. Durch Doppelklick auf den Dateinamen*
wird diese Datei extrahiert, und Sie erhalten im darunter befindlichen Ordner UEBUNGEN
die Dateien UEB19_01.XLS *usw. Mit* $\boxed{Alt}$ + $\boxed{F11}$ *kommen Sie zum Excel-VB-System.*

A.19.1   Übung 19.1

Wenn Sie die download-Möglichkeit genutzt haben, dann starten Sie Excel, öffnen die
Datei UEB19_01.XLS und wechseln mit $\boxed{Alt}$ + $\boxed{F11}$ zum VB-System. Sie sehen dann,
notfalls nach ANSICHT→OBJEKT die vorbereitete Benutzeroberfläche.

Falls Sie selbst üben möchten, dann platzieren Sie zuerst aus der *Werkzeugsammlung* wie
in der Abbildung vorgegeben ein Textfenster mit vorstehendem Label auf dem Formular,
dann eine Gruppe Optionbuttons mit entsprechenden Beschriftungen, darunter das Ergebnis-Label mit erläuterndem Text. Anfangs soll alles leer sein.

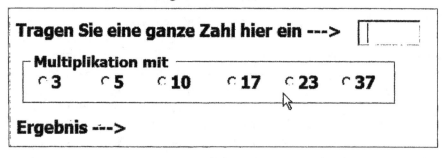

Programmieren Sie dann zuerst die sechs Ereignisprozeduren: Bei Wahl eines Faktors
(Klick auf einen der sechs Optionbuttons) im Rahmen mit der Beschriftung MULTI-
PLIKATION MIT ist mit dem Inhalt des Textfensters die Rechnung auszuführen, das Ergeb-
nis ist rechts unten im Label anzuzeigen. Testen Sie.

Offensichtlich ist es nicht sinnvoll, wenn bei Änderung der Eingabezahl das inzwischen
veraltete Ergebnis im Ausgabe-Label stehen bleibt. Sorgen Sie also für eine Ereignisprozedur, die bei *Änderung im Eingabefenster* das Ausgabe-Label löscht und gleichzeitig die
gesetzte Markierung im Rahmen löscht.

Sorgen Sie weiter durch eine entsprechende Ereignisprozedur dafür, dass *nur Zifferntasten* akzeptiert werden.

Stellen Sie die Sichtbarkeit des kompletten Rahmens mit allen Multiplikatoren anfangs
auf False sein. Erweitern Sie die *Ereignisprozedur zur Änderung im Eingabefenster* in
folgender Weise: Führt die Änderung zu einem Inhalt im Eingabefenster, dann sollen die
Multiplikatoren zu sehen sein. Bei leerem Eingabefenster dagegen sollen sie verschwinden.

Die Lösung der Aufgabe finden Sie auf Seite 411.

A.19.2   Übung 19.2

Wenn Sie die download-Möglichkeit genutzt haben, dann starten Sie Excel, öffnen die Datei UEB19_02.XLS und wechseln mit $\boxed{\text{Alt}}$ + $\boxed{\text{F11}}$ zum VB-System. Sie sehen dann, notfalls nach ANSICHT→OBJEKT die vorbereitete Benutzeroberfläche.

Falls Sie selbst üben möchten, dann platzieren Sie zuerst aus der *Werkzeugsammlung* wie in der Abbildung vorgegeben zwei Textfenster auf dem Formular, dann eine Gruppe Optionbuttons mit entsprechenden Beschriftungen, darunter das Ergebnis-Label Label4 mit erläuterndem Text. Anfangs soll alles leer sein.

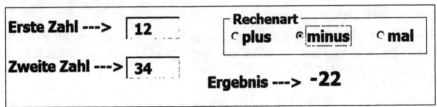

Programmieren Sie dann zuerst die drei Ereignisprozeduren: Bei Wahl einer Rechenart (Klick auf einen der drei Optionbuttons) im Rahmen RECHENART ist mit dem Inhalt der Textfenster die Rechnung auszuführen, das Ergebnis ist rechts unten im Label anzuzeigen. Testen Sie.

Offensichtlich ist es nicht sinnvoll, wenn bei Änderung der Eingabezahl das inzwischen veraltete Ergebnis im Ausgabe-Label stehen bleibt. Sorgen Sie also für zwei Ereignisprozedur, die bei Änderung in einem der Eingabefenster das Ausgabe-Label und gleichzeitig die gesetzte Markierung im Rahmen löscht.

Sorgen Sie weiter durch eine entsprechende Ereignisprozedur dafür, dass *nur Zifferntasten akzeptiert* werden.

Die Lösung der Aufgabe finden Sie auf Seite 412.

A.19.3   Übung 19.3

Wenn Sie die download-Möglichkeit genutzt haben, dann starten Sie Excel, öffnen die Datei UEB19_03.XLS und wechseln mit $\boxed{\text{Alt}}$ + $\boxed{\text{F11}}$ zum VB-System. Sie sehen dann, notfalls nach ANSICHT→OBJEKT die vorbereitete Benutzeroberfläche.

Falls Sie selbst üben möchten, dann entwerfen Sie eine Benutzeroberfläche, de eine Zahl des Nutzers entgegennehmen kann und ihm dann auf Button-Klick mitteilt, ob die von ihm eingegebene Zahl gerade oder ungerade ist. Testen Sie. Die Lösung der Aufgabe finden Sie auf Seite 413.

A.19.4   Übung 19.4

Wenn Sie die download-Möglichkeit genutzt haben, dann starten Sie Excel, öffnen die Datei UEB19_04.XLS und wechseln mit $\boxed{\text{Alt}}$ + $\boxed{\text{F11}}$ zum VB-System. Sie sehen dann, notfalls nach ANSICHT→OBJEKT die vorbereitete Benutzeroberfläche. Nun soll sofort, wenn der Nutzer eine Ziffer eingetippt hat (Ereignis KeyPress) die Teilbarkeit durch 2 mitgeteilt werden. Testen Sie. Die Lösung der Aufgabe finden Sie auf Seite 413.

A.20   Übungen zu Kapitel 20

DOWNLOAD   *Öffnen Sie die Seite http://www.w-g-m.de/basic.htm, wählen Sie dort
Dateien für Kapitel 20, geben Sie Ihr Ziel ein. Danach erfolgt das Herunterladen der Datei
KAP20.ZIP in den von Ihnen angegebenen Ordner. Durch Doppelklick auf den Dateinamen
wird diese Datei extrahiert, und Sie erhalten im darunter befindlichen Ordner UEBUNGEN
die Dateien UEB20_01.XLS usw. Mit* $\boxed{Alt}$ + $\boxed{F11}$ *kommen Sie zum Excel-VB-System.*

A.20.1   Übung 20.1

Wenn Sie die download-Möglichkeit genutzt haben, dann starten Sie Excel, öffnen die
Datei UEB20_01.XLS und wechseln mit $\boxed{Alt}$ + $\boxed{F11}$ zum VB-System. Sie sehen dann,
notfalls nach ANSICHT→OBJEKT die vorbereitete Benutzeroberfläche. Weiter vorbereitet
ist auch schon die umfangreiche Ereignisprozedur zum Ereignis *Aktivierung des Formulars*
zur Startbelegung der fünf Listen. Beschriften Sie den darunter liegenden Button mit der
Frage WELCHES LAND STEHT IM TELEFONBUCH AM WEITESTEN VORN?

Beschaffen Sie dann den *Rahmen der Ereignisprozedur* zum Ereignis *Klick auf den Button*. Die Lösung der Aufgabe erhalten Sie, indem Sie eine *Minimum-Aufgabe* lösen. Arbeiten Sie mit zwei String-Speicherplätzen min und wert (Vereinbarung: Dim wert
as String, min as String) und lassen Sie in der Länderliste den nun „kleinsten"
Wert finden. Der *kleinste Wert*, der sich beim *Vergleich von Zeichenfolgen* (Texten) ergibt, ist nämlich gerade derjenige, der im Telefonbuch oder jedem Wörterbuch am weitesten vorn steht. Man spricht dann von *lexikografischer Ordnung* (siehe auch Abschnitt
9.3.4 auf Seite 118). Die Lösung der Aufgabe finden Sie auf Seite 414.

A.20.2   Übung 20.2

Arbeiten Sie mit dem Programm-Rahmen aus der Datei UEB20_02.XLS. Betrachten Sie folgende Ereignisprozedur zum *Button-Klick*:

```
Option Explicit
Private Sub CommandButton1_Click()
Dim i As Integer, wert As String, max As String
wert = ListBox1.List(0)
max = wert
For i = 1 To 15
    wert = ListBox1.List(i)
    If Len(wert) > Len(max) Then max = wert
    Next i
MsgBox ("Ergebnis: " + max)
End Sub
```

Was wird hiermit gefunden? Was muss auf den Button geschrieben werden? Erraten Sie
die Bedeutung der Funktion Len. Die Lösung der Aufgabe finden Sie auf Seite 415.

A.21 Übungen zu Kapitel 21

DOWNLOAD *Öffnen Sie die Seite http://www.w-g-m.de/basic.htm, wählen Sie dort Dateien für Kapitel 21, geben Sie Ihr Ziel ein. Danach erfolgt das Herunterladen der Datei* KAP21.ZIP *in den von Ihnen angegebenen Ordner. Durch Doppelklick auf den Dateinamen wird diese Datei extrahiert, und Sie erhalten im darunter befindlichen Ordner* UEBUNGEN *die Projekt-Dateien* UEB21_01.VBP *usw.*

A.21.1 Übung 21.1

Wenn Sie die download-Möglichkeit genutzt haben, dann starten Sie VB 6.0 aus dem Visual Studio 6.0, öffnen das Projekt UEB21_01.VBP und beseitigen die Pluszeichen im *Projektexplorer*, so dass Sie die vorbereitete *Benutzeroberfläche* sehen können.

Wenn Sie selbst üben wollen, dann starten Sie VB 6.0 und geben dem vorhandenen *Formular* zuerst die Überschrift ÜBUNGEN ZU KAPITEL 21. Testen Sie das Formular. Speichern Sie – sowohl zuerst das Formular als auch danach das Projekt unter dem Namen UEB21_01. Platzieren Sie einen Button auf dem Formular und lösen Sie die Aufgabe des Beispiels aus Abschnitt 15.3.1 von Seite 218: Bei Mausbewegung über dem Button soll in einem Mitteilungsfenster MsgBox die Meldung *Mausbewegung über dem Button* erscheinen. Testen Sie.

Wenn Sie die Aufgabe gelöst haben, dann lassen Sie eine EXE-Datei erzeugen, schließen Sie VB 6.0 und überzeugen Sie sich, dass auch ohne VB-6.0-System die Benutzeroberfläche mit entsprechender Reaktion gestartet werden kann.

Die Lösung der Aufgabe finden Sie auf Seite 415.

A.21.2 Übung 21.2

Wenn Sie die download-Möglichkeit genutzt haben, dann starten Sie VB 6.0 aus dem Visual Studio 6.0, öffnen das Projekt UEB21_02.VBP und beseitigen die Pluszeichen im *Projektexplorer*, so dass Sie die vorbereitete *Benutzeroberfläche* sehen können.

Wenn Sie selbst üben wollen, dann starten Sie VB 6.0 und geben dem vorhandenen *Formular* zuerst die Überschrift ÜBUNGEN ZU KAPITEL 21. Testen Sie das Formular. Speichern Sie – sowohl zuerst das Formular als auch danach das Projekt unter dem Namen UEB21_02.

Platzieren Sie ein Textfenster mit dem Startinhalt VISUAL-BASIC-PROGRAMMIERUNG auf dem Formular und lösen Sie die Aufgabe des Beispiels aus Abschnitt 15.3.2 von Seite 220: Bei Tastendruck im Textfenster soll in einem Mitteilungsfenster MsgBox die Meldung *Eine Taste wurde gedrückt* erscheinen. Testen Sie.

Wenn Sie die Aufgabe gelöst haben, dann lassen Sie eine exe-Datei erzeugen, schließen Sie VB 6.0 und überzeugen Sie sich, dass auch ohne VB-6.0-System die Benutzeroberfläche mit entsprechender Reaktion gestartet werden kann.

Die Lösung der Aufgabe finden Sie auf Seite 415.

A.21.3 Übung 21.3

Wenn Sie die download-Möglichkeit genutzt haben, dann starten Sie VB 6.0 aus dem Visual Studio 6.0, öffnen das Projekt UEB21_03.VBP und beseitigen die Pluszeichen im *Projektexplorer*, so dass Sie die vorbereitete *Benutzeroberfläche* sehen können.

Wenn Sie selbst üben wollen, dann starten Sie VB 6.0 und geben dem vorhandenen *Formular* zuerst die Überschrift ÜBUNGEN ZU KAPITEL 21. Testen Sie das Formular. Speichern Sie – sowohl zuerst das Formular als auch danach das Projekt unter dem Namen UEB21_03.

Platzieren Sie eine leere Liste auf dem Formular und lösen Sie die Aufgabe des Beispiels aus Abschnitt 16.1.2 von Seite 222: Beim *Laden des Formulars* (ist in VB Standard-Ereignis des Formulars) soll die Liste mit den Namen der 16 Bundesländer gefüllt werden. Außerdem soll das Bundesland Hessen die *Startmarkierung* tragen.

Wenn Sie die Aufgabe gelöst haben, dann lassen Sie eine exe-Datei erzeugen, schließen Sie VB 6.0 und überzeugen Sie sich, dass auch ohne VB-6.0-System die Benutzeroberfläche mit entsprechender Reaktion gestartet werden kann.

Die Lösung der Aufgabe finden Sie auf Seite 415.

A.21.4   Übung 21.4

Wenn Sie die download-Möglichkeit genutzt haben, dann starten Sie VB 6.0 aus dem Visual Studio 6.0, öffnen das Projekt UEB21_04.VBP und beseitigen die Pluszeichen im *Projektexplorer*, so dass Sie die vorbereitete *Benutzeroberfläche* sehen können.

Wenn Sie selbst üben wollen, dann starten Sie VB 6.0 und geben dem vorhandenen *Formular* zuerst die Überschrift ÜBUNGEN ZU KAPITEL 21. Testen Sie das Formular. Speichern Sie – sowohl zuerst das Formular als auch danach das Projekt unter dem Namen UEB21_04.

Platzieren Sie nun entsprechend dem Bild 17.13 aus Abschnitt 17.3.2 (Seite 239) einen *Button* mit der Startbeschriftung ALLES in der Mitte des Formulars, darüber ein *Label* mit der Beschriftung NORDEN, rechts daneben einen *Optionbutton* mit der Beschriftung OSTEN, darunter ein *Textfenster* mit dem Startinhalt SÜDEN und links daneben eine *Checkbox* mit der Startbeschriftung WESTEN. Testen Sie die Benutzeroberfläche, ob die gewünschten Startbeschriftungen und -inhalte auch erscheinen.

Lösen Sie dann die auf Seite 239 beschriebene einfache und erweiterte Aufgabenstellung: Bei Klick auf den Button sollen die Bezeichnungen der Himmelsrichtungen kürzer werden zu NORD, OST, SÜD bzw. WEST, und Checkbox und Optionbutton sollen gleichzeitig die Markierung bekommen. Testen Sie. Die Lösung der Aufgabe finden Sie auf Seite 416.

A.21.5   Übung 21.5

Wenn Sie die download-Möglichkeit genutzt haben, dann starten Sie VB 6.0 aus dem Visual Studio 6.0, öffnen das Projekt UEB21_05.VBP und beseitigen die Pluszeichen im *Projektexplorer*, so dass Sie die vorbereitete *Benutzeroberfläche* sehen können. Wenn Sie selbst üben wollen, dann starten Sie VB 6.0 und geben dem vorhandenen *Formular* zuerst die Überschrift ÜBUNGEN ZU KAPITEL 21. Testen Sie das Formular. Speichern Sie – sowohl zuerst das Formular als auch danach das Projekt unter dem Namen UEB21_05.

Platzieren Sie nun entsprechend dem Bild 18.4 aus Abschnitt 18.1.2 (Seite 262) eine *Checkbox* mit der von VB 6.0 vorgeschlagenen Startbeschriftung in der Mitte des Formulars. Lösen Sie die Aufgabe: Klickt der Nutzer in die Checkbox, so soll mitgeteilt werden, ob es ein *Einklick* oder ein *Ausklick* war. Die Lösung der Aufgabe finden Sie auf Seite 416.

A.22 Übungen zu Kapitel 22

DOWNLOAD *Öffnen Sie die Seite http://www.w-g-m.de/basic.htm, wählen Sie dort Dateien für Kapitel 22, geben Sie Ihr Ziel ein. Danach erfolgt das Herunterladen der Datei* KAP22.ZIP *in den von Ihnen angegebenen Ordner. Durch Doppelklick auf den Dateinamen wird diese Datei extrahiert, und Sie erhalten im darunter befindlichen Ordner* UEBUNGEN *die Projekt-Dateien* UEB22_01.VBP *usw.*

A.22.1 Übung 22.1

Wenn Sie die download-Möglichkeit genutzt haben, dann starten Sie VB 6.0 aus dem Visual Studio 6.0, öffnen das Projekt UEB22_01.VBP und beseitigen die Pluszeichen im *Projektexplorer*, so dass Sie die vorbereitete *Benutzeroberfläche* sehen können.

Wenn Sie selbst üben wollen, dann starten Sie VB 6.0 und geben dem vorhandenen *Formular* zuerst die Überschrift ÜBUNGEN ZU KAPITEL 22. Testen Sie das Formular. Speichern Sie – sowohl zuerst das Formular als auch danach das Projekt unter dem Namen UEB22_01.

Platzieren Sie nun einen *Timer* mit der Starteinstellung Enabled=True und Interval=500 links auf dem Formular, rechts daneben ein *Label* mit der Start-Beschriftung ACHTUNG! Testen Sie die Benutzeroberfläche.

Sorgen Sie für den *Rahmen der Ereignisprozedur* zum *Timer-Ereignis*. Programmieren Sie für dessen *Inhalt* dann die folgende *Alternative*: Enthält das Label die Beschriftung ACHTUNG!, dann soll das Label *keinen Inhalt* bekommen (leer werden, Zuweisung des *leeren Strings* "", s. Abschnitt 6.1.4 auf Seite 83). *Andernfalls* soll das Label die Beschriftung ACHTUNG! erhalten. Testen Sie. Wenn Sie alles richtig gemacht haben, dann muss im Label die Schrift ACHTUNG! im Halbsekundentakt aufleuchten und wieder verlöschen. Sie haben damit *blinkende Schrift* programmiert.

Die Lösung der Aufgabe finden Sie auf Seite 417.

A.22.2 Übung 22.2

Wenn Sie die download-Möglichkeit genutzt haben, dann starten Sie VB 6.0 aus dem Visual Studio 6.0, öffnen das Projekt UEB22_01.VBP und beseitigen die Pluszeichen im *Projektexplorer*, so dass Sie die vorbereitete *Benutzeroberfläche* sehen können.

Wenn Sie selbst üben wollen, dann starten Sie VB 6.0 und geben dem vorhandenen *Formular* zuerst die Überschrift ÜBUNGEN ZU KAPITEL 22. Testen Sie das Formular. Speichern Sie – sowohl zuerst das Formular als auch danach das Projekt unter dem Namen UEB22_02.

Platzieren Sie nun einen *Timer* mit der Starteinstellung Enabled=False und Interval=500 links oben auf dem Formular. In die *Mitte des Formulars* (siehe Bild auf der nächsten Seite) kommt ein *Button* mit der *Anfangsbeschriftung* START, oben soll ein *Label* mit der *Startbeschriftung* FLENSBURG erscheinen, rechts ein *Label* mit GÖRLITZ, unten ein *Label* mit GARMISCH, links ein *Label* mit AACHEN. Rechts unten wird das letzte *Label, leer,* mit dem Namen Label5 platziert; es wird später unsichtbar gemacht.

Sorgen Sie zuerst für den *Rahmen der Ereignisprozedur* zum Ereignis *Klick auf den Button*. Programmieren Sie für dessen *Inhalt* die folgende *Alternative*:

Enthält der Button die Beschriftung START, dann soll die Beschriftung auf STOPP wechseln und *der Timer angeschaltet* werden. *Andernfalls* soll die Beschriftung zu START werden und der Timer wird *angehalten*. Testen Sie.

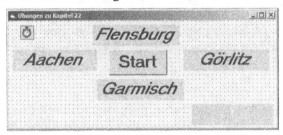

Beschaffen Sie sich anschließend zuerst den *Rahmen der Ereignisprozedur* zum *Timer-Ereignis*. Programmieren Sie dann deren *Inhalt*: Wenn das Timer-Ereignis eintritt, sollen die *Beschriftungen der Label* entgegen dem Uhrzeigersinn *getauscht* werden, so dass nach dem vierten Timer-Ereignis wieder der Anfangszustand hergestellt ist. Nutzen Sie dafür das fünfte (Hilfs-) Label und verwenden Sie auch die Aufgabe 17.4 (Seite 371). Testen Sie. – Die Lösung der Aufgabe finden Sie auf Seite 417. Überlegen Sie sich, was zu tun wäre, um *im Uhrzeigersinn* zu tauschen. Testen Sie.

A.22.3   Übung 22.3

Wenn Sie die download-Möglichkeit genutzt haben, dann starten Sie VB 6.0 aus dem Visual Studio 6.0, öffnen das Projekt UEB22_03.VBP und beseitigen die Pluszeichen im *Projektexplorer*, so dass Sie die vorbereitete *Benutzeroberfläche* sehen können. Wenn Sie selbst üben wollen, dann starten Sie VB 6.0 und geben dem vorhandenen *Formular* zuerst die Überschrift ÜBUNGEN ZU KAPITEL 22. Testen Sie das Formular und speichern Sie unter dem Namen UEB22_03.

Platzieren Sie auf dem *Formular* einen *Timer* (aktiv, 500 ms), eine *horizontale Scrollbar* (später unsichtbar), ein Label (später unsichtbar) mit der Beschriftung DIE BUNDESREPUBLIK DEUTSCHLAND BESTEHT AUS 16 BUNDESLÄNDERN , darunter ein *leeres Label*. Sorgen Sie dann für *Rahmen* und *Inhalt* der *Ereignisprozedur* zum (Standard-) Ereignis *Formular wird geladen*: Das *Maximum der Scrollbar* soll auf die *Länge* (Len) *der Beschriftung* von Label1 gesetzt werden.

Inhalt der *Ereignisprozedur* zum *Timer-Ereignis*: Ist der Regler *nicht rechts*, dann soll er *um 1* nach rechts *wandern*, gleichzeitig sollen so viele Stellen der *Beschriftung des Label1* in Label2 angezeigt werden, wie der *Wert der Reglerstellung* beträgt (Verwendung der Funktion Left, siehe Seite 89). Andernfalls soll der Regler auf Null springen.

Testen Sie: Wenn Sie alles richtig gemacht haben, muss nun die Schrift *von rechts nach links* in das Label2 hineinlaufen (*Laufschrift*). Zur Lösung der Aufgabe: siehe Seite 418.

A.23   Übungen zu Kapitel 23

DOWNLOAD   *Öffnen Sie die Seite http://www.w-g-m.de/basic.htm, wählen Sie dort Dateien für Kapitel 23, geben Sie Ihr Ziel ein. Danach erfolgt das Herunterladen der Datei* KAP23.ZIP *in den von Ihnen angegebenen Ordner. Durch Doppelklick auf den Dateinamen wird diese Datei extrahiert, und Sie erhalten im darunter befindlichen Ordner* UEBUNGEN *die Dateien* UEB23_01.XLS *usw. Mit* Alt + F11 *kommen Sie zum Excel-VBA-System.*

A.23.1   Übung 23.1

In Großkleinstadt sind Wahlen. Vier Parteien stellen sich zur Wahl. Am Abend erfolgt die Stimmenauszählung. Dafür ist eine Excel-Tabelle vorzubereiten, die in den oberen drei Zeilen die aktuellen Bilanzen und ab Zeile 5 die Einträge für die Ergebnisse der Auszählung der einzelnen Wahlbezirke enthalten soll.

	A	B	C	D	E	F
1	2	<-- Anzahl der bereits ausgezählten Wahlkreise				
2		Name der Partei -->	Partei A	Partei B	Partei C	Partei D
3		bisher erhaltene Stimmen -->	46	68	90	112
4		Name des Wahlkreises	Partei A	Partei B	Partei C	Partei D
5		Altstadt 13	23	23	34	45
6		Neustadt 2	23	45	56	67
7						
8						
9						
10						

Wenn Sie die download-Möglichkeit genutzt haben, dann starten Sie Excel und öffnen die Datei UEB23_01.XLS. Stellen Sie die Tabelle in der angegebenen Form her. Welche Excel-Formeln müssen in die Zellen A1, C3, D3, E3 und F3 eingetragen werden, damit nach den Eintragen eines weiteren Wahlkreises automatisch stets das aktuelle Ergebnis angezeigt wird? Die Lösung finden Sie auf Seite 418.

A.23.2   Übung 23.2

Man kann man nicht annehmen, dass jeder freiwillige Helfer im Wahllokal souverän mit Excel umgehen kann. Deshalb bereiten wir eine einfache Benutzeroberfläche als Hilfe zur Eingabe (eine so genannte Eingabe-Maske) vor (im download: UEB23_02.XLS):

Sorgen Sie nun weiter dafür, dass *beim Öffnen der Excel-Arbeitsmappe* automatisch die Tabelle der Wahlergebnisse aktiviert und zusätzlich sofort diese Eingabemaske *davor* gelegt wird. Die Lösung der Aufgabe finden Sie auf Seite 418.

A.23.3   Übung 23.3

Arbeiten Sie mit der Datei UEB23_03.XLS oder speichern Sie die Lösung der vorigen Aufgabe unter dem Namen UEB23_03 ab. Gehen Sie zum VB-System über.

Nun ist die Ereignisprozedur zum Ereignis *Klick auf den Button* mit der Beschriftung ÜBERNEHMEN zu schreiben:

Zuerst ist dort unter Verwendung des Inhalts der Zelle A1 die *Nummer der Zeile* zu ermitteln, in die die Angaben jeweils einzutragen sind.

Dann sind die Angaben zum Wahlkreis und die jeweiligen Stimmenzahlen *aus den Textfenstern* in die richtigen *Zellen der Tabelle* zu übertragen. Die Textfenster sind zu löschen.

Die Lösung der Aufgabe finden Sie auf Seite 419.

A.23.4   Übung 23.4

Arbeiten Sie mit der Datei UEB23_04.XLS oder speichern Sie die Lösung der vorigen Aufgabe unter dem.Namen UEB23_04 ab. Gehen Sie zum VB-System über.

Noch sind Fehleingaben möglich: Auch wenn *nicht alle* Textfenster einen Inhalt haben, wird übertragen. Das darf nicht sein. Sorgen Sie dafür, dass *nur dann* aus der Benutzeroberfläche in die Tabelle übertragen wird, wenn *alle fünf Textfenster* einen Inhalt haben.

Die Lösung der Aufgabe finden Sie auf Seite 419.

A.23.5   Übung 23.5

Arbeiten Sie mit der Datei UEB23_05.XLS oder speichern Sie die Lösung der vorigen Aufgabe unter dem Namen UEB23_05 ab. Gehen Sie zum VB-System über.

Sorgen Sie nun dafür, dass in die Fenster Textbox2 bis Textbox5 für die Stimmenanzahl *nur Ziffern* eingetragen werden können – falsche Tasten sind also zu annullieren (s. Abschnitt 18.1.4 auf Seite 263).

Die Lösung der Aufgabe finden Sie auf Seite 420.

A.23.6   Übung 23.6

Arbeiten Sie mit der Datei UEB23_06.XLS oder speichern Sie die Lösung der vorigen Aufgabe unter dem Namen UEB23_06 ab. Gehen Sie zum VB-System über.

Noch wäre das Wahlergebnis *manipulierbar*, denn die Benutzeroberfläche kann vom kundigen Excel-Nutzer geschlossen werden – damit erwirbt er den direkten Zugang zur Tabelle. Das darf nicht sein!

Folglich sollte abschließend für das *Formular-Ereignis* Terminate in einer Ereignisprozedur das *Zwangsspeichern der Arbeitsmappe* und nachfolgendes *Zwangs-Schließen der Arbeitsmappe* programmiert werden. Die Lösung der Aufgabe finden Sie auf Seite 420.

B   Anhang B: Lösungen

B.2   Lösungen zu Kapitel 2

DOWNLOAD   *Öffnen Sie die Seite http://www.w-g-m.de/basic.htm, wählen Sie dort Dateien für Kapitel 2, geben Sie Ihr Ziel ein. Danach erfolgt das Herunterladen der Datei KAP02.ZIP in den von Ihnen angegebenen Ordner. Durch Doppelklick auf den Dateinamen wird diese Datei extrahiert, und Sie erhalten im darunter befindlichen Ordner* LOESUNGEN *die Dateien* LOESG02_01.XLS *usw. Mit* $\boxed{Alt}$ + $\boxed{F11}$ *kommen Sie zum Excel-VB-System und sehen mit* ANSICHT→CODE *den bereits eingetragenen Programmtext.*

B.2.1   Lösung 2.1

Das Programm lässt im Summenspeicherplatz summe jede erfasste Zahl zum vorherigen Bestand hinzufügen – so, wie das jede Kassiererin an einer alten Ladenkasse auch macht. Voraussetzung ist, dass der Summenspeicherplatz anfangs auf Null gesetzt wird.

Durch zweimaliges Ergänzen der Kombination

```
zuwachs = Val(InputBox("Ganze Zahl eingeben:"))
summe = summe + zuwachs
```

erfasst das Programm vier ganze Zahlen und liefert deren Summe. Für 100 Zahlen müssten also in dieser Art 200 Programmzeilen geschrieben werden.

B.2.2   Lösung 2.2

Mit der Startbelegung produkt=1 und der anschließenden Befehlsfolge

```
zuwachs = Val(InputBox("Ganze Zahl eingeben:"))
produkt = produkt * zuwachs
zuwachs = Val(InputBox("Ganze Zahl eingeben:"))
produkt = produkt * zuwachs
zuwachs = Val(InputBox("Ganze Zahl eingeben:"))
produkt = produkt * zuwachs
MsgBox ("Produkt=" + Str(produkt))
```

wird die Aufgabe gelöst. Würde der Speicherplatz produkt falsch mit *Null* initialisiert, dann käme *immer Null* heraus.

B.2.3   Lösung 2.3

Die *Stunde* muss mit *60* multipliziert werden, dazu die *Minute* – und eine Eins muss dann noch addiert werden, damit um *0:00 Uhr* bereits die Tagesminute *Eins* angezeigt wird:

```
stunde = Val(InputBox("Stunde eingeben:"))
min = Val(InputBox("Minute eingeben:"))
```

```
tagmin = 60 * stunde + min + 1
MsgBox ("Tagesminute=" + Str(tagmin))
```

B.2.4   Lösung 2.4

Wir brauchen mindestens *fünf Speicherplätze*, zwei für die Abfahrtszeit, zwei für die Ankunftszeit, und einen für die gefahrenen Minuten. Sie sollten *sinnvolle Namen* bekommen. Die Minutendifferenz berechnen wir einfach, indem wir die beiden *Tagesminuten* berechnen lassen und sofort *voneinander abziehen* (Abfahrt und Ankunft am selben Tag vorausgesetzt):

```
'******** Vereinbarungsteil *********************************
Dim abstd As Integer, abmin As Integer
Dim anstd As Integer, anmin As Integer
Dim mindiff As Integer
'******** Ausführungsteil *********************************
abstd = Val(InputBox("Abfahrtsstunde eingeben:"))
abmin = Val(InputBox("Abfahrtsminute eingeben:"))
anstd = Val(InputBox("Ankunftsstunde eingeben:"))
anmin = Val(InputBox("Ankunftssminute eingeben:"))
mindiff = (60 * anstd + anmin - 1) - (60 * abstd + abmin - 1)
MsgBox ("Er fuhr " + Str(mindiff) + " Minuten")
```

Wird der Vereinbarungsteil zu lang, dann kann man die Deklarationen *auf mehrere Zeilen* verteilen. Allerdings muss dann *jede weitere Zeile* wieder mit Dim beginnen.

B.4   Lösungen zu Kapitel 4

DOWNLOAD   *Öffnen Sie die Seite http://www.w-g-m.de/basic.htm, wählen Sie dort Dateien für Kapitel 4, geben Sie Ihr Ziel ein. Danach erfolgt das Herunterladen der Datei KAP04.ZIP in den von Ihnen angegebenen Ordner. Durch Doppelklick auf den Dateinamen wird diese Datei extrahiert, und Sie erhalten im darunter befindlichen Ordner LOESUNGEN die Dateien LOESG04_01.XLS usw. Mit Alt + F11 kommen Sie zum Excel-VB-System und sehen mit ANSICHT→CODE den bereits eingetragenen Programmtext.*

B.4.1   Lösung 4.1

Der fehlende Befehl lautet

```
y = Round(x, stellen)
```

B.4.2   Lösung 4.2

Die beiden fehlenden Befehle lauten

```
netto = br / (1 + mws / 100)
```

```
MsgBox ("Nettopreis=" + Str(Round(netto, 2)))
```

Wie in der Mathematik, so gilt natürlich auch beim Programmieren die Regel *Punktrechnung vor Strichrechnung*. Deshalb konnten Klammern weggelassen werden; aber

```
netto = br / (1 + (mws / 100))
```

wäre natürlich auch nicht falsch. Wer sich *unsicher* ist, *setze Klammern*.

B.4.3   Lösung 4.3

Mit den folgenden drei Befehlen kann die Aufgabe gelöst werden:

```
netto = brutto / (1 + mws / 100)
mws_betrag = brutto - netto
MsgBox ("Mehrwertsteuerbetrag=" + Str(Round(mws_betrag, 2)))
```

B.4.4   Lösung 4.4

Mit den folgenden zwei Befehlen kann die Aufgabe gelöst werden:

```
geschw = (meter / sek) * 3.6
MsgBox ("Geschwindigkeit in km/h:" + Str(Round(geschw, 2)))
```

B.5   Lösungen zu Kapitel 5

DOWNLOAD   *Öffnen Sie die Seite http://www.w-g-m.de/basic.htm, wählen Sie dort Dateien für Kapitel 5, geben Sie Ihr Ziel ein. Danach erfolgt das Herunterladen der Datei KAP05.ZIP in den von Ihnen angegebenen Ordner. Durch Doppelklick auf den Dateinamen wird diese Datei extrahiert, und Sie erhalten im darunter befindlichen Ordner LOESUNGEN die Dateien LOESG05_01.XLS usw. Mit Alt + F11 kommen Sie zum Excel-VB-System und sehen mit ANSICHT→CODE den bereits eingetragenen Programmtext.*

B.5.1   Lösung 5.1

```
'******* Vereinbarungsteil *********************************
Dim oben As Integer, unten As Integer
Dim minimum As Integer, teiler As Integer
Dim x As Double, y As Double, stellen As Integer
'******* Ausführungsteil ***********************************
oben = Val(InputBox("Zähler (oben) eingeben"))
unten = Val(InputBox("Nenner (unten) eingeben"))
If oben < unten Then
    minimum = oben
              Else
    minimum = unten
              End If
```

```
teiler = minimum
Do While oben Mod teiler <> 0 Or unten Mod teiler <> 0
    teiler = teiler - 1
    Loop
oben = oben / teiler
unten = unten / teiler
MsgBox ("Zähler=" + Str(oben) + " Nenner=" + Str(unten))
```

B.5.2   Lösung 5.2

Es muss heißen `teiler=minimum+1`. Denn sonst würde (z. B. im Falle 12/6) durch die Verringerung des Teilers schon *vor* dem ersten Teilbarkeitstest der richtige Teiler nicht gefunden. Das geänderte Programmstück lautet dann:

```
teiler = minimum + 1
Do

    teiler = teiler - 1
    Loop While oben Mod teiler <> 0 Or unten Mod teiler <> 0
```

B.5.3   Lösung 5.3

Struktogramm:

```
 _____
|   |\   zahl                             |
|   |/_____   |
|   |\                                  / |
|   | \         zahl nicht gerade?     /  |
|   |j_____/_n|
|   |   Fehler-Info an Nutzer        \|./.|
|   |_____/|___|
|    SOLANGE zahl nicht gerade           |
|_____|
|  zahl                                \  |
|_____/|
```

Im Struktogramm war es noch nicht nötig, die *Einzelheiten des Tests auf Teilbarkeit durch zwei* einzutragen.

Das erfolgt nun bei der Umsetzung in Basic-Text (noch ohne Nutzerinformation bei Fehleingabe):

```
'******* Vereinbarungsteil ********************************
Dim zahl As Integer
```

```
'******** Ausführungsteil  ***********************************
Do
    zahl = Val(InputBox("Gerade Zahl eingeben"))
    Loop While zahl Mod 2 <> 0
MsgBox ("Gerade Zahl=" + Str(zahl))
```

Mit Nutzerinformation:

```
'******** Ausführungsteil  ***********************************
Do
    zahl = Val(InputBox("Gerade Zahl eingeben"))
    If zahl Mod 2 <> 0 Then
        MsgBox ("falsch!")
        End If
    Loop While zahl Mod 2 <> 0
MsgBox ("Gerade Zahl=" + Str(zahl))
```

B.6   Lösungen zu Kapitel 6

DOWNLOAD   *Öffnen Sie die Seite http://www.w-g-m.de/basic.htm, wählen Sie dort Dateien für Kapitel 6, geben Sie Ihr Ziel ein. Danach erfolgt das Herunterladen der Datei* KAP06.ZIP *in den von Ihnen angegebenen Ordner. Durch Doppelklick auf den Dateinamen wird diese Datei extrahiert, und Sie erhalten im darunter befindlichen Ordner* LOESUNGEN *die Dateien* LOESG06_01.XLS *usw. Mit* Alt *+* F11 *kommen Sie zum Excel-VB-System und sehen mit* ANSICHT→CODE *den bereits eingetragenen Programmtext.*

B.6.1   Lösung 6.1

```
Vereinbarungsteil:
'******** Vereinbarungsteil  ***********************************
Dim fenster As String, tx As String, anz As Integer
```

Es handelt sich um die *Fenstertechnik* unter Verwendung der *kopfgesteuerten Schleife* aus Abschnitt 5.2.2 (Seite 71).

Die Erfassung und das Anketten enden *mit Eingabe von* #:

```
    fenster = InputBox("Zeichen eingeben, Ende mit #")
```

B.6.2   Lösung 6.2

Umgibt man die beiden InputBoxen jeweils mit *fußgesteuerten Schleifen* in folgender Weise

```
Do
    fenster = InputBox("Zeichen eingeben")
    Loop While Len(fenster) <> 1
```

```
. . . . . . . . . . . . . . . . .
Do
        fenster = InputBox ("Zeichen eingeben, Ende mit #")
        Loop While Len (fenster) <> 1
```

dann werden dem Nutzer in der Tat nur einstellige Strings abgenommen.

B.6.3   Lösung 6.3

Da es sich nur um *einen einzigen Befehl* handelt (die MsgBox), kann zweimal die *Ausnahmeregelung* in Anspruch genommen werden.

```
Do
        fenster = InputBox ("Zeichen eingeben")
        If Len (fenster) <> 1 Then MsgBox ("Nur 1 Zeichen!!")
        Loop While Len (fenster) <> 1
. . . . . . . . . . . . . . . . . . . . . .
Do
        fenster = InputBox ("Zeichen eingeben, Ende mit #")
        If Len (fenster) <> 1 Then MsgBox ("Nur 1 Zeichen!!")
        Loop While Len (fenster) <> 1
```

B.6.4   Lösung 6.4

Beachten Sie in der MsgBox die Verwendung bzw. Nichtverwendung von Str.

```
'******** Ausführungsteil **********************************
Do
        zeichen = InputBox ("Zeichen eingeben")
        If Len (zeichen) <> 1 Then MsgBox ("Nur 1 Zeichen!!")
        Loop While Len (zeichen) <> 1
wert = Asc (zeichen)
MsgBox ("Ascii-Wert von " + zeichen + " ist " + Str (wert))
```

B.6.5   Lösung 6.5

```
'******** Ausführungsteil **********************************
Do
        wert = Val (InputBox ("ASCII-Wert eingeben"))
        If wert < 32 Or wert > 127 Then MsgBox ("Nur 32 ... 127 !")
        Loop While wert < 32 Or wert > 127
zeichen = Chr (wert)
MsgBox ("Zum ASCII-Wert " + Str (wert) + " gehört " + zeichen)
```

B.7   Lösungen zu Kapitel 7

B.7.1   Lösung 7.1

Vereinbarungsteil:

```
'******** Vereinbarungsteil *********************************
Dim tx As String, z As String
Dim lepos As Integer, anz As Integer, i As Integer
```

Ausgabe:

```
MsgBox (z+" ist in "+tx + " " + Str(anz) + "-mal enthalten")
```

Erzwingen, dass der Nutzer nur genau ein Zeichen eingeben kann:

```
Do
    z = InputBox("Welches Zeichen soll gezählt werden?")
    If Len(z) <> 1 Then MsgBox ("E  i  n   Zeichen!")
Loop While Len(z) <> 1
```

B.7.2   Lösung 7.2

Fußgesteuerte Schleife:

```
Do
    m = InputBox("Welches Muster soll gezählt werden?")
    If Len(m) > Len(tx) Then MsgBox ("Muster zu lang")
Loop While Len(m) > Len(tx)
```

B.7.3   Lösung 7.3

```
'******** Vereinbarungsteil *********************************
Dim tx As String, raus As String, rein As String
Dim lepos As Integer, ty As String, i As Integer
'******** Ausführungsteil ***********************************
tx = InputBox("Tippen Sie den langen String ein ")
raus = InputBox("Welches Zeichen soll raus?")
rein = InputBox("Welches Zeichen soll dafür rein?")
lepos = Len(tx)
```

```
ty = ""
For i = 1 To lepos
    If Mid(tx, i, 1) <> raus Then
        ty = ty + Mid(tx, i, 1)
                            Else
        ty = ty + rein
                            End If
    Next i
MsgBox ("Neuer String=" + ty)
```

B.7.4   Lösung 7.4

```
Do
    raus = InputBox("Welches Zeichen soll raus?")
    If Len(raus) <> 1 Then MsgBox ("E i n   Zeichen!")
    Loop While Len(raus) <> 1
Do
    rein = InputBox("Welches Zeichen soll dafür rein?")
    If Len(rein) <> 1 Then MsgBox ("E i n   Zeichen!")
    Loop While Len(raus) <> 1  .
```

B.7.5   Lösung 7.5

```
'******* Vereinbarungsteil ********************************
Dim tx As String, qsum As Integer
Dim lepos As Integer, i As Integer
'******* Ausführungsteil **********************************
tx = InputBox("Tippen Sie Ihre Ziffernfolge ein")
lepos = Len(tx)
qsum = 0
For i = 1 To lepos
    If i Mod 2 <> 0 Then
        qsum = qsum + (Asc(Mid(tx, i, 1)) - 48)
                    Else
        qsum = qsum + 3 * (Asc(Mid(tx, i, 1)) - 48)
                    End If
    Next i
MsgBox ("Gewichtete Quersumme von"+tx+" beträgt: "+Str(qsum))
```

B.8   Lösungen zu Kapitel 8

DOWNLOAD   *Öffnen Sie die Seite http://www.w-g-m.de/basic.htm, wählen Sie dort*

Dateien für Kapitel 8, geben Sie Ihr Ziel ein. Danach erfolgt das Herunterladen der Datei KAP08.ZIP *in den von Ihnen angegebenen Ordner. Durch Doppelklick auf den Dateinamen wird diese Datei extrahiert, und Sie erhalten im darunter befindlichen Ordner* LOESUNGEN *die Dateien* LOESG08_01.XLS *usw. Mit* [Alt] + [F11] *kommen Sie zum Excel-VB-System und sehen mit* ANSICHT→CODE *den bereits eingetragenen Programmtext.*

B.8.1   Lösung 8.1

Es wird wieder empfohlen, den Programmentwurf zuerst grafisch in Form eines *Struktogramms* darzustellen, um übersichtlich und in Ruhe die Logik analysieren zu können. Wichtig ist vor allem die Frage: Wie lautet hier die *Unschuldsvermutung*?

```
 _____
|\ tx                                   |
|/_____|
|\ z                                    |
|/_____|
| ist_drin=False                        |
|_____|
| Für i=1 bis Länge von tx              |
|      _____|
|     |\      Ist das i-te Zeichen    /|
|     | \      von tx gleich z?      / |
|     |_j_____/n_|
|     |    ist_drin=True          |./.|
|_____|_____|___|
|\                                    /|
| \           ist_drin=True?         / |
|  \                                /  |
|_j_____/_n_|
|  pos. Info        \|  neg. Inf     \|
|_____/|_____/|
```

Der *logische Speicherplatz* sollte hier den Namen ist_drin tragen, und er bekommt diesmal die Startbelegung False.

```
'******** Vereinbarungsteil ********************************
Dim ist_drin As Boolean, tx As String, z As String
Dim i As Integer
```

```
'******** Ausführungsteil ***********************************
tx = InputBox("Bitte geben Sie eine reine Ziffernfolge ein")
z = InputBox("Geben Sie das zu findende Zeichen ein")
ist_drin = False                              'Unschuldsvermutung
For i = 1 To Len(tx)
    If Mid(tx, i, 1) = z Then ist_drin = True
    Next i
If ist_drin = True Then
    MsgBox ("Zeichen ist vorhanden")
                    Else
    MsgBox ("Zeichen nicht vorhanden")
                End If
```

B.8.2   Lösung 8.2

Wenn wir den Speicherplatz z zur Aufnahme des Musters nutzen, ändert sich – neben den Dialogtexten – nur der *Inhalt der Zählschleife*.

Es darf nun nicht nur *ein Zeichen* aus tx herauskopiert und verglichen werden, sondern es muss ein *Teilstring* von derselben Länge wie.das Muster sein:

```
If Mid(tx, i, Len(z)) = z Then ist_drin = True
```

B.8.3   Lösung 8.3

Der Basic-Text zeigt, dass die Untersuchung der einzelnen Zeichen nun nur *innerhalb des NEIN-Zweiges* der eingefügten *Alternative* stattfindet.

Ist der Eingabe-String tx leer, dann beginnt diese Untersuchung überhaupt nicht:

```
ist_ok = True

                                             'Alternative beginnt
If Len(tx) = 0 Then                               'JA-Zweig
  ist_ok = False
              Else                                'NEIN-Zweig
  For i = 1 To Len(tx)
    If (Asc(Mid(tx,i,1))<48 Or Asc(Mid(tx,i,1))>57)Then
            ist_ok = False
            Ende If
    Next i
              End If                         'Ende des NEIN-Zweiges
```

B.8.4 Lösung 8.4

Es ist gar nicht so schwer, wenn man sich klar macht, dass der Zählschleifen-Speicherplatz
i nacheinander die *Werte aller Positionen* annimmt und folglich derjenige ist, aus dem sich
bei erfülltem Falschheits-Test die aktuelle Position ablesen lässt:

```
For i = 1 To Len(tx)
      If Asc(Mid(tx,i,1)) < 48 Or Asc(Mid(tx,i,1)) > 57 Then
            ist_ok = False
            pos = i
            End If
      Next i
```

Da der Inhalt von pos nur dann gefragt ist, wenn es überhaupt mindestens ein Falschzei-
chen gegeben hat, stört es nicht, wenn pos vielleicht leer bleibt. Trotzdem sollte das durch
pos=0 am Beginn des Programms vermieden werden. Bei mehreren falschen Zeichen wird
die *Position des letzten falschen Zeichens* ausgegeben.

B.9 Lösungen zu Kapitel 9

DOWNLOAD *Öffnen Sie die Seite http://www.w-g-m.de/basic.htm, wählen Sie dort
Dateien für Kapitel 9, geben Sie Ihr Ziel ein. Danach erfolgt das Herunterladen der Datei
KAP09.ZIP in den von Ihnen angegebenen Ordner. Durch Doppelklick auf den Dateinamen
wird diese Datei extrahiert, und Sie erhalten im darunter befindlichen Ordner LOESUNGEN
die Dateien LOESG09_01.XLS usw. Mit Alt + F11 kommen Sie zum Excel-VB-System und
sehen mit ANSICHT→CODE den bereits eingetragenen Programmtext.*

B.9.1 Lösung 9.1

```
Do
      index = Val(InputBox("Welcher Index?"))
      If index > 100 Then MsgBox ("Index zu groß!")
      Loop While index > 100
```

B.9.2 Lösung 9.2

```
'******* Vereinbarungsteil ********************************
Dim n As Integer, tx(200) As String, fenster As String
'******* Ausführungsteil **********************************
n = 0
fenster = InputBox("Namen eingeben")
```

```
Do While fenster <> "***"
    n = n + 1
    tx(n) = fenster
    fenster = InputBox("Namen eingeben, Ende mit ***")
    Loop
MsgBox ("Es wurden " + Str(n) + " Namen erfasst")
```

B.9.3   Lösung 9.3

Es werden *drei Zählwerkspeicherplätze* benötigt; deren Inhalt muss anfangs natürlich *auf Null gesetzt* (initialisiert) werden:

```
anz1 = 0
anz2 = 0
anz3 = 0
For i = 1 To n
    If x(i) < d Then anz1 = anz1 + 1
    If x(i) = d Then anz2 = anz2 + 1
    If x(i) > d Then anz3 = anz3 + 1
    Next i
MsgBox ("Besser als Durchschnitt: " + Str(anz1) + " Zensuren")
MsgBox ("Genau im Durchschnitt: " + Str(anz2) + " Zensuren")
MsgBox ("Schlechter als Durchschnitt: "+Str(anz3)+" Zensuren")
```

B.9.4   Lösung 9.4

```
'******** Vereinbarungsteil *********************************
Dim n As Integer, fenster As String, tx(100) As String
Dim txt As String, i As Integer
'******** Ausführungsteil ***********************************
n = 0
fenster = InputBox("Einzelzeichen eingeben")
Do While Len(fenster) = 1
    n = n + 1
    tx(n) = fenster
    fenster = InputBox("Ein Zeichen! Ende bei Fehleingabe")
    Loop
MsgBox ("Es wurden " + Str(n) + " Zeichen erfasst")
txt = ""
```

```
For i = 1 To n
    txt = txt + tx(i)
    Next i
MsgBox ("Text= " + txt)
```

B.9.5   Lösung 9.5

Für die Belegung können zu Testzwecken *vier einfache Zuweisungen* genutzt werden (z. B.
x(1) = 2, x(2) = 5, x(3) = 4 und x(4) = 5).

Es folgt im *Anweisungsteil* die Erfassung des zu zählenden Wertes:

```
wert = Val(InputBox("Welcher Wert soll gezählt werden?"))
anz = 0
```

Im Test innerhalb der Zählschleife kann die *Ausnahmeregelung* genutzt werden:

```
For i = 1 To 4
    If x(i) = wert Then anz = anz + 1
    Next i
MsgBox ("Den Wert "+Str(wert)+" gibt es "+Str(anz)+" -mal")
```

B.9.6   Lösung 9.6

Es ist nur *eine einzige Änderung* nötig, um den *kleinsten Wert* zu bekommen: Das Größer-
Zeichen > muss durch das Kleiner-Zeichen < ersetzt werden. Es empfiehlt sich aber zur
besseren *Verständlichkeit des Programms*, den Speicherplatz max_kand zusätzlich in
min_kand umzubenennen:

```
        If x(i) < min_kand Then
```

B.9.7   Lösung 9.7

```
'******** Vereinbarungsteil ********************************
Dim n As Integer, x(10) As Integer
Dim max_kand As Integer, max_pos As Integer, i As Integer
'******** Ausführungsteil **********************************
x(1) = 3
x(2) = 7
x(3) = 7
x(4) = 2
n = 4
max_kand = x(1)
max_pos = 1
```

```
For i = 2 To n
    If x(i) > max_kand Then
        max_kand = x(i)
        max_pos = i
    End If
    Next i
MsgBox ("Position vom Maximum=" + Str(max_pos))
```

B.10   Lösungen zu Kapitel 10

DOWNLOAD   *Öffnen Sie die Seite http://www.w-g-m.de/basic.htm, wählen Sie dort Dateien für Kapitel 10, geben Sie Ihr Ziel ein. Danach erfolgt das Herunterladen der Datei KAP10.ZIP in den von Ihnen angegebenen Ordner. Durch Doppelklick auf den Dateinamen wird diese Datei extrahiert, und Sie erhalten im darunter befindlichen Ordner LOESUNGEN die Dateien LOESG10_01.XLS usw. Mit $\boxed{Alt}$ + $\boxed{F11}$ kommen Sie zum Excel-VB-System und sehen mit ANSICHT→CODE den bereits eingetragenen Programmtext.*

B.10.1   Lösung 10.1

An die Stelle des einen Befehls

```
s(index).abinote=Val(InputBox("Abiturnote (m. Dezimalpunkt!)"))
```

tritt nun die Befehlsfolge

```
transit1 = InputBox("Abiturnote")
transit2 = ""
For i = 1 To Len(transit1)
    If Mid(transit1, i, 1) <> ","       Then
    transit2 = transit2 + Mid(transit1, i, 1)

        Else
        transit2 = transit2 + "."

        End If
        Next i
s(index).abinote = Val(transit2)
MsgBox (Str(s(index).abinote))               'zur Kontrolle
```

B.10.2   Lösung 10.2

```
'******* Ausführungsteil ********************************
n = 0
fenster = InputBox("Namen eingeben")
```

```
Do While fenster <> "***"
    n = n + 1
    s(n).fname = fenster
    s(n).vname = InputBox("Vorname")
    s(n).alter = Val(InputBox("Alter"))
    s(n).abinote   =   Val(InputBox("Abiturnote   (mit   Dezimal-
punkt)"))
    fenster = InputBox("Namen eingeben, Ende mit ***")
    Loop
MsgBox ("Es wurden " + Str(n) + " Namen erfasst")
```

B.10.3   Lösung 10.3

```
'********* Kennzeichen erfragen ****************************
kennzeichen = InputBox("Welches Kennzeichen wird gesucht?")
'******** Position initialisieren *************************
pos = -1
'******** Überprüfung und ggf. Korrektur ******************
For i = 1 To n
    If land(i).kfz = kennzeichen Then pos = i
    Next i                          .
'******** Auswertung **************************************
If pos <> -1 = True Then
    MsgBox ("Das Land heißt: " + land(pos).landname)
                Else
    MsgBox ("Es gibt kein Land mit dieser Eigenschaft")
                End If
```

B.10.4   Lösung 10.4

Die Befehle zum Öffnen der Dateien zum Lesen sowie zum Lesen aus den Dateien in das
Instanzenfeld sind unverändert genau so, wie in der vorigen Aufgabe oder wie in Abschnitt 10.4 auf Seite 149.

Für den Grenzwert, den der Nutzer belegen muss, muss ein Long-Speicherplatz vereinbart werden. Außerdem werden zwei Zählwerke benötigt.

```
'******** Zählwerke initialisieren ************************
anz_unten = 0
anz_oben = 0
'******** Nutzer soll Wert eingeben ***********************
grenze = Val(InputBox("Welche Bevölkerungszahl interessiert?"))
```

```
'******** Abzählen ******************************************
For i = 1 To n
    If land(i).bewohner < grenze Then anz_unten = anz_unten+1
    If land(i).bewohner >= grenze Then anz_oben = anz_oben+1
    Next i
'******** Auswertung ****************************************
MsgBox (Str(anz_unten) + " Länder unter " + Str(grenze))
MsgBox (Str(anz_oben) + " Länder nicht unter " + Str(grenze))
```

Man beachte, dass das *Gegenteil von kleiner* nicht *größer* ist, sondern *größer und gleich*. Dafür wird in Basic die Schreibweise >= benutzt.

B.10.5   Lösung 10.5

```
'******** Kandidat festlegen*********************************
max = land(1).bewohner / land(1).flaeche
maxpos = 1
'******** Überprüfen ****************************************
For i = 1 To n
    If land(i).bewohner / land(i).flaeche > max Then
        max = land(i).bewohner / land(i).flaeche
        maxpos = i
        End If
    Next i
'******** Auswertung ****************************************
MsgBox ("Es siegt " + land(maxpos).landname)
```

B.11   Lösungen zu Kapitel 11

DOWNLOAD   *Öffnen Sie die Seite http://www.w-g-m.de/basic.htm, wählen Sie dort Dateien für Kapitel 11, geben Sie Ihr Ziel ein. Danach erfolgt das Herunterladen der Datei KAP11.ZIP in den von Ihnen angegebenen Ordner. Durch Doppelklick auf den Dateinamen wird diese Datei extrahiert, und Sie erhalten im darunter befindlichen Ordner LOESUNGEN die Dateien LOESG11_01.XLS usw. Mit Alt + F11 kommen Sie zum Excel-VB-System und sehen mit ANSICHT→CODE den bereits eingetragenen Programmtext.*

B.11.1   Lösung 11.1

Offensichtlich gibt es drei INPUT-Platzhalter und einen OUTPUT-Platzhalter:

```
Private Sub zinseszins(start As Double, kap As Double,
                       zins As Double, jahr As Integer)
'************************************************************
'*  Formal INPUT: start muss Startkapital enthalten        *
'*               zins muss Zinssatz in % enthalten         *
'*               jahr muss Anzahl der Jahre enthalten      *
'*  FORMAL OUTPUT: kap bekommt Endkapital                  *
'************************************************************
```

B.11.2   Lösung 11.2

So könnte ein einfaches Testprogramm aussehen:

```
'******** Vereinbarungsteil ********************************
Dim start As Double, kap As Double, zins As Double
Dim jahr As Integer
start = 1000
zins = 3
jahr = 20
Call zinseszins(start, kap, zins, jahr)
MsgBox (Str(start)+" nach "+Str(jahr)+" Jahren: "+Str(kap))
```
1000 Euro entwickeln sich in 20 Jahren bei 3% Zinsen zu 1806,11 Euro.

B.11.3   Lösung 11.3

```
Private Function zinseszinsfunc(start As Double,zins As Double,
                                jahr As Integer) As Double
'************************************************************
'*  Formal INPUT: start muss Startkapital enthalten        *
'*               zins muss Zinssatz in % enthalten         *
'*               jahr muss Anzahl der Jahre enthalten      *
'*  RETURN: Das Endkapital wird zurückgegeben              *
'************************************************************
Dim i As Integer, erg As Double
erg = start
For i = 1 To jahr
    erg = erg * (1 + zins / 100)
    Next i
zinseszinsfunc = erg
End Function
```

B.11.4   Lösung 11.4

```
'******** Vereinbarungsteil *********************************
Dim start As Double, kap As Double, zins As Double
Dim jahr As Integer
start = 1000
zins = 3
jahr = 20
kap = zinseszinsfunc(start, zins, jahr)
MsgBox (Str(start)+" nach "+Str(jahr)+" Jahren: " +Str(kap))
```

B.11.5   Lösung 11.5

Die gesuchte Subroutine muss im Innern eine Alternative enthalten:

```
Private Sub feldex(x() As Double, n As Integer, erg As Double,
                                             minmax As Boolean)
'*************************************************************
'*   FORMAL INPUT: x Name des zu untersuchenden Feldes       *
'*                 n muss Anzahl der Elemente enthalten      *
'*                 minmax: True für größtes Element          *
'*                         False für kleinstes Element       *
'*   FORMAL OUTPUT: erg liefert den größten Wert             *
'*************************************************************
Dim i As Integer
erg = x(1)
If minmax = True Then
    For i = 2 To n
        If x(i) > erg Then erg = x(i)
        Next i
                Else
    For i = 2 To n
        If x(i) < erg Then erg = x(i)
        Next i
                End If
End Sub
```

B.11.6   Lösung 11.6

Der Inhalt der Subroutine besteht nur aus den beiden Befehlen:

```
netto = brutto / (1 + mws / 100)
mw = brutto - netto
```

B.13   Lösungen zu Kapitel 13

DOWNLOAD   *Öffnen Sie die Seite http://www.w-g-m.de/basic.htm, wählen Sie dort*

Dateien für Kapitel 13, geben Sie Ihr Ziel ein. Danach erfolgt das Herunterladen der Datei
KAP13.ZIP in den von Ihnen angegebenen Ordner. Durch Doppelklick auf den Dateinamen
wird diese Datei extrahiert, und Sie erhalten im darunter befindlichen Ordner LOESUNGEN
die Dateien LOESG13_01.XLS *usw. Mit* [Alt] + [F11] *kommen Sie zum Excel-VB-System und*
sehen mit ANSICHT→CODE *den bereits eingetragenen Programmtext.*

B.13.1   Lösung 13.1

Drei Zeilen reichen aus, um in der Klasse den Aufbau des gekapselten Datenkerns für jedes
Objekt zu beschreiben:

```
Private m_knr As String
Private m_name As String
Private m_saldo As Single
```

Im Hauptprogramm werden zwei Objekte durch die Objektvereinbarung im Vereinbarungsteil erzeugt:

```
'********** Vereinbarungsteil **************
Dim konto1 As New Klasse1, konto2 As New Klasse1
```

Die folgende Zuweisung provoziert eine Fehlermeldung:

```
'********** Ausführungsteil ***************
konto1.m_knr = "123123123"
```

Die Fehlermeldung tritt nicht mehr auf, wenn der Bestandteil m_knr in der Klasse als öffentlich deklariert wird:

```
Public m_knr As String
```

B.13.2   Lösung 13.2

Methoden der Klasse:

```
Public Sub erfassung()
m_knr = InputBox("Kontonummer")
m_name = InputBox("Name")
m_saldo = Val(InputBox("Saldo"))
End Sub
Public Sub info()
MsgBox                                                    ("Kontonum-
mer="+m_knr+"Name:"+m_name+"Saldo:"+Str(m_saldo))
End Sub
```

Test im Hauptprogramm:

```
'********** Ausführungsteil ***************
konto1.erfassung
konto1.info
konto2.erfassung
konto2.info
```

B.13.3   Lösung 13.3

Neuer, erweiterter Inhalt der Klasse:

```
Private m_knr As String
Private m_name As String
Private m_saldo As Single
Private m_dispo As Single
Public Sub erfassung()
m_knr = InputBox("Kontonummer")
m_name = InputBox("Name")
m_saldo = Val(InputBox("Saldo"))
m_dispo = Val(InputBox("Dispo"))
End Sub
Public Sub info()      ·
MsgBox ("Kontonummer=" + m_knr + " Name:" + m_name +
       " Saldo:" + Str(m_saldo) + " Dispo:" + Str(m_dispo))
End Sub
```

Im nutzenden Hauptprogramm ist keine Änderung nötig – trotzdem werden nun zusätzlich Angaben zum Dispo erfragt und mitgeteilt.

B.13.4   Lösung 13.4

Ergänzte Eigenschaften:

```
Public Property Let fname(tx As String)
m_name = tx
End Property
Public Property Get fname() As String
fname = m_name
End Property
Public Property Let saldo(x As Single)
m_saldo = x
End Property
```

```
Public Property Get saldo() As Single
saldo = m_saldo
End Property
```

Aktive und passive Nutzung im Hauptprogramm z.B. mittels

```
konto1.kontonr = "123456789"
konto1.fname = "Meier_1"
konto1.saldo = 1234.56
MsgBox (konto1.kontonr)
MsgBox (konto1.fname)
MsgBox (Str(konto1.saldo))
```

B.13.5 Lösung 13.5

```
Public Property Let typ(tx As String)
m_typ = tx
End Property
Public Property Get typ() As String
typ = m_typ
End Property
Public Property Let ps(x As Integer)
m_ps = x
End Property
Public Property Get ps() As Integer
ps = m_ps
End Property
Public Property Let preis(x As Single)
m_preis = x
End Property
Public Property Get preis() As Single
preis = m_preis
End Property
```

B.14 Lösungen zu Kapitel 14

DOWNLOAD   *Öffnen Sie die Seite http://www.w-g-m.de/basic.htm, wählen Sie dort Dateien für Kapitel 14, geben Sie Ihr Ziel ein. Danach erfolgt das Herunterladen der Datei KAP14.ZIP in den von Ihnen angegebenen Ordner. Durch Doppelklick auf den Dateinamen wird diese Datei extrahiert*

Sie erhalten im darunter befindlichen Ordner LOESUNGEN *die Dateien* LOESG14_01.XLS *usw. Mit* Alt + F11 *kommen Sie zum Excel-VBA-System.*

B.14.1   Lösung 14.1

Die gewünschte *Überschrift des Formulars* muss in der Zeile Caption des *Eigenschafts-fensters des Formulars* eingetragen werden. Der *Startinhalt des Textfensters* muss in der Zeile Text des *Eigenschaftsfensters vom Textfenster* eingetragen werden. Die anderen *Startbeschriftungen* werden automatisch vom VB-System eingetragen (siehe LOESG14_01.XLS).

B.14.2   Lösung 14.2

Es fehlt jegliche *Gruppierung* – alle Optionsbuttons werden so betrachtet, als ob sie zu einer Gruppe gehören.

Werden dagegen drei Rahmen (s. LOESG14_02.XLS) verwendet, in denen zwei bzw. dann je drei Optionsbuttons platziert werden, dann gilt nur *innerhalb der Rahmen* die Gruppenei-genschaft:

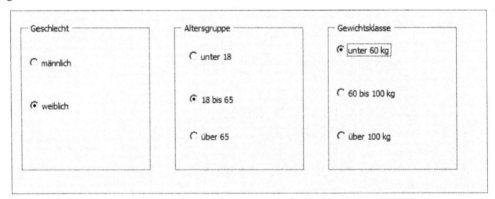

B.14.3   Lösung 14.3

Setzt man in der linken senkrechten Scrollbar den Regler auf 90, in der oberen waage-rechten Scrollbar den Regler auf 90, rechts senkrecht den Regler auf 10 und unten waage-recht den Regler auf 10 (LOESG14_03.XLS), dann erkennt man, dass sich bei den waage-rechten Scrollbars der *kleinste Wert links* befindet, während bei den senkrechten Scroll-bars *der kleinste Wert oben* ist.

B.15   Lösungen zu Kapitel 15

DOWNLOAD   *Öffnen Sie die Seite http://www.w-g-m.de/basic.htm, wählen Sie dort Dateien für Kapitel 15, geben Sie Ihr Ziel ein. Danach erfolgt das Herunterladen der Datei KAP15.ZIP in den von Ihnen angegebenen Ordner. Durch Doppelklick auf den Dateinamen wird diese Datei extrahiert, und Sie erhalten im darunter befindlichen Ordner LOESUNGEN die Dateien LOESG15_01.XLS usw. Mit $\boxed{Alt}$ + $\boxed{F11}$ kommen Sie zum Excel-VB-System und sehen mit ANSICHT→CODE den bereits eingetragenen Programmtext.*

B.15.1   Lösung 15.1

```
Private Sub CheckBox1_Click()
MsgBox ("Checkbox geklickt")
End Sub
Private Sub CommandButton1_Click()
MsgBox ("Oberer Button geklickt")
End Sub
Private Sub CommandButton2_Click()
MsgBox ("unterer Button geklickt")
End Sub
Private Sub OptionButton1_Click()
MsgBox ("Oberer Optionsbutton geklickt")
End Sub
Private Sub OptionButton2_Click()
MsgBox ("Mittlerer Optionsbutton geklickt")
End Sub
Private Sub OptionButton3_Click()
MsgBox ("Unterer Optionsbutton geklickt")
End Sub
Private Sub ScrollBar1_Change()
MsgBox ("Waagerechte Scrollbar verändert")
End Sub
Private Sub ScrollBar2_Change()
MsgBox ("Senkrechte Scrollbar verändert")
End Sub
Private Sub TextBox1_Change()
MsgBox ("Änderung in Textbox")
End Sub
Private Sub UserForm_Click()
MsgBox ("Klick auf Formular")
End Sub
```

B.16   Lösungen zu Kapitel 16

DOWNLOAD   *Öffnen Sie die Seite http://www.w-g-m.de/basic.htm, wählen Sie dort Dateien für Kapitel 16, geben Sie Ihr Ziel ein. Danach erfolgt das Herunterladen der Datei KAP16.ZIP in den von Ihnen angegebenen Ordner. Durch Doppelklick auf den Dateinamen wird diese Datei extrahiert, und Sie erhalten im darunter befindlichen Ordner LOESUNGEN die Dateien LOESG16_01.XLS usw. Mit [Alt] + [F11] kommen Sie zum Excel-VB-System und sehen mit ANSICHT→CODE den bereits eingetragenen Programmtext.*

B.16.1   Lösung 16.1

Es ist keine neue Ereignisprozedur zu beschaffen, sondern der Inhalt der vorhandenen Ereignisprozedur zum Ereignis *Aktivierung des Formulars* ist zu erweitern:

```
Private Sub UserForm_Activate()
'*********** erste Liste ********************
ListBox1.AddItem ("Schleswig-Holstein")
....................
ListBox1.AddItem ("Bayern")
'*********** zweite Liste *******************
ListBox2.AddItem ("Kiel")
....................
ListBox2.AddItem ("München")
'*********** Markierung in erster Liste setzen *****
ListBox1.ListIndex = 6 'Siebente Zeile markieren
'*********** Markierung in zweiter Liste setzen *****
ListBox2.ListIndex = 6 'Siebente Zeile markieren
End Sub
```

B.16.2   Lösung 16.2

Das Standard-Ereignis ist der *Klick*, es ergeben sich die beiden Ereignisprozeduren

```
Private Sub ListBox1_Click()
MsgBox ("Liste 1")
End Sub
Private Sub ListBox2_Click()
MsgBox ("Liste 2")
End Sub
```

Interessant ist, dass bereits bei der Aktivierung des Formulars, wenn die Befehle zum Setzen der Markierung ausgeführt werden, die entsprechende Meldung kommt.

B.16.3   Lösung 16.3

Wieder ist nur der Inhalt *einer Ereignisprozedur* zu schreiben:

```
Private Sub UserForm_Activate()
'****** erste Combobox **********************
ComboBox1.AddItem ("Schleswig-Holstein")
.....................
ComboBox1.AddItem ("Bayern")
'****** zweite Combobox *********************
ComboBox2.AddItem ("Kiel")
.....................
ComboBox2.AddItem ("München")
End Sub
```

Bemerkenswert ist, dass es nicht möglich ist, mit Hilfe von Comboboxen gleichzeitig die Länder und die Hauptstädte zu sehen. Das geht nur mit einfachen Listen.

B.16.4   Lösung 16.4

Das Standardereignis ist Änderung" (Change), die zwei gesuchten Ereignisprozeduren zum *Standard-Ereignis an den Comboboxen* lauten also:

```
Private Sub ComboBox1_Change()
MsgBox ("Box 1")
End Sub
Private Sub ComboBox2_Change()
MsgBox ("Box 2")
End Sub
```

B.17   Lösungen zu Kapitel 17

DOWNLOAD   *Öffnen Sie die Seite http://www.w-g-m.de/basic.htm, wählen Sie dort Dateien für Kapitel 17, geben Sie Ihr Ziel ein. Danach erfolgt das Herunterladen der Datei KAP17.ZIP in den von Ihnen angegebenen Ordner. Durch Doppelklick auf den Dateinamen wird diese Datei extrahiert, und Sie erhalten im darunter befindlichen Ordner LOESUNGEN die Dateien LOESG17_01.XLS usw. Mit $\boxed{Alt}$ + $\boxed{F11}$ kommen Sie zum Excel-VB-System.*

B.17.1   Lösung 17.1

Die wichtigste Eigenschaft ist Value, sie holt und transportiert die Stellung des Reglers aus und in den Datenkern der Scrollbar. Damit ergeben sich für die drei Buttons die folgenden Ereignisprozeduren:

```
Private Sub CommandButton1_Click()
ScrollBar1.Value = 0
End Sub
Private Sub CommandButton2_Click()
ScrollBar1.Value = 50
End Sub
Private Sub CommandButton3_Click()
ScrollBar1.Value = 100
End Sub
```

B.17.2   Lösung 17.2

Die beiden wichtigen Eigenschaften der Scrollbar sind `Value` für den Transport der Hakeneigenschaft und `Caption` für die Beschriftung. Damit ergeben sich die folgenden beiden Ereignisprozeduren:

```
Private Sub CommandButton1_Click()
CheckBox1.Value = True
CheckBox1.Caption = "Status: ein"
End Sub
Private Sub CommandButton2_Click()
CheckBox1.Value = False
CheckBox1.Caption = "Status: aus"
End Sub
```

B.17.3   Lösung 17.3

Wichtig ist die Starteinstellung des unteren Reglers: Im Eigenschaftsfenster muss in der Zeile `Value` die 100 eingetragen werden.

Die folgenden beiden Ereignisprozeduren lösen die Aufgabe:

```
Private Sub ScrollBar1_Change()
ScrollBar2.Value = 100 - ScrollBar1.Value
End Sub
Private Sub ScrollBar2_Change()
ScrollBar1.Value = 100 - ScrollBar2.Value
End Sub
```

B.17.4   Lösung 17.4

Die Inhalte werden vertauscht, und zwar entgegen dem Uhrzeigersinn. Deshalb sollte auf dem Button als Beschriftung auch stehen *Tausche!*.

B.18   Lösungen zu Kapitel 18

DOWNLOAD *Öffnen Sie die Seite http://www.w-g-m.de/basic.htm, wählen Sie dort Dateien für Kapitel 18, geben Sie Ihr Ziel ein. Danach erfolgt das Herunterladen der Datei KAP18.ZIP in den von Ihnen angegebenen Ordner. Durch Doppelklick auf den Dateinamen wird diese Datei extrahiert, und Sie erhalten im darunter befindlichen Ordner LOESUNGEN die Dateien LOESG18_01.XLS usw. Mit* $\boxed{Alt}$ + $\boxed{F11}$ *kommen Sie zum Excel-VB-System.*

B.18.1   Lösung 18.1

Aufgrund der in der Aufgabenstellung genannten Vokabel „andernfalls" muss hier die Alternative verwendet werden:

```
Private Sub CommandButton1_Click()
If ListBox1.ListIndex = 15 Then
    ListBox1.ListIndex = 0
                        Else
    ListBox1.ListIndex = ListBox1.ListIndex + 1
                        End If
End Sub
Private Sub CommandButton2_Click()
If ListBox1.ListIndex = 0 Then
    ListBox1.ListIndex = 15
                        Else
    ListBox1.ListIndex = ListBox1.ListIndex - 1
                        End If
End Sub
```

B.18.2   Lösung 18.2

Auch hier kann die sprachliche Formulierung der Aufgabenstellung sofort in die Basic-Befehle der Alternativ umgesetzt werden:

```
Private Sub CommandButton1_Click()
If ScrollBar1.Value > 0 Then
    ScrollBar1.Value = ScrollBar1.Value - 1
                    Else
    ScrollBar1.Value = 5
                    End If
End Sub
```

```
Private Sub CommandButton2_Click()
If ScrollBar1.Value < 5 Then
    ScrollBar1.Value = ScrollBar1.Value + 1
                        Else
    ScrollBar1.Value = 0
                        End If
End Sub
```

B.18.3   Lösung 18.3

```
Private Sub CommandButton1_Click()
If ScrollBar1.Value < 4 Then
    ScrollBar1.Value = ScrollBar1.Value + 1
                        Else
    ScrollBar1.Value = 1
                        End If
                                        ' alles unsichtbar
Label1.Visible = False
Label2.Visible = False
Label3.Visible = False
Label4.Visible = False

        'Label entsprechend Reglerstellung sichtbar machen
If ScrollBar1.Value = 1 Then Label1.Visible = True
If ScrollBar1.Value = 2 Then Label2.Visible = True
If ScrollBar1.Value = 3 Then Label3.Visible = True
If ScrollBar1.Value = 4 Then Label4.Visible = True
End Sub
```

Das Abtesten der Sichtbarkeit mit *mehreren einfachen Tests* kann die Aufgabe *nicht* lösen.

Denn bei Sichtbarkeit von Label1 würde sofort Label2 sichtbar. Unmittelbar danach wäre aber schon der *Test auf Sichtbarkeit von* Label2 erfüllt, es würde sofort Label3 sichtbar gemacht usw. Hier könnten, wenn man auf die Scrollbar verzichten will, nur *verschachtelte Alternativen* helfen. Besser (und einfacher) ist es aber, nach dem Test einfach die *Scrollbar zu verstecken.*

B.19   Lösungen zu Kapitel 19

Öffnen Sie die Seite http://www.w-g-m.de/basic.htm, wählen Sie dort
Dateien für Kapitel 19, geben Sie Ihr Ziel ein. Danach erfolgt das Herunterladen der Datei
KAP19.ZIP *in den von Ihnen angegebenen Ordner. Durch Doppelklick auf den Dateinamen*
wird diese Datei extrahiert, und Sie erhalten im darunter befindlichen Ordner LOESUNGEN
die Dateien LOESG19_01.XLS *usw. Mit* $\boxed{Alt}$ + $\boxed{F11}$ *kommen Sie zum Excel-VB-System.*

B.19.1   Lösung 19.1

Wenn angenommen wird, dass ein konzentrierter Nutzer nur Ziffern eingibt, reicht folgende Ereignisprozedur aus:

```
Private Sub OptionButton1_Click()
Label1.Caption = Str(3 * Val(TextBox1.Text))
End Sub
Private Sub OptionButton2_Click()
Label1.Caption = Str(5 * Val(TextBox1.Text))
End Sub
Private Sub OptionButton3_Click()
Label1.Caption = Str(10 .* Val(TextBox1.Text))
End Sub
Private Sub OptionButton4_Click()
Label1.Caption = Str(17 * Val(TextBox1.Text))
End Sub
Private Sub OptionButton5_Click()
Label1.Caption = Str(23 * Val(TextBox1.Text))
End Sub
Private Sub OptionButton6_Click()
Label1.Caption = Str(37 * Val(TextBox1.Text))
End Sub
```

Die Ereignisprozedur zum Löschen bei Änderung im Eingabefenster lautet:

```
Private Sub TextBox1_Change()
Label1.Caption = ""
OptionButton1.Value = False
OptionButton2.Value = False
OptionButton3.Value = False
```

```
    OptionButton4.Value = False
    OptionButton5.Value = False
End Sub
```

Das *Wegfangen falscher Tasten* liefert die Ereignisprozedur zum Ereignis *Tastendruck im Textfenster:*

```
Private Sub TextBox1_KeyPress(ByVal KeyAscii As
                               MSForms.ReturnInteger)
If (KeyAscii < 48) Or (KeyAscii > 57) Then KeyAscii = 0
End Sub
```

Das Aus- und Einblenden der Multiplikatoren in Abhängigkeit vom Inhalt des Textfensters erweitert die Ereignisprozedur zum (Standard-)Ereignis *Änderung*.

```
Private Sub TextBox1_Change()
Label1.Caption = ""
OptionButton1.Value = False
OptionButton2.Value = False
OptionButton3.Value = False
OptionButton4.Value = False
OptionButton5.Value = False
If TextBox1.Text = "" Then
    Frame1.Visible = False
                            Else
    Frame1.Visible = True
                            End If
End Sub
```

B.19.2   Lösung 19.2

```
Private Sub OptionButton1_Click()
Label4.Caption = Str(Val(TextBox1.Text) + Val(TextBox2.Text))
End Sub
Private Sub OptionButton2_Click()
Label4.Caption = Str(Val(TextBox1.Text) - Val(TextBox2.Text))
End Sub
Private Sub OptionButton3_Click()
Label4.Caption = Str(Val(TextBox1.Text) * Val(TextBox2.Text))
End Sub
```

```
Private Sub TextBox1_Change()

Label4.Caption = ""

OptionButton1.Value = False

OptionButton2.Value = False

OptionButton3.Value = False

End Sub
Private Sub TextBox1_KeyPress(ByVal KeyAscii As
                                  MSForms.ReturnInteger)

If (KeyAscii < 48) Or (KeyAscii > 57) Then KeyAscii = 0

End Sub


Private Sub TextBox2_Change()

Label4.Caption = ""

OptionButton1.Value = False

OptionButton2.Value = False

OptionButton3.Value = False

End Sub
Private Sub TextBox2_KeyPress(ByVal KeyAscii As
                                  MSForms.ReturnInteger)

If (KeyAscii < 48) Or (KeyAscii > 57) Then KeyAscii = 0

End Sub
```

B.19.3   Lösung 19.3

```
Option Explicit
Private Sub CommandButton1_Click()
Dim zahl As Integer
zahl = Val(TextBox1.Text)
If (zahl Mod 2 = 0) Then
    MsgBox ("ja")
                    Else
    MsgBox ("Nein")
                    End If
End Sub
```

B.19.4   Lösung 19.4

```
Private Sub TextBox1_KeyPress(ByVal KeyAscii As
                                  MSForms.ReturnInteger)
```

```
If (Val(TextBox1.Text) Mod 2 = 0) Then
    Label2.Caption = "Zahl ist gerade"
                                Else
    Label2.Caption = "Zahl ist ungerade"
                            End If
End Sub
```

Allerdings – dieses Ereignis tritt schon ein, wenn der Nutzer die Taste drückt. Besser ist der gleiche Inhalt für das Ereignis *Taste losgelassen*:

```
Private Sub TextBox1_KeyUp(ByVal KeyCode As MSForms.ReturnInteger,
                                ByVal Shift As Integer)
If (Val(TextBox1.Text) Mod 2 = 0) Then
    Label2.Caption = "Zahl ist gerade"
                                Else
    Label2.Caption = "Zahl ist ungerade"
                            End If
End Sub
```

B.20   Lösungen zu Kapitel 20

DOWNLOAD   *Öffnen Sie die Seite http://www.w-g-m.de/basic.htm, wählen Sie dort Dateien für Kapitel 20, geben Sie Ihr Ziel ein. Danach erfolgt das Herunterladen der Datei KAP20.ZIP in den von Ihnen angegebenen Ordner. Durch Doppelklick auf den Dateinamen wird diese Datei extrahiert, und Sie erhalten im darunter befindlichen Ordner LOESUNGEN die Dateien LOESG20_01.XLS usw. Mit [Alt] + [F11] kommen Sie zum Excel-VB-System.*

B.20.1   Lösung 20.1

```
Option Explicit
Private Sub CommandButton1_Click()
Dim i As Integer, wert As String, min As String
wert = ListBox1.List(0)
min = wert
For i = 1 To 15
    wert = ListBox1.List(i)
    If wert < min Then min = wert
    Next i
MsgBox ("Am weitesten vorn steht " + min)
End Sub
```

B.20.2   Lösung 20.2

Die Funktion Len ermittelt die *Anzahl der Zeichen* einer Zeichenfolge (s. Abschnitt 6.4.2 auf Seite 90). In diesem Falle siegt also diejenige Zeile der Länderliste beim Vergleich, die mehr Zeichen hat, also länger ist. Folglich wird dasjenige Bundesland gesucht, das *den längsten Namen* hat:

```
MsgBox ("Den längsten Ländernamen trägt: " + max)
```

Ergebnis: Mecklenburg-Vorpommern.

B.21   Lösungen zu Kapitel 21

DOWNLOAD   *Öffnen Sie die Seite http://www.w-g-m.de/basic.htm, wählen Sie dort Dateien für Kapitel 21, geben Sie Ihr Ziel ein. Danach erfolgt das Herunterladen der Datei KAP21.ZIP in den von Ihnen angegebenen Ordner. Durch Doppelklick auf den Dateinamen wird diese Datei extrahiert, und Sie erhalten im Ordner LOESUNGEN die Projekt- Dateien LOESG21_01.VBP usw:*

B.21.1   Lösung 21.1

Der Text der Ereignisprozedur (Kopfzeile im Original nicht getrennt) lautet:

```
Private Sub Command1_MouseMove(Button As Integer,
                   Shift As Integer, X As Single, Y As Single)
MsgBox ("Maus über dem Button")
End Sub
```

Im Ordner LOESUNGEN befindet sich die Datei LOESG21_01.exe; sie ist auch *ohne das VB-System* ausführbar.

B.21.2   Lösung 21.2

```
Private Sub Text1_KeyPress(KeyAscii As Integer)
MsgBox ("Eine Taste wurde gedrückt")
End Sub
```

B.21.3   Lösung 21.3

Zuerst muss der Rahmen für die Ereignisprozedur zum Ereignis Laden des Formulars beschafft werden – da dieses Ereignis das Standardereignis am Formular ist, bekommt man den Rahmen durch Doppelklick auf das Formular.

Beim Inhalt der Ereignisprozedur ist lediglich zu beachten, dass in VB 6.0 die *Liste* den *Namen* List1 (anstelle von ListBox1 bei Excel-VB) trägt:

```
Private Sub Form_Load()
List1.AddItem ("Berlin")
List1.AddItem ("Nordrhein-Westfalen")
List1.AddItem ("Sachsen")
List1.AddItem ("Thüringen")
```

```
List1.AddItem ("Niedersachsen")
List1.AddItem ("Bremen")
List1.AddItem ("Hamburg")
List1.AddItem ("Schleswig-Holstein")
List1.AddItem ("Bayern")
List1.AddItem ("Sachsen-Anhalt")
List1.AddItem ("Rheinland-Pfalz")
List1.AddItem ("Brandenburg")
List1.AddItem ("Baden-Württemberg")
List1.AddItem ("Saarland")
List1.AddItem ("Mecklenburg-Vorpommern")
List1.AddItem ("Hessen")
List1.ListIndex = 15
End Sub
```

Da das Bundesland Hessen an *letzter Stelle* (Position 15) steht, muss im Datenkern der Liste mit Hilfe der bekannten Eigenschaft ListIndex die 15 eingestellt werden.

B.21.4   Lösung 21.4

```
Private Sub Command1_Click()
Label1.Caption = "Nord"
Option1.Caption = "Ost"
Text1.Text = "Süd"
Check1.Caption = "West"
Option1.Value = True
Check1.Value = 1
End Sub
```

Zu beachten ist neben den *veränderten* (kürzeren) *Namen,* dass die Eigenschaft Value der Checkbox nun mit der Zahl 1 zu belegen ist – weil es in VB 6.0 (im Gegensatz zu Excel-VB) ja noch den *Zwischenzustand* gibt.

B.21.5   Lösung 21.5

```
Private Sub Check1_Click()
If Check1.Value = 0 Then MsgBox ("Ausklick")
If Check1.Value = 1 Then MsgBox ("Einklick")
End Sub
```

B.22   Lösungen zu Kapitel 22

DOWNLOAD   *Öffnen Sie die Seite http://www.w-g-m.de/basic.htm, wählen Sie dort*
Dateien für Kapitel 22, geben Sie Ihr Ziel ein. Danach erfolgt das Herunterladen der Datei
KAP22.ZIP *in den von Ihnen angegebenen Ordner. Durch Doppelklick auf den Dateinamen*
wird diese Datei extrahiert, und Sie erhalten im Ordner LOESUNGEN *die Projekt-Dateien*
lOESG22_01.VBP *usw.*

B.22.1   Lösung 22.1

```
Private Sub Timer1_Timer()
If Label1.Caption = "Achtung!" Then
    Label1.Caption = ""
                                Else
    Label1.Caption = "Achtung!"
                                End If
End Sub
```

B.22.2   Lösung 22.2

Ereignisprozedur zum *Button-Klick-Ereignis*:

```
Private Sub Command1_Click()
If Command1.Caption = "Start" Then
    Timer1.Enabled = True
    Command1.Caption = "Stopp"
                                Else
    Timer1.Enabled = False
    Command1.Caption = "Start"
                                End If
End Sub
```

Ereignisprozedur zum Timer-Ereignis:

```
Private Sub Timer1_Timer()
Label5.Caption = Label1.Caption
Label1.Caption = Label2.Caption
Label2.Caption = Label3.Caption
Label3.Caption = Label4.Caption
Label4.Caption = Label5.Caption
End Sub
```

Mit der Befehlsfolge Label5.Caption = Label4.Caption, Label4.Caption = Label3.Caption usw. erfolgt der Tausch in umgekehrter Richtung.

B.22.3   Lösung 22.3

Ereignisprozedur zum Ereignis *Laden des Formulars*:

```
Private Sub Form_Load()
HScroll1.Max = Len(Label1.Caption)
End Sub
```

Ereignisprozedur zum *Timer-Ereignis:*

```
Private Sub Timer1_Timer()
If HScroll1.Value < HScroll1.Max Then
    HScroll1.Value = HScroll1.Value + 1
    Label2.Caption = Left(Label1.Caption, HScroll1.Value)
                                Else
    HScroll1.Value = 0
                            End If
End Sub
```

Die `Left`-Funktion verlangt *zwei Angaben*: Zuerst muss mitgeteilt werden, *wo* sich der Text befindet (bei uns: `Label1.Caption`). Dann soll, *nach dem Komma*, die *Anzahl* der von links *anzuzeigenden Zeichen* eingetragen werden (bei uns: `HScroll1.Value`).

B.23   Lösungen zu Kapitel 23

DOWNLOAD   *Öffnen Sie die Seite http://www.w-g-m.de/basic.htm, wählen Sie dort Dateien für Kapitel 23, geben Sie Ihr Ziel ein. Danach erfolgt das Herunterladen der Datei* KAP23.ZIP *in den von Ihnen angegebenen Ordner. Durch Doppelklick auf den Dateinamen wird diese Datei extrahiert, und Sie erhalten im darunter befindlichen Ordner* LOESUNGEN *die Dateien* LOESG23_01.XLS *usw. Mit* Alt *+* F11 *kommen Sie zum Excel-VBA-System.*

B.23.1   Lösung 23.1

In Zelle A1 muss die Formel =ANZAHL2(B5:B1000) eingetragen werden; in Zelle C3 die Formel =SUMME(C5:C1000), in Zelle D3 die Formel =SUMME(D5:D1000) usw.

B.23.2   Lösung 23.2

Nach Alt + F11 und Doppelklick auf Diese Arbeitsmappe wird links oben auf Workbook umgestellt und der folgende Inhalt der Ereignisprozedur zum Ereignis Open geschrieben:

```
Private Sub Workbook_Open()
Sheets("Tabelle1").Activate
UserForm1.Show
End Sub
```

B.23.3 Lösung 23.3

Das Bild auf Seite 381 zeigt es: Sind schon 2 Wahlkreise ausgezählt, dann muss der nächste Wahlkreis in Zeile 7 eingetragen werden usw.:

```
Private Sub CommandButton1_Click()
zeile = Val(Sheets("Tabelle1").Cells(1, 1).Value) + 5
Sheets("Tabelle1").Cells(zeile, 2).Value = TextBox1.Text
Sheets("Tabelle1").Cells(zeile, 3).Value = Val(TextBox2.Text)
Sheets("Tabelle1").Cells(zeile, 4).Value = Val(TextBox3.Text)
Sheets("Tabelle1").Cells(zeile, 5).Value = Val(TextBox4.Text)
Sheets("Tabelle1").Cells(zeile, 6).Value = Val(TextBox5.Text)
TextBox1.Text = ""
TextBox2.Text = ""
TextBox3.Text = ""
TextBox4.Text = ""
TextBox5.Text = ""
End Sub
```

B.23.4 Lösung 23.4

```
Private Sub CommandButton1_Click()
If TextBox1.Text <> "" And ........ And TextBox5.Text <> ""
Then
    zeile = Val(Sheets("Tabelle1").Cells(1, 1).Value) + 5
 Sheets("Tabelle1").Cells(zeile, 2).Value = TextBox1.Text
 Sheets("Tabelle1").Cells(zeile, 3).Value = Val(TextBox2.Text)
 Sheets("Tabelle1").Cells(zeile, 4).Value = Val(TextBox3.Text)
 Sheets("Tabelle1").Cells(zeile, 5).Value = Val(TextBox4.Text)
 Sheets("Tabelle1").Cells(zeile, 6).Value = Val(TextBox5.Text)
TextBox1.Text = ""
TextBox2.Text = ""
TextBox3.Text = ""
TextBox4.Text = ""
TextBox5.Text = ""
    End If
End Sub
```

B.23.5 Lösung 23.5

Nach Alt + F11 und Doppelklick auf das zweite Textfenster der Benutzeroberfläche wird rechts oben auf KeyPress umgestellt und der folgende Inhalt der Ereignisprozedur zum Ereignis *Tastendruck* geschrieben, mit dem jeder Druck auf eine Nicht-Ziffern-Taste annulliert wird:

```
Private Sub TextBox2_KeyPress(ByVal KeyAscii As
                                    MSForms.ReturnInteger)
If KeyAscii < 48 Or KeyAscii > 57 Then KeyAscii = 0
End Sub
```

Den gleichen Inhalt bekommen die anderen drei Ereignisprozeduren für den *Tastendruck* in den Textfenstern 3 bis 5; nur der *Name des Wahlkreises* wird natürlich ausgenommen.

B.23.6   Lösung 23.6

Nach Alt + F11 und Doppelklick auf das Formular wird rechts oben auf Terminate umgestellt und der folgende Inhalt der Ereignisprozedur zur Reaktion auf den *Versuch des Beseitigens der Eingabemaske* geschrieben:

```
Private Sub UserForm_Terminate()
ActiveWorkbook.Save
ActiveWorkbook.Close
End Sub
```

Achtung! Anschließend kommt man an das VBA-System nicht mehr heran; diese Aktion sollte also ganz an Ende der Entwicklung und erst nach hergestellter Sicherungskopie des vorigen Entwicklungsstandes erfolgen.

Sachwortverzeichnis

GPSR Compliance
The European Union's (EU) General Product Safety Regulation (GPSR) is a set
of rules that requires consumer products to be safe and our obligations to
ensure this.

If you have any concerns about our products, you can contact us on

ProductSafety@springernature.com

In case Publisher is established outside the EU, the EU authorized
representative is:

Springer Nature Customer Service Center GmbH
Europaplatz 3
69115 Heidelberg, Germany

www.ingramcontent.com/pod-product-compliance
Lightning Source LLC
LaVergne TN
LVHW062301060326
832902LV00013B/1991